자본주의를 넘어선 대안사회경제

이 도서의 국립중앙도서관 출판예정도서목록(CIP)은 서지정보유통지원시스템 홈페이지(http://seoji.nl.go.kr)와 국가자료공동목록시스템(http://www.nl.go.kr/kolisnet)에서 이용하실 수 있습니다.
CIP제어번호: CIP2015031838

경상대학교 사회과학연구원 사회과학연구총서 46권

자본주의를 넘어선 대안사회경제

Alternative Society Economy Overcoming Capitalism

경상대학교 사회과학연구원 엮음

정성진 · 하태규 · 장귀연 · 김어진 · 김의동 · 김영수 · 심광현 지음

한울
아카데미

차례

머리말

이 책은 자본주의 이후 대안사회주의 모델을 구체적으로 디자인하려는 시도이다. 오늘날 대안사회주의 모델 기획은 더 이상 한가한 미래의 유토피아 그리기가 아니라, 반자본주의 급진좌파의 당면한 긴급 과제가 되었다. 2007년 시작된 글로벌 경제위기가 끝없이 계속되는 가운데 전 세계가 '1% 대 99%'의 절망의 '헬(hell)'이 되버리고 테러와 전쟁이 세계 도처에서 벌어지고 있는 21세기 오늘날 '사회주의인가, 야만인가'라는 100년 전 로자 룩셈부르크(Rosa Luxemburg)의 슬로건은 1차 세계대전 당시보다 더 긴급한 적실성을 갖는 것으로 다가온다. 하지만 2015년 초 그리스 급진좌파 정당인 시리자의 집권 사례는 반자본주의 급진좌파가 선거에서 대중의 표를 얻기 위해서는 옛 소련과 동유럽에서 '역사적 사회주의'의 실패 이후에도 사회주의가 가능하고 자본주의보다 우수한 체제임을 논리적·현실적으로 입증하는 것, 즉 작동 가능한 대안사회주의 모델을 작성하는 것이 반드시 필요함을 보여준다. 대안사회주의 모델, 마르크스가 말한 '가능한 공산주의' 모델을 구체화하는 작업은 자본주의의 모순과 한계를 철저하게 인식하고 비판하기 위해서도 요청된다. 자본주의의 모순과 한계는 자본주의를 자본주의 이후 미래 사회, 즉 대안사회주의 모델과 대치, 병렬시킬 때 더 분명하게 드러나기 때문이다.

이 책은 이런 문제의식에서 작성된 8편의 논문을 묶은 것이다. 제1장은 서론으로서 이 책이 추구하는 대안사회주의 모델의 전제인 마르크스의 공산주의론을 재검토하며, 제2장은 대안사회주의의 소유관계, 제3장은 대안사회주의의 노동 양식, 제4장은 대안사회주의의 산업구조, 제5장과 제6장은 대안사회주의의 대외관계, 제7장은 대안사회주의의 공공 영역과 의사결정방식, 제8장은 대안사회주의의 문화 영역을 다룬 것이다. 각 장의 주요 내용은 다음과 같다.

제1장 「마르크스 공산주의론의 재조명」에서 정성진은 마르크스 공산주의의 핵심을 '자유로운 개인들의 연합'으로 이해하고 이를 자유와 개인 및 연합이라는 세 키워드를 중심으로 설명한다. 정성진은 마르크스 공산주의는 추상적인 유토피아적 구상이나 이념이 아니라 그 맹아가 자본주의에서 형성되고 '자유로운 개인들의 연합'으로서 '아래로부터 사회주의' 사상을 풍부화하는 이론적 자원이 될 수 있음을 강조한다. 하지만 정성진은 노동시간계산에 기초한 경제적 조절이 이뤄지는 '자유로운 개인들의 연합'은 마르크스의 '초기 공산주의'일 뿐이므로 이를 일부 참여계획경제 모델 논자들처럼 특권화하기보다 '자유로운 개인들의 연합'에서 노동 폐지 경향을 확장해 '발전한 공산주의'로 나아가야 한다고 주장한다.

제2장 「마르크스의 대안적 소유개념」에서 하태규는 마르크스의 대안적 소유개념으로 "지구와 생산수단에 대한 공동점유에 근거한 개인적 소유" 개념의 의미를 검토한다. 하태규에 따르면 존 로크(John Locke), 장 자크 루소(Jean-Jacques Rousseau), 임마누엘 칸트(Immanuel Kant), 게오르크 빌헬름 프리드리히 헤겔(Georg Wilhelm Friedrich Hegel) 등의 소유권 사상은 원초적 혹은 근원적 공유사상을 의식하면서도 정당화하기 힘든 부르주아 사적소유를 정당화하려 했다는 점에서 모순적인 반면, 마르크스의 대안적 소유개념은 자본

주의 생산양식과 마찬가지로 역사적으로 일시적·예외적인 부르주아 자유주의 사적 소유권개념의 모순을 지양한 것이다. 하태규는 마르크스의 대안적 소유개념은 참여계획과 직접민주적인 공동결정, 실제노동시간과 필요에 따른 분배 및 생태적 균형 회복과 개선을 추구하는 자본주의 이후 대안사회의 근거가 된다고 주장한다.

제3장 「대안적 노동 원리: 노동으로부터의 해방과 노동을 통한 해방」에서 장귀연은 사회주의의 노동 원리를 검토한다. 장귀연은 기존의 대안 노동 원리 중 '탈노동주의'는 노동으로부터의 해방을 주장하고 노동을 최소화하는 대안적 사회를 구상하지만 노동을 부정적으로 보고 노동과 자유를 대립시킨다는 문제점이 있는 반면, '노동의 인간화' 프로젝트는 사회 전체의 변화를 도외시하고 노동과정에만 집중한다는 한계 역시 있다고 지적한다. 장귀연은 사회주의에서는 자본주의 노동으로부터 해방을 추구하면서도 분업의 폐지와 노동을 통한 해방을 지향해야 하고 이를 위해 노동의 성격을 노고(勞苦, labour)에서 창조적 활동으로 변화시키고 사회적 필요와 개인의 욕구를 조화시키는 노동 분배 체계를 수립할 필요가 있다고 주장한다.

제4장 「대안사회경제의 산업구조 모델」에서 김어진은 사회주의에서 산업구조 구축 방향을 검토한다. 김어진에 따르면 사회주의에서 생산과 재생산은 이윤동기가 아니라 대중의 필요에 따라 이뤄지기 때문에 상품교환 체계를 유지하는 데 직결되는 산업이 불필요해지고 비효율과 낭비도 점차 사라지며 수익성의 이유로 도입되지 못했던 과학적 지식과 기술이 대폭 활용되는 방향으로 산업구조가 구축될 수 있다. 또 김어진은 사회주의에서는 생산자들이 생산과정을 직접 책임지고 통제해 노동소외가 극복되어 생산성이 급격하게 향상될 뿐 아니라 인간과 자연의 신진대사를 촉진하는 방향으로 산업구조가 재편될 것이라고 전망한다. 나아가 김어진은 사회주의가 되면 전면 폐기되거나

개편되는 산업 혹은 대폭 확장되는 산업이 어떤 것들이 되어야 할지 시안을 작성한다.

제5장 「참여계획경제의 대외경제관계: 이론적 분석」에서 하태규는 참여계획경제 모델을 개방 모델로 확장한다. 하태규에 따르면 기존의 대안사회주의 모델들은 대외경제관계를 고려하지 않는 사실상 고립적 일국 모델로서 세계자본주의 대양에서 고립적 섬으로 존재하는 일국사회주의를 상정한다는 한계가 있다. 하태규는 대안사회에서는 세계 노동 분업을 적극적으로 이용하는 대외경제관계 형성이 필요하고 이는 일국적 사회주의경제의 존속뿐 아니라 세계사회주의로의 연속혁명(permanent revolution)을 위해서도 중요하다고 주장한다. 하태규는 기존의 대안사회 모델 중 노동시간 모델은 노동시간을 계산 기준으로 제시했다는 점에서는 자본주의의 지양을 추구하는 모델이지만, 평균노동시간을 노동시간으로 간주했기에 가치법칙에 종속될 위험을 내포하고 있다고 주장한다. 하태규에 따르면 참여계획경제는 자본주의적 가치법칙에 종속되지 않을 뿐 아니라 사회주의적인 물질적 토대를 확대하고 자본주의 세계를 사회주의적 방식으로 견인하고 세계사회주의로 이끌어야 한다. 하태규는 이를 위해서는 아래로부터의 민주적 의사결정에 근거해 자유로운 노동을 실현하는 실제노동시간계산 기준과 합리적 사회경제적 형태하에 비교우위원리의 합리적 핵심을 실현하는 자본주의와의 대외교류를 추구하는 것이 필요하다고 주장한다.

제6장 「참여계획경제 대외무역의 기본 전제에 대한 연구: 러시아 대외무역체제 변화과정 검토를 중심으로」에서 김의동도 하태규처럼 일국적 폐쇄 모델 위주였던 기존의 참여계획경제 모델을 대외무역을 고려한 개방 모델로 확장한다. 김의동은 이를 위해 옛 소련에서 대외무역 제도와 정책의 기본 내용과 실패요인을 검토하는 방식으로 참여계획경제의 대외경제관계 기본 원

리를 추론한다. 김의동은 참여계획경제 모델의 관점에서 봤을 때 옛 소련의 대외무역이 실패한 이유는 비교우위를 통한 세계분업에의 불참과 세계자원 활용의 실패, 생산의 고도화 및 국제화 실패, 국가독점적 대외무역 전략의 폐쇄성과 비효율성, 아래로부터의 계획 부재와 생산 균형체제의 결여, 국내 지불수단의 대외 불태환성 문제, 다각적 대외결제 시스템 구축 실패, 참여계획경제 모델에 대한 이해 부족 등이라 정리하고 향후 참여계획경제의 개방 모델로의 확장을 위해서는 이런 실패 요인들이 극복되어야 한다고 주장한다.

제7장 「국가 권력의 민주적 사회화 모델: 권력구조의 대안적 메커니즘을 중심으로」에서 김영수는 대안사회가 지향해야 할 국가 권력의 민주화 모델의 구축을 시도한다. 김영수는 국가 권력의 호응적 순환 모델과 정치사회 권한의 민주적 분산 모델로서 국가 권력의 민주적 메커니즘을 제시한다. 김영수가 제시한 모델은 노동자계급의 '삶의 질과 민주주의의 질'을 높일 수 있는 국가 권력의 형식과 내용을 응축하고 있고 '민주주의의 최고 질'을 실현하는 민주적 가치와 원리를 국가 권력과 노동자계급 간의 관계에서 정형화하고 있다. 김영수는 대안사회에서 노동자계급은 국가 권력을 스스로 지배하는 민주주의, 즉 노동자계급 스스로 자신을 관리하고 통제하는 자기지배의 원리가 구현되어야 하고 이와 같은 노동자계급 민주주의는 각 개인이 자신의 완전한 잠재력을 발전시킬 수 있도록 할 것이라고 주장한다.

제8장 「코뮤니즘사회에서 문화와 일상의 의미와 위상 변화에 관한 시론」에서 심광현은 자본주의를 넘어선 대안사회, 마르크스에 따르면 자유로운 개인들의 연합체에서 자본주의 생산양식이 폐지된 새로운 사회에서 문화의 의미와 기능이 어떻게 변화하는지를 고찰한다. 이를 위해 심광현은 먼저 자본주의사회의 문화와 대안사회의 문화를 상호 비교할 수 있는 기준이 될 문화의 내포적 의미를 정식화한다. 심광현은 마르크스가 「정치경제학비판 서문」

(1859)에서 제시한 토대(노동)와 상부구조(문화)의 관계에 대한 설명을 『자본론(Das Kapital)』(1867)과 『독일 이데올로기(Die deutsche Ideologie)』(1845~1846)의 관련 구절들을 통해 재해석하고 레이먼드 윌리엄스(Raymond Williams)의 '자연적 성장의 육성'으로서의 문화라는 내포적 개념이 '인간과 자연의 신진대사의 합목적적 조절'로서의 마르크스의 노동 개념과 어떻게 수렴 가능한지를 살핀 다음, 앙드레 고르(André Gorz)의 시간해방 정책과 마이클 앨버트(Michael Albert)의 참여계획경제 모델을 참조해 대안사회에서 문화의 의미와 기능 변화 방식을 '참여계획문화 모델'로 제시한다.

이 책에 제시된 자본주의 이후 대안사회 모델의 이론적 연구는 국내에서는 최초의 본격적 시도로서 이 책은 경상대학교 사회과학연구원이 수행하고 있는 한국연구재단 지원 대학중점연구소 연구과제, '대안사회모델연구'(NRF-2013S 1A5B8A01055117)의 1차년도(2013.12~2014.11) 연구결과물 중 7편의 글을 묶은 것이다. 이 연구는 대안사회의 역사적 사례에 대한 비판적 검토(2차년도) 및 실행 가능한 대안사회 모델 구축과 시뮬레이션(3차년도)으로 이어지고 있다. 이 책의 원고 수합과 편집을 위해 수고한 경상대학교 사회과학연구원 김영수 교수와 한울엠플러스(주) 강민호씨께 감사드리며 이 책이 자본주의 이후 대안사회를 추구하는 이론과 정치 발전에 조금이라도 기여할 수 있기 바란다.

2015년 12월

필자들을 대신하여 정성진

제1장

마르크스 공산주의론의 재조명*

정성진 | 경상대학교 경제학과 교수

1. 문제제기

흔히 카를 마르크스(Karl Marx)는 자본주의 이후 새로운 사회를 사회주의, 혹은 공산주의로 불렀다고 이야기된다. 물론 마르크스는 『독일 이데올로기(Die deutsche Ideologie)』(1845~1846)와 『공산당선언(Manifest der Kommunistischen Partei)』(1848)에서 새로운 사회를 공산주의라고 지칭했고 『고타강령비판(Kritik des Gothaer Programms)』(1875)에서는 공산주의의 원리를 정식화했다.[1] 하지만 마르크스는 1846~1875년 사이 약 30년 동안 자본주의 이후 새로운 사회를 공산주의보다는 주로 '자유로운 개인들의 연합'과 같은 용어로 지칭했다. 마르

---

* 이 글은 정성진(2015)을 수정, 보완한 것이다.

1) "현재의 관계들이 명령한 이 임무는 사회를 공산주의적으로 조직하는 임무와 합치한다" (Marx and Engels, 1976: 438). "부르주아 사회에서는 과거가 현재를 지배하고 공산주의사회에서는 현재가 과거를 지배한다"(마르크스·엥겔스, 1991: 415).

크스는 1864년 창설된 자신의 정치적 실천의 정수였던 제1인터내셔널을 '국제노동자연합(International Working Men's Association)'이라고 명명했고[2], 자신의 대표작인 『자본론(Das Kapital)』(1867)에서 자본주의 이후 새로운 사회를 "자유로운 인간의 연합(ein Verein freier Menschen)"이라고 불렀다. 그러나 '자유로운 개인들의 연합'으로서 마르크스의 공산주의는 공산주의에 관한 기존의 정통적 논의에서는 거의 주목되지 않았다. 예컨대 일본의 경우 오츠키쇼텐(大月書店)에서 간행한 『마르크스 엥겔스 전집』은 마르크스의 '연합(Association)'을 무려 20여 개의 상이한 용어로 번역했는데, 이는 마르크스의 '연합'이 독자적 개념으로서 인정은커녕 인식조차 되지 못했음을 보여준다(田畑稔, 1998: 10). 하지만 '자유로운 개인들의 연합'으로서 마르크스의 공산주의는 1991년 구소련, 동유럽 체제의 붕괴 이후 주로 일본의 마르크스 연구자들이 주목하기 시작했다.[3] 자본주의 이후 새로운 사회에 관한 마르크스의 논의를 '자유로운 개인들의 연합'이라는 점에 초점을 맞춰 독해하면 마르크스의 공산주의에 대한 기존의 정통적 해석에서는 부차화되었거나 가려졌던 새로운 측면들이 부각된다. 자유, 개인, 연합이 바로 그것들이다.

필자는 이 글에서 우선 일본에서 이뤄진 마르크스의 '자유로운 개인들의

---

2) 1864년 마르크스가 주도적으로 창설한 International Working Men's Association은 통상 '국제노동자협회'로 번역되어왔지만, 이 글에서 주장하듯이 Association, 즉 '연합'이라는 용어에 대해 마르크스가 의식적으로 부여한 결정적 의미를 고려할 때 '국제노동자연합'으로 정정하는 것이 타당하다.

3) 일본에서 이뤄진 마르크스의 '자유로운 개인들의 연합' 사상에 대한 연구는 타바타 미노루(田畑稔, 1994, 1998), 오타니 데이노스케(大谷禎之介, 2011), 미야타 카즈야스(宮田和保, 2012) 등을 참고할 수 있다. 이 중 오타니 데이노스케(大谷禎之介)에 따르면 마르크스의 공산주의 개념은 ① 자유로운 개인들의 연합, ② 사회적 노동과 공동생산, ③ 생산과정의 의식적·계획적 제어, ④ 사회적 생산, ⑤ 사회적 소유, ⑥ 개인적 소유, ⑦ 협동조합적인 사회로 특징된다(大谷禎之介, 2011). 국내에서 이뤄진 마르크스의 '자유로운 개인들의 연합'에 관한 논의로는 김수행(2012), 박지웅(2013), 이재현(2014) 등을 참고할 수 있다.

연합'으로서 공산주의에 대한 연구를 집대성한 것이라 할 수 있는 오타니 데이노스케(大谷禎之介, 2011)의 연구에 주로 의존해 마르크스의 공산주의를 자유, 개인, 연합이라는 세 가지 키워드를 중심으로 재조명할 것이다. 필자는 이에 덧붙여 '자유로운 개인들의 연합'이 추상적인 유토피아적 구상이나 이념(idea)이 아니라 그 맹아가 자본주의에서 형성된다는 사실을 강조할 것이다. 또한 '자유로운 개인들의 연합'으로서 마르크스의 공산주의는 '노동자계급의 자기해방' 원리, '아래로부터 사회주의' 사상을 풍부화·정교화하는 이론적 자원이 될 수 있음도 보일 것이다. 나아가 마르크스의 '공산주의 초기 단계'에서 '자유로운 개인들의 연합'의 조절 원리인 노동시간 단위 조절 모델을 대안사회주의 모델의 완결판으로 특권화하는 것은 마르크스의 연속혁명 및 노동 폐지 사상과 상충된다고 주장할 것이다.

2. 마르크스의 공산주의: 자유로운 개인들의 연합

1) 자유

통설에 따르면 마르크스의 공산주의는 자유에 대해 부정적이다. 하지만 마르크스 자신은 공산주의를 '자유로운 개인들의 연합'이라고 부른 데서 보듯이 자유가 공산주의의 핵심 원리라고 보았다. 마르크스는 『독일 이데올로기』, 『공산당선언』, 『자본론』 1권에서 다음과 같이 말했다.

공산주의사회, 즉 개인들의 독자적이고 자유로운 발전이 결코 공문구가 아닌 단 하나의 사회(Marx and Engels, 1976: 439. 강조는 필자); 계급과 계급 대립을 가진 낡은 부르주아 사회 대신 각인의 **자유로운 발전**이 만인의 자유로운 발전의 조건이 되는 하나의 **연합**(eine Assoziation)이 나타나게 된다(마르크스·엥겔스, 1991: 421. 강조는 필자); 각 개인의 완전하고 **자유로운 발전**을 근본원리로 하는 좀 더 고차적 사회형태(마르크스, 1991: 749. 강조는 필자).

마르크스의 공산주의에서 자유는 계급사회에 필연적인 억압과 착취에서의 해방, '유적 존재(species-being)'로서 인간의 자기실현을 의미한다. 마르크스는 공산주의를 '필연의 왕국'에서 '자유의 왕국'으로의 이행이라 정의했고, 이를 위해서는 자유시간의 확대, 노동시간의 단축 및 생산력의 발전이 필요하다고 봤다. 마르크스는 『자본론』 3권에서 다음과 같이 말했다.

자유의 영역은 궁핍과 외적인 합목적성 때문에 강제로 수행되는 노동이 멈출 때 비로소 시작된다. 즉, 그것은 사태의 본질상 본래적인 물적 생산영역의 너머에 존재한다. 미개인이 자신의 욕망을 충족하기 위해, 즉 생활을 유지하고 재생산하기 위해 자연과 격투를 벌이지 않으면 안 되는 것과 마찬가지로 문명인도 그렇게 해야만 하고 더구나 어떤 사회형태 속에서도, 즉 모든 가능한 생산양식 아래서도 그렇게 해야만 한다. 그 미개인이 점차 발전함에 따라 그의 자연적 필연성의 영역은 욕망의 확대 때문에 함께 확대된다. …… 필연성의 영역을 넘어서야만 인간의 힘을 목적 그 자체로서 발달시키는 진정한 **자유의 영역**이 시작되는데 **자유의 영역**은 필연성의 영역을 기초로 개화될 수 있다. 노동일의 단축은 그 기본적인 전제조건이다(마르크스, 2004b: 998~999. 강조는 필자).

공산주의가 자본주의와 대립적이라고 해서 현대 자본주의의 이념인 자유주의 혹은 자유민주주의(liberal democracy)가 표방하는 자유, 평등, 민주주의 이념과 공산주의가 양립할 수 없다거나 공산주의가 이들을 부정하는 것은 아니다. 오히려 현대사회의 지배적 이념인 자유민주주의가 표방하는 자유, 평등, 민주주의 이념을 철저히 추구하는 것이 바로 마르크스의 공산주의이다. "마르크스는 공산주의자가 되기 위해 자유민주주의를 포기한 것이 아니라 자유민주주의의 약속을 현실로 만들기 위해 공산주의자가 되었다"(Johnson, 2000: 203). 자유민주주의가 표방하는 이념들은 보편적이기에 이들은 결국 생산수단의 사적 소유, 착취, 억압, 적대가 특징적인 자본주의의 제도적 특성들과 충돌한다(Rooksby, 2012). 자본주의에서 자유는 사회적으로 표현된 개인의 자기발전으로서의 자유가 아니라 적극적 소유, 소극적 권리, 소유하고 계약할 능력에 집착하는 자기소외된 개인주의의 형태로 나타난다. 따라서 진정한 자유를 위한 투쟁은 자본주의에 대항해 사회주의를 추구하는 투쟁과 불가분적이다. 정치적 해방은 자본주의에서 성취 가능한 해방의 최고 형태이지만, 이는 인간해방의 전 과정에서 하나의 단계일 뿐이고 이것만으로는 개인의 완전한 창조적 발전을 이룩할 수 없다(Brincat, 2014: 114). 마르크스는 『헤겔 법철학 비판 서설(Zur Kritik der Hegelschen Rechtsphilosophie)』(1844) 서문에서 정치적 해방의 한계는 "사회적 자유"를 구현함으로써 "사회적 자유의 기초 위에서 인간존재의 모든 조건을 조직"함으로써 극복될 수 있다고 주장했다(마르크스, 1990: 14. 강조는 필자). 『독일 이데올로기』에서도 "개인들은 진정한 공동체에서만 자신들의 연합 속에서, 또 연합을 통해서 자유를 획득할 수 있다"(Marx and Engels, 1976: 78. 강조는 필자)라고 말했다. 마르크스의 공산주의는 자유의 원리와 상충되기는커녕 이를 연속혁명 방식으로 확장, 심화하는 것이다.[4] 할 드레이퍼(Hal Draper)가 말했듯이, "마르크스는 자유민주주의를 위한

---

4) 청년 마르크스의 연속혁명 사상에 대한 연구는 드레이퍼(Draper, 1978), 님츠(Nimtz, 2000), 뢰비(Löwy, 2003) 등을 참조할 수 있다.

투쟁을 통해 사회주의에 도달한 최초의 사회주의 사상가이자 지도자였다"(Draper, 2001: 7. 강조는 필자).[5)]

2) 개인

흔히 공산주의는 개인과 개성을 무시하는 체제라고 주장된다. 하지만 마르크스의 공산주의에서 개인과 개성의 발전은 핵심적이다. 마르크스에서 공산주의사회란 개인들의 연합에 다름없다. 마르크스는 『독일 이데올로기』에서 공산주의사회는 "개인들의 독자적이고 자유로운 발전이 결코 공문구로 되지 않는 유일한 사회"이고 "개인들의 독자적이고 자유로운 발전"은 "만인의 자유로운 발전의 필연적인 연대" 및 "개인들의 보편적인 활동 방식" 속에 있는 "개인들의 관련"을 조건으로 한다는 점을 분명히 했다(Marx and Engels, 1976: 439). 마르크스가 추구했던 새로운 사회로서 공산주의는 노동하는 개인들이 자유로운 개인들로 관계함으로써 형성되는 연합이었다. 마르크스는 『정치경제학비판 요강(Grundrisse der Kritik der politischen Ökonomie)』(1857~1858)에서 다음과 같이 말했다.

> 개인들의 보편적인 발전 위에 세워진 또 공동적·사회적 생산성이 개인들의 사회적 능력으로서 종속되어 있는 것 위에 세워진 자유로운 개성 …… (공산주의에서) 출발점은 **자유로운 사회적** 개인이다. …… 풍부한 개성은 그 생산에서도 소비에서도 마찬가지로 전면적이고 따라서 그것이 행하는 노동은 이미 노동으로 나타나지 않고 활동

5) 1840년대 초 마르크스가 급진적 자유민주주의자에서 혁명적·민주주의적 공산주의자로 발전할 수 있었던 것은 마르크스가 자유와 민주주의를 추상적 이념으로서가 아니라 그 현실적·사회적 관계 속에서 파악했기 때문이다(Johnson, 2000: 203).

(Thätigkeit) 그 자체의 완전한 전개로서 나타난다(마르크스, 2000, I권: 138~139, 185, 333~334. 강조는 필자).

한편 프랑스어판 『자본론』 1권 24장 7절 '자본주의적 축적의 역사적 경향'에서 공산주의는 개인적 소유의 재건을 핵심으로 한다고 말했다.

자본주의적 생산양식에 적합한 자본주의적 취득은, 따라서 자본주의적 사유도 독립한 개인적 노동의 필연적 귀결에 다름 아닌 이 사적 소유의 제1의 부정이다. 그러나 자본주의적 생산은 자연의 변태를 지배하는 숙명으로 자기 자신의 부정을 낳는다. 이것은 부정의 부정이다. 이는 노동자의 사적 소유를 재건하는 것은 아니지만 자본주의 시대의 획득물에 기초해, 즉 협업과 토지를 포함한 모든 생산수단의 공동점유(possession commune)에 근거해 노동자의 개인적 소유(sa proprieté individuelle)를 재건한다(Marx, 1989b: 679. 강조는 필자).

앞의 문장에서 마르크스가 왜 생산수단의 사회적 소유라고 말하지 않고 노동자의 개인적 소유라고 말했는지, 그리고 이 개인적 소유가 의미하는 것은 무엇인지가 문제가 된다. 우선 분명한 것은 '제1의 부정'에서도 '제2의 부정'에서도 소유 대상은 노동조건, 생산조건이고 사회적 생산물 중 예컨대 개인적 소비재라는 특정 부분에 국한되는 것은 아니라는 점이다. 마르크스는 앞 문장에서 개인적 소비재의 소유뿐 아니라 생산조건 그 자체의 소유를 논의하고 있다(大谷禎之介, 2011: 158). 그러나 프리드리히 엥겔스(Friedrich Engels)는 『반듀링론(Anti Duhring)』(1877)에서 마르크스의 앞의 문장을 "한편으로는 생산의 유지 및 확장을 위한 수단으로서의 직접적인 사회적 전유와, 다른 한편으로는 생존과 향유의 수단으로서의 직접적인 개인적 전유에 기반을 둔 생산물의 전유양식 …… 프롤레타리아트는 국가 권력을 장악하고 생산수단을 먼저 국가적 소유(Staats-eigentum)로 전화한다"(엥겔스, 1987: 300~301. 강조는 엥겔스) 라는 식으로 해석했고 블라디미르 레닌(Vladimir Lenin)도 「인민의 벗은 누구인가(What the "Friends of the People" Are and How They Fight the Social-Democrats)」(1894)에서 엥겔스의 이런 해석을 반복했다(Lenin, 1977: 168~174). 마르크스의 공산주의를 '생산수단의 공동소유', 혹은 국유화와 동일시하는 스탈린주의 통설은 이에서 비롯되지만, 그와 관련한 기존 연구는 마르크스의 원문을 이렇게 독해하는 것이 곤란함을 밝혔다(西野勉, 1985). 마르크스는 실제로 '공산주의 초기 단계'의 소유형태도 '국가적 소유'가 아니라 "생산수단의 공유", "연합한 생산자의 공동소유", "노동자 자신의 협동조합적 소유(genossenschaftliches Eigentum)" 등의 용어로 지칭했다. 마르크스가 '부정의 부정' 논리를 통해 제시한 것은 통설에서 주장하듯이 '사회적 소유 → 사적 소유 → 사회적 소유'라는 전환 도식이 아니라, '자립적·개별적인 개인의 소유 → 자본가에 의한 타인 소유 → 연합한 사회적 개인의 소유'라는 전환 도식이다. 그는 『1861~1863년 초고(Manuskript 1861~1863)』(1861~1863)에서 다음과 같이 말했다.

> 자본주의적 생산양식에서는 물론 이것은 자본가 — 비노동자 — 가 이 사회적 대량 생산수단의 소유자라는 형태로 나타난다. 자본가는 실제로 노동자들에 대해 그들의 결합, 그들의 사회적 통일을 대표하고 있을 뿐이다. 그래서 이 대립적 형태가 없어지면 그 결과 생기는 것은 노동자들이 이 생산수단을 사적 개인들로서가 아니라 사회적으로 점유한다(besitzen)는 것이다. 자본주의적 소유란 단지 생산조건들에 대한 (따라서 생산물에 대한, 생산물은 항상 생산조건들로 변하기 때문에) 노동자들의 이와 같은 사회적 소유 — 즉, 부정된 개별적 소유 — 의 대립적 표현일 뿐이다. …… 이 노

동에 대한 자본가의 타인 소유가 폐지될 수 있는 것은 단지 그의 소유가 변혁되어 자립적 개별성에 있는 개별자가 아닌 자의 소유, 즉 **연합한 사회적 개인**(assoziierten, gesellschaftlichen Individuums)의 소유로서 자태를 취함으로써 뿐이다(Marx, 1994: 108~109. 강조는 마르크스).

여기에서 마르크스가 강조하는 바는 자본주의적 사적 소유와 사회적 소유가 대립한다는 사실이 아니라, 자본주의적 소유가 대립적이기는 해도 이미 사회적 소유를 표현한다는 점이다. 사회적 소유는 자본주의적 소유의 부정으로 처음 성립하는 것이 아니라 자본주의적 소유의 부정으로 그 가운데 잠재적으로 내포되었던 것이 모습을 드러낸 것이다(大谷禎之介, 2011: 152). 마르크스는 파리코뮌의 기록인 『프랑스 내전(The civil war in France)』(1871)에서도 다음과 같이 말했다.

코뮌은 다수자의 노동을 소수자의 부로 전환시키는 계급 소유를 폐지하려 했다. 코뮌은 수탈자의 수탈을 의도했다. 코뮌은 지금 주로 노동을 노예화하고 착취하는 수단으로 되어 있는 생산수단인 토지와 자본을 **자유로운 연합한 노동**의 단순한 도구로 전환시킴으로써 개인적 소유(individual property)를 진실된 것으로 만들기를 원했다(마르크스, 2003: 91~92. 강조는 필자).

앞의 문장에서 개인적 소유는 연합한 개인들의 소유라는 의미로 이해되어야 한다. 물론 연합한 개인들이 바로 '사회'이기 때문에 연합한 개인들의 소유는 동시에 사회적 소유, "연합한 생산자로서 자신들의 소유", "직접적인 사회적 소유로서의 소유"이다. 따라서 마르크스에게 개인적 소유의 재건이란 단지 생산수단이나 생산물이 누구에게 속하는가라는 문제를 넘어 인간적 개인들의 개성적·유적 발전을 위한 전제의 창출이라는 의미가 있다.

또 개인적 소유는 사적 소유와 동일하지 않다. 자본주의 사적 소유에서는 주체로서 노동하는 개인이 노동의 객관적 조건에서 분리되고 도리어 노동의 객관적 조건이 주체가 되어 노동하는 개인의 노동을 포섭하고 있다. 마르크스에서 자본주의적 사적 소유의 본질은 개인적 소유가 아니라 직접적 생산자에게서 생산조건의 분리이다. 마르크스는 사적 소유란 '자유로운 개인들의 연합'이 생산조건들을 직접적·사회적으로 전유함으로써만 종식된다고 봤다(Chattopadhyay, 1994: 128~129). 즉, 주체를 자본에 탈취당한 노동하는 개인들이 서로 주체로서 자유로운 개인들로서 관계하기 위해서는, 즉 공산주의적 개인적 소유를 재건하기 위해서는 자본주의적 사적 소유를 폐기해야 한다는 것이다(大谷禎之介, 2011: 110).[6]

자본주의적 사적 소유는 노동자에 의한 생산수단의 사회적 점유 및 소유를 대립적 형태로 포함하고 있지만 아직 그것을 현재화하고 있지 않다. 생산수단의 사회적 점유 및 소유는 자본주의적 사적 소유의 부정을 통해 현재화된다(大谷禎之介, 2011: 154). 다시 말하면 자본주의적 사적 소유의 부정은 사실상 이미 사회적 경영에 기초하는 자본주의적 사적 소유에서 자본주의적 사적 소유라는 외피를 해체하고 이를 명실상부한 사회적 소유로 만드는 과정이다. '자유로운 개인들의 연합'은 자신들의 소유, 즉 개인적 소유를 확립함으로써 생산수단의 사회적 소유를 직접적인 것으로 한다. 공산주의적 소유의 핵심은 "노동자와 노동조건들의 본원적 통일"이 "재건"(Marx, 1991: 340)되어 노동하는 개인들이 생산수단, 즉 노동의 객관적 조건들을 자신들에 속한

---

6) 구소련, 동유럽에서 '국유'란 노동하는 개인들에게서 생산수단의 분리를 의미했고 노동하는 개인들에 대해서는 그들과 대립하는 자립화된 생산수단의 타인에 의한 소유일 뿐이었고 이 점에서 그들과 대립하는 사적 소유였다(大谷禎之介, 2011: 4~5장).

것으로 관계하는 것이다(大谷禎之介, 2011: 119).[7] 자본가의 생산수단 소유를 부정함으로써 노동하는 개인들이 생산조건을 점유, 소유하는 상태가 재현되는데 이것이 개인적 소유의 재건이다. 즉, 개인적 소유에서 재건되는 것은 연합한 '사회적 개인'의 소유이고 그 소유의 주체는 비노동자가 아니라 노동하는 개인이다(大谷禎之介, 2011: 161).[8]

3) 연합

마르크스의 공산주의에서 또 하나의 핵심적인 개념은 '연합'이다. 마르크스는 초기 저작인『독일 이데올로기』와『철학의 빈곤(Misère de la philosophie)』(1847)에서 이미 자본주의 이후 새로운 사회를 '자유로운 개인들의 연합'으로 개념화했다. "혁명적 프롤레타리아트들의 공동사회에서 개인은 개인으로서 참여한다. 개인의 제어하에 개인의 자유로운 전개나 운동의 조건을 부여하는 것은 개인들의 연합(Vereinigung)이다"(Marx and Engels, 1976: 80. 강조는 필자). 노동자계급은 "**계급과 그 적대관계를 배제하는 연합**(une association qui exclura les classes et leur antagonisme) 으로 구래의 시민사회를 대체"(마르크스, 1988: 173. 강조는 필자)할 것이다. 마르크스는 그로부터 20여 년 뒤인 자신의 완숙기 저작들, 예컨대「임시 중앙평의회 대의원들을 위한 개별 문제들에 대한 지시들」(1866),『자본론』1권,「토지 국유화에 관하여」(1872)에서도 자본주의 이

7) "자본이 창조하는 물질적 기초 위에, 또 이 창조의 과정 중에 노동자계급과 사회 **전체가 경험하는 혁명들에 의해 비로소 노동자와 노동조건의 본원적 통일이 재건**(wieder hergestellt werden)**될 수 있다**"(Marx, 1991: 340. 강조는 필자).

8) 마르크스는『정치경제학비판 요강』에서 '사회적 개인'을 "자신들의 사회적 관계를 공동체적 관련으로서 공동적 통제하에 두고 보편적으로 발전한 개인들"(마르크스, 2000, I권: 143)이라 묘사하고 이와 같은 사회적 개인이 새로운 사회인 연합의 주체가 됨을 강조했다.

후 새로운 사회를 '자유로운 개인들의 연합'이라고 분명하게 표현했다. 즉, 마르크스의 공산주의란 "자유롭고 평등한 생산자들의 연합(association of free and equal producers) …… 자유롭고 협동조합적인 노동의 하나의 거대하고 조화로운 시스템(one large and harmonious system of free and co-operative labor)"(마르크스, 1993c: 137. 강조는 마르크스)이고 "공동적으로 합리적인 계획에 기초해 사회적 일을 수행하고 자유롭고 평등한 생산자들의 연합들로 이뤄진 하나의 사회", 혹은 "공동의 생산수단으로 노동하고 자신들의 다양한 개인적 노동력을 스스로 의식해 하나의 사회적 노동력으로서 지출하는 자유로운 인간의 연합(ein Verein freier Menschen)"(마르크스, 1991: 99. 강조는 필자), "공동적·합리적인 계획에 기초해 사회적 임무를 수행하는 자유롭고 평등한 생산자들의 연합들로 이뤄진 사회(a society composed of associations of free and equal producers)"(마르크스, 1995a: 156. 강조는 필자)이다. 마르크스는 『자본론』 3권에서도 연합으로서 공산주의사회의 토대는 "연합한 노동의 생산양식(die Produktionsweise der Assoziierten Arbeit)"[9]이라고 말하면서 "사회의 자본주의적 형태가 폐지되고 사회가 연합(Association)이라고 생각한다면 …… 자본주의적 생산이 연합에 의해 폐기된다고 할지라도"(마르크스, 2004b: 547, 812. 강조는 필자) 등의 언급에서 보듯이 자본주의 이후 새로운 사회를 명확하게 '연합'이라는 단어로 지칭했다. 구소련, 동유럽 혹은 오늘날 중국과 북한 사회가 이와 같은 '연합'으로서 마르크스의 공산주의와 아무런 공통점도 없음은 물론이다.

마르크스는 자본주의사회에서 자본으로 결합된(kombiniert) 노동자가 어떻게 해서 연합한(assoziiert) 개인들로 발전하는지를 구명하려 했다. 마르크스는 연합이 개인들의 아래로부터 자발적인 결사체라는 점을 강조했다. 오타니 데

9) "자본주의적 생산양식에서 연합한 노동의 생산양식으로의 과도기에 신용제도가 강력한 지렛대로 작용한다는 것은 조금도 의심할 여지가 없다"(마르크스, 2004b: 747. 강조는 마르크스).

이노스케에 따르면 마르크스는 사람들이 외부에서 어떤 힘으로 대상적·수동적·무의식적으로 결합된 것에는 '결합된(kombiniert, combined, combiné)'이라는 형용사를 사용한 반면, 사람들의 주체적·능동적·의식적인 관여(Verhalten)로 형성되는 것에는 '연합한(assoziiert, associated, associé)'이라는 형용사를 사용했다(大谷禎之介, 2011: 326). 즉, 마르크스는 공산주의사회가 자유로운 개인들, 즉 생산자들이 의식적·자각적·자발적·능동적·주체적으로 상호 결합해 형성하는 사회라는 점을 강조하기 위해 연합이라는 개념을 사용했다. 여기에서 '연합한 노동'이란 노동하는 개인들이 주체적·능동적·자각적·자발적으로 연합해 수행하는 노동이고 노동하는 개인들이 연합해 생산하는 사회적 생산물로 자신들의 욕구를 충족시키기 위해 수행하는 직접적으로 사회적인 노동이다. '연합한 노동'은 또 연합한 개인들이 생산 전체를 자신들의 관리하에 두고 이를 공동으로 의식적·계획적으로 제어하는 행위이고 다수의 노동하는 개인들의 협업으로 수행하는 사회적 노동이고 노동하는 개인들이 보편적 대상으로서 자연을 자신들의 협동으로 전면적으로 제어하는 실천적 행위, 즉 생산과정에 대한 과학의 의식적 적용이며 개인이 자신의 개성을 전면적으로 발휘하는 노동이다(大谷禎之介, 2011: 329~330). 마르크스에게 공산주의는 그 자체가 목적이 아니라 진정한 인간적 발전을 위한 수단이고 그 주체는 추상화된 '사회'나 '국가'가 아니라 자유로운 생산자 개인들, 다시 말해 연합한 개인들 혹은 연합한 협동조합적 조직이다.

'자유로운 개인들의 연합'으로서 마르크스의 공산주의 사상은 1864년 국제노동자연합 창립 이후 '노동자계급의 자기해방' 원리, '아래로부터 사회주의(socialism from below)' 사상으로 강령적으로 체계화되었다. 마르크스는 「국제노동자연합 임시규약」(1864)에서 '노동자계급의 자기해방' 원리를 명확하게 정식화했고[10] 「국제노동자연합 창립선언」(1864)에서 '노동자계급의 자기해방'은 '자유로운 개인들의 연합'의 현실태로서 협동조합에 의해 담보된다는 점을 강조했다. '아래로부터 사회주의'에 관한 기존의 연구들은 드레이퍼(Draper, 2001)에서 보듯이 주로 그 정치적 측면의 논의에 치중한 나머지 '자유로운 개인들의 연합'의 결정적 의의에는 거의 주목하지 못했다. 하지만 1864년 국제노동자연합의 창설은 마르크스의 '아래로부터 사회주의' 사상이 '자유로운 개인들의 연합'을 통해 비로소 구체화될 수 있음을 보여준다.

마르크스는 협동조합적 노동이 '연합한 노동'의 원형을 보여준다고 생각했다. 마르크스는 「국제노동자연합 창립선언」에서 협동조합 공장을 "위대한 사회적 실험"(마르크스, 1993a: 10)이라 높이 평가했다. 같은 해에 쓴 『자본론』 3권에서도 협동조합을 "연합한 생산양식으로의 이행형태"로 간주했다. "자본주의적 주식회사도 협동조합 공장과 마찬가지로 **자본주의적 생산양식에서 연합한 생산양식으로 가는 이행형태**(Übergangsformen aus der kapitalistischen Produktionsweise in die associirt)로 간주되어야 하는데 다만 전자에서는 자본과 노동 사이의 대립이 소극적으로 철폐되고 후자에서는 적극적으로 철폐되고 있다는 점이 다를 뿐이다"(마르크스, 2004b: 547. 강조는 필자). 마르크스는 특히 협동조합 공장은 "어떤 생산양식으로부터 물질적 생산력과 그것에 대응한 사회적 생산형태의 어떤 발전단계에서 새로운 생산양식이 자연적으로 형성되는" 사례로서 "자본과 노동의 대립이 이 협동조합 공장 내부에서는 폐기된다"라고 봤다(마르크스, 2004b: 576, 547). 마르크스는 1866년 국제노동자연합 제1회 대회에서 발표한 「잠정 일반평의회대의원에의 지시. 여러 가지 문제」에서도 협동조합이 "자유롭고 평등한 생산자들의 연합"이 가능하다는 것을

10) 주지하듯이 마르크스가 기초했던 「국제노동자연합 임시규약」은 "**노동자계급의 해방은 노동자계급 자신들에 의해 쟁취되어야 한다**"라는 문장으로 시작된다(마르크스, 1993b: 14. 강조는 필자).

자본주의사회 내부에서 "실제로 증명"했고 특히 "협동조합적 생산(co-operative production)"은 "현재의 경제 시스템의 토대를 공격"하고 있다고 높이 평가했다(마르크스, 1993c: 137).

하지만 일부 '어소시에이션주의자들' 혹은 '협동조합 사회주의론자들'(Jossa, 2005, 2012)처럼 협동조합의 발전이 점진적·자동적으로 정치 권력 획득과 공산주의 이행으로 이어질 수 있다고 상상하는 것은 마르크스의 생각과는 다르다. 마르크스는 「국제노동자연합 창립선언」에서 "정치 권력의 획득" 없이는 "협동조합적 노동"이 전국적 규모로 발전하는 것은 불가능하다고 분명하게 말했다(마르크스, 1993a: 11~12).

4) 자본주의론으로서 마르크스의 공산주의론

마르크스는 공산주의, 즉 '자유로운 개인들의 연합'의 구성요소들이 모두 자본주의 생산양식의 태내에서 잉태, 성숙된다는 사실을 강조했다. 마르크스는 사회적 생산이 공산주의라는 새로운 사회에서 처음 출현하는 것이 아니라 현재의 자본주의체제에서 비록 전도된 형태일지라도 잠재적으로 형성되므로 공산주의의 과제 역시 "**자본주의적 생산양식의 태내에서 발전한 형태들**(die im Schoß der kapitalistischen Produktionsweise entwickelten Formen)**을 그 대립적인 자본주의적 성격에서 분리하고 해방해 사고**"(마르크스, 2004b: 474. 강조는 필자)하는 것으로 설정한다. 마르크스는 『프랑스 내전』에서 "**노동자계급이 수행해야 할 것은 붕괴하는 낡은 부르주아 사회 그 자체의 태내에서 잉태되는 새로운 사회의 요소들을 해방하는 것**"(마르크스, 2003: 92. 강조는 필자)이라고 말했다. 즉, 공산주의란 자본주의에서 달성된 사회적 생산의 발전에서 그것이 자본주의에서 취하는 형태, 즉 '자본 밑으로의 노동의 포섭', 사회적 노동 생산력의 자본 생산력으로의 전화, 노동의 소외와 같은 형태들을 제거하는 과정이다(大谷禎之介, 2011: 106).[11] 마르크스는 또 자본주의적 사적 소유가 대립적이기는 할지라도 이미 사회적 소유를 표현한다는 점을 강조했다. 공산주의에서 사회적 소유는 자본주의적 사적 소유를 폐지한 후에 처음 성립하는 것이 아니라 자본주의적 사적 소유를 폐지함으로써 그 가운데 잠재적으로 포함되어 있던 것이 모습을 드러낸 것이다. 즉, 마르크스의 공산주의에서 핵심적인 것은 단순히 '사적 소유 → 사회적 소유'의 전화가 아니라 사적 소유라는 사회적 승인의 형태를 폐기함으로써 이 형태하에 이미 잠재적으로 형성되는 사회적 소유를 현재화하는 것이다(大谷禎之介, 2011: 114).

마르크스 공산주의론의 주된 과제는 미래 사회의 청사진을 그리는 것이 아니라 오히려 현재의 자본주의사회를 철저하게 분석하는 것으로서 자본주의 그 자체가 공산주의, 다시 말해 '자유로운 개인들의 연합'을 잉태하는 과정을 해명하는 것이다. 마르크스에게 '자유로운 개인들의 연합'이란 어떤 미래의 목적지가 아니라 자본주의사회 내부에서 이미 시작되는 노동자들의 연합과정이고 그 연장선에서 미래 사회가 구상되었다고 할 수 있다(田畑稔, 1998: 11). 그렇다면 마르크스에게 "**공산주의사회란 어떤 것인가라는 문제는 그가 그 가운데서 생활하는 자본주의적 사회 시스템의 인식 문제, 요컨대 자본주의 인식의 문제에 다름없다**"(大谷禎之介, 2011: 99~100, 142. 강조는 필자)라고 할 수 있다. 마르크스의 변증법적 방법의 핵심은 현재에 감춰져 있는 미래, 즉 "공산주의의 맹아(sprouts of communism)"를 찾는 것이다(Ollman, 2014: 66).[12] 마르크스

---

11) "임금과 잉여가치에서, 필요노동과 잉여노동에서 특수하게 자본주의적인 성격을 모두 제거한다면 남는 것은 이런 형태들이 아니라 모든 사회적 생산양식에 공통되는 이런 형태들의 기초일 뿐이다"(마르크스, 2004b: 1063).

12) "공산주의에 대한 마르크스의 접근을 재확립하고 노동자계급에게 널리 명확한 투쟁 방향을 제공하기 위한 첫걸음은 공산주의와 구소련의 관련을 단절하는 것이다. 그 대신 공산주의는

에 따르면 자본주의를 지양하는 연합은 자의적으로 형성되는 것이 아니라 자본주의사회를 지양할 수 있는 물질적·정신적 조건들을 전제하는데 이 조건들은 자본주의사회에서 발전한다. 마르크스에서 공산주의가 미래의 모델이 아니라 현실 운동인 것은 이 때문이다. 마르크스는 『독일 이데올로기』에서 "우리에게 공산주의란 달성해야 할 상태, 현실이 자신을 조정해야 할 이념이 아니다. 우리는 현재의 상태를 지양하는 현실의 운동을 공산주의라 부른다"(Marx and Engels, 1976: 49. 강조는 마르크스)라고 말했다. 마르크스는 『정치경제학비판 요강』에서 자본주의사회를 지양할 수 있는 물질적·정신적 조건들로서 생산과정에서 협업 및 분업과 대공업의 발전에 따라 자유롭게 처분할 수 있는 시간이 증대하고 이를 바탕으로 노동주체가 도야되는 과정에 주목했다. 마르크스는 이미 청년기에 '자유로운 개인들의 연합'으로서 공산주의를 개념화했지만, 이것이 자본주의 생산양식의 비판적 분석을 통해 자본주의의 역사적 경향으로 논증되고 기초된 것은 1857~1858년 『정치경제학비판 요강』 집필 전후이다.[13] 드레이퍼에 따르면 마르크스의 『자본론』 전 3권은 "노동자계급의 자기해방의 경제적 기초의 논증"(Draper, 2001: 9)에 다름없다. 마르크스는 만년의 저작인 『자본과 노동(Kapital und Arbeit)』(1876)[14]에서도 "자본주의 생산양식은 실은 하나의 이행형태이고 이는 자신의 유기

마르크스가 그렇게 했듯이 자본주의와 연계되어야 한다"(Ollman, 2014: 77. 강조는 필자).

13) 물론 마르크스는 청년기에도 공산주의를 현실 비판에 근거지우려 했다는 점에서 동시대 공상적 사회주의자들과 구분된다. 마르크스는 청년기인 1843년 아놀드 루게(Anold Ruge)에게 보낸 편지에서 다음과 같이 말했다. "우리는 세계를 독단적으로 전망하지 않고 옛것의 비판을 통해서만 새로운 세계를 발견하려 한다. …… 우리는 세계에 새로운 원리를 교조적 방식으로 대치시키지 않는다. …… 우리는 세계에 대한 새로운 원리를 세계 그 자체의 원리에서 발전시킨다"(Marx, 1975a: 142, 144).

14) 이 책은 마르크스가 대폭 수정, 가필한 요한 모스트(Johann Most)의 『자본론』 1권 입문서의 개정판이다.

적 작용으로 더 고차적인 **협동조합적 생산양식**(genossenschaftliche Produktionsweise) 인[15] 사회주의로 인도된다"(마르크스, 2014: 149. 강조는 마르크스)라고 말했다. 알랭 바디우(Alain Badiou)와 슬라보이 지제크(Slavoj Žižek) 등처럼 공산주의를 자본주의의 역사적·현실적 경향이 아닌 이념으로 환원하는 것은 자본주의론으로서 마르크스의 공산주의와 다르다.[16]

3. 마르크스의 공산주의와 계획

1) 시장의 폐지와 계획

마르크스의 공산주의에서는 생산, 분배, 소비 등 인간의 경제생활이 시장이나 국가와 같은 어떤 외적인 강제가 아니라 인간 자신의 의지로 자율적으로 통제된다. "교환가치로 생산 전체가 규제(die Regelung der Gesammtproduction durch den Tauschwerth)"(마르크스, 2004b: 1068)되는 자본주의와 달리 마르크스의 공산주의에서는 연합한 개인들이 생산을 규제한다. 마르크스에 따르면 '노동자계급의 자기해방'이란 노동자가 주체가 되고 노동자계급이 착취와 억압에서 해방된다는 것을 의미하는데, 이를 위해서는 노동력의 상품화

15) 모스트의 『자본과 노동』 1874년 초판에서 이 부분은 '사회적(gesellschaftliche) 생산양식'으로 되어 있었는데 1876년 출판된 개정판에는 마르크스의 교열을 반영해 '협동조합적(genossenschaftliche) 생산양식'으로 수정되어 있다(大谷禎之介, 2011: 72). 이는 마르크스가 공산주의의 핵심을 단지 '사회적 생산양식'이 아니라 '협동조합', 다시 말해 '연합'으로 파악했음을 잘 보여주는 에피소드이다.

16) 데사이(Desai, 2011)에 따르면 바디우, 지제크, 안토니오 네그리(Antonio Negri)의 '새로운 공산주의'는 '21세기판 프루동주의(prudhonisme)'이다.

를 폐지하고 노동력의 상품화를 발생시키는 시장 메커니즘과 그 핵심 요소인 상품과 화폐 범주를 폐지해야 한다(Chattopadhyay, 1994, 2014). 마르크스는 『정치경제학비판 요강』에서 '자유로운 개인들의 연합'이 시장과 양립할 수 없음을 다음과 같이 분명하게 말했다.

> 연합한 개인들에 의한 자신들의 전체 생산의 통제(die Controlle der vereinigten Individuen über ihre Gesammtproduction)를 **교환가치** 및 **화폐**의 기초 위에서 상정하는 것 이상으로 잘못되고 당치 않은 것은 없다. …… 모든 노동생산물, 활동, 부의 사적 교환은 …… 생산수단의 공동 소유 및 통제의 기초 위에서 연합한 개인들의 자유 교환과 정면으로 대립된다(마르크스, 2000, I권: 139~140. 강조는 마르크스).

마르크스는 「국제노동자연합 창립선언」, 『자본론』 3권에서 "생산 전체의 상호관련이 맹목적인 법칙으로서 생산당사자에게 강요"되고 "수요공급 법칙들의 맹목적인 지배"가 이뤄지는 "자본주의적 생산"과 달리, 공산주의에서 사회적 생산은 "사회적인 예측"으로 제어되고(마르크스, 1993a: 10) "생산당사자들이 **연합한 지성**(associirter Verstand)으로서 생산의 관련을 자신들의 공동적인 제어하에 두게"(마르크스, 2004b: 308. 강조는 필자) 된다고 말했다. 마르크스는 『1861~1863년 초고』, 『고타강령비판』에서도 다음과 같이 말했다.

> **노동이 공동인 경우에는 사회적 생산에 있어 인간들의 관계는 '사물'의 '가치'로는 표현되지 않는다**(Marx, 1989a: 316~317. 강조는 필자). **생산수단의 공유에 기초한 협동조합적인 사회의 내부에서는 생산자들은 자신들의 생산물을 교환하지 않는다**(마르크스, 1995b: 375. 강조는 필자).

이와 같은 마르크스의 공산주의 개념에 비춰 보면 이른바 '시장사회주의' 혹은 '사회주의 시장경제'란 형용모순이다.

마르크스에 따르면 공산주의는 "생산과정이 인간을 지배하는 것이 아니라 그 정반대"이다. 마르크스는 공산주의가 "자유롭게 사회적으로 된 인간들(frei vergesellschaftete Menschen)의 소산으로서 인간의 의식적·계획적인 제어"(마르크스, 1991: 100)이고 "연합한 생산자들의 제어(die Controlle der associirten Producenten)"임을 강조했다. 즉, 공산주의에서는 "사회적으로 된 인간, 연합한 생산자들이 맹목적인 힘으로 제어되는 것처럼 자신들과 자연 간의 물질대사로 제어되는 것을 중지하고 이 물질대사를 합리적으로 규제하고 자신들의 공동적 제어하에 두"고 "최소한의 힘의 소비로 자신들의 인간성에 가장 알맞고 적합한 조건들에서 이 물질대사를 수행한다"(마르크스, 2004b: 998). 마르크스에서 생산의 탈상품화는 생산조건의 탈소외의 조건이다(Burkett, 2014: 205~206). 마르크스는 『1861~1863년 초고』에서 공산주의는 "사회가 하나의 계획에 따라 작동하는 것처럼 생산수단과 생산력을 다양한 욕구의 충족에 필요한 정도에 따라 배분하고 그 결과 각 생산부면에서는 사회적 자본으로부터 각 부면에 대응하는 욕구의 충족에 필요한 만큼의 양이 할당되는 사회"(Marx, 1989a: 158. 강조는 마르크스)라고 묘사했다.

마르크스는 『프랑스 내전』에서도 당시 파리코뮌에서 협동조합 연합체가 하나의 공동계획에 기초해 전국의 생산을 조정하고 자신의 통제하에 두는 '연합 사회주의'의 실천 플랜에 착수했다는 점에 주목했다.

> 만약 연합한 협동조합적 조직들(united co-operative societies)이 하나의 계획(ein Plan)에 근거해 전국의 생산을 조정하고 그것을 자신의 제어하에 두며 자본주의적 생산의 숙명인 부단한 무정부 상태와 주기적 경련에 종지부를 찍을 수 있다면 여러분 이것이야말로 공산

주의, '가능한' 공산주의가 아니고 무엇이겠는가?(마르크스, 2003: 92. 강조는 필자).

그런데 여기에서 마르크스가 계획을 국가의 중앙관리기구에 모든 정보를 집중하고 그곳에서 작성된 단 하나의 계획에 따라 전국의 생산을 조정하는 것을 의미했다고 해석해서는 안 된다.[17] "전국의 생산을 조정하는" 주체는 '국가'가 아니라 복수로서 "연합한 협동조합적 조직들", "협동조합들의 총체(die Gesammtheit der Gesossenschaften)"이다.

마르크스는 연합한 개인들이 생산 전체를 의식적·계획적으로 제어하는 방식에 관해 구체적으로 언급하지 않았다. 마르크스의 이와 같은 '금욕'의 이유는 현실이 아직 포함하고 있지 않은 미래의 청사진을 자세하게 서술하는 것은 '노동자계급의 자기해방'과는 거리가 먼 '위로부터의 사회주의', '유토피아 사회주의'에나 어울릴 것으로 생각했기 때문이다(大谷禎之介, 2011: 99; Burkett, 2014: 219). 1990년대 이후 제기된 파레콘(Parecon), 협상조절 모델, 노동시간계산 모델 등 참여계획경제 모델[18]은 이 부분의 공백을 메우기 위한 시도라고 볼 수 있다.

2) 노동시간계산에 의한 조절

마르크스의 공산주의에서 거시경제 조절 원리는 '노동시간계산'에 기초한 아래로부터 '참여계획'이다. 마르크스는 이를 『고타강령비판』에서 다음

---

17) 독일어의 부정관사 ein은 영어 one과 a의 의미가 있는데 여기에서는 "어떤 계획(a plan)"의 뜻으로 읽는 것이 정확하다(宮田和保, 2012: 86).

18) 참여계획경제 모델의 주요 성과로는 앨버트(2003), 하넬(Hahnel, 2005), 더바인(Devine, 1988), 칵샷과 코트렐(Cockshott and Cottrell, 1993, 2005), 캠벨(Campbell, 2006, 2012), 라이브만(Laibman, 2012, 2013, 2014), 정성진(2006), 하태규(2014) 등이 있다.

과 같이 명확하게 정식화했다.

> 생산수단의 공동소유에 기초한 협동적 사회에서 생산자들은 자신들의 생산물을 교환하지 않는다. 이는 생산물에 지출된 노동이 여기에서는 이들 생산물의 가치로서, 즉 이들이 갖고 있는 물적 특성으로서 나타나지 않는 것과 마찬가지이다. 이제는 자본주의사회와 달리 개별적 노동은 더 이상 간접적 방식으로 존재하지 않고 총 노동의 한 구성부분으로 직접적으로 존재하기 때문이다. 그리하여 오늘날에도 그 애매모호함으로 인해 논박의 여지가 있는 '노동의 성과(Arbeitsertrag)'라는 용어는 모든 의미를 상실한다. 우리가 여기에서 다루는 사회는 자기 자신의 기초 위에서 **발전한** 공산주의사회가 아니라 자본주의사회에서 **생겨난** 공산주의사회이다. …… 따라서 개별적 생산자는 일단 여러 항목을 공제한 후 자기가 사회에 제공한 것과 정확히 같은 것을 사회에서 돌려받는다. 그가 사회에 제공한 것은 그의 개별적 노동량이다. 예컨대 사회적 노동일은 개별적 노동시간의 합계로 구성되고 각 개별적 생산자의 개별적 노동시간은 사회적 노동일에 그가 부가한 부분이며 사회적 노동일 중에서 그의 지분이다. 각 생산자는 (공동기금을 위한 자신의 노동을 공제한 다음) 자기가 이러저러한 양의 노동을 제공했다는 증서를 사회에서 받는다. 그리고 이 증서를 가지고 소비수단의 사회적 재고에서 이 증서와 동일 양의 노동이 지출된 소비수단을 **인출한다**. 그가 사회에 어떤 형태로 제공한 것과 동일 양의 노동을 그는 다른 형태로 돌려받는다(마르크스, 1995b: 375~376. 강조는 마르크스).

마르크스가 『고타강령비판』에서 정식화한 '공산주의 초기 단계'에서 노동시간에 의한 조절 원리는 『자본론』 1권과 2권에도 다음과 같이 제시되어 있다.

공동의 생산수단으로 일하고 다양한 개인의 노동력을 하나의 사회적 노동력으로서 의식적으로 사용하는 자유로운 개인들의 연합을 생각해보자. …… 이 자유인들의 연합의 총생산물은 사회적 생산물이다. 이 생산물의 일부는 또다시 생산수단으로 쓰이기 위해 사회에 남는다. 그러나 다른 일부는 연합의 구성원들에 의해 생활수단으로 소비된다. 따라서 이 부분은 그들 사이에 분배되어야 한다. 이 분배방식은 사회적 생산유기체 자체의 특수한 종류와 이것에 대응하는 생산자들의 역사적 발전 수준에 따라 변화할 것이다. 다만 상품생산과 대비하기 위해 각 개별 생산자에게 돌아가는 생활수단의 분배 몫은 각자의 노동시간으로 결정된다고 가정하자. 이 경우 노동시간은 이중의 역할을 하게 될 것이다. 정확한 사회적 계획에 따른 노동시간의 배분은 연합의 다양한 욕구와 해야 할 각종 사업 사이에 올바른 비율을 유지한다. 다른 한편으로 노동시간은 각 개인이 공동노동에 참가한 정도를 재는 척도로 기능하고 따라서 총생산물 중 개인적으로 소비되는 부분에 대한 그의 분배 몫의 척도가 된다. 개별생산자들이 노동과 노동생산물에서 맺게 되는 사회적 관계는 생산뿐 아니라 분배에서도 매우 단순하고 투명하다(마르크스, 1991: 99).

사회적 생산일 경우에는 화폐자본이 폐기된다. 사회는 여러 사업 부문에 노동력과 생산수단을 분배한다. 생산자들은 어떤 증서를 받아서 그것을 주고 사회의 소비용 재고에서 자신의 노동시간의 양에 해당하는 양을 인출하게 될 것이다. **이때 이 증서는 화폐가 아니다. 그것은 유통하지 않는다**(마르크스, 2004a: 429. 강조는 필자).[19]

앞의 인용문에서 보듯이 마르크스는 '공산주의 초기 단계'에서 이미 노동

19) 마르크스는 『자본론』 1권과 2권의 새로운 사회에 관한 단락들에서 홍미롭게도 국가라는 단어는 전혀 사용하지 않았고 단지 **사회**에 의한 생산과 분배의 조절만을 전망했다(Hudis, 2012: 175. 강조는 후디스).

이 직접적으로 나타나고 교환과 가치가 소멸하며 노동시간에 따른 분배가 이뤄진다고 분명히 말했다. 그런데 레닌은 『국가와 혁명(Gosudarstfo I refolyutsia)』(1917)에서 마르크스가 말한 '공산주의 초기 단계'를 자본주의에서 공산주의로의 이행기로서 사회주의와 동일시하고 이 단계의 주요 특징으로 생산수단의 국유화를 강조했다. 이행기로서 사회주의에는 생산수단의 국유화는 물론 시장과 화폐 및 가치 범주가 존재할 수 있다는 이오시프 스탈린(Joseph Stalin)의 '사회주의 생산양식론'과 시장사회주의론은 실은 이와 같은 레닌의 용어법에 기원한다. 하지만 마르크스 자신은 사회주의와 공산주의를 구별된 단계로 파악하지 않았다.[20] 마르크스에서 이행기는 프롤레타리아독재 시기이고 '사회주의=공산주의'는 이행기인 프롤레타리아독재 시기 이후에 도래하는 무계급사회이므로 국가도 정치도 존재하지 않는다.

마르크스에서 '공산주의 초기 단계'가 '발전한 공산주의 단계'와 구별되는 점은 노동시간계산에 의거한 경제 조절을 아직 달성하지 못했다는 것이 아니라, 아직 풍요에 이르지 못해서 노동시간계산에 의거한 경제 조절이 여전히 필요하다는 점에 있다. 따라서 마르크스가 『고타강령비판』에서 '노동증서론'을 제안한 것을 두고 그가 『철학의 빈곤』 등에서 일관되게 펼쳤던 '노동화폐론' 비판을 기각한 것이라고 해석하는 것은 근거가 없다. 『철학의 빈곤』, 『정치경제학비판 요강』 등에서 마르크스가 전개한 '노동화폐론' 비판은 시장을 폐지하지 않으면서도 '노동화폐'의 도입을 통해 상품에 체화된 노동량에 따른 등가교환을 이룩함으로써 자본주의적 착취를 폐지할 수 있다는 피에르-조제프 프루동(Pierre-Joseph Proudhon) 등의 '19세기 시장사회주의

20) 마르크스에게 사회주의란 공산주의로의 이행기이거나 공산주의의 낮은 단계가 아니라 공산주의 그 자체이다. 그에게 공산주의로의 이행기는 오히려 자본주의이다(Chattopadhyay, 2014: 47).

론'에 대한 비판이고,[21] 이는 결코 『고타강령비판』에서 제안한 자본주의 폐지 후 공산주의에서 '직접적으로 사회화된 노동'을 표현하는 '노동증서'를 매개로 한 노동시간 단위로의 계획 프로젝트와 모순되지 않는다(정성진, 2006; MHI, 2013). '공산주의 초기 단계'에서 노동시간이 경제 조절자라는 마르크스의 사상은 『고타강령비판』뿐 아니라 『정치경제학비판 요강』, 『1861~1863년 초고』, 『자본론』 등 여러 곳에서 반복해서 언급된 바 있는 마르크스의 일관된 사상이다.

최근 니시베 마코토(Nishibe, 2006), 가라타니 고진(柄谷行人, 2012) 등 일부 '어소시에이션주의자'들은 마르크스의 '자유로운 개인들의 연합'을 '지역교환체제(Local Exchange and Trading System: LETS)' 혹은 '교환양식 D'와 같은 일종의 시장사회주의와 동일시한다.[22] 하지만 마르크스의 '자유로운 개인들의 연합'의 조절원리는 어디까지나 시장의 폐지에 기초한 노동시간 단위 계산 계획 모델이다. 또 『고타강령비판』에서 마르크스가 제안한 '노동증서론'을 '공산주의 초기 단계'에서는 노동시간에 따른 분배가 아니라 노동성과에 따른 분배를 용인한 것으로 해석하는 것[23] 역시 마르크스의 진의와 다르다(정성진, 2006). 마르크스가 『고타강령비판』에서 "노동력의 질적 차이에 따른 분배의 차이를 인정"한 것은 사실이지만, 이것을 "노동성과에 따른 분배"라고 과잉 해석할 수는 없다. 노동성과의 차이는 노동자가 상당 부분 통제할 수

---

21) 마르크스는 『정치경제학비판 요강』에서 프루동이 제안하는 상품생산의 기초 위에서 등가교환을 구현하는 노동화폐체제는 자기모순적이고 따라서 그것을 논리적 결론까지 밀고 나가면 상품생산은 폐지된다고 지적한다. 프루동의 노동화폐론을 시장사회주의론의 원조로 해석, 비판한 논의로는 맥날리(McNally, 1993)를 참조할 수 있다.

22) 가라타니 고진은 다음과 같이 주장한다. "우리의 생각으로는 사회주의는 교환양식 D이다. …… 프루동의 사회주의나 아나키즘이 지향하는 바는 명백하다. 그것은 교환양식 D에 다름없다"(가라타니 고진, 2012: 338, 340).

23) 예컨대 곽노완(2006)을 참조할 수 있다.

있는 "노동력의 질적 차이"(노동강도, 노동숙련도)보다는 주로 노동자가 전혀 통제할 수 없는 노동력의 객관적인 기술적 조건(노동생산성)에도 기인하는데, 마르크스가 후자까지 '공산주의 초기 단계'의 분배 원리로 용인하지는 않았기 때문이다. 마르크스는 『고타강령비판』에서 '공산주의 초기 단계'에서 노동은 자본주의와는 달리 직접적으로 나타나기 때문에 "오늘날에도 그 애매모호함으로 인해 논박의 여지가 있는 '노동의 성과(Arbeitsertrag)'라는 용어는 모든 의미를 상실한다"라고 분명하게 지적했다.

3) 노동의 폐지

'자유로운 개인들의 연합'에서 사회적 자원의 배분 원리는 노동시간계산에 기초한 참여계획이다. 하지만 이를 칵샷과 코트렐(Cockshott and Cottrell, 1993, 2005) 등처럼 대안사회주의의 조절원리로 특권화하는 것은 마르크스의 '발전한 공산주의'의 이념과 거리가 있다. 마르크스는 '발전한 공산주의 단계'의 분배 원리는 노동시간에 따른 분배가 아니라 필요에 따른 분배라고 분명하게 말했다. 마르크스는 『독일 이데올로기』에서 각자는 자신의 능력에 따라 노동하고 그 노동에 따라 분배한다는 것은 "올바르지 않은 원칙(der falsche Satz)"이고 이는 각자에게 욕구에 따라 분배한다는 원칙으로 대체되어야 한다고 지적했고[24] 이를 『고타강령비판』에서 분명하게 정식화했다.

---

24) "그런데 공산주의가 모든 반동적인 사회주의와 구별되는 가장 본질적인 원리 중 하나는 인간의 자연 위에 기초한 다음과 같은 경험적 견해이다. 즉, 두뇌 및 지적 능력의 구별은 위 및 육체적 욕구들의 구별을 결코 전제하지 않는다는 것, 그러므로 우리의 현존의 관계들이 기초하고 있는 올바르지 않은 원칙, 즉 '각인에게는 그 능력에 따라서'라는 원칙은 그 좁은 의미에서의 향수와 관련되는 한에서는 '각인에게는 그 욕구에 따라서'라는 원칙으로 변경되어야 한다는 것, 바꿔 말하면 활동과 노동에 있어서 차이는 어떠한 불평등의 근거로도 되어서는 안 된다는 것, 점유와 향수의 어떠한 특권의 근거로도 되지 않는다는 것이다"(Marx

마르크스에 따르면 자본주의에서 노동은 욕구를 만족시키는 것이 아니라 노동의 밖에 있을 때 여러 가지 욕구를 만족시키기 위한 수단에 지나지 않은 외적인 노동, 소외된 노동, 강제노동으로서 임금노동이다. 그런데 '공산주의 초기 단계'의 '자유로운 개인들의 연합'에서도 개인에게 노동이 아직 하지 않으면 안 되는 어떤 것이라는 점에서 노동이 그 자체 제1의 생활욕구가 되는 '발전한 공산주의 단계'에서의 노동과 다르다. 『고타강령비판』에서 마르크스는 '공산주의의 초기 단계'에서 "개인들은 오직 노동자로서만 간주되고 다른 모든 것은 도외시되고 있다"(마르크스, 1995b: 377. 강조는 마르크스)라고 봤고 『정치경제학비판 요강』에서도 다음과 같이 말했다.

> 공동적 생산이 전제될지라도 시간 규정은 본질적인 것으로 남아 있다. 사회가 밀, 가축 등을 생산하는 데 적은 시간을 필요로 할수록 그 사회는 물질적이든 정신적이든 다른 생산을 위해 더 많은 시간을 번다. 각 개인의 경우와 마찬가지로 사회의 발전, 사회의 향수, 사회의 발전의 전면성은 시간의 절약에 좌우된다. 모든 경제는 결국 시간의 절약으로 귀착된다. …… 시간의 절약은 상이한 생산 영역에 대한 노동시간의 계획적 배분과 마찬가지로 공동적 생산의 토대 위에서 여전히 제1의 경제법칙이다. 그것은 오히려 훨씬 더 높은 정도의 법칙이 된다. 그렇지만 이 법칙은 노동시간에 의한 교환가치(노동이나 노동생산물)의 측정과는 본질적으로 다르다(마르크스, 2000, I권: 155).

그런데 청년 마르크스는 노동을 합리적·민주적으로 계획하는 것이 아닌 노동 자체의 폐지를 공산주의의 목표로 설정했다. 청년 마르크스는 공산주의

---

and Engels, 1976: 537. 강조는 마르크스).

에서는 외부의 목적으로 규정되는 도구적 활동, 즉 '합목적적 활동(zweckmäßige Tätigkeit)' 혹은 '목적으로 규정되는 활동(zweckbestimmte Tätigkeit)'으로서 노동이 폐지되고 자기목적적(Selbstzeweck) 활동, 즉 비도구적 활동으로서 '자기활동(Selbsttätigkeit)'이 지배적으로 된다고 봤다(Zilbersheid, 2004: 119~120). 청년 마르크스는 공산주의에서는 분업과 함께 도구적 생산으로서 노동이 폐지되고 자기활동, 즉 그 자체가 목적인 예술 활동 같은 활동이 지배적으로 된다고 봤다. 마르크스는『독일 이데올로기』에서 다음과 같이 말했다.

> 이전의 혁명들에서는 활동 양식은 언제나 변하지 않았고 그것은 단지 이러한 활동의 상이한 분배의 문제, 노동의 다른 사람들로의 새로운 분배의 문제였다. 하지만 공산주의 혁명은 기존의 활동 양식을 공격해 **노동을 폐지한다**(die Arbeit beseitigt). …… 프롤레타리아트는 자신을 개인으로서 실현하기 위해서는 …… 노동을 폐지해야 한다(die Arbeit aufheben). …… 공산주의에서만 자기활동이 물질적 생활과 일치한다. …… 노동의 자기활동으로의 전환은 여태까지의 조건적인 상호교류가 자유로운 주체들로서 개인들 자체의 상호교류로 전환하는 것에 대응한다. …… 공산주의사회에서의 문제는 노동을 자유롭게 하는 것이 아니라 폐지하는 것이다(Marx and Engels, 1976: 52, 80, 88, 205. 강조는 마르크스).

마르크스는 「리스트의 '정치경제학의 국민적 체계'에 대한 평주」(1846)에서 "노동은 본질적으로 부자유하고 비인간적 활동"이므로 "'노동의 조직'은 하나의 모순"이고 "사적 소유의 폐지는 우리가 그것을 '노동'의 폐지로 간주할 때 현실로 된다"라고 말했다(Marx, 1975b: 279. 강조는 마르크스). 즉, 청년 마르크스는 노동을 조직하는 것 자체가 하나의 모순이라고 간주하고 노동의 폐지 없이는 자본주의적 사적 소유를 폐지할 수 없다고 봤다.[25] 청년 마르크스에게 자본주의적 사적 소유는 소외된 노동에서 결과된 것이지 그 반대가 아니었다. 청년 마르크스는 노동 폐지가 공산주의의 핵심이라고 봤다. 이른바 '노동 해방'은 노동의 폐지, 즉 노동으로부터 삶의 해방, 삶을 노동으로 바꾸는 자본주의적 환원에서 해방될 때만 가능하기 때문이다(Cleaver, 2011).[26]

마르크스의 노동 폐지 사상은 중년기 이후 저작들에서도 부분적으로 발견된다. 예컨대 『정치경제학비판 요강』에서 마르크스는 "노동은 샤를 푸리에(Charles Fourier)가 원하는 것처럼 유희가 될 수 없다"라고 말하면서도, 공산주의에서는 "노동이 매력적인 노동(travail attractif), 개인의 자기실현, …… 자유로운 노동"으로 되고 "**노동은 더 이상 노동이 아니라 활동**(Thätigkeit) **그 자체의 완전한 발전으로 나타**"날 것이며 "사람이 사물에 시켜서 할 수 있는 것을 사람이 하는 것과 같은 노동이 중지"될 것이라고 전망했다(마르크스, 2000, II권: 266; 마르크스, 2000, I권: 333, 334. 강조는 필자). 주지하듯이 마르크스는 『정치경제학비판 요강』 중 특히 '기계에 관한 단상'에서 자본주의에서 이미 노동의 폐지 경향이 현실화된다고 전망했다.

> 노동은 더 이상 생산과정에 포함되어 있는 것으로 나타나지 않고 오히려 인간이 생산과정 자체에 감시자와 규율자로서 관계한다. …… 노동자는 그가 산업과정으로 변환시키는 자연과정을 자신의 제어하에 놓여 있는 비유기적 자연과 자신 사이에 수단으로 삽입한다. 그는 생산과정의 주 행위자가 아니라 생산과정 옆에 선다. 이러한

25) 구소련 사회주의경제가 실패한 것은 '노동의 폐지'가 아니라 '노동의 조직'을 시도했기 때문이다(Zilbersheid, 2004: 134).

26) 자율주의도 네그리(1994)나 포스톤(Postone, 1993)에서 보듯이 마르크스 공산주의의 핵심을 노동 폐지에서 찾는다. 하지만 자율주의는 자본주의에서 노동 폐지 경향과 동시에 현재화되는 잉여노동에 대한 무한한 갈망, 따라서 자본주의에서 노동 폐지의 근본적 한계를 보지 못하고 정치 권력의 쟁취, 부르주아 국가기구의 파괴 없이도 자본주의에서 노동의 완전한 폐지가 가능하다고 주장한다는 점에서 마르크스의 공산주의와 다르다.

변환에서 생산과 부의 커다란 지주로 나타나는 것은 인간 스스로 수행하는 직접적인 노동도 아니고 그가 노동하는 시간도 아니며 그 자신의 일반적인 생산력의 점취, 그의 자연 이해, 사회적 형체로서의 그의 현존에 의한 자연 지배, 한마디로 말해 사회적 개인의 발전이다. 현재의 부가 기초하고 있는 타인 노동시간의 절도는 새롭게 발전된 대공업 자체가 창출한 이 기초에 비하면 보잘 것 없는 것으로 나타난다. 직접적인 형태의 노동이 부의 위대한 원천이기를 중지하자마자 노동시간이 부의 척도이고 따라서 교환가치가 사용가치의 척도이기를 중지하고 중지해야 한다. 대중의 잉여노동이 일반적 부의 발전을 위한 조건이기를 중지했듯이 소수의 비노동도 인간 두뇌의 일반적 힘들의 발전을 위한 조건이기를 중지했다. 이에 따라 교환가치에 입각한 생산은 붕괴하고 직접적·물질적 생산과정 자체는 궁핍과 대립의 형태를 벗는다. 개성의 자유로운 발전, 따라서 잉여노동을 정립하기 위한 필요노동시간의 단축이 아니라 사회의 필요노동시간의 최소한으로의 전반적 경감이 생겨나고, 그 경우 이 경감에는 개인들을 위해 자유롭게 된 모든 시간과 창조된 모든 수단에 의한 개인들의 예술적·과학적 교양 등이 대응한다. …… 진정한 부는 모든 개인의 발달한 생산력이다. 그 경우에는 부의 척도는 더 이상 노동시간이 아니라 가처분 시간이다. 부의 척도로서의 노동시간은 부 자체를 빈곤에 입각한 것으로서 정립하고 가처분 시간을 잉여노동시간과의 대립 속에서 그리고 이 대립을 통해서만 실존하는 것으로서 정립한다. 즉, 그것은 개인의 전체 시간의 노동시간으로의 정립, 따라서 또 개인의 단순한 노동자로의 전락, 노동 아래로의 포섭으로서의 정립이다(마르크스, 2000, II권: 380~381, 384. 강조는 마르크스).

마르크스는 「국제노동자연합 창립선언」에서도 "임금노동은 …… 자발적인 손과 임기응변하는 지력과 즐거운 마음으로 자신의 일을 하는 연합한 노동에 자리를 양보하고 소멸할 운명에 있다"(마르크스, 1993a: 11. 강조는 마르크스)라고 말하면서 "임금노동"의 "연합한 노동"으로의 대체를 전망했다. 마르크스는 『자본론』 1권 15장 '기계와 대공업'에서도 자본주의 발전에 따라 "노동의 전환"과 "기능의 유동성"이 촉진되고 "사회적 기능들"이 점차 "차례대로 수행하는 각종의 활동들"로서 수행될 수 있게 되면서 지휘 기능의 분업적 고정화가 극복되고 "어떤 종류의 노동이라도 절대적으로 할 수 있는", "전면적으로 발달한 개인들"의 "연합한 노동"이 현실화되는 조건, 즉 분업이 폐지되고 노동이 "활동"으로 전환되는 조건, 다시 말해 노동이 폐지되는 조건이 성숙한다고 봤다(마르크스, 1991: 614~615).

그렇지만 마르크스는 중년 이후 노동 폐지 사상에서 점차적으로 후퇴한다(Zilbersheid, 2004). 마르크스가 『자본론』 3권에서 '필연의 왕국'과 '자유의 왕국'을 구별한 것은 그 단적인 예인데, 여기에서 마르크스는 생산은 도구적 활동으로서 노동으로 구성되는 '필연의 왕국'에서 벗어날 수 없다고 봤다. 마르크스는 『1861~1863년 초고』에서 자본주의 이후 새로운 사회에서도 "교환가치가 제거된다 할지라도 노동시간은 항상 부의 창조적 실체와 생산 비용의 척도로 남아 있을 것이라고 전망했다"(Marx, 1989a: 391. 강조는 마르크스). 마르크스는 『자본론』 1권에서도 "사회적 생활과정, 즉 물질적 생산과정의 모습은 이것이 자유로운 연합한 인간들에 의한 생산으로 되고 그들의 의식적·계획적 제어 아래 놓이게 될 때 비로소 그 신비의 베일이 벗겨진다"(마르크스, 1991: 100)라고 말하면서 노동을 폐지하는 것보다 노동을 포괄적·민주적으로 계획하는 것을 인간해방의 기초로 설정했다. 또한 『고타강령비판』에서 '발전한 공산주의 단계'에서도 "노동은 단지 생활을 위한 수단일 뿐 아니라 그 자체가 제1의 생활욕구로 된다"(마르크스, 1995b: 377)라고 전망하면서 청년기 자신의 노동 폐지 사상을 사실상 철회했다.

마르크스 이후 사회주의 역사에서 새로운 체제 건설의 갈망이 구소련·동유럽의 경험에서 보듯이 노동과 화폐가 지배적 척도로 존속하는 상황으로 이어지고 노동을 미덕으로 찬미하는 관행을 재생산해왔던 것(Cleaver, 2011)은 마르크스 자신이 중년 이후 노동 폐지 사상에서 후퇴한 것과 무관하지 않다. 하지만 그동안 다수 마르크스주의자들도 유토피아로 치부해왔던 청년 마르크스의 노동 폐지 사상과 '발전한 공산주의 단계'론은 오늘날 재조명될 필요가 있다. 질버스하이트(Zilbersheid, 2004)는 마르크스가 초기의 노동 폐지 사상에서 후퇴하게 된 까닭을 당시 급속하게 발전하던 기술의 도구적 성격에 압도된 것이라고 추측하고 오늘날 정보통신 기술의 발전은 기존의 도구적 기술과 달리 해방적 기술의 가능성과 노동 폐지 전망을 제시한다고 주장한다. 리기(Rigi, 2013)는 오늘날 네트워크에 기반을 둔 분산된 생산 공동체들의 자발적 참여를 통해 공동재(commons)를 생산하는 '동료 생산(peer production)'이 자본주의를 대체할 수 있는 새로운 생산양식으로 출현하고 있다고 주장한다. 다이어-비데포드(Dyer-Witheford, 2013)도 자동화, 3D 프린팅, '동료 생산'과 같은 사이버네틱 기술이 발전하면서 희소성이 풍요로 대체되고 가격기구나 계획에 대한 필요가 사라지면서 이른바 "사이버네틱 공산주의(cybernetic communism)", 즉 마르크스의 '발전한 공산주의 단계'가 현실화되고 있다고 주장한다. 이런 주장들은 그 기술결정론적 편향(Smith, 2012) 혹은 자율주의적 편향에도 불구하고 마르크스의 공산주의가 오늘날 적실성을 갖기 위해서는 노동시간 단위 계산에 기초한 계획 모델인 '공산주의 초기 단계'를 넘어서 노동 그 자체의 폐지, 나아가 "능력에 따라 일하고 필요에 따라 분배받는" '발전한 공산주의'를 전망해야 함을 지시한다는 점에서 의미가 있다.

마르크스의 공산주의는 '공산주의 초기 단계'의 노동시간 단위 조절 모델로 완결되는 '닫힌 모델'이 아니다. 마르크스의 공산주의는 '자유로운 개인들의 연합'에서 가속화되는 노동 폐지 경향을 전면화함으로써 '초기 공산주의' 모델을 연속혁명으로 해체해 '발전한 공산주의'로 나아가는 '열린 모델'이다. 실제로 마르크스는 『경제학·철학 수고(Ökonomisch-philosophische Manuskripte aus dem Jahre 1844)』(1844)에서 다음과 같이 말했다. "공산주의는 즉각적 미래의 필연적 형태이자 동태적 원리이다. 그러나 공산주의 그 자체는 인간 발전의 목표가 아니다"(마르크스, 1987: 96. 강조는 필자).

이와 관련해 최근 가라타니 고진은 마르크스가 1850년 이후 자신의 연속혁명 사상을 기각했다고 주장하면서[27] 마르크스의 '자유로운 개인들의 연합'을 이른바 '교환양식 D'로 환원, 한정한다. 하지만 드레이퍼(Draper, 1978), 님츠(Nimtz, 2000), 뢰비(Löwy, 2003)의 연구에 따르면 마르크스의 연속혁명 사상은 원래 1848년 혁명 경험을 바탕으로 민주주의 혁명의 연속, 심화 논리로 정식화되었지만, 이후 마르크스의 사상에서 일관되게 견지되었다. 그렇다면 마르크스의 연속혁명 사상은 자본주의의 타도 전략으로서뿐 아니라 '자유로운 개인들의 연합', 즉 공산주의 발전의 논리에도 확장, 적용될 수 있다.

4. 맺음말

통설은 마르크스의 공산주의를 사적 소유의 철폐, 국유화, 계획경제 등과 동일시한다. 하지만 이는 실제 마르크스의 공산주의와 다르다. 마르크스의 공산주의는 '자유로운 개인들의 연합'을 핵심으로 한다. 이 글에서는 '자유

27) 가라타니 고진은 다음과 같이 주장한다. "마르크스는 1848년 시점에서 '연속혁명' 이론에 찬동했었다. 하지만 2년 후 그것을 부정했다. …… 이후의 마르크스는 역사적 단계의 '뛰어넘음'에 대해 매우 진중해졌다. …… 하지만 트로츠키는 마르크스가 부정한 '연속혁명'을 억지로 끌어냈다"(가라타니 고진, 2012: 365~366).

로운 개인들의 연합'의 세 가지 키워드인 자유, 개인, 연합이 마르크스의 공산주의에서 어떤 의미를 갖는지를 구체적으로 검토했다. 특히 '자유로운 개인들의 연합'이 추상적인 유토피아적 구상이나 이념이 아니라 그 맹아들이 자본주의에서 형성된다는 사실을 강조했다. 또 '자유로운 개인들의 연합'으로서 마르크스의 공산주의는 고전 마르크스주의의 '노동자계급의 자기해방' 원리와 사회주의, 민주주의, 자유주의의 접합으로서 21세기 '아래로부터 사회주의'를 풍부화, 정교화하는 주요한 이론적 자원이 될 수 있음을 보였다.

하지만 마르크스의 '초기 공산주의 단계'에서 '자유로운 개인들의 연합'은 '노동조직'과 '시간경제', 즉 노동시간으로 조절이 이뤄진다는 점에서 노동의 폐지 경향, 즉 '발전한 공산주의'로의 이행 경향과 모순적이다. 실제로 '초기 공산주의 단계'에서 마르크스의 노동시간 단위 조절 모델을 '실행 가능한 공산주의 모델'로 특권화하는 것은 청년 마르크스의 연속혁명 및 노동 폐지 사상과 상충되고 '프루동주의'로 후퇴하는 것이다. '초기 공산주의 단계'와 '발전한 공산주의 단계' 사이에 만리장성을 쌓고 후자를 기약 없는 미래의 과제로 미루는 것은 마르크스의 공산주의와 거리가 있다. 마르크스의 '자유로운 개인들의 연합'을 '역사의 종언'이 아니라 '열린 사회'로 사고하고 여기에서 '발전한 공산주의'로의 이행의 경향들, 특히 노동 폐지 경향을 검출하고 확장할 필요가 있다.

참고문헌

가라타니 고진(柄谷行人). 2012. 『세계사의 구조』. 조영일 옮김. 도서출판 b.

곽노완. 2006. 「맑스 사회(공산)주의론의 모순과 21세기 사회주의」. ≪마르크스주의 연구≫, 제3권 제6호.

김수행. 2012. 『마르크스가 예측한 미래사회』. 한울.

네그리, 안토니오(Antonio Negri). 1994. 『맑스를 넘어선 맑스』. 윤수종 옮김. 새길.

마르크스, 카를(Karl Marx). 1987. 『경제학·철학 수고』. 김태경 옮김. 이론과 실천.

______. 1988. 『철학의 빈곤』. 강민철·김진영 옮김. 아침.

______. 1990. 「헤겔 법철학의 비판을 위하여. 서설」. 『칼 맑스 프리드리히 엥겔스 저작선집』, 제1권. 최인호 외 옮김. 박종철출판사.

______. 1991. 『자본론』 제I권. 김수행 옮김. 비봉출판사.

______. 1993a. 「국제노동자협회 발기문」. 『칼 맑스 프리드리히 엥겔스 저작선집』 제3권. 최인호 외 옮김. 박종철출판사.

______. 1993b. 「국제노동자협회 임시규약」. 『칼 맑스 프리드리히 엥겔스 저작선집』 제3권. 최인호 외 옮김. 박종철출판사.

______. 1993c. 「임시 중앙평의회 대의원들을 위한 개별 문제들에 대한 지시들」. 『칼 맑스 프리드리히 엥겔스 저작선집』 제3권. 최인호 외 옮김. 박종철출판사.

______. 1995a. 「토지 국유화에 관하여」. 『칼 맑스 프리드리히 엥겔스 저작선집』 제4권, 최인호 외 옮김. 박종철출판사.

______. 1995b. 「고타강령비판 초안」. 『칼 맑스 프리드리히 엥겔스 저작선집』 제4권. 최인호 외 옮김. 박종철출판사.

______. 2000. 『정치경제학비판 요강』 제I, II, III권. 김호균 옮김. 백의.

______. 2003. 『프랑스 내전』. 안효상 옮김. 박종철출판사.

______. 2004a. 『자본론』 제II권. 김수행 옮김. 비봉출판사.

______. 2004b. 『자본론』 제III권. 김수행 옮김. 비봉출판사.

마르크스(Karl Marx)·엥겔스(Friedrich Engels). 1991. 「공산주의당 선언」. 『칼 맑스 프리드리히 엥겔스 저작선집』 제1권. 최인호 외 옮김. 박종철출판사.

모스트, 요한(Johann Most). 2014. 『자본과 노동: 마르크스의 숨겨진 자본론 입문』. 카를 마르크스 개정, 가필. 오타니 데이노스케 일본어판 옮김, 주석. 정연소 우리말 옮김. 한울.

박지웅. 2013.「자유로운 개인들의 연합에서 자유, 개인 및 연합: '마르크스가 예측한 미래사회'」. ≪마르크스주의 연구≫, 제10권 제1호.

앨버트, 마이클(Michael Albert). 2003.『파레콘: 자본주의 이후, 인류의 삶』. 김익희 옮김. 북로드.

엥겔스, 프리드리히(Friedrich Engels). 1987.『반듀링론』. 김민석 옮김. 새길.

이재현. 2014.「맑스의 어소시에이션과 개인적 소유」. 제1회 맑스코뮤날레 리딩맑스 콜로키움 발표 논문집(2014.9.19).

정성진. 2006.「'21세기 사회주의'와 참여계획경제를 위하여」.『마르크스와 트로츠키』. 한울.

______. 2015.「마르크스의 공산주의론의 재조명」. ≪마르크스주의 연구≫, 제12권 제1호.

하태규. 2014.「참여계획경제의 대외경제관계」. 경상대학교 대학원 박사학위논문.

大谷禎之介. 2011.『マルクスのアソシエーション論』. 櫻井書店.

田畑稔. 1994.『マルクスとアソシエーション』. 新泉社.

______. 1998.「アソシエーション」. マルクス·カテゴリー事典編輯委員會 編.『マルクス·カテゴリー事典』. 青木書店.

西野勉. 1985.「否定の否定:個人的所有の再建」. 富塚良三·服部文男·本間要一郎 編.『資本論體系 3』. 有斐閣.

宮田和保. 2012.「マルクスのアソシエーション論」. ≪經濟理論≫, Vol. 49, No. 2.

Anton, A. and R. Schmitt(eds.). 2012. *Taking Socialism Seriously*. Lexington Books.

Brincat, S. 2014. "Emancipation and the Limits of Marx's Cosmopolitan Imaginary." in S. Brincat(ed.). 2014. *Communism in the 21st Century*, Vol. 1. Praeger.

Burkett, P. 2014. "Marx's Vision of Sustainable Human Development." in S. Brincat(ed.). *Communism in the 21st Century*, Vol. 1. Praeger.

Campbell, A. 2006. "Competition, Conscious Collective Cooperation and Capabilities: The Political Economy of Socialism and Transition." *Critique*, Vol. 34, No. 2.

______(ed.). 2012. "Special Issue: Designing Socialism: Visions, Projections, Models." *Science and Society*, Vol. 76, No. 2.

Chattopadhyay, P. 1994. *The Marxian Concept of Capital and the Soviet Experience*. Praeger.

______. 2014. "Socialism and Human Individual in Marx's Work." in S. Brincat(ed.). *Communism in the 21st Century*, Vol. 1. Praeger.

Cleaver, H. 2011. "Work Refusal and Self-organisation." in A. Nelson and F. Timmerman (eds.). *Life Without Money: Buiding Fair and Sustainable Economies*. Pluto Press.

Cockshott, P. and A. Cottrell. 1993. *Towards a New Socialism*. Spokesman.

______. 2005. "Reflections on Economic Democracy." *Research in Political Economy*, Vol. 22.

Cockshott, P. and D. Zachriah. 2012. *Arguments for Socialism*. http://eprints.gla.ac.uk/58987/ (검색일: 2015.10.10)

Cowling, M. and P. Leynolds(eds.). 2000. *Marxism, the Millenium and Beyond*. Palgrave.

Desai, R. 2011. "The New Communists of the Commons: 21st Century Proudhonists?" *International Critical Thoughts*, No. 2.

Devine, P. 1988. *Democracy and Economic Planning*. Polity Press.

Draper, H. 1978. *Karl Marx's Theory of Revolution, Vol. 1 The Politics of Social Classes*. Monthly Review Press.

______. 2001. *Socialism from Below*. Humanities Press.

Dyer-Witheford, N. 2013. "Red Plenty Platforms." *Culture Machine*, Vol. 14.

Hahnel, R. 2005. *Economic Justice and Democracy: From Competition to Cooperation*. Routledge.

Hudis, P. 2012. *Marx's Concept of the Alternative to Capitalism*. Brill.

Johnson, A. 2000. "Democratic Marxism: the Legacy of Hal Draper." in M. Cowling and P. Leynolds(eds.). *Marxism, the Millenium and Beyond*. Palgrave.

Jossa, B. 2005. "Marx, Marxism and the Cooperative Movement." *Cambridge Journal of Economics*, Vol. 29, No. 1.

______. 2012. "A System of Self-managed Firms as a New Perspective on Marxism." *Cambridge Journal of Economics*, Vol. 36, No. 4.

Laibman, D. 2012. *Political Economy after Economics*. Routledge.

______. 2013. "Mature Socialism: Design, Prerequisites, Transitions." *Review of Radical Political Economics*, Vol. 45, No. 4.

______. 2014. "Horizontalism and Idealism in Socialist Imagination: An Appraisal of the Participatory Economy." *Science and Society*, Vol. 78, No. 2.

Lenin, V. 1977(1894). "What the 'Friends of the People' Are and How They Fight the Social-Democrats." *Collected Works*, Vol. 1. Progress Publishers.

Löwy, M. 2003. *The Theory of Revolution in Young Marx*. Brill.

Marx, K. 1975a. "M. to R.." Letters from Deutsch-Französische Jahrbücher. *MECW*, Vol. 3.

______. 1975b. "Draft of an Article on Friedrich List's Book Das nationale System der politischen Okonomie." *MECW*, Vol. 4.

______. 1989a. *Economic Manuscripts of 1861~63*. *MECW*, Vol. 32.

______. 1989b. *Le Capital. MEGA* II/7.

______. 1991. *Economic Manuscripts of 1861~63. MECW*, Vol. 33.

______. 1994. *Economic Manuscripts of 1861~64. MECW*, Vol. 34.

Marx, K. and F. Engels. 1976. *The German Ideology. MECW*, Vol. 5.

McNally, D. 1993. *Against the Market*. Verso.

MHI. 2013. "Marx's Critique of Socialist Labor-Money Schemes and the Myth of Council Communism's Proudhonism." http://www.marxisthumanistinitiative.org/alternatives-to-capital/marx%E2%80%99s-critique-of-socialist-labor-money-schemes-and-the-myth-of-council-communism%E2%80%99s-proudhonism.html(검색일: 2015.10.10)

Nelson, A. and F. Timmerman(eds.). 2011. *Life Without Money: Building Fair and Sustainable Economies*. Pluto Press.

Nimtz, A. 2000. *Marx and Engels: Their Contributions to the Democratic Breakthrough*. SUNY.

Nishibe, M. 2006. "The Theory of Labour Money: Implications of Marx's Critique for the Local Exchange Trading System(LETS)." in H. Uchida(ed.). 2006. *Marx for the 21st Century*. Routledge.

Ollman, B. 2014. "Communism: The Utopian 'Marxist Vision' versus a Dialectical and Scientific Marxist Approach." in S. Brincat(ed.). *Communism in the 21st Century*, Vol. 1. Praeger.

Postone, M. 1993. *Time, Labor and Social Domination*. Cambridge University Press.

Rigi, J. 2013. "Peer Production and Marxian Communism: Contours of a New Emerging Mode of Production." *Capital and Class*, Vol. 37, No. 3.

Rooksby, E. 2012. "The Relationship Between Liberalism and Socialism." *Science and Society*, Vol. 76, No. 4.

Smith, T. 2012. "Is Socialism Relevant in the 'Networked Information Age'? A Critical Assessment of The Wealth of Networks." in A. Anton and R. Schmitt(eds.). *Taking Socialism Seriously*. Lexington Books.

Uchida, H.(ed.). 2006. *Marx for the 21st Century*. Routledge.

Zilbersheid, U. 2004. "The Vicissitudes of the Idea of the Abolition of Labour in Marx's Teachings-Can the Idea be Revived?" *Critique*, Vol. 35.

제2장

마르크스의 대안적 소유개념

하태규 | 경상대학교 사회과학연구원 학술연구교수

1. 문제제기

자본주의사회를 넘어선 대안사회 개념에서 소유개념이 차지하는 비중은 상당하다. 그럼에도 최근의 대안사회 모델 논의에서 소유개념은 그다지 많이 논의되지 않고 있다. 참여계획경제 모델 논의들은 대체로 대안사회의 소유를 '사회적 소유' 혹은 '공적 소유'로 보지만 그 내용을 구체화하는 논의는 드물다.[1] 과거 스탈린주의체제에서 사회주의소유는 국가소유로 이해되었다. 하지만 이런 국가소유는 사회주의에서 국가의 실존을 전제한다는 측면에서 논리적으로 성립 불가능한 개념이었다. 스탈린주의의 근거인 마르크스적 사회

1) 파레콘 모델은 생산수단 소유개념이 존재하지 않는다는 의미에서 생산자의 사회적 소유를 단순히 말한다(앨버트, 2003: 149~152). 노동시간 모델은 개인적 생존과 노동의 가치를 보장하는 개인적 소유권과 생산수단의 공적 소유권과 이에 근거한 토지사용에서 차액지대를 도입하는 논의를 한다(Cockshott and Cottrell, 1996: 14장). *Science and Society* 2012년 특집에서 소유는 5가지 논쟁 주제에 포함되지 않는다[Campbell(ed.), 2012].

주의는 국가가 지양된 사회이기 때문이다.[2] 마르크스적 사회주의에서는 국가가 지양된 조건에서 자유로운 인간들의 연합의 경제적·정치적 형식으로 사회가 구성된다. 시민사회와 분리된 국가가 실존하는 한, 국가는 특별한 소수에 의해 관리되고 이런 사람들은 특권계급으로 변한다. 그 결과 국유화된 소유는 특권계급의 소유로 전락한다. 이런 논리적 결론은 역사적으로 스탈린주의체제뿐 아니라 자본주의체제의 국가소유들에서도 증명되고 있다.

그래서 1990년대 소련체제 붕괴 이후 대안사회주의 모델 논의에서 사회적 소유가 지배적인 개념이 되었다. 하지만 이 개념은 스탈린주의자들에게도 공격당하는 하나의 단순한 추상에 그치고 있다. 그런데 마르크스는 이에 관한 주목할 만한 논의를 했다. 『자본론(Das Kapital)』(1867) 1권에서 사회적 소유가 아니라 사회적 점유, 즉 '공동점유' 개념을 사용하고 "지구와 …… 생산수단들의 공동점유에 근거한 개인적 소유"를 대안사회의 소유개념으로 제시하고 있다.

"공동점유에 근거한 개인적 소유"라는 마르크스의 대안사회의 소유(이하 대안적 소유)개념의 의미를 검토하는 것이 이 글의 목적이다. 이를 위해 카를 마르크스(Karl Marx)의 대안사회 개념 일반을[3] 파악할 필요가 있지만 이런

---

2) 마르크스는 대안사회의 정치개념을 『프랑스 내전(The civil war in France)』(1871)에서 국가 파괴와 새로운 정치적 형식의 도입으로 정식화한다. "노동계급은 이미 만들어진 국가기구를 단순히 장악하고 …… 사용할 수 없다"(*Marx and Engels Collected Works*, 이하 *MECW* 22: 328). 대신 "이 새 코뮌은 …… 현대의 초강권을 분쇄한다." 코뮌은 "사회에 의한 국가 권력의 재흡수"를 열망하고 "마침내 발견된 노동의 경제적 해방을 성취할 정치적 형식"(*MECW* 22: 334)이며 "그런 사회적 해방의 …… 노동의 해방의 정치적 형식"(*MECW* 22: 490)이다. 블라디미르 레닌(Vladimir Lenin)은 이러한 마르크스의 인식을 더욱 발전시켜 『국가와 혁명(Gosudarstfo I refolyutsia)』(1917)을 저술했다.

3) 스탈린주의 5단계설에서 사회주의와 공산주의를 구분한 것과 달리 마르크스는 대안사회를 공산주의, 사회주의, 자유로운 인간들의 연합 등으로 동일하게 취급했다(Chattopadhyay, 2011: 107~108; 김수행, 2012: 63~66; Hudis, 2011: 275 참조 바람). 그러므로 이 글 전체

파악은 그 자체로 방대한 작업을 요하고 이 글의 범위를 벗어난다. 다만 소유와 연관하에서 필요한 개념들을 같이 검토하겠다. 여기서 한 가지 전제할 것은 마르크스의 대안사회 개념들은 통상적으로 이해하듯이 단편적인 것만이 아니라 일생의 저술들 속에서 체계적으로 제시되어 있다는 점이다(Hudis, 2011 참조). 또한 이런 대안개념들은 초기 개념들의 폐기나 단절 없이[4] 약 40년의 흐름 속에서 더욱 정교하고 구체적인 개념들로 발전되었다. 이런 전제에서 2절에서는 예비 작업으로 자본주의 생산양식의 소유개념을 존 로크(John Locke), 장 자크 루소(Jean-Jacques Rousseau), 임마누엘 칸트(Immanuel Kant), 게오르크 빌헬름 프리드리히 헤겔(Georg Wilhelm Friedrich Hegel) 등을 통해 비판적으로 파악하겠다. 3절에서는 마르크스의 대안적 소유개념의 내용을 구체적으로 파악하겠다. 4절에서는 이런 마르크스의 대안적 소유개념이 21세기에 대안사회 모델을 구성하는 데서 갖는 의미를 파악하고 5절에서 마무리하겠다.

2. 자본주의 생산양식에 고유한 소유의 개념

자본주의 생산양식에 고유한 소유(자본주의적 소유)에 대해 지배적으로 통용되어온 개념은 부르주아 자유주의적인 소유개념이다. 이를 가장 잘 대변하는 것이 사회계약론자 로크의 사적 소유권개념이다. 로크가 구상한 자연상태는 인간의 자연권을 정당화하기 위한 이론적 요청이다. 이 원초적 자연상태에서 신에게 부여받은 인간의 권리는 타인이 침범할 수 없는 절대적인 것이

에서 대안적 소유는 공산주의, 사회주의, 자유로운 인간들의 연합의 소유와 동일한 개념이다.

4) 마르크스의 주요한 개념들, 예를 들어 소외(Entfremdung)개념 등이 초기부터 후기까지 어떻게 연속하고 발전하며 정교해졌는지에 관해서는 무스토(2013: 3, 8, 11장)를 참조하라.

다. 이때 인간은 소유권(property), 즉 생명, 자유, 재산(estate)의 소유권리를 가진다. 로크는 인간의 첫 번째 권리로서 생명을 인정함으로써 인간의 자기보존욕구를 인정한다. 이런 인간학적 전제에서 두 번째 권리가 도출되는데 자유는 첫 번째 권리인 자기보존의 욕구를 충족시키기 위한 전제조건이다. 세 번째 권리는 자기보존을 목적으로 하는 자유가 구체적으로 실현되기 위해 인간은 무엇인가를 필요로 한다는 전제에서 도출된다. 따라서 자유가 현실에서 가능하기 위해서는 소유물이 필요하다는 것이 로크의 전제이다. 그런데 로크에 의하면 애초에 신은 땅을 인류에게 공유물로 준 것이다. 그렇다면 최초의 공유물에서 어떻게 사적 소유가 발생하는가? 로크의 답은 인간은 이미 독립적 개인으로 전제되기 때문에 이 공유물에서 소유권으로 넘어갈 때 이미 이 소유는 사적일 수밖에 없다는 것이다. 결국 소유가 사적 소유권으로서 개인의 자유를 실현할 수 있는 권리로서 인정된 것은 자연상태에서 로크가 전제하는 인간학적 규정의 필연적 귀결이다(이상형, 2014: 235~237).

그렇다면 이 사적 소유권을 통해 획득된 소유물은 어떻게 정당화되는가? 자유주의, 더 정확히는 자유지상주의(정원섭, 2013) 소유개념의 원조라고 할 로크는 사적 소유권의 근원을 노동에서 찾았다. 내가 나의 노동을 사물에 투여함으로써 나는 그 사물에 "자연이 이룩해놓은 것 이상의 그 무엇을 …… 첨가"했고 이렇게 '내'가 그 안에 투여된 노동의 산물은 정당하게 '나의' 소유물이다(로크, 1990: 51; 김준수, 2014: 259). 인간의 신체가 자신의 것인 한 그 노동은 당연히 그의 것이고 이로부터 공유물에 자신의 것이 보태지면 그것은 개인의 소유가 된다. 노동을 통해 "자연 그대로의 공유상태에서 벗어나 그의 노동이 첨가한 무언가를 가지게 되면 그 첨가로 인해 그것에 대한 타인의 공유권리가 배제"되는 것이다(로크, 1990: 50; 이상형, 2014: 237).

로크는 또한 "다른 사람들을 위한 양질의 것들이 충분히 남아 있을 때(good

and enough for)"라는 유보조항하에 최초의 점유취득도 정당화했다(로크, 1990: 50; 정원섭, 2013: 341). 그러므로 비록 로크가 자연상태에서 배타적 소유권을 확립하며 타인의 동의를 간과했지만 자신의 소유물을 정당화하기 위한 전제로서 타인에 대한 고려가 스며든다. 이 유보조항은 소유물을 자신의 것으로 주장하기 위한 두 가지 "소유의 제한"으로 해석된다. 첫째, 노동을 통한 소유물은 모두 나의 것이지만 소유물의 양에는 제한이 따른다. 즉, 소유물은 우리가 단지 즐길 수 있을 만큼, 썩기 전에 삶에 이득이 되도록 사용할 수 있을 만큼만 허용된다. 둘째, 노동을 통한 소유물이 나의 것이기 위해서는 나의 노동으로 인해 타인의 소유물이 감소되어서는 안 된다(이상형, 2014: 238; 정원섭, 2013: 341~342 참조). 그러나 이런 소유의 제한은 화폐를 인정함으로써 그 도덕적 의미가 축소된다. 두 가지 제한은 화폐의 도입과 함께 해체되는 것이다. 화폐는 인간이 상하지 않고 보관할 수 있는 것으로서 재산을 지속적으로 확장할 수 있는 계기를 제공했다(로크, 1990: 64~65 참조; 이상형, 2014: 238).

이에서 로크의 사적 소유권은 자본주의와 결합하면서 부의 불평등 문제를 발생시키고 결국 이론의 정당성에 심각한 의문을 제기하게 한다(이상형, 2014: 238). 하지만 개인의 자유를 최대한 존중하는 자유지상주의 관점에서는 이런 사적 소유가 개인의 자유로운 선택의 결과라면 설사 현재가 심각한 불평등 상황이라 하더라도 정당화된다(정원섭, 2013: 341). 이렇게 전형적인 부르주아 로크에[5] 의해 대변된 자본주의 생산양식의 소유개념은 자유지상주의 소유개념으로서 부의 심각한 불평등을 감수하더라도 개인의 자유로운 선택을 존중하는 개념이다.

하지만 로크의 사적 소유권개념은 논리적 모순을 내포한다. 세 가지 권리

5) 로크는 1670년 당시 많은 양의 토지수입이 있었고 비단무역, 노예무역, 해외기업 등에 많은 돈을 투자하고 있었다(이상형, 2014: 235, 각주 1).

가 인정되는 자연상태는 인간이 본래 자연적으로 가지고 있는 상태이기에 유효하다는 것이 로크의 주장이다. 하지만 자연상태는 아무런 역사적 근거가 없는 가상일 뿐이다. 이는 자신이 원하는 사회를 구성하기 위해 필요한 자연상태를 전제하는 선결문제 요구의 오류를 내포한다. 그럼에도 로크에 의하면 자연상태에서 인간은 완전한 자유와 평등의 상태에 놓여 있다. 하지만 자연상태가 자유와 평등이 지배하는 사회라면 우리에게 다른 사회는 필요하지 않을 것이다. 여기에 로크의 또 다른 모순이 드러난다. 그래서 로크의 자연상태는 이상적 상태이면서 동시에 투쟁의 상태일 필요가 있다. 그래서 이런 투쟁을 극복하기 위해 사회 구성원들은 시민사회로 가는 것을 동의해야 한다. 하지만 이런 동의는 소유를 정당화하는 것이 아니라 자연상태에서 시민사회로 이행하기 위한 조건으로 등장한다. 이미 로크는 사적 소유권이 시민사회의 동의가 아니라 자연상태에서의 노동에서 발생한다고 전제했다. 그러나 이런 설명은 권리에 대한 이해부족의 결과이다. 권리는 타인의 인정과 동의로만, 즉 공적인 토대에서만 발생할 수 있기 때문이다(이상형, 2014: 238~240).

같은 사회계약론자로 분류되지만 루소는 부르주아 사적 소유개념의 모순을 예리하게 파악한 논자이다. 국가의 기원이 부자들의 허울 좋은 논법에 의해 그들의 소유보호를 위한 목적으로 시작되었다고 봤던 루소는 소유권의 보호가 만인의 이익을 보장하려면 먼저 부의 비례적 평등 — 모든 시민이 사적 소유를 가지고 경제적 독립성을 유지하는 상태 — 이 전제되어야 한다고 주장했다. 자신의 사적 소유를 갖지 못한 사람은 누구도 자유로울 수 없다는 것이 루소의 생각이었다(임화연, 1990: 227~228).

루소는 자연상태를 벗어난 후 인간의 발전과정을 사적 소유의 발생에 의한 인간의 타락과정으로 규정한다. 이런 사적 소유는 그 발생 초기부터 자연상태에서 행복하게 살고 있는 인간의 순수한 자연감정을 파괴할 뿐 아니라 사회에서 나타나는 모든 악덕의 원인이 된다. "한마디로 한편에서는 경쟁과 대항심, 다른 한편에서는 이해의 대립 그리고 항상 타인을 희생시켜 자신의 이익을 얻고자 하는 은근한 욕망, 이러한 모든 악들이 사적 소유의 최초의 효과이고 갓 생겨난 불평등과 뗄 수 없는 결과인 것이다"(루소, 2013: 99). 특히 전쟁을 "인간관계가 아니라 사물관계"에서 발생하는 것으로 보고 "소유가 없는 자연상태나 모든 것이 법률의 권위에 종속되는 사회상태에서는 존재할 수 없는 것"(루소, 2002: 17)이라고 본 것은 그의 사상을 국제관계에까지 확대한다. 나아가 루소는 이러한 소유는 시간의 흐름과 함께 부유한 자들에 의해 사회제도로 변했다고 본다(이태일, 1975: 53~54).

말하자면 루소는 발생 중인 자본주의 생산양식 내에서 사적 소유로 파생될 모순들을 민감하게 간취했다. 하지만 루소는 사적 소유를 부정하거나 배제하지 않고 오히려 그 토대 위에서 정치이론을 구성하고 있다. 『사회계약론(Du Contrat social)』(1762)에서 그는 사회계약의 결과 "인간이 획득하는 것은 사회적 자유와 그가 점유하는 모든 것에 대한 소유권"임을 주장하면서 이 소유권은 폭력의 결과이거나 선취권에 지나지 않는 점유와는 명백히 구별되는, 따라서 명확한 권리에 근거해서만 비로소 확립될 수 있는 것이라고 했다. 따라서 정치사회에서 무엇보다 사적 소유를 토대로 해서 인간관계와 사회질서가 이뤄져야 하는 것이다. 다만 사적 소유에 대한 그의 비판은 건설되어야 할 사회에서의 평등과 관련된다. 이렇게 볼 때 루소가 생각한 사적 소유와 평등 간의 문제는 사적 소유의 폐지에 의한 평등이 아니라 지나친 빈부의 차이를 줄임으로써 인간이 자연상태에서 가지고 있던 자연적 평등을 보장하려는 것이었다(이태일, 1975: 54~55).

이런 소유권개념에서 독립적 소생산자들의 평등한 민주주의를 추구했다고 평가되는 루소의 성취와 한계를 동시에 볼 수 있다. 사적 소유를 인간불평등의 기원으로 인식하고 그 모순을 예리하게 파악했음에도 사적 소유에 근거한 소생산자들의 자유로운 공동체를 꿈꾼 루소는 역사 발전이 이런 소생산자 자체를 파괴할 것이라는 점을 예견하지 못한 한계를 동시에 보여준다.

반면 칸트는 어떤 면에서 루소보다 후퇴해 부르주아 자유주의 소유개념 완성에 몰두했던 논자이다. 우리가 로크식으로 원래 자연이 공유된 것으로 본다면 타인 동의 없이는 내가 아무리 많은 노동을 투입해도 소유권이 발생하지 않는다는 문제에 부딪히게 된다(김상봉, 2012: 20; 이상형, 2014: 240). 칸트는 이런 문제를 인식하고 로크와 다르게 소유권을 정당화한 자유주의자이다. 그에게 소유는 공적인 토대에 기초한 법적인 소유이다(이상형, 2014: 240).

다르게 표현하면 칸트는 감각적 점유와 예지적 점유(intelligibler Besitz)의 종합으로 정당한 소유가 마련될 수 있다고 봤다(김석수, 2007: 55). 그래서 정당한 소유를 단순한 경험적 사실이 아니라 "선험적으로 합의된 만인의 의지"라는 이성적 사실로 설명한다. 이런 점에서 그의 소유이론은 이성법에 기초한다(정대성, 2012: 115). 내가 단순히 어떤 것을 일시적으로 점유한다고 그것이 나의 것이 된다면, 그 경우 모든 것이 소유될 수 있는 상태에 빠져들게 되어 결국 아무도 소유하지 못하는 상태에 직면하게 될 것이다. 따라서 어떤 것을 자신의 것으로 하려는 자의의 준칙은 모두가 허용할 수 있는 보편적 법칙으로 발전되지 않으면 안 된다(김석수, 2007: 55~56).

그래서 단순한 감각적 점유의 정당화를 경계하는 칸트는 특히 사적 소유가 근원적 공유(communio possessionis originaria)에 입각해야 함을 강조한다(김석수, 2007: 56). 칸트는 『윤리형이상학(Die Metaphysik der Sitten)』(1797)에서 다음과 같이 썼다.

> 하나의 사물에 대한 권리는 내가 다른 사람들과 공유하는 사물을 사적으로 사용할

수 있는 권리이다. 이 공유야말로 나로 하여금 모든 다른 소유자를 그 사물의 사적인 사용에서 배제하는 것을 가능하게 하는 유일한 조건이기 때문이다. 만약 이런 공유를 전제하지 않는다면, 내가 그 사물을 소유하고 있지 않는데 어떻게 그것을 소유하거나 사용하는 다른 사람들에게서 내가 권리를 침해당할 수 있다는 것인지가 전혀 이해될 수 없을 것이다(칸트, 2012: 194).

즉, 칸트에 의하면 사적 소유권이란 내가 아직 소유하지 않은 것을 처음으로 소유할 수 있게 하는 권리가 아니라 원래부터 내가 모든 타인과 공동으로 소유하는 것에서 다만 타인의 소유와 사용을 배제할 수 있게 하는 권리이다(김상봉, 2012: 1～2).

이 배제의 권리로서 소유권 자체는 자연상태가 아니라 시민적 상태에서의 계약을 통해 성립한다(이상형, 2014: 240). 칸트는 일방적 의지가 아니라 일반의지에 의거해서 취득해야 소유의 정당성을 마련할 수 있음을 강조한다(칸트, 2012: 187, 192, 198). 이런 맥락에서 칸트는 사회의 통일이자 자유의 기반인 법은 주관적 요소를 탈락시킨 "근원적 계약"(칸트, 2012: 269)에 입각해야 함을 주장한다. 이런 근원적 계약을 통해 시민상태에 들어오기 전에 자연권으로 지니고 있었던 잠정적·예비적인 점유는 공동의지의 법칙에 기초한 시민법에 참여함으로써 비로소 확정적인 점유가 된다. 따라서 개인은 시민법에 들어가야 하고 이런 법이 존재하는 시민상태로서의 국가에서만 자유로운 존재가 될 수 있다(칸트, 2012: 270; 김석수, 2007: 61).

그런데 이렇게 자유로운 개인들의 공존의 조건을 위한 보편타당한 법칙을 정당화하기 위해 칸트에게 행위의 모든 의도와 목적이 고려될 수 없는 형식주의는 필연적이다. 법이 다양한 자유의 공존의 조건이 되기 위해 경험적 요소는 추상화되어야 한다. 이는 곧 칸트의 법이 도덕법칙이 가지는 형식주의,

추상적 보편주의라는 특성을 동일하게 가짐을 의미한다. 그러나 이런 예지적 이념(die intelligible Idee)으로서의 법 개념은 결국 칸트의 도덕적 보편주의가 내적 의지와 외적 의지의 영역 모두를 규제하는 원리로 작용해 구체적 타자에 대한 무배려, 현실과 경험에 대한 무감각 등을 내포한다는 비판을 받게 된다. 결국 이와 같은 상황은 자연법, 특히 소유권을 초역사적·선험적으로 정당화하려는 고전적 자유주의의 시도가 한계에 직면함을 보여주는 것이다(이상형, 2014: 243~244).

다른 한편, 칸트는 근원적 공유를 주장하면서 "원초적 공유"개념을 비판했다. "모든 사람들의 토지점유는 그들의 모든 법적행위에 선행하는 것으로서 근원적 공동점유이다. 이 개념은 허구적인 원초적 공유(communio primaeva) 개념처럼 경험적·시간적 조건에 종속되는 개념이 아니고, 실천적 이성개념으로서 오직 그것에 따라서만 사람들이 땅 위의 장소를 정당한 법칙에 따라 사용할 수 있게 되는 원칙을 선험적으로 포함한다"(칸트, 2012: 180). 원초적 공유란 당대 크리스티안 볼프(Christian Wolff), 고트프리트 아헨발(Gottfried Achenwall) 등이 주장한 개념으로 토지는 역사적으로 원초적인 공유상태였다는 것이다(김상봉, 2012: 9~14). 칸트가 이 원초적 공유개념을 비판하는 까닭은 만약 이 개념이 사실이라면 원시시대에 인류가 모여 만물을 공유하기로 합의하고 계약했을 텐데 이것에 대한 아무런 증거를 찾을 수 없기 때문에 공상이라는 것이다. 하지만 이렇게 비판하면서도 칸트가 이름만 다를 뿐 그다지 다를 바 없는 자연상태에서 토지공유를 다시 상정할 수밖에 없었던 까닭은 어떤 의미로든 만물의, 특히 토지의 근원적인 공유를 상정하지 않는다면 어떻게 사적 소유권이 정당화될 것인지 아무런 근거도 제시할 수 없다고 생각했기 때문이다(김상봉, 2012: 19).

하지만 현실적 연관을 상실한 당위법칙의 체계가 과연 어떤 의미에서 현실을 규정하는 원리가 될 수 있는지는 적어도 근원적 공유의 이념을 두고 보자면 그다지 분명치 않다. 로크같이 신을 끌어들이지 않고도 순수하게 이성적으로 자연법을 해명하고 정당화하려는 근대적 시도가 어떤 곤경에 처했는지를 잘 보여준다. 신을 등진 근대적 이성은 결코 자기완결적인 정당화의 체계를 수립하지 못한다(김상봉, 2012: 22~23). 이 원초적 혹은 근원적 공유개념은 부르주아 사적 소유개념의 한계의 비밀을 드러내는 중요한 개념이다. 이는 다음에 다시 검토하기로 하고 우선 헤겔로 넘어가자.

철학일반에서도 그렇듯이 헤겔은 소유에서도 기존 개념들의 비판적 종합을 통한 부르주아 소유개념의 완성자라고 할 수 있다(정대성, 2012: 115 참조). 헤겔은 『법철학(Grundlinien der Philosophie des Rechts)』(1821)에서 소유권을 다루면서 정치적 질서를 전제함으로써 로크처럼 개인적 노동에만 전적으로 의존하지 않는다. 또한 이런 정치적 질서를 인위적 계약의 산물로 간주하지 않을 뿐 아니라 개인의 소유권에 대한 제한을 주장하지 않는다는 점에서 루소와도 구별된다. 그러나 헤겔은 로크와 마찬가지로 노동을 욕구충족과 함께 시민사회를 움직이는 동력으로 이해함으로써 시민사회에서 개인들이 지닌 무한한 특수한 권리, 욕구충족의 수단으로서 개인의 배타적 소유권을 인정하는 한편, 공동체의 의지인 국가에 대해 절대적 권리를 부여함으로써 루소에 동의하는 것처럼 여겨지기도 한다(정미라, 2003: 453~454).

헤겔에서 자연은 본능이라는 인간의 내적 자연과 어떠한 정치적 질서도 형성되어 있지 않은 직접적·외적 자연이라는 이중적 의미에서 자유가 아닌 부자유를 의미한다. 헤겔에서 소유권은 자연상태가 아닌 정치적 질서가 형성된 사회상태에서 비로소 가능하다. 이런 사회상태에서 소유권의 주체로서 인격(Person)은 단순한 자연인이 아니고 오랜 도야과정을 통해 자신을 보편적 존재로 정립한 법적 주체이다(정미라, 2003: 457). 그런데 철학을 관념론적으로 서술해 의식, 자기의식, 정신, 사유, 의지, 의욕 등을 주체로 표현한 헤겔의 논리에 따르면 사유가 대상 속에서 자신을 이론적으로 실현하듯 의지는 대상 속에서 자신을 실천적으로 실현한다. 이런 점에서 의지는 자신을 대상 속에 각인하는 자유의지이다. 헤겔은 바로 이 의지개념에서 법(Recht)개념을 도출한다. 의지가 객체로 구현되어 있는 것, 그것을 '법'이라 칭한다. 그래서 헤겔이 말하는 법은 통상적인 시민법(추상법)뿐 아니라 도덕법칙과 인륜적 제도 및 세계사도 포함한다(헤겔, 1989: 91~95; 정대성, 2012: 118).

의지의 자유가 확보하려는 자유의 최초의 양식은 소유를 통해 마련되는 것으로 이런 소유에 관계하는 주체가 인격이다. 그러나 이 인격은 외부 사물과의 관계에서 아직 무매개적인 직접성에 머물러 있다(헤겔, 1989: 99). 이 단계 인격은 생각이 모자라는 사람처럼 자기권리만을 고집하고 형식성에 매몰되는 주체이다(헤겔, 1989: 101). 따라서 이 단계 주체들은 서로 충돌할 수밖에 없고 인정투쟁을 벌이는 무법천지, 자연상태를 야기할 수밖에 없다. 그렇지만 인격은 스스로를 자유로운 이념의 단계로 고양시키기 위해서는 어쩔 수 없이 이 외면적 영역을 마련하고 이와 관련을 맺지 않을 수 없다(헤겔, 1989: 105). 헤겔의 이런 사유는 외부의 것을 소유함으로써만 비로소 자신의 자유를 마련할 수 있다는 사회계약론 개념을 공유하고 있다(김석수, 2007: 58~59).

그렇지만 헤겔에 의하면 어떤 물건과 주관적 의지의 관계로 설정된 소유를 정당한 소유로 지양(Aufhebung)시키기 위해서는 칸트처럼 의지들 사이의 상호인정이라는 계약으로 나아가지 않으면 안 된다. 그런데 인간은 동물과 달라서 육체가 아닌 자유로운 의지를 외부에서 강제하는 데 한계가 있다. 따라서 의지 스스로가 자신을 강제하지 않으면 안 된다. 여기에서 『법철학』의 추상법 단계의 소유권이 더 발전해야 하는 논리, 추상법의 한계를 칸트의 도덕성 개념을 통해 극복하는 단서가 있다. 그래서 "타인의 의지가 그 무엇을 바라는가가 중요한 문제가 아니었던” 추상법의 단계와 달리 “도덕의 경우에는 또한 타인의 복지까지도 문제 삼음으로써” 타인의 의지에 대해 좀 더 긍정적·적극적으로 관계한다(헤겔, 1989: 194; 김석수, 2007: 62~63).

하지만 헤겔은 칸트의 도덕적 의무는 “무내용적 동일성이자 추상적인 긍정적 요소로서 한계를 지니고 의지의 자율성에 매임으로써 공허한 형식주의로 추락해 인륜성으로 이행하지 못한 것”으로 평가한다(헤겔, 1989: 261). 헤겔은 칸트의 이런 상황을 비판하면서 스스로의 지(知)와 의욕을 자기의식 속에 간직하면서 또한 바로 이 자기의식적인 행위를 통해 스스로를 실현시키는 “살아있는 선(善)”으로서의 인륜성에 이르고자 한다(김석수, 2007: 63). 헤겔에서 특수의지와 보편의지의 외적인 동시에 내적인 일치의 의욕을 인륜적 의지라고 한다. 인륜적 의지의 구현은 가족, 시민사회, 국가에서 이뤄지고 특히 국가에서 최고의 실현에 이른다(정대성, 2012: 120). 헤겔에 의하면 이때 시민사회의 내적 모순은 무엇보다 “소수로의 지나친 부의 집중”과 동시에 “엄청난 빈곤”에 있다. 시민사회에서 필연적으로 야기되는 이러한 경제적 불평등은 시민사회가 지닌 특수성의 권리의 인정을 통한 특수성의 무한한 발전이라는 해방적 요소에도 불구하고 시민사회가 해결할 수 없는, 따라서 시민사회가 자신이 의지하는 토대를 스스로 부정하게 만드는 결정적인 요소이다(헤겔, 1989: 308~309; 정미라 2003: 462). 그래서 헤겔은 결국 추상법과 도덕성이 변증법적으로 종합되고 개인의 소유와 공동체의 윤리가 통일된 인륜성의 완성으로서의 국가가 현실화되어야 함을 주장한다(김석수, 2007: 63~64).

하지만 헤겔에 의하면 상호인정이라는 보편성에 근거를 둔 소유는 필연적으로 “사적 소유의 성격”을 지니게 된다. 소유가 지닌 이런 성격에 근거해 헤겔은 “소유공동체를 통해 사적 소유의 원리를 추방시킴으로써” 소유의 평등을 실현하려는 주장을 비판한다. 소유의 평등의 강제적 실현은 오히려 인격이 지닌 특수성의 발전을 저해한다(정미라, 2003: 461). 이렇게 헤겔의 소유개념은 완전한 소유를 함축한다. "소유는 그러므로 자유로운 완전한 소유이다"(헤겔, 1989: 131). 이런 헤겔의 완전한 소유관념은 봉건적인 소유에서 근대적인 소유로 이행과정을 전제하고 후자의 해방적 성격을 적극적으로 평가한다(나종석, 2006: 57). 또한 사적 소유에 대한 헤겔의 성찰은 개인의 주체성을 부정하는 그 어떤 소유원리도, 공동체의 원리도 불합리하고 미성숙한 것임을 보여준다(임화연, 1990: 244). 그러나 헤겔은 국가의 자율성과 위대함을 설파함에도 국가에서 소유문제를 논의하지는 않는다. 소유문제에서 발생하는 불평등문제는 거의 시민사회제도 자체에 온전히 맡겨둔다(정대성, 2012: 136). 그래서 헤겔은 자본주의사회에서 타인에 의한 나의 정신적·육체적 능력의 양도가 가져오는 상품화, 노예화, 궁핍화, 결국 자유의 상실을 간과했거나 미화했다는 비판을 면할 수 없다(임화연, 1990: 244).

이상 자본주의 생산양식의 소유개념을 발전시킨 주요 논자들을 비판적으로 검토했다. 이들은 모두 사적 소유를 옹호하고 정당화하려 했다. 종합하면 신이 주었든, 원초적이든, 근원적이든 공유임이 분명한 자연과 토지는 개인의 생명과 자유를 실현하기 위해 점유취득이나 노동을 통해 사적 소유로 전환될 수 있는데, 이런 사적 소유는 그래서 날 때부터 주어진 것이 아니라 공적 합의와 국가의 법으로 보장될 수밖에 없는 권리이다. 하지만 이런 보장은 시민사회 내의 개인 간 부의 집중과 빈부격차를 막지 못하고 이 문제를 국가를 통해 해결해야 하지만 그 방법은 알 수 없다. 이런 모순적 상황은 이들의 논의가 보여주듯이 사적 소유개념 자체에 내재한다. 유보조항 없이는 무제한적 사적 소유를 정당화할 수 없었던 로크, 불평등의 기원 자체로 사적 소유를 인식했지만 사회계약으로만 통제하려 한 루소, 순수한 추상적 사유에 근거한 근원적 공유개념으로만 사적 소유를 정당화하려던 칸트, 시민사회의 부의 집중과 엄청난 빈곤을 국가를 통해, 하지만 별 방법 없이 해결하려던 헤겔에서 그런 증거를 볼 수 있었다. 이런 한계는 고전적 논의를 계승하거나 넘어서려는 다양한 논의, 로버트 노직(Robert Nozick)의 자유지상주의, 존 롤스(John Rawls)의 평등주의적 자유주의, 마이클 왈저(Michael Walzer)의 공동체주의, 윌리엄 사이먼(William Simon)의 사회공화주의, 헨리 조지(Henry George)에 근거하는 지공주의 등은 물론 생시몽(Saint-Simon), 샤를 푸리에(Charles Fourier), 로버트 오언(Robert Owen) 등의 유토피아 사회주의에서도 극복되지 못한다. 이들은 사적 소유개념을 근본적으로 부정하지 않기 때문이다.[6)]

사적 소유개념의 이런 모순을 도외시하고 배타적·무제한적인 사용, 수익, 처분의 권리를 주장하는 부르주아 민법상의 사적 소유권은 그래서 근본적인 한계가 있다. 자본주의 생산양식이 역사적으로 일시적·예외적 생산양식이듯이 사적 소유개념도 일시적·예외적인 개념임이 틀림없다. 사실 자연과 토지에 대한 공유는 인류의 모든 지역과 시기를 관통하는 기본적 사상이었다. 이 공유사상은 초기 불교, 기독교 등의 공산주의, 동양의 왕토사상, 적어도 통치계급과 전사계급의 재산과 가족의 공유를 주장한 플라톤(Plato)의 공화국론, 이를 비판했지만 "사적 소유의 공동사용"이라는 타협적 방안을 제시한 아리스토텔레스(Aristotle)의 논의, 자연과 토지에 대한 신의 지배와 자연법적 공유를 인정한 전제에서 인간의 관리권을 주장한 중세의 토마스 아퀴나스(Tomas Aquinas) 사상 등에서 왜곡되었지만 관통하고 있다.[7)] 그래서 식탁에 앉아

---

6) 지면관계상 이들의 논의에 대해 다룰 수 없다. 노직에 관해서는 이상형(2014), 정원섭(2013), 김윤상(2003), 롤스에 관해서는 정원섭(2013), 김윤상(2003), 사이먼에 관해서는 사이먼(2004), 조지에 관해서는 김윤상(2003), 유토피아 사회주의에 대해서는 신율(1997), 박주원(2003)을 참조하라.

7) 플라톤과 아리스토텔레스에 관해서는 김준수(2001), 아퀴나스에 관해서는 김상봉(2012), 박영도(1985)를 참조하라. 물론 이 공유사상과 별개로 현실 소유제도는 계급소유로 왜곡되었

"일용할 양식을 준 신"에게 감사하는 부르주아 유신론자들의 겸손함은 아무런 의식 없이 배타적·무제한적인 소유권을 실천하는 현대 부르주아 물신주의자들보다는 더 합리적이다.

다른 한편 부르주아 사적 소유개념은 이런 근본적 한계에도 불구하고 중요한 성취를 이뤘다. 그것은 소유를 통한 개인의 생명과 자유의 실현 가능성 확보이다. 이 개념을 통해 부르주아들은 전자본주의 생산양식에 지배적이던 왕이나 토지귀족이나 성직자의 왜곡된 공유, 사적 소유를 타파하고 자본주의 생산양식과 더불어 개인들의 자유로운 발전 가능성을 넓힐 수 있었다.

마지막으로 근대적 소유권 논의 전체가 "정당화하기 힘든 사적 소유를 정당화하려는 노력"이라는 한 문장으로 집약할 수 있듯이, 사적 소유권은 역사적으로 이론적 정당화와 더불어 국가의 폭력을 지속적으로 동반할 수밖에 없는 사안이었다. 이런 측면에서 최근 현대자본주의의 질적 변화 여부와 연관된 정보재가치론 논쟁에서 국가폭력의 개입을 지적 소유권개념만의 특수성으로 강조하는 논의는[8] 타당하지 않다. 이 지적 소유권의 대상인 지식은 자연이나 토지와 마찬가지로 공유된 인류의 자산으로서 애초부터 진행되어왔던 사적 소유화 노력이 최근 강화된 것에 지나지 않다. 이러한 역사는 이미 영국에서 1710년 시행된 저작권에 관한 '앤 여왕법(Satute of Ann)'부터 18세기 독일에서 사용되기 시작한 정신적 소유권(geistiges Eigentum)개념, 19세기의 정신적 소유권론에 직접 반영되어 있을 뿐 아니라 감각적 점유를 넘어 예지적 점유를 개념화한 칸트나 정신의 노동에 근거한 소유권개념을 전개한 헤겔에 이미 내재해 있었다.[9]

고 사적 소유로 존재했다. 예를 들어 조선시대에 토지의 거의 완전한 사적 소유가 인정되고 자유로운 매매가 광범하게 존재했다는 연구(배항섭, 2010)는 시사적이다.

8) 이런 주장은 채만수(2004) 등을 참조하고 이 주장에 대한 비판은 하태규(2015a)를 참조하라.

3. 마르크스의 대안적 소유개념

마르크스는 이런 근본적 한계를 넘어 부르주아 사적 소유의 지양[10]을 대안사회의 필수조건으로 간주했다. 그는 공산주의 개념을 처음 체계적으로 전개한 『경제학·철학 수고(Ökonomisch-philosophische Manuskripte aus dem Jahre 1844)』(1844)의 총 10개 장 중 무려 3개 장에서 사적 소유를 직접 다루고 있다. 그뿐 아니라 그 저술의 핵심주제 "소외된 노동(entfremde Arbeit)" 장부터 사적 소유에 천착한다. 그래서 "민족경제학이 사적 소유라는 기정사실에서 출발"하는 것을 문제 삼는다. 즉, 민족경제학(Nationalökonomie)이 "사적 소유가 현실에서 경험하는 물질적 과정을 자신이 법칙들로 간주하는 일반적·추상적 공식들로 파악"할 뿐 "이런 법칙들이 …… 어떻게 사적 소유의 본질에서 발생하는지를 파악하지 않는" 점을 문제 삼는다(*Marx-Engels Werke*, 이하 *MEW* 40: 510).

따라서 마르크스는 "사적 소유, 탐욕, 자본, 노동, 토지소유의 분리 간의 연관, 교환과 경쟁의 연관, 가치와 인간가치의 저하의 연관, 독점과 경쟁의 연관, 이런 모든 소외와 화폐제도의 연관을 파악해야" 한다는 전제를 한다(*MEW* 40: 511). 이런 사적 소유와 자본주의 전반의 소외현상들과 화폐제도의 연관을 파악하는 과정에서 자본주의 노동이 네 가지 소외 — 노동자 자신의 노

9) 저작권의 역사에 관해서는 권영준(2010)을 참조하라.

10) 지양은 헤겔 변증법개념으로 단순한 폐지와 구분해 폐지, 보존, 높은 단계라는 세 가지 의미를 내포한다. 그래서 우리의 주제인 마르크스의 "지구와 생산수단의 공동점유에 근거한 개인적 소유"라는 대안적 소유개념은 부르주아 사적 소유라는 형식은 폐지하면서도 인류 역사 처음부터, 그래서 모든 역사적 생산양식들에 있었던 지구의 공동점유라는 내용과 자본주의 생산양식에서 협동노동으로 확실하게 발전한 생산수단들의 공동점유라는 내용을 보존하면서 새로운 단계에서 이런 이중의 공동점유에 근거한 개인적 소유라는 형식을 설정하는 것이다. 그러므로 새로운 사회의 소유개념은 공동점유와 개인적 소유의 두 가지 상호관련된 형식으로 표현된다. 따라서 일방적으로 공동점유만 강조하거나 혹은 개인적 소유만 강조하는 이해는 잘못된 것이다.

동생산물에서의 소외, 노동과정에서의 소외, 유적본질의 소외, 인간에 의한 인간의 소외 ― 를 낳는다는 점을 지적한다(*MEW* 40: 512~518). 그리고 이런 소외된 "노동에 대한 노동자의 관계는 노동에 대한 자본가의 관계를 낳는"데, "사적 소유는 따라서 포기된(entäusserte)[11] 노동의 생산물 …… 필연적 결과"(*MEW* 40: 519~520)이고 "임금은 소외된 노동의 직접적 결과이며 소외된 노동이 사적 소유의 직접적 근본원인"(*MEW* 40: 521)임을 지적한다.

그래서 마르크스는 이런 소외된 노동의 사적 소유와의 관계에서 다음이 나온다고 말한다. "사적 소유 등 예속에서 사회의 해방은 노동자 해방의 정치적 형식(Form)에서 나타나는데, 이것은 노동자 해방이 그 자체도 중요하지만 거기에 일반적·인간적 해방이 내포되어 있기도 하기 때문"이다(*MEW* 40: 521).

이어지는 세 개의 장들(*MEW* 40: 523~546)에서 마르크스는 사적 소유를 분석하고 사적 소유의 지양을 필수로 하는 공산주의 개념을 세 가지 형태(Gestalt)[12]들로 제시한다. 마르크스에 의하면 결국 "공산주의는 지양된 사적 소유의 긍정적 표현, 무엇보다 일반적 사적 소유"이다. 하지만 공산주의가 "이런 관계를 사적 소유의 일반성에서 표현함으로써 공산주의는 1) 그 최초의 형태에서 단지 사적 소유의 일반화이고 완성일 뿐"이다. 이 최초 형태의 공산주의는 "모두에 의해 점유될 수 없는 모든 사적 소유를 부정하려 하고 재능 등을 강압적 방식으로 도외시하려 하고 육체적·직접적 점유를 생명과 현존재의

---

11) Entäusserung이란 말은 보통 '외화'로 번역되기도 하는데 '포기'가 더 의미를 잘 반영한다고 보인다. 마르크스는 포기를 결과적으로 소외와 같은 의미로 사용한다.

12) 이 글 전체에서 Gestalt는 '형태'로, Form은 '형식'으로 번역한다. 『자본론』에서도 자주 나오는 이 두 단어는 '형태'로 같이 번역되기도 하는데 Form은 서양철학 전통에서 단순히 겉모습이 아니라 내적 본질을 반영하는 좀 더 추상적인 것을 표현하는 반면, Gestalt는 좀 더 구체적·역사적인 모습을 표현하는 것으로 이해된다. 그래서 가치형태가 아니라 가치형식, 국가형태가 아니라 국가형식이라는 번역이 적절하다.

유일한 목적으로 간주하고 노동자의 규정은 지양되는 것이 아니라 모든 인간에게로 확장되고 사적 소유의 관계는 공동체의 사물세계와의 관계로 남아 있으며 결국 사적 소유에 일반적 사적 소유를 대립시키는 이런 운동은 결혼 …… 에 부인이 공동체적이고 공동의 소유가 되는 부인공동체를 대립시키는 동물적 형식에서 표현"된다(*MEW* 40: 534). 그래서 "사적 소유의 이런 지양은 …… 교양과 문명의 모든 세계의 추상적 부정이고 사적 소유를 넘어선 것이 아니라 오히려 사적 소유에 도달하지도 못한 가난하고 욕구 상실한 인간의 부자연스런 단순함으로의 회귀임을 증명한다." 따라서 "사적 소유의 첫 번째 긍정적 지양, 조야한 공산주의는 자신을 긍정적 공동체로서 정립하려는 사적 소유의 비열한 현상형식일 뿐"이다(*MEW* 40: 535~536).

이 최초의 공산주의 형태에 대한 마르크스의 비판은 엄중하다. 사적 소유의 추상적 철폐와 단순한 공동소유는 사실상 사적 소유의 일반화이고 개인 재능의 부정이고 가난하고 욕구 상실한 단순한 부자연스런 인간으로 회귀이고 교양과 문명의 부정이고 부인공동체 같은 동물적 형식이며[13] 사적 소유의 비열한 현상형식일 뿐이다. 이런 비판은 역사적으로 당대까지 존재했던 모든 조야한 공산주의 형태에 대한 마르크스의 명확한 비판으로 읽어야 한다. 마르크스 이전 모든 공산주의 사상과 운동은 바로 이런 조야한 형태들을 취했다. 플라톤의 공화국부터 중세 아퀴나스주의 교부철학, 중세 말 등장한 농민반란세력이나 비밀결사적인 개신교 종파들, 토머스 모어(Thomas More)의 『유토피아(Utopia)』(1516), 영국의 차티스트운동, 에티엔 카베(Étienne Cabet)나 빌헬름 크리스티안 바이틀링(Wilhelm Christian Weitling)이 이념을 제공한 프랑스나 독일의 몰락한 수공업자들의 공산주의 비밀결사조직들[14] 모두가

13) 당연히 여성도 남성과 마찬가지로 권리와 개성의 주체이지만 마르크스 당대는 아니었다.

14) 바로 이런 이유에서 마르크스는 당대 공산주의자들과 자신을 구별했고 공산주의자임을 부

단순한 공동소유사상을 근간으로 했다(황태연, 1992: 144~145). 또한 스탈린주의의 국가소유가 그러했음은 물론 현재 대안논의의 사회적 소유도 사적 소유의 이런 단순한 추상적 부정에 머무를 위험성이 있다.

그래서 마르크스는 공산주의의 두 번째와 세 번째 형태들을 대안으로 제시한다. "2) (1) 민주적이든 전제적이든 정치적 본성에 따르고 (2) 국가의 지양과 함께, 하지만 그와 동시에 미완성이고 아직 사적 소유와 함께하는, 인간의 소외로 영향 받는 본질을 가진 공산주의"를 제시한 뒤, 3) "인간적 자기소외로서의 사적 소유의 긍정적 지양으로서, 따라서 인간을 통하고 인간을 위한 인간적 본질의 현실적 전유로서의 공산주의, 그래서 완전한, 의식적인, 지금까지 발전된 모든 부의 내부에서 생성된 인간의 대자적인, 어떤 사회적, 즉 인간적 인간으로의 회귀로서의 공산주의"를 최종적 대안으로 제시한다. 이런 공산주의는 "줄곧 완성된 자연주의=인간주의이고 줄곧 완성된 인간주의=자연주의이고 인간과 자연의 그리고 인간 간의 갈등들의 참된 해소이며 실존과 본질의, 대상화와 자기 확인의, 자유와 필연의, 개인과 유의 갈등의 진정한 해소이다. 이 공산주의는 해소된 역사의 수수께끼이다"(*MEW* 40: 536).

이 두 번째 형태의 공산주의는 긍정적 측면과 부정적 측면이 공존하고 있다. 이런 면에서 마르크스가 이 두 번째 형태조차 기각한 것인지가 쟁점일 수 있다. 이 두 번째 형태는 나중의 『고타강령비판(Kritik des Gothaer Programms)』(1875)의 낮은 단계의 공산주의와 유사한 측면이 있는데 다만 좀 더 부정적 혹은 현실적 요소가 많은, 그래서 관점에 따라서는 정상적인 공산주의로 간

정했다가 이렇게 분명한 비판과 구분 속에서 공산주의자임을 선언한 것이다. 마르크스는 유토피아 사회주의자들과 구분되게 사회혁명을 통한 사적 소유의 철폐를 분명히 하는 당대의 유물론적 공산주의자들과는 1844년 4월 파리에서 최초로 접촉했고 나중에 1847년 후반 이들의 요청으로 『공산당선언(Manifest der Kommunistischen Partei)』(1848)을 작성하기 직전에 이 그룹에 합류하면서 자신의 사상을 관철했다(Hudis, 2011: 84 참조 바람).

주할 수 없는 측면이 있다. 전제적 정치가 가능하거나 사적 소유가 남아 있다는 측면이 바로 그것인데 이런 문제는 초기 개념의 미완성성에서 찾을 수 있고 다음에 검토할 후기의 좀 더 발전되고 정교해진 개념과 비교해 이해될 수 있다. 반면 세 번째 형태의 공산주의는 완전한 상태를 상정하는 『고타강령비판』의 높은 단계의 공산주의와 유사하다. 이상에서 마르크스는 사적 소유의 지양을 첫 번째 형태의 조야한 공산주의에서조차 필수조건으로 제시하고 있다. 하지만 앞에서 사적 소유를 지양한 인간적 본질의 현실적 전유로서의 공산주의, 사회적 인간으로의 회귀, 완성된 자연주의, 완성된 인간주의로서의 공산주의 개념은 사적 소유의 지양이 수단일 뿐이고 인간성의 회복과 완전한 실현 자체가 목적임을 분명히 하고 있다.

이런 사적 소유의 지양을 통한 인간성 회복과 실현 그래서 개인의 자유를 목적으로 하는 공산주의에 대한 마르크스의 이해는 다른 초기 저술에도 나타난다. 『헤겔 법철학 비판 서설(Zur Kritik der Hegelschen Rechtsphilosophie)』(1844)에서 마르크스는 사적 소유의 부정이 사회의 부정적 결과로 이미 구체화되었던 것을 사회원리로 고양시키는 것일 뿐임을 지적하고 독일해방의 긍정적 가능성이 어디 있는가를 묻고 답하기를, 결국 "한마디로 하면 인간의 완전한 상실이고 따라서 단지 인간의 완전한 재획득을 통해 자기 자신을 얻을 수 있는 …… 영역의 …… 형성에 있고" 그런 영역이 "프롤레타리아트계급"임을 분명히 한다. 그래서 "독일인의 해방은 인간의 해방"이고 "이런 해방의 두뇌는 철학이요, 그 심장은 프롤레타리아트계급"이라고 선언한다(*MEW* 1: 390~391).

『독일 이데올로기(Die deutsche Ideologie)』(1845~1846)에서도 마찬가지이다. "모든 생산력들의 전유와 함께 연합한 개인들에 의해 사적 소유는 종식된다"(*MEW* 3: 68). 노동분업 지양을 통해 과거에는 계급의 일원으로, 평균적 개인으로 공동체에 참여한 개인과 대조적으로 "자신의 실존조건들과 사회의 모든 구성원들의 실존조건들을 자신들의 통제하에 두고 있는 혁명적 프롤레타리아들의 공동체에서는 …… 개인들이 개인들로서 공동체에 참여하는"데 "그 공동체는 개인들의 자유로운 발전과 운동의 조건들을 자신의 통제하에 두고 있는 개인들의 연합"이기 때문이다(*MECW* 5: 80).

『공산당선언』도 마찬가지이다. "공산주의를 특징짓는 것은 소유일반의 폐지가 아니라 부르주아 소유의 폐지이다. 그러나 현대적 부르주아 사적 소유는 계급대립 …… 에 근거하는 생산물의 생산과 전유의 최종적이고 가장 완성된 표현이다. 이런 의미에서 공산주의자들은 자신들의 이론을 사적 소유의 지양이라는 하나의 표현으로 집약할 수 있다." 그리고 마르크스는 "공산주의가 모든 인격적(persönlichen) 자유, 활동, 독립성을 형성하는 토대인 소유를 폐지"하려 한다는 비난에 다음과 같이 답한다. 이미 "자본은 인격적 힘이 아니라 사회적 힘"이므로 "자본이 사회적인, 사회의 모든 구성원에 속하는 소유로 변한다면 인격적 소유가 사회적 소유로 변하는 것이 아니라 단지 소유의 사회적 성격이 변해 계급성을 상실할 뿐이다"(*MEW* 4: 475~476).

이런 초기의 공산주의 개념은 후기에 더 발전되고 정교해진다. 『자본론』 1권 '자본주의 축적의 역사적 경향' 장에서 표현된 정교한 대안적 소유개념은 다음과 같다. "개인적인, 자신의 노동에 근거한 사적 소유의 첫 번째 부정인 자본주의 사적 소유"의 재차 부정인 "부정의 부정"은 "사적 소유가 아니라 자본주의 시대의 성과에, 즉 협동(kooperation)에 그리고 지구와 노동 자체에 의해 생산된 생산수단들의 공동점유에 근거한 개인적 소유를 재생시킨다"(마르크스, 1867: 1050; *MEW* 23: 791). 여기서 먼저 공동점유의 의미를 보자. 이 개념은 지금까지 거의 누구도 명시적으로 파악하지 못한 중대한 함의를 지니고 있다. 그것은 바로 원리적으로 지구와 생산수단의 정당한 "소유"는 불가능하다는 점이다. 소유(Eigentum)는 고유한(eigen)의 명사형이다. 그래서 소유란 누구에게든 고유하게 속하는 것을 칭하고 따라서 배타적·무제한적인 사용, 수익, 처분의 권리를 내포하는 개념이다(정대성, 2012: 122 참조). 반면 지구는 원천적으로 이런 식의 사용, 수익, 처분의 대상이 될 수 없다. 이 점은 마르크스에게 다음에 보듯이 분명하다.

> 더 높은 경제적 사회구성의 관점에서는 지구에 대한 개별적 개인들의 사적 소유는 인간의 다른 인간에 대한 사적 소유와 마찬가지로 터무니없어 보일 것이다. 어떤 사회 전체, 어떤 민족, 동시대의 한데 합친 모든 사회조차도 지구의 소유자는 아니다. 그들은 다만 지구의 점유자, 수익권자일 뿐이고 선량한 가장들로서 개량된 지구를 후속세대에 물려주어야 한다(마르크스, 1894: 943; *MEW* 25: 784).

이와 같이 마르크스는 대안적 소유개념을 지구, 즉 자연의 공동점유로 명확히 정식화한다. 이런 이해는 초기 『경제학·철학 수고』에서 이미 내포된 것이다. 여기서 창조설을 비판하면서 마르크스는 "누가 도대체 최초의 인간과 자연을 만들었는지"를 질문한다면 이런 물음은 "그 자체 추상의 산물"임을 지적하며 "너는 자연과 인간을 존재하지 않는 것으로 가정해놓고 내게 그들이 존재함을 증명하기를 바란"다고 비판한다. "네가 인간과 자연을 존재하지 않는 것으로 생각한다면 또한 자연이자 인간인 너 자신도 존재하지 않는 것으로 생각하라"고, 그래서 "생각하지도 내게 묻지도 마라. 생각하고 묻자마자 자연과 인간의 존재에 대한 너의 추상은 아무런 의미도 없기 때문"이라고 논박한다(*MEW* 40: 545). 그러므로 인간은 원래부터 자연에 주어진 자연의 점유자일 뿐 신의 창조물도 아니고 자연의 소유자도 아니다. 인간 개인은 선조에게 물려받은 생명으로 공동점유된 자연에서 일정 시간 살다가 후손에게 생명과 공동점유된 자연을 지속적으로 물려주는 존재일 뿐이다.

그럼 생산수단은 왜 공동점유의 대상인가? 로크부터 헤겔까지처럼 고유한 개인의 노동을 보탰기 때문에 사적 소유 혹은 공동소유로 될 수 없는가? 이에 대한 답은 두 가지이다. 하나는 생산수단이 사적으로 소유되기에는 자본주의 생산양식의 노동방식이 너무 발전했다는 점이다. 자본주의 노동은 협동에 근거하고 있다. 마르크스는 『자본론』 1권 자본주의 노동방식의 본질을 설명하는 상대적 잉여가치 편에서 협동을 전제조건으로 다룬다. "수많은 노동자가 동일한 시간과 동일한 장소 …… 에서 동일한 상품종류를 생산하기 위해 동일한 자본가의 명령으로 일한다는 것은 역사적으로나 개념적으로나 자본주의 생산의 출발점을 이룬다"(마르크스, 1867: 436; *MEW* 23: 341). "동일한 혹은 상이하지만 상호 연관된 생산과정에서 계획적으로 서로 나란히 그리고 함께 일하는 노동형식을 협동이라고 부른다"(마르크스, 1867: 441; *MEW* 23: 344). 이런 근본적인 협동적 특징 때문에 자본주의 노동은 사회적 노동이다. 협동은 자본주의에서 작업장 내에서도 이뤄지지만 사회적 분업을 통해 상호 연관된 생산과정으로서 전 사회적 차원에서 이뤄지고 있다. 하지만 이 협동노동은 그 개별 작업장의 생산물이 상품으로 변하는 자본주의 생산관계의 성격 때문에 간접적으로만 사회적 노동으로 나타난다. 이런 사회적 분업을 지양한 새로운 사회의 노동은 따라서 직접적으로 사회적인 노동이 된다. 이는 "공동체적 생산수단들로 노동하고 수많은 개인적 노동력을 하나의 사회적 노동력으로 자기의식적으로 지출하는 자유로운 인간들의 연합(Verein freier Menchen)을 상상해"(마르크스, 1867: 100; *MEW* 23: 341)보면 알 수 있다. 그래서 대안사회에서 노동은 자본주의의 본질인 협동에 근거해 직접적으로 사회적인 노동이 된다. 그러므로 이런 노동의 결과인 생산수단은 공동의 것이 될 수밖에 없다.

그럼에도 왜 공동소유가 아니라 공동점유인가? 이것은 원래 공동점유인 지구를 가공한 노동의 생산물은 소유될 수 없다는 논리적 판단의 귀결이다.

노동이 비록 인간의 힘을 보탠 것은 분명하지만 원래 공동점유된 것에 보탠 것이지 원래 소유된 것에 보탠 것이 아니므로 노동은 소유의 절대적 근거가 될 수 없다. 그래서 "자연이 어머니이고" "노동이 아버지인"(*MEW* 23: 58) 질료적 부인 생산수단은 자연과 마찬가지로 공동점유의 대상일 수밖에 없다. 이것은 또한 마르크스가 다음 인용문에서 보듯이 노동은 무에서 유를 창조하는 것이 아니라 이미 존재하는 자연의 가공일 뿐이라고 생각했기 때문이다.

> 삼라만상의 모든 현상은 인간의 손으로 야기되든 물리학의 일반법칙으로 야기되든 실제적인 새로운 창조물이 아니라 다만 질료의 변형에 지나지 않는다. 결합과 분리는 인간 정신이 재생산이라는 표상을 분석할 때마다 늘 발견하는 유일한 요소들이고 이것은 가치 …… 와 부의 재생산에서도 마찬가지인데, 지구, 공기, 물이 들판에서 곡물로 전환되든 곤충의 분비물이 인간의 손으로 명주로 전환되든 몇 개의 금속조각들이 배열되어 회중시계로 만들어지든 그러하다(마르크스, 1867: 54; *MEW* 23: 57).

그래서 대안적 소유는 이렇게 지구와 생산수단의 공동점유에 근거한 개인적 소유가 된다. 그럼 왜 개인적 소유인가? 지구와 생산수단의 공동점유와 이에 근거한 개인적 소유는 어떤 관계에 있고 어떻게 조화되는가? 앞서 봤듯이 마르크스는 인간성의 실현, 개인의 생명과 자유의 실현을 공산주의의 목적으로 간주한다. 그리고 이런 생명과 자유 실현의 첫 번째 전제조건은 외부적 대상에 대한 소유라는 점을 로크부터 헤겔까지 부르주아 소유사상가들이 밝혔다. 이들이 비록 사적 소유로 왜곡했지만 소유 자체의 의의는 올바르게 파악했다. 초기에 마르크스가 결국 "공산주의는 지양된 사적 소유의 긍정적 표현, 무엇보다 일반적 사적 소유"(*MEW* 40: 534)라고 표현했을 때 이 문장은 이런 이해의, 미완의 표현이었다. 그래서 마르크스는 단순한 공동소유를 첫 번째 형태의 공산주의의 비열한 현상형식으로 엄중히 비판했다. 자본주의 생산양식과 더불어 생산력을 사회적으로 발전시키는 개인의 생존과 자유를 보장하는 소유가 인정되는 것은 당연한 논리적 귀결이다. 이런 소유가 개인적 소유이다. 생존과 자유는 공동체적 조건에서 보장되지만 원천적으로 개인적·실존적 성격을 지닌다. 앞서 초기 공산주의 개념에서 두 번째 형태의 부정적 요소로 사적 소유의 잔존을 지적했는데, 이제 이 개념은 더욱 발전하고 정교해져서 개인적 소유로 정식화된다. 그래서 이런 개인적 소유에 근거한 공산주의는 낮은 단계부터 부정적 요소를 지양한 제대로 된 공산주의로 『고타강령비판』에서 정식화된다.

이 개인적 소유의 정확한 의미와 관련해 몇 가지 견해가 있다. 첫째는 "생산수단"에 대한 개인적 소유로 보는 견해들로서 노동자들의 주식소유로 표현된다는 견해(황태연, 1992), 대안적 소유가 아니라 주식회사에 대한 견해에 지나지 않는다는 견해(송태경, 2000), 생산수단에 대한 견해지만 더 이상 규정할 수 없다는 견해(유재건, 2011), 노동조건에 대한 관계를 맺는 것으로서 개인의 자유와 개성 발전의 조건이라는 견해(김수행, 2012) 등이 있다. 둘째는 "소비수단"에 대한 개인적 소유로 보는 견해로서 프리드리히 엥겔스(Friedrich Engels)의 『반듀링론(Anti Duhring)』(1877)의 "이것은 독일어를 이해하는 사람 누구나에게 사회적 소유가 지구와 다른 생산수단들에 적용되고 개인적 소유는 생산물들, 따라서 사용대상들에 적용된다는 것"(*MEW* 20: 122)을 뜻한다는 문장에서 기원하는 이런 견해는 정통적 해석이었고 현재도 다수가 동의하는 견해이다. 예를 들어 노동시간 모델도 그렇고(각주 1번 참조), 곽노완(2011)도 이런 전제에서 "도시공유권"을 논의하고 있다.

마르크스의 대안사회가 가치생산을 폐절한 사회라는 점은 누구나 동의할 것이다. 마르크스는 1844년부터 1883년 죽을 때까지 정치경제학비판을 연구해 자본주의 가치법칙을 비판했고 대안사회를 가치법칙이 지양된 사회로 그렸다(Hudis, 2011). 그래서 화폐도 당연히 사라진다. 그러므로 허구적 자본인 주식도, 금융도 존재할 수 없고 따라서 대안사회에서 주식을 상정하는 것은 논리적 모순이다. 또한 이 대안적 소유개념이 주식회사를 가리키지 않는다는 점도 자명하다. 다음 문장을 보자. 주식회사의 발전으로 표현되는 "생산수단들의 집중과 노동의 사회화는 마침내 그 자본주의적 외피와 서로 용납할 수 없는 지점에 도달한다. 자본주의 사적 소유의 조종이 울린다. 수탈자들이 수탈된다"(마르크스, 1867: 1050; *MEW* 23: 791). 이 문장 다음에 우리의 주제인 "부정의 부정", 즉 "개인적인, 자신의 노동에 근거한 사적 소유의 첫 번째 부정인 자본주의 사적 소유"의 재차 부정으로 "공동점유에 근거한 개인적 소유"가 설명되고 있다. 주식회사는 두 번째 부정이 아니라 첫 번째 부정인 자본주의 사적 소유, 실질적 사적 소유일 뿐이다. 주식회사의 자본은 "사적 자본에 대립하는 사회적 자본 …… 의 직접적 형식을 얻지만 …… 자본주의 생산양식 자체의 한계 안에서 사적 소유로서 자본의 지양"일 뿐이고(마르크스, 1894: 541~542; *MEW* 25: 452) 결국 "주식회사 설립, 주식발행과 주식거래에 관련된 사기와 기만의 모든 체제, 그것은 사적 소유의 통제 없는 사적 생산"이다(마르크스, 1894: 544; *MEW* 25: 454). 마지막으로 개인적 소유가 노동조건에 대한 관계를 맺는 것을 가리킨다는 해석은 문제의 본질에 다가갔지만 여전히 추상적 수준에서 벗어나지 못하는 한계가 있다.

개인적 소유가 소비수단을 가리킨다고 단순히 이해하는 것도 잘못이다. 이 논의의 대상이 "생산수단이지 소비대상이 아니거니와 자본주의사회에서도 소비대상의 개인적 소유가 이뤄지는데 이를 재생시킨다는 것은 문맥상 말이 안 되기 때문이다"(유재건, 2011: 346). 여기서 재생시키는 것은 "개인적인, 자신의 노동에 근거한 사적 소유"의 부정의 부정에 의한, 높고 높은 단계에서 폐지와 보존을 동반한 새로운 형식이고 그래서 생산수단의 사적 소유가 아닌 생산수단의 개인적 소유를 가리킨다.

이 개인적 소유는 정확히 지구와 생산수단의 공동점유에 근거한, 그런 제약을 기본적으로 받는 개인적 소유라고 해석해야 한다. 그래서 지구와 생산수단에 대한 배타적·무제한적 사용, 수익, 처분권이 아니라 공동사용, 공동수익에 근거한 개인적 처분권을 뜻하게 된다. 결과적으로 엥겔스의 해석, 생활수단에 대한 권리를 뜻하게 된다. 하지만 이런 개인적 처분권이 공동사용, 공동수익의 권리를 배제하지 않는다는 점이 중요하다. 그래서 "자유로운 인간들의 연합"에서 개인들은 공동점유된 지구와 생산수단의 사용과 수익에 관한 의사결정에 공동으로 참여할 권리를 보유한다. 다만 이 사용과 수익에서 "선량한 가장들로서 개량된 지구를 후속세대에 물려줘야" 하는 제약하에서 권리로서 행사할 수 있다. 이런 제약은 개인적 소유를 보장하기 위해서도 그 원천인 지구를 지속적으로 유지, 보전해야 한다는 점에서도 기인한다.

문제를 이렇게 해석할 또 다른 근거는 생산수단과 소비수단 간의 사회적 재생산과정에 대한 마르크스의 분석에서도 찾을 수 있다. 『자본론』 2권 3편에서 마르크스는 재생산 분석이 대안사회에서 적용 가능함을 시사했다.[15] 그래서 가치법칙이 지양된 사회주의에서도 재생산도식으로 이해할 수 있는 생산수단의 분배가 일어날 것이다. 자본주의 재생산 분석의 단순재생산 공식 Iv+s=IIc가 함의하듯이 단순재생산을 상정하면 사회주의사회에서도 구성원에게 필요한 소비재 전체는 소비재 부문 생산물 총량과 같다. 다시 말해, Iv+s+IIv+s=IIc+v+s이다. 그래서 재생산관점에서 보면 사회의 생산수단

---

15) "생산이 자본주의적이 아니라 사회(주의)적이라 할지라도 I 부문의 이 생산물들은 이 부문의 분야들하에서 재생산을 위해 마찬가지로 끊임없이 …… 재분배될 것이고 …… 상이한 분야 사이 여기저기에 존재할 것이라는 점은 명백하다"(마르크스, 1885: 514; *MEW* 24: 423).

은 전부 소비재로 이전되거나 생산재 부문 내에서 재생산을 위해서만 사용된다. 그러므로 개인들이 생산수단에 대한 공동점유를 통해 생산된 소비수단 전체에 대한 처분권을 얻는다면 권리상 보장된 모든 것을 얻는 것과 정확히 동일하다. 만약 소비재 절약에 근거한 축적이 일어난다면 공동점유의 대상이 늘어날 뿐이다. 그래서 생산수단에 대한 개인적 소유는 생산수단에 대한 공동점유에 근거해 공동 사용과 수익을 위한 공동계획으로 운영하고 그것에서 나오는 모든 수익을 개인의 처분권에 따라 분배받게 된다. 이때 물론 그 원천은 개인적 소유권이고 공동점유한 지구를 손상시켜서는 안 되며 오히려 개량시켜 후손에 물려줘야 한다. 이상에서 "지구와 생산수단의 공동점유에 근거한 개인적 소유"라는 대안적 소유개념이 명확해졌다. 다음 절에서는 이 개념의 현재적 의미를 살펴보겠다.

4. 마르크스의 대안적 소유개념의 현재적 의미

마르크스의 대안적 소유개념의 현재적 의미는 지면관계상 간략히 세 가지로 요약하겠다. 공동점유된 지구와 생산수단의 사용과 수익에 관한 연합한 자유로운 인간들의 공동의사결정, 개인적 처분권에 따라 분배되는 소비재, 공동 사용과 수익을 할지라도 개량된 지구를 후손에게 물려줘야 한다는 제약조건이 그것이다. 첫째, 공동의사결정은 대안사회에서 공동점유에 근거한 당연한 귀결이다. 그래서 이에 근거한 사회주의사회의 계획은 국가에 의한 계획이 아니라 전체 인민의 참여에 근거한 참여계획이 되어야 한다. 그래서 경제도 참여계획경제로 운영되어야 하고 정치적·사회적 모든 사항도 공동결정의 직접민주주의 원칙으로 운영되어야 한다.[16)]

둘째, 개인적 처분권에 따라 분배되는 소비재는 낮은 단계의 공산주의에서는 노동시간에 따른 분배로, 높은 단계의 공산주의에서는 필요에 따른 분배의 법칙으로 현상한다. 개인적 소유권을 실현하는 직접적이고 가장 중요한 방법인 분배는 가치법칙을 지양한 대안사회에서 노동시간이라는 내용을 보존하되 새로운 형식, 즉 실제노동시간에 따른 분배로 표현된다. "개별 생산자들은 사회로부터 …… 정확히 그가 준 것을 돌려받는다. 개별 생산자가 사회에 준 것은 그의 개인적 노동량이다"(*MECW* 24: 86). 이런 실제노동시간에 따른 분배는 물론 노동능력이 없는 공동체의 다른 구성원들에 대한 분배를 배제할 수 없다. 이들에게도 원천적 공동점유에 근거한 개인적 소유권이 있기 때문이다. 따라서 구성원 전체의 합의에 따라 가급적 노동하는 개인들에게 버금가는 분배가 따라야 한다. 높은 단계에 도달하면 처분권에 따른 평등한 분배가 사실상 의미가 없어진다. 필요에 따라 원하는 대로 분배받기 때문이다. 그래서 개인적 소유권은 앞서의 "관계를 맺는 것"이라는 추상적 의미로 남아 공동점유에 의한 사용과 수익의 권리를 규정한다.17)

마지막으로 지구와 생산수단을 공동으로 사용하고 수익할 권리를 행사하더라도 개량된 지구를 후손에게 물려줘야 한다는 제약조건은 바로 인간과 인간, 인간과 자연의 모든 활동을 신진대사적 관점에서 지구 생태적 균형을 유지해야 하는 활동으로 간주해 대안사회에서 "신진대사의 균열"을 극복해야 한다는 논의[존 벨라미 포스터(John Bellamy Foster)]의 근본적인 규정으로 작용하게 된다.

---

16) 참여계획경제에 대해서는 정성진(2006), 하태규(2014b), 직접민주주의에 관해서는 하태규(2014a, 2015b)를 참조하라.

17) 분배문제는 『고타강령비판』(*MECW* 24: 75~99; *MEW* 19: 15~33)과 하태규(2014a)를 참조하라.

5. 맺음말

이상 마르크스의 대안적 소유개념으로 "지구와 생산수단에 대한 공동점유에 근거한 개인적 소유"개념의 의미를 살폈다. 이 개념은 원초적 혹은 근원적 공유사상을 의식하면서도 부르주아 사적 소유를 정당화하려 했던, "정당화하기 힘든 사적 소유를 정당화하려는 노력"을 했던 로크, 루소, 칸트, 헤겔 등의 소유권사상의 모순, 자본주의 생산양식과 마찬가지로 일시적·예외적인 부르주아 자유주의 사적 소유권개념의 모순을 지양해 마르크스가 제시한 대안적 소유개념이다. 이 개념은 대안사회에서 대안적 이념으로 기능하고 참여계획과 민주적 공동결정, 실제노동시간과 필요에 따른 분배 및 생태적 균형과 개선을 추구하는 근거로서 작용할 수 있다. 한 가지 덧붙이고 싶은 점은 소유문제를 검토하며 확인한 마르크스의 생각은 "근본적이라는 것은 사태를 뿌리에서 움켜쥐는 것이고 인간에게 뿌리는 인간 자신"(*MEW* 1: 385)이며 "근본적 혁명, 일반적·인간적 해방이 독일에게 유토피아적 꿈인 게 아니라 부분적인, 단지 정치적 혁명, 집의 기둥뿌리를 그대로 두는 혁명이 유토피아적 꿈이"(*MEW* 1: 388)라는 것이다. 주요 자본주의 문제들이 그렇지만 소유문제에서도 근본적(radical) 혁명이 필요하다.

마지막으로 이 글의 한계는 부르주아 사상가들의 논의와 마르크스의 논의 간의 연결지점, 특히 마르크스의 개인적 소유가 부르주아 사적 소유를 어떻게 계승하면서도 비판적으로 발전시켰는지에 대해 각 철학자들의 문헌에 근거해 명확히 밝히지 못했다는 점이다. 이 부분은 후속 연구 과제로 남겨둔다.

참고문헌

곽노완. 2011.「도시권에서 도시공유권으로」. ≪마르크스주의 연구≫, 제8권 제3호.

권영준. 2010.「저작권과 소유권의 상호관계」. ≪경제규제와 법≫, 제3권 제1호.

김상봉. 2012.「칸트의 근원적 공유의 문제」. ≪철학≫, 제110집.

김석수. 2007.「소유론을 통해 본 칸트와 헤겔」. ≪철학논총≫, 제50집 제4권.

김수행. 2012.『마르크스가 예측한 미래사회』. 한울.

김윤상. 2003.「토지소유제도와 사회정의 철학」. ≪한국행정과 정책연구≫, 창간호.

김준수. 2001.「플라톤과 아리스토텔레스의 소유론」. ≪철학탐구≫, 제13집.

______. 2014.「칸트의 소유론에 대한 비판적 고찰」. ≪사회와 철학≫, 제28집.

나종석. 2006.「헤겔의 소유이론과 그 몇 가지 문제에 대하여」. ≪사회와 철학≫, 제11호.

로크, 존(John Locke). 1990.『통치론/자유론』. 이극찬 옮김. 삼성세계사상.

루소, 장 자크(Jean Jacques Rousseau). 1762(2002).『사회계약론』. 정성환 옮김. 홍신문화사.

______. 2013.『인간불평등기원론』. 홍지화 옮김. 부클래식.

마르크스, 카를(Karl Marx). 1867(2001).『자본론』 제I권. 김수행 옮김. 비봉출판사.

______. 1894(2004).『자본론』 제III권. 김수행 옮김. 비봉출판사.

______. 1885(2004).『자본론』 제II권. 김수행 옮김. 비봉출판사.

무스토, 마르셀(Marcello Musto). 2013.『마르크스와 마르크스주의들을 다시 생각한다』. 하태규 옮김. 한울.

박영도. 1985.「소유권과 자연법」. ≪코기토≫, 제27집.

박주원. 2003.「푸리에에서 맑스로? 맑스에서 푸리에로」. ≪한국정치학회보≫, 제37집 제2호.

배항섭. 2010.「'근대이행기'의 민중의식: '근대'와 '반근대'의 너머」. ≪역사문제연구≫, 제23호.

사이먼, 윌리엄(William H. Simon). 2004.「사회공화주의적 소유」. 서익진 옮김. ≪시민과 세계≫, 제6호.

송태경. 2000.「마르크스 공산주의의 또 다른 이름, 자유인들의 연합체!」. ≪진보평론≫, 제6호.

신율. 1997.「사회주의의 사적 소유: 초기 사회주의 사상에 나타난 사적 소유의 개념을 중심으로」. ≪현상과 인식≫, 제73호.
앨버트, 마이클(Michael Albert). 2003.『파레콘: 자본주의 이후, 인류의 삶』. 김익희 옮김. 북로드.
유재건. 2011.「맑스의 공산주의 사상과 '개성'의 문제」. ≪코기토≫, 제10집.
이상형. 2014.「소유로서의 자유와 그 한계」. ≪철학논총≫, 제77집 제3권.
이태일. 1975.「Rousseau에 있어서의 所有와 秩序」. ≪한국정치학회보≫, 제9집.
임화연. 1990.「헤겔에 있어서 사적 소유권의 문제」. ≪철학≫, 제34집.
정대성. 2012.「추상적 소유이론에 대한 헤겔의 비판」. ≪인간연구≫, 제22호.
정미라. 2003.「소유권과 자유」. ≪철학논총≫, 제34집 제4권.
정원섭. 2013.「자유주의 정치철학과 복지」. ≪통일인문학논총≫, 제56집.
정성진. 2006.『마르크스와 트로츠키』. 한울.
채만수. 2004.「과학기술혁명과 상품의 가치·가격」. ≪진보평론≫, 제20호.
칸트, 임마누엘(Immanuel Kant). 2012.『윤리형이상학』. 백종현 옮김. 아카넷.
하태규. 2014a.「참여계획경제의 대외경제관계」. 경상대학교 대학원 박사학위논문.
______. 2014b.「참여계획경제의 대외경제관계 모델 연구: 이론적 분석」. ≪경제와 사회≫, 제103호.
______. 2015a.「인지자본주의와 정보재가치」. ≪사회경제평론≫, 제47호.
______. 2015b.「마르크스의 대의제 민주주의 비판과 고대 아테네 민주주의」. 로자 룩셈부르크 국제학술대회 논문집.
황태연. 1992.「사회주의권의 변화와 맑스 소유권사상의 재검토」. ≪정세연구≫, 제36호.
헤겔, 게오르크 빌헬름 프리드리히(Georg Wilhelm Friedrich Hegel). 1821(1989).『법철학』. 임석진 옮김. 지식산업사.
Campbell, A(ed.). 2012. "Special Issue: Designing Socialism: Visions, Projections, Models." *Science and Society*, Vol. 76, No. 2.
Chattopadhyay, P. 2011. "On the Question of Soviet Socialism." *Science and Society*, Vol. 75, No. 1.
Cockshott, W. and A. Cottrell. 1996. *Towards a New Socialism*. Spokesman.
Hudis, P. 2011. "Marx's Concept of the Transcendence of Value Production." Doctoral dissertation, Department of Philosophy, Loyola University at Chicago.
Marx, K. and F. Engels. 1845~1847(1975). *MECW*, Vol. 5. Progress Publishers.
______. 1845~1848(1975). *MECW*, Vol. 6. Progress Publishers.

______. 1870~1871(1986). *MECW*, Vol. 22. Progress Publishers.
______. 1874~1883(1989). *MECW*, Vol. 24. Progress Publishers.
______. 초기~1844(1968). *MEW*, Band 40. Dietz Verlag.
______. 1839~1844(1981). *MEW*, Band 1. Dietz Verlag.
______. 1845~1846(1978). *MEW*, Band 3. Dietz Verlag.
______. 1846~1848(1977). *MEW*, Band 4. Dietz Verlag.
______. 1867(1962). *MEW*, Band 23. Dietz Verlag.
______. 1873~1883(1975). *MEW*, Band. 20. Dietz Verlag.
______. 1875~1883(1987). *MEW*, Band 19. Dietz Verlag.
______. 1885(1963). *MEW*, Band 24. Dietz Verlag.
______. 1894(1964). *MEW*, Band 25. Dietz Verlag.

제3장

대안적 노동 원리
노동으로부터의 해방과 노동을 통한 해방

장귀연 | 경상대학교 사회과학연구원 학술연구교수

1. 문제제기

소비에트 연방을 비롯해 자본주의를 극복했다고 자처한 사회주의국가들은 결국 실패했고 자본주의로 선회했다. 물론 이것이 자본주의의 대안이 존재할 수 없다는 것을 의미하지는 않는다. 미래는 남아 있다. 또한 이제 역사가 된 사회주의국가들의 현실적인 실패 원인들도 여러 가지로 분석할 수 있을 것이다. 그러나 그보다 근본적으로 역사에 실재했던 사회주의가 과연 자본주의의 대안을 구현했는지부터 따져볼 문제이다. 이른바 현실 사회주의국가들은 많은 부분 자본주의의 병폐를 답습했고 그런 점에서 보면 자본주의의 대안 자체가 아니었다고 볼 수도 있다.

그중에서 가장 중요한 것이 생산방식과 노동조직의 측면이다. 생산조직의 소유권이 사적 자본의 손에 있지는 않았을지언정 실제로 생산조직 내에서 노

동을 조직하고 생산을 하는 방법은 자본주의와 다를 바 없었다. 생산성과 효율성을 기준으로 노동분업과 그를 위한 기술 및 관리 감독 체계를 채택했고 그래서 노동자들의 노동과정은 자본주의와 크게 다르지 않았다.

블라디미르 레닌(Vladimir Lenin)이 테일러주의의 도입을 지지했던 것에서 드러나듯이 생산조직이 국유화되어 사적 자본의 이윤이 아니라 노동자, 국가, 인민을 위해 생산하고 쓰인다면 노동과정은 문제가 되지 않는 것으로 봤던 것 같다. 좀 더 나아가 현장조직이나 경영관리에 노동자들이 참여하는 '자주관리' 방식이 시도된 적은 있었지만, 이때도 노동과정 그 자체는 거의 문제시되지 않았다. 이에 관한 한 자본주의사회나 역사에 존재했던 사회주의사회나 마찬가지였다. 즉, 노동자들의 노동은 가능한 한 생산성과 효율성을 높일 수 있는 방식으로 조직되었고 노동자들은 그 조직의 한 부속물일 뿐이었다.

그러나 카를 마르크스(Karl Marx)가 갈파했듯이 소외된 노동은 노동자의 삶을 비참하게 만드는 원천 중의 하나이다. 우리의 사회적 생활 중에서 노동은 큰 몫을 차지하는데 그 노동이 고통스럽다면 행복한 삶이 되기란 쉽지 않다. 이것은 단순히 자본의 노동착취를 철폐하는 것으로 해결될 수 없고 정치적·경제적 결정에 참여하는 것과도 다른 문제이다. 즉, "당신의 노동이 실험실의 뿌연 유리창 뒤편에서 밤새 혼자 머물며 유리창 저편을 지켜보는 일 이외에는 다른 할 일이 아무것도 없는 커다란 화학공장에서 …… 당신의 노동이 눈으로 계기판을 지켜보다 어떤 일이 생길 경우에 사전에 지시된 사항들을 글자 그대로 따라하는 핵발전소에서 …… 현장의 노동이 모든 것이 정상적으로 작동하는지 확인하는 일로만 구성되었고 기계 앞에서 느끼는 무력감에 고립감과 고독감이 동반하는 유리 제작 공장이나 플라스틱 제작 공장에서 자주관리가 과연 무엇을 의미할까?"(고르, 2011: 208)

이런 노동의 형태를 극복하는 것은 자본주의가 사람들의 삶에 야기한 고통을 제거하려는 대안을 마련하는 데 필수적인 부분이다. 그러므로 이 글은 노동의 대안적 원리에 대한 논거와 기초적인 구상을 제시하고자 한다.

이 글에서 중요한 전거로 삼는 이론가는 마르크스이다. 노동을 중시했던 근대의 여러 이론가 중에서 마르크스는 노동 개념 그 자체를 가장 파고들어 이론화한 사람일 뿐 아니라 이를 통해 자본주의를 넘어서는 대안을 제공하려고 했기 때문이다. 그래서 우선 마르크스의 노동과 노동소외의 개념을 추적하는 데서 시작한다. 이를 통해 대안적인 노동 원리의 필요성과 방향을 상기하고 논의의 바탕을 삼는다.

하지만 기존 노동 형태에 대한 비판은 마르크스의 이론에 그치는 것이 아니다. 노동의 고통은 말 그대로 현실이기 때문에 이를 벗어나려는 노력들이 계속 존재했다. 그러한 이론적·실제적 시도들로서 '탈노동주의'와 '노동의 인간화'를 검토한다. 이러한 시도들은 각각 한계가 있지만 노동을 조직하는 대안적인 방법을 마련하는 데 실질적인 도움을 제공한다.

그런 다음 이러한 논의들을 종합해 대안적 노동 원리를 구상하기 위해 다시 마르크스로 돌아간다. 마르크스의 공산주의적 노동 원리의 핵심이자 여러 시도의 한계를 넘어 대안적 노동 원리를 마련하기 위해서는 지금까지 유토피아적인 것으로 간주된 '분업의 폐지'를 재고할 필요가 있다. 이를 바탕으로 노동 그 자체의 변화 및 사회적 조직화 원리에 대해 모색하고 제시할 것이다.

2. 마르크스의 노동과 노동소외

마르크스는 노동이 인간과 동물을 구별하는 근본적인 특성이라고 봤다. 물론 동물도 활동을 한다. 그러나 동물의 활동은 본능적인 반면, 인간의 노동은 의식을 갖고 행하는 활동이다. 『경제학·철학 수고(Ökonomisch-philosophische Manuskripte aus dem Jahre 1844)』(1844)에서 마르크스는 노동을 인간의 생명 활동이라고 규정하면서 다음과 같이 말한다.

> 동물은 자신의 생명활동과 직접적으로 하나이다. 동물은 자신의 생명활동과 구분되지 않는다. 동물은 생명활동이다. (그러나) 인간은 자신의 생명활동 자체를 자신의 의욕과 의식의 대상으로 삼는다. 그는 의식된 생명활동을 가진다. …… 의식된 생명활동은 인간을 동물적인 생명활동과 직접적으로 구별한다(마르크스, 2006: 93~94).[1)]

이렇게 보면 노동이 아니라 의식이 동물과 구별되는 지점인 것처럼 보이기도 하지만, 마르크스는 의식만으로는 아무것도 할 수 없고 그것이 노동을 통해 물질화되었을 때 인류 사회와 문명이 발생한다는 측면에서 말하고 있는 것이다. 말하자면 "인간이 그들 자신과 동물을 구별짓기 시작한 것은 그들의 생존수단을 생산하면서부터였다"(마르크스·엥겔스, 1988: 42).[2)]

이는 인간의 노동은 동물의 활동과는 달리 근본적으로 사회적이라는 점을 의미하는 것이기도 하다. 이것은 생존수단을 생산하는 과정이 사회적인 협업과 분업으로 이뤄지고 그 총 결과가 구성원들에게 분배된다는 뜻만은 아니

1) 또 『자본론(Das Kapital)』(1867)의 다음과 같은 구절도 그와 관련해 많이 인용된다. "거미는 직포공들이 하는 일과 비슷한 일을 하고 꿀벌의 집은 많은 인간 건축가들을 부끄럽게 한다. 그러나 가장 서투른 건축가라도 가장 훌륭한 꿀벌보다 뛰어난 점은 그는 집을 짓기 전에 미리 자기의 머릿속에서 그것을 짓고 있다는 것이다. 노동과정의 끝에 가서는 그 시초에 이미 노동자의 머릿속에 존재하고 있던 결과가 나오는 것이다. 노동자는 자연물의 형태를 변화시킬 뿐 아니라 자기가 의식하는 목적을 자연물에 실현시키는 것이다"(마르크스, 1991: 226).

2) 『독일 이데올로기(Die deutsche Ideologie)』(1845~1846)는 이러한 규정을 바탕으로 인간 노동의 분업 및 협업의 형태로 역사적 변화과정을 구체적으로 전개하는 저작이다.

다. 이에 관해서라면 개미나 늑대처럼 군집 생활이나 무리 생활을 하는 동물들도 비슷한 양태를 보인다고 할 수 있다. 그러나 의식적인 활동으로서 인간의 노동은 사회에서 행해지는 노동 및 노동의 결과에 기반을 두고 다시 창조적인 노동과 노동의 결과를 내놓을 수 있다. 따라서 설사 "내가 학문적인 활동을 해서 좀처럼 타인과 직접 공동으로 수행할 수 없는 어떤 활동을 하고 있더라도 내가 인간으로서 활동하기 때문에 사회적이다. 나의 활동의 재료가 — 사상가가 활동의 재료로 삼는 언어조차도 — 내게는 사회적 산물로서 주어져 있을 뿐 아니라 나 자신의 사회적 활동이다. 그러므로 내가 나에게서 만드는 것, 그것을 나는 사회를 위해, 사회적 존재로서 나의 의식을 가지고 나에게서 만든다"(마르크스, 2006: 131). 다시 말하자면 노동을 통해 개인은 사회를 유지, 발전시키는 데 기여한다. 그리고 인간이 사회에서 인간일 수 있는 한, 노동은 개인이 사회에서 자리를 잡고 자신을 표현할 수 있는, 즉 자기를 실현하는 활동이라고 할 수 있다.

그런데 이처럼 인간을 동물과 구별하는 본원적인 특성인 노동을 인간은 고통스러운 것으로 경험한다. 노동은 생계를 꾸리기 위해 어쩔 수 없이 하는 것이고 노동을 통해 얻는 소득으로 먹고살아가는 것이 목표이다. 그래서 "인간은 그의 가장 동물적인 기능들, 먹고 마시고 생식하고, 기껏해야 그의 거주와 의복에서만 자발적으로 활동한다고 느끼고, 그의 가장 인간적인 기능들에서는 자신을 동물로 느낀다"(마르크스, 2006: 90)라는 역설이 발생한다.

이러한 역설을 마르크스는 '소외'라는 말로 개념화하는데 이를 『경제학·철학 수고』에서 상세하게 논하고 있다. 소외란 인간의 활동인 노동이 그에게 낯설고 억압적인 외부의 힘으로 느껴지는 과정을 의미한다. 마르크스는 노동 결과물로부터의 소외와 노동 활동 자체 내에서의 소외 두 측면을 이야기한다. 즉, 노동의 결과물도 내 것이 아니고 노동을 하는 활동 자체도 내 것이 아니다(마르크스, 2006: 85~91).

이러한 소외를 노동자들은 구체적으로 어떻게 경험하게 되는가? 우선, 노동을 내가 선택하고 원해서 하는 것이 아니라 어쩔 수 없는 상황에서 하게 된다. 노동은 사회에서 자기를 실현하는 것일진대, 대체로 우리는 노동의 종류나 양을 자발적으로 선택할 수 없다. 전(前) 자본주의사회에서는 타고난 신분에 의해, 자본주의에서는 노동력의 상품화를 통해 자신의 의사와 상관없이 노동의 양과 종류가 외부에서 정해지는 것이 보통이다. 이것은 노동 결과물이 내 것이 아니라는 마르크스의 말과도 상통한다. 내 노동의 결과물을 수취하는 것은 내가 아닌 다른 사람이기 때문에 그 결과물을 만드는 노동의 종류와 양은 내가 아닌 다른 사람에 의해 결정된다.

이처럼 강제되어서 노동을 시작하게 될 뿐 아니라 노동을 하는 중에도 자율성을 발휘할 여지가 별로 없다. 이것은 특히 노동력이 상품화된 자본주의에서 강화된다. 주로 노동의 결과물을 수취했던 전자본주의 생산양식과는 달리 자본주의에서는 노동력 자체를 상품으로 구매하기 때문에 자본은 그 노동력을 사용할 수 있는 시간 동안 최대한 짜내려고 하게 되고 그에 따라 노동강도가 강화되며 노동자의 행동에 대한 직접적인 통제가 이뤄진다. 즉, 자본주의의 노동력 상품화란 먹고살기 위해 노동력을 팔아야 한다는 의미와 더불어 내 노동력을 판매함으로써 노동이라는 나의 활동 자체가 노동력 구매자의 의사에 따라 행해진다는 의미이기도 하다. 마르크스의 말 그대로 노동과정에서 내 활동도 내 것이 아닌 것이다.

이러한 자신의 노동 활동으로부터의 소외는 노동과정 분업으로 심화된다. 노동력을 구매한 자본은 노동력에게서 최대의 생산성과 효율성을 얻기 위해 노동과정에서 구상과 실행을 분리하고 노동을 실행하는 과정을 쪼개어 단순작업으로 분해한다. 현대의 테일러리즘은 이것의 가장 극단화된 형태라고 할 수 있다. 하루 종일 앉아서 컨베이어 벨트 위 부속품에 30초당 하나씩 칩을 꽂는 일만 반복한 노동자가 완성된 컴퓨터 제품을 봤을 때 그는 그것을 자기 노동의 성취로 간주하기 어려울 뿐 아니라 자기 노동의 결과물인 컴퓨터에 대해서는 알지도 못한다. 즉, 노동과정에서의 소외는 다시 노동 결과물로부터의 소외를 가져오는 것이다.

결국 노동소외는 지배계급이 노동자의 결과물을 수취하고 노동과정을 통제하는 계급사회의 산물이다. 노동과 관련해 마르크스는 분업을 계급의 바탕으로 봤다(마르크스·엥겔스, 1988). 사회적 분업, 특히 정신노동과 육체노동의 분리와 더불어 계급사회가 시작된다. 근대 자본주의로 들어오면서 사회적 분업에서 나아가 노동과정의 분업도 강화되면서 노동자의 소외는 더욱 깊어진다.[3] 그 결과 "물질적이거나 다른 어떤 강제가 없어지자마자 노동은 마치 페스트처럼 기피된다"(마르크스, 2006: 90).

그렇다면 계급이 없다면 노동소외도 존재하지 않는 것인가? 아마도 이것이 사회주의국가들에서 생각한 방식일 것이다. 즉, 사적 자본이 폐지된 무계급사회이고 생산수단이 노동자(더 정확히는 노동자 국가)의 손에 있으므로 노동소외는 사라진 것이라고 간주했을 것이다. 하지만 사회주의국가들에서 노동은 자본주의사회에서와 별 다를 바 없이 적극적으로 개인을 실현하는 방법이라기보다는 여전히 소외의 과정으로 기피되었다.

사실 마르크스가 말한 대로 노동분업이 계급사회의 바탕이라면 역으로 이러한 소외를 가져오는 방식의 노동분업이 현존하는 한 계급은 폐지된 것이 아니라고 해석할 수 있다. 이것은 단지 생산조직의 소유권 또는 노동자의 소득이나 물질적 생활수준과는 별개의 문제이다. 마치 미래 사회주의국가들의

---

3) 계급사회의 바탕으로서 노동분업과 관련해 『독일 이데올로기』에서 구체적으로 논하고 있다. 노동과정의 분업에 대해서는 『자본론』 1권에서도 다뤄진다.

착각을 예견이라도 하듯이 마르크스는 노동과 노동소외를 다룬 저술 『경제학·철학 수고』에서 다음과 같이 말했다.

…… 노동은 자기 목적으로 나타나는 것이 아니라 임금의 하인으로 나타나기 때문(에) …… 노동임금의 강제 인상(다른 모든 어려운 점은 제쳐두더라도)은 노예의 보수 개선 이외의 아무것도 아니고 노동자에게도, 노동에도 그것의 인간적 규정과 품위를 얻게 하지는 않을 것이다. 프루동이 주장하는 것과 같은 급료의 평등조차도 자신의 노동에 대한 오늘날 노동자의 관계를 노동에 대한 모든 인간 관계로 전환시킬 뿐이다. 그 경우 사회는 추상적 자본가로 파악된다(마르크스, 2006: 100~101).

즉, 사적 자본이 존재하지 않는다 할지라도 노동이 노동자에게 자기를 실현하기 위한 목적으로 존재하는 것이 아니라 소득을 벌어들이기 위한 수단에 지나지 않다면 그것은 집합적인 자본주의나 다름없다. 20세기 사회주의를 표방한 국가들이 결국 이른바 국가자본주의라고까지 불리게 된 것을 예언한 듯한 구절이다.[4]

이처럼 자본주의사회에서는 물론이고 사회주의를 자처한 곳에서도 노동의 소외를 극복하지 못한 것이 현실이라면 그것을 벗어나기 위한 길로 두 가지를 생각할 수 있다. 하나는 노동 그 자체를 최소화하는 것이고 다른 하나는 노동을 소외되지 않게 만드는 것이다. 이에 대해 지금까지 논의되고 시행된

4) 같은 책에서 마르크스는 이것을 '조야한 공산주의'라고 비판한다. 조야한 공산주의에서는 "노동자라는 규정은 지양되지 않고 모든 인간들에게 확장"(마르크스, 2006: 124)되며 이러한 공동체는 "노동의 공동체일 뿐이며 공동체의 자본, 즉 보편적 자본가로서 공동체가 지불하는 봉급의 평등일 뿐"(마르크스, 2006: 125)이다. 즉, "사적 소유의 적극적 지양인 조야한 공산주의란 자기 자신을 적극적인 공동체로서 정립하고자 하는 사적 소유의 저열함의 한 형태일 뿐이다"(마르크스, 2006: 127).

것들이 없었던 것은 아니다. 다음 절에서는 이를 살펴보기로 한다.

3. 두 가지 대안

1) 탈노동(post-work)

탈노동이란 말 그대로 노동에서 탈피하는 것을 의미한다. 이러한 생각이 특히 설득력을 얻게 된 것은 고실업 시대를 배경으로 하고 있다(Wheelock and Vail, 1998). 1970년대 이후 서구에서는 전후 자본주의 황금기가 끝나고 실업률이 급격히 상승하기 시작했다. 대량생산-대량고용의 포드주의 생산체제가 한계에 달해 그에 바탕을 둔 완전고용의 시대는 끝났다는 인식이 확산되었다. 실제로 그 후로 지금까지 실업률의 등락은 있지만 완전고용의 시대로는 결코 돌아가지 못하고 있는 것이 사실이다.

탈노동은 기본적으로 기술 발전에 의해 고용 감소가 불가피하다는 점을 전제한다. 자동화와 정보화는 사무직, 생산직, 서비스직 모두에서 필요 인력을 급격히 감소시킬 뿐 아니라 노동의 질 자체를 단순하고 지루한 미숙련 노동으로 떨어뜨리고 있다. 낙관적으로 미래를 보는 측에서는 자동화, 정보화 기술이 미숙련 노동을 없애는 대신 지적·전문적인 노동을 활성화시키고 자동화로 인해 없어지는 일자리만큼 새로운 신산업이 발달해 노동력을 흡수할 것이라고 주장한다. 그러나 현실을 보면 전혀 그렇지 않다. 탈노동주의자들은 기술 발전에 따라 기업들이 고용을 축소하는 다운사이징을 수시로 실시하고 임시, 하청, 파견 등 불안정 노동을 확대하는 것이 현실이라는 점을 지적한다(리프킨, 1995; Gorz, 1999).

또한 이들은 전통적인 좌파가 이러한 상황에 잘못 대응하고 있다고 비판한다(고르, 1999, 2011; Cleaver, 2011). 전통적인 마르크스주의자들은 노동을 인간의 본성 및 자기실현으로서 신성시하는 경향이 있고 노동운동은 더 많은 일자리와 풀타임 정규직으로의 완전한 고용을 요구하고 있다. 하지만 이것은 오히려 노동을 이윤 창출의 수단으로 이용하는 자본에 의한 예속을 스스로 강화하는 길일 따름이다(이진경, 2006; Cleaver, 2011).

그러나 발상을 전환하면 일자리 없는 시대는 노동이 필요 없는 시대, 즉 '노동으로부터의 해방'의 기회라고 볼 수도 있다(리프킨, 2005; Aronowitz and Cutler, 1998). 자동화, 정보화 등 노동절약 기술의 발전이 노동자의 빈곤과 불안정화로 이어질 수도 있고 현재의 상황은 그러하지만, 반대로 더 적은 노동과 더 많은 여가로 삶을 풍요롭게 하는 데 기여하도록 만들 수도 있다.

그렇게 하기 위해서는 사회적 패러다임을 혁명적으로 바꾸는 것이 필요하다. 현재의 '노동 사회'에서는 노동-일자리를 통해 개인의 정체성을 찾는다. 갑자기 '당신은 누구시오?'라는 질문을 받는다면 우리는 흔히 교사라든가 택시 기사라든가 주로 자신의 직업을 말하게 된다는 점만 봐도 한 개인이 하는 노동이 그의 정체성을 얼마나 크게 규정하는지를 알 수 있다. 따라서 일하지 못하게 되는 것, 즉 실업은 단지 생계의 어려움뿐 아니라 정체성과 자존감의 상실을 가져온다. 노동하지 않는 자는 사회에서 자신의 자리를 찾지 못하는 것이다. 그러나 이와 같이 노동을 중심으로 개인을 규정하는 것은 일자리 없는 시대에 더 이상 적합하지 않다. 만약 그러한 패러다임이 지속되면 일자리를 가질 수 없는 수많은 사람을 사회에서 배제함으로써 불안과 갈등이 만연하는 시한폭탄과 같은 사회가 될 것이다(리프킨, 2005).

탈노동주의자들은 이러한 노동 중심 패러다임을 벗어날 것을 강조한다. 노동은 인간의 풍부한 여러 활동(multi activity) 중 하나일 뿐이다. 가장 중요하고 핵심적인 활동도 아닌 노동에서 대부분의 사람은 기쁨을 누리지도, 자기 실현을 하지도 못하고 있다. 그렇다면 차라리 개인의 개성을 실현할 수 있는 노동 외 시간의 다른 활동이 그의 정체성을 규정한다고 할 수 있을 것이다. 특히 정서적 유대감 및 안정감을 강화하는 관계적 활동이나 개인의 창조성을 실현할 수 있는 문화적 활동이 노동보다 개인의 인간됨을 발전시키고 발현하는 데 중요할 것이다. 그러므로 노동이 아니라 사회문화적 활동이 개인을 규정하고 삶의 많은 부분을 차지하도록 중심이 옮겨가야 한다(고르, 2011; 강내희, 1999).

물론 이러한 전환은 사람들의 의식을 바꾸는 문제가 아니라 사회적 체계와 제도가 뒷받침되어야 하는 것이다. 탈노동을 위해 전제되어야 하는 조건으로서 대체로 다음과 같은 것들이 공통적으로 제시되고 있다(리프킨, 2005; Aronowitz and Cutler, 1998; Gorz, 1999; 강내희, 1999). 우선 당연히 무엇보다도 노동시간을 대폭 축소하는 것이 전제된다. 지금 노동운동이 요구하는 것처럼 지속적·정규적인 전일제 고용이 반드시 바람직한 것은 아니다. 일 노동시간이나 주 노동시간의 축소와 더불어 생애 노동시간의 축소도 이뤄져야 하고 원할 때 일을 그만두거나 시작할 수 있어야 한다.

그런데 이러한 노동의 축소는 일하는 것과 상관없이 무조건 모든 사람에게 일정한 소득을 보장하는 기본소득 제도와 쌍을 이룬다. 지금 사람들이 어떻게든 일자리를 구하고 장시간 노동을 기꺼이 하는 것은 그렇게 하지 않으면 생계를 유지할 수 없기 때문이다. 즉, 노동의 축소가 가능하려면 적게 일해도 충분히 살아갈 수 있어야 한다. 특히 고용되어 일하지 않고도 살아갈 수 있을 만큼 충분한 기본소득이 보장된다면 탈노동 사회가 실현될 수 있다. 이때 노동은 개인이 선택하는 여러 활동 중 하나가 될 것이기 때문이다.

마지막으로 이른바 제3부문이나 문화, 예술 부문의 활성화가 중요하다. 노동하지 않는 시간을 그저 멍하니 보낸다면 의미가 없다. 탈노동이 지향하는 것은 개인들의 삶이 노동을 중심으로 조직되는 것을 탈피해 훨씬 더 다양하고 풍부한 자기실현 활동을 할 수 있게 하는 것이다. 이를 위해서는 사회적 연대를 제공하는 시민사회적 활동 부문이나 창조성을 발휘할 수 있는 문화, 예술 부문이 적극적으로 활성화될 필요가 있다.

노동시간의 대폭적인 축소, 충분한 기본소득 보장, 비시장적 제3부문과 문화, 예술 부문 활성화 같은 정책들은 자본의 힘이 지배하는 사회에서는 사실상 받아들여지기 쉽지 않다. 그렇기 때문에 비록 제러미 리프킨(리프킨, 2005)처럼 자본주의 내에서의 개혁을 통해 탈노동이 가능하다고 생각하는 논자들도 있지만, 탈노동을 반자본주의 운동 전략으로 간주하거나(Cleaver, 2011)[5] 자본주의를 극복한 대안적 사회의 모습으로 탈노동 사회를 상정하기도 한다(Gorz, 1999; 고르, 2011; 강내희, 2014). 즉, 탈노동주의는 전체적인 사회의 변화를 지향한다.

그러나 탈노동주의는 노동의 개념을 협소하게 정의한다는 점에서 문제가 있다. 자본주의적 임금노동만을 노동이라고 생각하거나 자본주의를 벗어난 사회를 상정하더라도 노동은 여전히 자유와 대비되는 의무적이고 수고로운 것으로 간주된다. 즉, "인간의 활동을 크게 '사회적으로 필요한 노동'과 이와 분리된 '자유로운 활동'으로 구분"(강내희, 2014)하는 것이다. 자본주의를 극복하더라도 전자는 필수불가결할 뿐 아니라 의무적이고 수고로운 성격을 잃지 않으며 다만 대안사회에서는 전자를 최소화하고 후자를 최대화해야 한다고 본다(고르, 2011).

그러나 사회적 필요노동을 개인의 자유로운 활동과 확고하게 분리해 장벽

---

5) 특히 자율주의적 마르크스주의(autonomist Marxism)는 노동이라는 범주가 자본으로 규정된 것으로 간주하면서 '노동 거부'를 반자본주의 전략으로 내세운다.

을 칠 수는 없다. 개인의 자유로운 활동이 사회적 생산과 필요에 기여할 수 있다. 예를 들어 현재에도 활발하게 이뤄지는 프리 소프트웨어나 창작물의 공유 등은 직업으로서의 노동으로 행해진 것이 아니라 순전히 개인이 창조성 발휘의 즐거움을 위해 하는 활동을 사회적인 생산물로 전환시키는 것이다.[6] 결국 가장 이상적인 상황은 개인의 자유로운 활동이 사회적 필요노동과 부합하고 통합되는 것이다. 물론 이것은 이상적인 상태이고 실제로 그렇게 통합되기란 쉽지 않을 것이다. 그러나 애초부터 이렇게 의무 대 자유로 이분화하면 '개인의 자유로운 활동'과 '사회적으로 필요한 노동'의 결합 가능성을 원천적으로 차단하게 된다.

또한 탈노동주의는 노동을 '수고'로만 간주해 노동을 최소화하는 것에 집중하고 노동 그 자체의 성격을 변화시키는 방법에 대해서는 생각하지 않는다. 즉, '노동으로부터의 해방'을 얘기할 뿐 '노동을 통한 해방'은 도외시한다. 그러나 노동이 설사 사회적 필요에 의한 의무가 되더라도 노동과정을 재구성함으로써 더 즐겁고 자율적인 것이 될 수도 있다. 그러할 때 개인이 노동에서 자기실현을 할 수 있는 가능성이 높아지고 그에 따라 자유로운 활동과 사회적으로 필요한 노동이 연결될 가능성도 높아질 수 있는 것이다.

2) 노동의 인간화

탈노동에 대한 주장이 전체적인 사회 변화를 추구하는 대신 고역(苦役)으로서 노동의 성격을 보전하고 있다면 '노동의 인간화'는 현재 사회의 한계 내에서 작업현장의 구체적 노동과정에 집중해 노동과정의 소외를 극복하려

---

6) 이와 같은 프리 소프트웨어 방식에서 기원한 동료 생산(peer production)이 마르크스의 공산주의적 생산 개념을 현실화시킬 수 있다는 논의도 존재한다(Rigi, 2013).

는 시도이다. 노동과정에서의 소외는 20세기 초반에 자리 잡기 시작한 테일러주의에서 정점에 달했다. 구상과 실행의 분리, 단순 동작으로 세분화된 분업, 기계에 대한 종속 등을 특징으로 하는 테일러주의하에서 노동자들은 창의성, 사고, 숙련을 박탈당하고 단순한 기계의 부속품으로 전락했고 결국 노동자들의 불만과 의욕상실이 크게 증가함에 따라 사실상 노동 효율성도 떨어졌다. 물론 테일러주의는 노동자들의 의욕, 숙련, 개성에 영향을 받지 않고 생산 가능하도록 설계된 것이지만, 그로써 얻을 수 있는 효율성이 최대치에 이르러 더 이상 생산성을 증가시킬 수 없는 한계에 달한 것이다.

이러한 상황이었기 때문에 노동의 인간화는 노동자 측의 요구뿐 아니라 자본이 원하는 생산성 향상이라는 목표도 가지고 있었다. 특히 일본의 린 생산, 미국의 팀 생산 등은 노동과정에서 다기능화, 일정한 권한과 자율성 부여, 토론과 참여 등 몇 가지 노동의 인간화 프로젝트와 비슷한 성격을 공유하고 때로는 그렇게 불리기도 하지만, 기본적으로 기업 측의 생산성 향상에 대한 관심에서 시작한 것이다. 따라서 여기서는 그보다 노동소외를 벗어나고자 하는 문제의식이 큰 유럽의 경우를 중심으로 보도록 하겠다.

1970년대부터 스칸디나비아 국가들과 독일을 중심으로 본격화된 노동의 인간화 프로젝트는 일본이나 미국의 경우와 달리 노동자 측의 요구에서 비롯되었다. '황금기'라 불리는 전후 시기 고도 경제성장과 복지제도의 완비로 물질적 풍요를 획득한 유럽 노동자계급이 임금과 같은 직접적인 물질적 보상에서 노동 생활의 질 향상으로 눈을 돌리기 시작한 것이다. 스웨덴, 노르웨이 등 스칸디나비아 국가들과 독일은 특히 노동조합이 강력했기 때문에 이러한 요구를 적극적으로 추진할 수 있었다. 그래서 작업장의 노동 생활과 관련해 두 가지 프로젝트가 진행되었는데 하나는 공동결정제도를 비롯한 노동자 경영 참가이고 다른 하나는 소외를 지양해 노동과정을 재조직하는 노동의 인간화였다.

노동의 인간화를 위한 노동과정을 조직하는 데 바탕이 된 것은 사회기술 체계론(sociotechnical systems theory)이다(Kelly, 1978; Susman and Chase, 1986).[7] 사회기술 체계론은 노동과정이 기술 체계와 사회 체계 두 가지로 이뤄진다고 보는데, 여기서 사회 체계란 노동자 간의 분업 관계를 의미한다. 이 이론에 따르면 기술 체계와 사회 체계는 다양하게 조합 가능하고 최적의 조합을 찾는 것이 중요하다. 한편으로는 그 전의 인간관계론처럼 기술 체계는 그대로 두고 노동자 사이의 인간적인 관계를 형성시키려는 시도를 비판하고 기술 체계와 사회 체계의 동시적 변화를 추구하며, 다른 한편으로는 기술로 효율성이 결정된다는 기술결정론을 반대해 기술 체계와 사회 체계의 최적 조합으로 효율을 달성할 수 있다고 보는 것이다. 실천적인 관점에서 보면, 예를 들어 기존의 컨베이어 벨트-테일러주의적 분업의 조합이 최선인 것이 아니라 노동의 인간화를 실현하는 다른 기술 및 작업조직의 조합으로도 충분한 효율을 달성할 수 있다는 주장이기도 하다.

이에 근거해 노동의 인간화 프로젝트는 대체로 다음과 같은 조직 원리를 수립했다(Ketchun and Trist, 1992; 박준식, 2002). 우선 무엇보다 분업을 약화시키는 것이 중요한데, 생산과정을 전반적으로 이해하지 못하고 특정한 일만 반복하는 분업이 노동소외의 주범이기 때문이다. 그래서 노동자들은 생산과정에 대한 이해에 기초해 한 가지 기능이 아닌 폭넓은 숙련을 갖게 된다. 다기능화와의 차이점은 다기능화가 이미 표준화되고 분업화된 기능 여러 가지를 할 수 있도록 하는 것인 반면, 이는 '최소 구체화의 원리'로 사전에 정해진

7) 사회기술 체계론은 원래 영국의 타비스톡 연구소의 현장 연구를 통해 개념화되었는데, 이들은 단순한 학술적 연구를 넘어 노동과정의 인간화와 나아가 사회 개혁의 원리를 탐색하기 위한 '운동'의 성격을 띠고 있었다(박준식, 2002).

지시표 없이 노동자들이 다양하게 자율적으로 일할 수 있다는 것이다. 그래서 여기서 강조하는 것은 자율적 집단이다. 이 집단은 동질화된 분업 노동을 수행하는 것이 아니라 상당히 넓은 범위의 업무를 맡고 있는 팀으로서 내부에서 노동과정을 자율적으로 결정한다. 그리고 이 과정에서 민주적 참여와 토론이 중시된다. 전통적인 위계 조직과 달리 참여, 토론, 협의를 통해 노동의 내용과 방법을 만들어가는 것이다. 비에른 구스타프센(Bjørn Gustavsen)은 위르겐 하버마스(Jürgen Habermas)의 의사소통이론에 근거해 이러한 프로젝트가 단순히 조직 설계와 관련된 것이 아니라 민주적 담화를 노동 생활로 확장시키는 과정이라고 봤다(Gustavsen, 1985; Gustavsen and Enjgeldtad, 1986).

이러한 노동의 인간화 프로젝트는 유연 전문화나 신생산 개념에서 근거를 찾고 있다. 즉, 다품종 소량 생산 방식이나 컴퓨터화된 기술 채택으로 구상과 실행이 통합되고 장인적 생산(artisan production)이 가능해져 노동소외를 극복할 수 있다는 것이다(Piore and Sable, 1984; Kern and Schumann, 1989). 컴퓨터화된 자동화 기술은 노동의 인간화가 추구하는 작업 모델과 조합되면 '인간중심적 기술 체계'를 가능하게 하는 바탕이 될 수 있다고 본다(Badham, 1991).

노동의 인간화 시도로 유명한 사례는 스웨덴 볼보 자동차의 우데발라 공장이다. 공장의 설계부터 노동조합이 참여해 생산 라인을 없애고 일종의 장인적 생산 방식을 도입했다(이영희, 1994). 자동차 공장처럼 컨베이어 벨트로 대표되는 대공장의 테일러주의가 가장 악명이 높기 때문에 이 부문에 대한 사례가 많지만, 서비스 부문이나 사무직 노동에서도 노동의 인간화 프로젝트들이 시도되었다. 노동의 인간화는 궁극적으로는 판에 박힌 노동 대신 노동자들이 지식과 창의적 사고를 발휘해 일할 수 있도록 하는 것을 목표로 하고 있다(Purser and Pasmore, 1992).

노동의 인간화와 관련된 연구들은 이론적 구성물이라기보다 응용이론이기 때문에(박준식, 2002) 여기서 축적된 사례들은 노동소외를 극복하는 노동과정의 조직에 구체적으로 적용될 수 있다. 특히 첨단 기술을 고용 축소와 탈숙련의 원인이라고 부정적으로 보기보다 오히려 그를 통해 노동과정에서의 인간화를 구현할 수 있는 방안에 대해 숙고한 것은 이후 대안적인 노동과정을 조직하는 데 실제적인 도움을 준다.

그러나 사실 노동의 인간화 프로젝트 자체는 실패했다고 볼 수 있다. 무엇보다도 자본주의에서 노동의 인간화는 자본이 허용하는 한계 내에서만 가능했다는 점이 문제였다. 팀 작업, 다기능화, 교육, 숙련 형성 등이 오히려 노동강도 강화에 이용되었던 일본이나 미국의 경우는 물론이고 노동조합이 적극적으로 나섰던 유럽의 노동의 인간화 프로젝트도 자본과 타협해야 했기에 생산성과 효율성을 중시하지 않을 수 없었다. 결과적으로 우데발라 공장처럼 프로젝트를 포기하거나 기업이 원하는 효율성 기준에 종속되고 말았다.

이 글의 주제와 관련해서 근본적인 한계는 작업 현장의 노동과정만 문제시할 뿐 노동의 사회적 분배 체계는 염두에 두지 않았다는 점이다. 물론 노동의 인간화 프로젝트 자체가 노동과정을 주제로 한 것이기는 하지만, 산업 구조, 고용 구조, 노동시간 등 사회적인 노동 분배 체계가 노동과정의 조직에도 큰 영향을 미친다. 이런 점을 건드리지 않고서는 노동과정의 인간화나 노동소외의 극복 자체에 한계가 있을 수밖에 없다. 이 역시 큰 틀에서의 사회 변화를 도외시한 채 노동과정만의 변화를 추구했던 한계라고 할 수 있다. 그 결과 자본주의 내에서 노동의 인간화 프로젝트는 실패하고 말았던 것이다.

4. 대안적 노동 원리

1) 분업의 폐지

앞서 살폈듯이 탈노동주의와 노동의 인간화는 나름대로 '노동의 고통'을 극복하기 위한 방법들이고 대안적인 노동 조직화에 적용할 수 있는 아이디어들을 제공한다. 그렇지만 대안적인 노동 원리를 구성하기 전에 일단 근본적인 원칙과 방향성을 정립해야 할 필요가 있다. 즉, 현재 노동 형태의 극복을 슬로건에서 표현하듯이 '노동 해방'이라고 한다면 그 의미는 '노동으로부터의 해방'인가, '노동을 통한 해방'인가? 즉, 대안사회에서는 노동을 최소화하는 것을 추구해야 하는가, 노동을 사회 속의 자기실현이 되도록 만드는 데 집중해야 하는가? 탈노동주의는 전자, 노동의 인간화는 후자의 궤적 위에 있다고 할 수 있다. 그리고 앞서 봤듯이 각각의 한계들을 가지고 있다.

다시 마르크스로 돌아가 보자. 사실 마르크스의 저작들을 보면 그가 어느 것을 염두에 두었는지 모호한 측면이 있다. 노동을 인간이라는 유적 존재의 본질로 상정하고 그것의 소외과정을 논한 『경제학·철학 수고』는 이후 루이 알튀세르(Louis Althusser)를 비롯해 많은 마르크스주의자에게 아직 헤겔주의의 영향을 벗어나지 못한 미성숙한 시기의 저작으로 취급되기도 했다. 그러나 적어도 노동을 인간과 동물을 구별하는 적극적·의식적인 삶의 활동으로 간주한 구절은 『경제학·철학 수고』뿐 아니라 『독일 이데올로기』, 『정치경제학비판 요강(Grundrisse der Kritik der politischen Ökonomie)』(1857~1858), 『자본론』, 『고타강령초안 비판(Kritik des Gothaer Programms)』(1875)까지 일관되게 나타나고 있다. 또한 자본주의를 극복한 공산주의사회에서는 노동이 '개개인의 완전한 발전'을 이루는 자기실현 활동이 되는 것으로 묘사한다. 마르크스가 만년에 쓴 『고타강령초안 비판』에서는 "공산주의의 더 높은 단계에서는 개개인이 분업에 복종하는 예속적 상태가 사라지고 이와 함께 정신노동과 육체노동의 대립이 사라지고 노동이 생활을 위한 수단일 뿐 아니라 생명의 일차적인 욕구로 되고 개인들의 전면적인 발달"(마르크스, 1997: 377)이 이뤄지는 것으로 표현하고 있다. 이를 보면 마르크스는 변함없이 '노동을 통한 해방'을 염두에 두고 있었던 것처럼 보인다.

반면 이와 다른 의미로 노동이라는 것을 사용한 듯한 구절도 눈에 띄는데, 심지어 같은 저술에서도 서로 모순된 표현이 드러난다. 『독일 이데올로기』에서는 "이 단계(공산주의)에 와서야 자기실현이란 것은 물질적 생활과 합치되게 된다. 이는 곧 개개인들의 완전한 개인으로의 발전 및 일체의 자연적 한계의 탈피를 의미한다. 즉, 노동의 자기활동으로의 변화"(마르크스·엥겔스, 1988: 124)라고 씀으로써 자본주의를 극복한 사회에서 노동을 통한 개인의 발전을 이야기함과 동시에 "공산주의 혁명은 …… 노동을 없애"(마르크스·엥겔스, 1988: 71)는 것이라고 선언한다. 『정치경제학비판 요강』이나 『자본론』에서 애덤 스미스(Adam Smith)가 노동을 저주라고 생각한 것을 지속적으로 비판하면서 "노동은 현실적 자유의 행동"(마르크스, 2000: 266)이고 "정상적인 생명활동"(마르크스, 1991: 59)이라고 규정하지만, 다른 한편으로 자본주의를 극복한 사회에서 "자유의 영역을 …… 개화(하기 위해서) …… 기본적인 전제 조건은 노동일의 단축"(마르크스, 1992: 999)이라거나 "이 사회에서 부의 척도는 노동시간이 아니라 자유롭게 처분할 수 있는 시간"(마르크스, 2000: 159)이라고 한 구절들은 확실히 노동과 자유를 대비시키고 있다. 후자의 구절들은 '노동으로부터의 해방'을 이야기하는 것처럼 해석된다.

그래서 "마르크스는 사상의 모든 단계에서 인간을 노동하는 동물로 정의한 다음, 이 인간을 바로 그의 가장 위대하고 가장 인간적인 힘을 더 이상 필요로 하지 않는 사회로 인도한다"(아렌트, 2011: 160)라는 모순이 발생하는 것처럼 보인다. 이러한 모순 때문에 '노동의 폐지'를 마르크스 사상의 중요한 핵심이라고 보거나(Zilbersheid, 2004),[8] 반대로 자본주의적 노동관에 갇혀 있는 것으로 보는(이진경, 2006)[9] 양극단의 해석이 발생하기도 한다.

그러나 때로는 가장 단순한 해석이 정확한 것일 수도 있다. 마르크스가 보기에 자본주의를 비롯한 계급사회의 소외된 노동은 폐지해야 할 것이고 그 이후에는 노동을 통해 개개인의 사회 속에서의 완전한 발현이 이뤄질 수 있을 것이라고 생각했을 것이다. 전자의 '노동'과 후자의 '노동'은 다른 의미로, 즉 현 사회의 노동 형태와 공산주의의 노동 형태로 구분된다. 마르크스가 이렇게 생각했다고 가정한다면, 노동 해방에 대한 그의 생각은 모순적이라기보다 오히려 처음부터 끝까지 대체로 일관되었던 것으로 해석할 수 있다(김원태, 2009).[10]

관건이 되는 것은 분업의 폐지이다. 앞서 봤듯이 분업은 계급사회의 바탕

8) 유리 질버스하이트(Uri Zilbersheid)는 마르크스가 『자본론』 등에서는 초기의 노동 폐지 사상에서 후퇴했다고 보는데, 사실 질버스하이트는 '노동'을 "효율성 중심의 도구적 행위"로 규정하면서 계급사회에서 나타나는 소외된 노동을 '노동'으로 간주한다. 따라서 『경제학·철학 수고』, 『독일 이데올로기』를 비롯한 초기 저작들과 『고타강령초안 비판』에서 나타나는 소외된 노동의 극복을 '노동의 폐지'라는 말로 개념화하는 것이다. 그러나 공산주의사회의 자기실현적 생산활동 또한 노동이라고 칭한다면 마르크스의 생각은 '(소외된) 노동의 폐지'이자 '(자기실현적) 노동을 통한 해방'이라고 할 수 있다. 즉, 질버스하이트나 한나 아렌트(Hannah Arendt)가 마르크스의 노동과 노동 해방에 대한 개념이 일관되지 않다고 생각한 것은 계급사회의 소외된 노동과 공산주의사회의 자기실현적 노동을 구별하지 않고 사용했기 때문이다.

9) 이진경은 노동 개념 자체가 자본에 복속되어 (교환)가치를 생산하는 행위라고 규정하고 있다.

10) 김원태(2009) 역시 마르크스가 일관된 생각을 갖고 노동으로부터의 해방과 노동을 통한 해방 양자를 포괄하는 이중적 개념을 발전시켰다고 보면서 이것은 임금노동을 노동으로 간주한 자본주의적 노동 개념을 고전 시대의 '생계필연적 활동'이라는 개념으로 되돌려놓은 것이라고 지적하고 있다. 이것은 앞서 이진경(2006) 등의 이해를 반박하는 것이다.

이자 소외의 원인이다. "개인이란 언제나 자기 스스로부터 비롯되었고 또한 늘 비롯된다. 그들 간의 관계란 곧 그들의 현실 생활과정의 관계이다. 그런데 이들 관계가 어째서 그들에게 대립되는 독자적인 존재로 될 수 있을까? 그들 자신의 생활의 힘들이 어떻게 해서 그들을 지배하게 되었을까? 간단히 말해서 노동분업 때문이다"(마르크스·엥겔스, 1988: 131). 그래서 앞의 여러 저술의 인용문에서 보는 바처럼 분업의 폐지는 이른바 '개개인의 완전한 발현'을 위한 조건으로 마르크스가 일관되게 주장하는 것이다. 여기서 분업의 폐지란 노동과정의 분업뿐 아니라 사회적 분업까지 포함한다.

그런데 이 분업의 폐지야말로 마르크스의 사상 중 가장 유토피아적인 요소로 비판받는 것이다. 인류 사회가 발전하고 복잡해짐에 따라 분업의 확대가 불가피하다는 것은 19세기 근대 사회학의 발생 이래 당연한 상식처럼 간주되고 있다. 한 사람이 농부이자 국가 행정 관료이자 컴퓨터 프로그래머가 되는 것은 불가능하다. 노동과정의 분업도 마찬가지이다. 노동과정의 세분화와 그에 부합하는 기계화 및 자동화는 생산성을 극도로 높였다. 이를 폐지하자는 것은 전 산업시대로 돌아가자는 말과 다름없이 느껴진다. 그래서 마르크스가 매우 강조한 부분임에도 불구하고 대부분의 마르크스주의자들에게도 분업의 폐지는 거의 논할 가치가 없는 것으로 가려져 있었다.[11)]

노동으로부터의 해방과 노동을 통한 해방의 분리도 여기에서 기인한다. 앞서 봤듯이 노동의 인간화는 노동과정에서 생산성을 떨어뜨리지 않는 한계

---

11) 분업이 폐지된 이후를 묘사한 『독일 이데올로기』 다음 구절 "공산주의사회에서 …… 개인은 아침에는 사냥하고 오후에는 낚시하고 저녁에는 소를 몰며 저녁 식사 후에는 비평을 하면서, 그러면서도 사냥꾼으로도 어부로도 목동으로도 비평가로도 되지 않는 일이 가능하게 된다"(마르크스·엥겔스, 1988: 64)에서 마르크스는 전 산업시대의 일들을 나열하고 있을 뿐이고 사실상 산업화된 근대사회에서는 불가결하게 분업화된 노동들이 어떻게 분업 폐지로 통합될 수 있을 것인지는 보여주지 못하고 있다고 비판받는다.

에서 조심스러운 탈분업화를 시도했지만 사회적인 노동의 분업이나 분배에 대해 생각하지 않았고, 탈노동주의는 노동을 줄이고 재분배하는 것을 가정하고 있지만 자유의 대립으로서의 노동 관념을 고수하고 노동의 성격을 변화시키는 데는 관심을 두지 않았다. 분업의 폐지는 그만큼 비현실적인 것처럼 보인다.

그러나 공장에서 일하는 사람과 공장을 경영·관리하는 사람이 나뉘고, 차를 설계하는 사람과 차를 조립하는 사람이 다르고, 디자인을 하고 싶지만 수요가 없어 판매원을 하는 사람이 있다면 마르크스의 말대로 설사 이들의 소득과 물질적 생활수준이 같다 할지라도 계급과 노동소외가 없어진 것이 아니며 개인 개성의 풍부함이 완전히 발전하고 발현함으로써 사회에서의 행복을 향유하기 어렵다. 자본주의까지의 계급사회를 넘어서려는 이유가 모든 사람의 행복을 위해서일진대, 물론 빈곤과 불평등을 제거하거나 축소하는 것으로도 상당한 고통을 경감하는 것이겠지만, 그것으로는 완전하지 않다. 사회주의국가들의 경험에서 보듯이 노동분업과 소외가 지속되었을 때 개인의 사회적 참여로 인한 사회 발전이 이뤄지기 어렵고 계급 분화와 사적 소유가 다시 출현할 가능성이 높다. 따라서 당장 실현이 어렵더라도 대안사회의 청사진에서는 분업 폐지를 원칙적인 방향성으로 정립할 필요가 있다. 다음은 이를 위한 노동의 성격 변화와 노동의 사회적 분배 원리에 대해 논의하도록 하겠다.

2) 노동의 성격 변화

인간의 사회적 활동은 생산과 소통으로 나눠질 수 있다.[12] 마르크스가 말

---

12) 이러한 구분은 하버마스(2006)와 아렌트(2011)에서 전개된 논의에 근거하고 있다.

했듯이 물질적 생활을 생산하는 것은 로빈슨 크루소(Robinson Crusoe)처럼 개인의 일이 아니고 사회적 협업 속에서 이뤄진다. 소통은 사람들이 모여 다양한 수준의 사회조직을 운영하고 이끌어나가는 과정을 가리키는 것으로서 넓은 의미에서의 정치적 활동이라고도 할 수 있다. 이 글에서 초점을 맞추는 것은 생산 행위, 즉 노동이다.

그런데 생산 행위를 노동이라고 지칭하지만 이것도 성격이 다른 두 가지로 나눌 수 있다. 영어 단어로서는 'labour'와 'work'의 구별이라고 할 수 있는데, 사실상 같은 의미로 혼용되고 있지만 이 두 행위의 차이는 언어의 흔적으로 남아 있다(아렌트, 2011: 134). 번역어를 만들기는 쉽지 않다. 일단 잠정적으로 노고(勞苦, labour)와 노작(勞作, work)이라고 해두자.[13] 즉, 우리가 노동이라고 부르는 활동을 두 개의 범주로 분리해보는 것이다.[14]

---

13) 이하 노고와 노작의 구분 및 각각의 성격에 관한 설명은 아렌트(2011)에서 많이 영감을 얻었다. 다만, 국역판은 각각 '노동'과 '작업'이라고 번역했는데, 이 단어들로는 그 차이를 쉽게 이해하기 어렵다. 노고와 노작 역시 적절한 단어는 아니라고 생각되지만, 인간의 노력을 의미하는 한자 노(勞)에 각각 고통스러울 고(苦)와 작품을 만든다는 의미에서의 작(作) 자를 붙여 차이를 구분해봤다.

14) 또는 보기에 따라서는 노작을 노고와 더불어 노동 개념에 포함시켜 확장한 것이라고도 할 수 있다. 예를 들어 김원태(2009)는 (마르크스가 생각한) 노동을 '생계필연적 활동'으로 규정하는데, 이것은 고대 그리스 철학에서 끌어온 것으로 아렌트가 정의한 노고 개념과 정확히 같은 것이다. 그리고 이것은 탈노동주의자들이 상정하는 바 '자유의 영역'에 대비되는 '필연의 영역'에 해당하는 것으로서 '효율성 기준'에 종속되는 '타율적 영역'의 활동에 속한다(고르, 2011; 강내희, 2014). 김원태는 탈노동주의자들이 노동 개념을 협소하게 정의하고 노동이 자기실현 활동이 될 수 있다는 점을 간과했다는 점에 대해 올바르게 비판하고 있음에도 불구하고, 막상 그 자신의 '생계필연적 활동'이라는 정의도 노동을 통한 해방을 구체화하기에는 협소한 면이 있다. 그래서 결국 노동은 필연의 영역에 속하는 것으로서 인간의 여러 활동 중 하나라는 탈노동주의자들의 주장을 인정하게 된다. 하지만 생산은 반드시 생계필연적인 것만이 아니라 노작과 같이 새로운 것을 덧붙이는 창조일 수 있고 사실 실제로는 그 둘의 구분 자체가 어려운 것이기도 하다. 목수가 아름답고 기능적인 의자를 고안해 제작하면 이것은 생계필연적 행위인가, 예술적 창조 행위인가? — 아렌트의 구분에 따르면 이것은 노작에 해당한다. — 무엇보다 노동의 개념을 넓혀 노작 활동을 포함시

노고의 행위는 필요에 의해 필연적으로 수행하는 것이고 소비의 대상을 생산한다. 인간, 즉 개인과 인류가 유지되기 위해 끊임없이 물질적 생활의 대상을 생산하고 소비하며 재생산해야 하는데, 그를 위한 활동이다. 반면 노작은 이미 존재하는 세계에 무언가를 덧붙이는 것이다. 노작은 기본적으로 독창성을 지니고 있고 생산의 결과물은 금방 소비되어 사라지지 않는다.

노동의 성격은 어떠한가? 노고 활동이 어려운 것은 육체적·정신적 에너지를 많이 쏟는다는 것보다 오히려 지루하고 반복적이라는 점에 있다. 일의 '완성'이라는 것은 없다. 오늘 청소를 했으면 내일도 청소를 해야 한다. 깨끗해진 공간을 보면서 보람을 느낄 수는 있겠지만 이 성취는 곧 무화되어버린다는 점에서 온전한 의미에서의 성취가 아니다. 또한 이것은 어떤 개인이 맡더라도 크게 결과가 달라지지 않는 일이다. 말하자면 일의 과정과 결과가 표준화되어 있고 개인의 개성을 발휘할 길이 없다. 노동과정 분업은 이 특성을 이용한 것이다. 컨베이어 벨트에서 칩을 꽂는 일은 누가 와서 하더라도 동질적이다. 결국 이와 같은 일에서 개인은 쉽게 대체될 수 있는 표준 부속품과 같은 것이 된다.

다른 한편, 노작 활동의 가장 전형적인 모델은 쉽게 짐작할 수 있듯이 예술이다. 예술적 생산의 결과물인 작품은 그 자체로 완성품이자 유일무이한 것으로 다른 사람이 대신해서 같은 결과를 내거나 심지어 자기 자신이 그대로 반복할 수도 없는 것이다. 이것은 끊임없는 생산과 소비의 반복적 과정이 아니고 세계에 새로운 것을 덧붙이는 것이다. 따라서 인간 생활의 유지라기보다 오히려 확대 또는 발전이라고 말할 수 있다. 또한 예술은 마르크스의 말대로 개인의 개성을 가장 잘 발현하는 활동이다. 노동(이 글에서 말하는 노고)의

킴으로써 노동 자체의 성격 변화를 추구하는 것은 '필연/자유' 또는 '사회적 필요/개인의 실현'을 대립시키지 않을 수 있는 방법이다.

폐지를 마르크스의 사상으로 다룬 질버스하이트는 “마르크스에게 그러한 새로운 생산의 모델은 더 이상 노동이 아니라 예술적(artistic) 활동이다”(Zilbersheid, 2004: 121)라고 말한다. 그러므로 결국 노동과정에서의 분업의 폐지란 노동의 성격을 노고에서 노작 활동으로 바꾸는 것이 될 것이다.

물론 모든 노동이 예술 활동이 될 수는 없다. 그러나 가능한 한 예술적 활동의 속성을 띠도록 노동의 성격을 변화시키는 방향이 원칙이 되어야 한다는 뜻이다. 그 속성이란 앞에서 서술한 것처럼 누가 하더라도 동일한 것이 아니라 개인의 특성이 발휘되는 것, 반복적인 것이 아니라 창의적이고 변화, 발전 가능한 것 등이다.

이를 위해서는 기술과 작업 조직의 문제가 핵심적일 것이다. 노동의 인간화 시도의 경험들은 유용하게 쓰일 수 있다. 그러나 이윤 추구를 위해 생산이 이뤄지는 자본주의사회가 아니라면 기술과 작업 조직을 변화시킬 한계는 훨씬 넓어진다. 노동과정을 노고가 아니라 노작 활동이 되도록 만들기 위해 생산성과 효율성은 어느 정도 희생될 수 있다. 단순노동은 자동화로 대체할 수 있는데, 자본주의에서처럼 자동화할 수 있어도 인간 노동력을 쓰는 것이 더 싸기 때문에 시장성이 없다는 이유로 자동화 기술이 개발, 사용되지 않는 일은 없을 것이다. 그렇다고 단순하고 반복적인 노동이 완전히 없어지지는 않을 것이다. 자동화 기술이 발전하면 그것을 작동시키는 데 필요한 노동력과 노동시간은 줄겠지만 작동시키는 일 자체는 오히려 더욱 단순한 것이 될 가능성이 높다.

그러나 가능한 한 분업을 제거해 통합함으로써 단순한 노고를 노작 활동과 유사하게 변화시킬 수 있다. 공장의 예를 들어보자. 공장을 운영하고 생산을 하기 위해 개발 설계, 생산, 경영 사무 등의 활동이 필요하다. 현재는 이러한 각 분야의 업무와 이에 종사하는 사람들은 완전히 분리되어 있고 서로 영역을 교차해 일하는 경우도 없다. 게다가 각 분야 내에서도 노동과정은 잘게 쪼개져 있다. 이에 대해 분업을 가능한 한 제거한 대안적인 상황을 생각해보자. 시장과 이윤이 존재하지 않더라도 생산의 양, 종류, 기술, 노동력 투입 등을 결정하는 경영 업무는 필요하다. 그러나 현재와 같이 경영자가 따로 있는 것이 아니다. 공장에서 일하는 사람들이 모두 참여하는 생산자평의회가 운영과 관련해 결정권을 가지고 관련된 업무는 일종의 직무 순환처럼 돌아가면서 할 수 있다.[15] 생산 공정에는 사회적 기술 체계가 적용될 것이다. 생산 공정의 팀들은 일정한 자율성이 있다. 단순한 작업들은 자동화되어 있지만 모듈화와 같은 방식으로 작업자들의 토의와 합의에 따라 생산과정에서 다양한 방식으로 조립하거나 실험하는 것이 가능하다. 그렇지만 큰 틀은 연구, 개발된 설계에 바탕을 두게 될 것이다. 이 연구, 개발, 설계 작업에도 경영직, 사무직, 생산직의 직무 순환과 마찬가지로 돌아가면서 직무를 맡는다. 가장 전문적인 부분은 일반적으로 참여할 수는 없을지도 모른다. 그러나 사회에서나 작업장에서나 충분한 교육이 보장된다면 이 분야에서도 상당 부분 참여가 가능하다. 생산 현장에서 획득하는 지식 및 경험, 연구, 개발과정의 교류는 단순히 소통을 강조하는 것보다 이와 같은 직무 순환을 통해서 더 잘 이뤄질 수 있다. 이때의 생산물이 글자 그대로의 예술 작품은 아니더라도 이와 같은 과정의 협업 노동을 통해 생산자들이 생산과정에서 자신의 창의성을 발휘할 수 있고 생산 결과물을 자기 노동의 완성으로 느끼게 할 수 있을 것이다.

---

15) 관련된 논의로는 앨버트(2003)를 보라. 일단 이 글에서 대안적인 노동이 조직되는 과정은 마이클 앨버트(Michael Albert)의 참여계획경제 모델에 대강 근거하고 있다.

3) 노동의 사회적 분배

앞서 말한 내용은 노동과정 또는 생산조직 내에서의 분업의 폐지와 그에 따른 노동의 성격 변화에 대한 것이었다. 개인 인간성의 전면적인 발달을 위해서는 이와 더불어 더 넓은 사회적 차원에서의 노동분업 폐지 또한 필요하다. 물론 분업의 폐지가 한 사람이 지구상에 존재하는 모든 일을 다 해본다는 뜻은 아니다. 모든 개인에게 사회에서 하고 싶은 일을 할 수 있는 기회는 제한 없이 주어져야 한다는 의미이다. 이러한 기회 제공은 노동 분배 체계와 교육 체계에 달려 있다. 여기서는 노동 분배 체계에 초점을 맞춘다.

가장 기본적인 조건은 탈노동주의자들이 제시한 것처럼 제한 없는 충분한 기본소득과 노동시간의 대폭적인 단축이다. 충분한 기본소득이란 개인의 선택으로서 노동을 하지 않을 수 있을 정도를 의미한다. 기본소득이 반드시 화폐로 지급될 필요는 없다. 기본적인 삶을 보장할 만큼의 재화와 용역을 이용할 권리라고 규정할 수 있을 것이다.

필요노동시간은 적을수록 좋다. 아주 대략적인 계산으로 현재 한국의 취업자 총 노동시간을 생산 가능인구로 나누면 주당 30시간 미만으로 줄어든다. 즉, 현재의 산업구조를 유지하더라도 모든 사람이 공평하게 나눠 일한다면 주당 27.5시간만 일하면 되는 것이다. 물론 이것은 매우 가변적이다. 시장자본주의가 아닌 사회라면 필요노동이 많이 줄어들 수 있을 것이다. 예를 들어 사업서비스 및 개인서비스의 상당수인 광고, 예술, 오락 산업 등은 크게 축소되거나 사라질 수 있다. 자동화 기술을 채택하면 역시 노동시간은 줄어든다. 반면 노동의 성격을 변화시키기 위해 일정 정도 효율성과 생산성을 희생하면 노동시간은 늘어날 것이다. 그러나 어쨌든 이윤을 추구할 필요가 없고 사회적 노력이 노동시간을 줄이는 데 집중된다면 사회적 필요노동시간은 줄어들 가능성이 높다.

사회적 필요노동이란 사회를 재생산하기 위해 필요한 기본적인 노동이다. 이윤 추구를 위해 과잉생산할 필요는 없다. 인간의 욕구는 발전·확대되지만 그 욕구가 반드시 물질적 생산물을 향할 필요도 없다. 사실 현재 수준의 물질적 생산조차 생태환경에 부담이 되고 있다. 끊임없는 소비 욕구는 다른 방식으로 개인의 개성을 표현, 실현할 수 없는 사회적 관계의 산물이므로 그러한 제한이 없어진다면 축소될 가능성이 높다. 그래서 이러한 기준으로 사회적인 생산과 필요노동의 양이 결정된다.

그리고 이에 따라 사회적으로 기준이 되는 노동시간이 산출될 수 있을 것이다. 지금의 법정근로시간과 비슷한 역할을 한다고 생각해도 된다. 다만 노동시간 단축을 중요한 목표로 하기 때문에 현재보다 훨씬 엄격하게 초과근무를 규제할 필요가 있다. 즉, 아주 특수한 경우를 제외하고 어떤 일에 종사하든 대부분 기준 노동시간을 초과해서 일하지는 않는 것이다.

앞에서 이야기한 것 같이 노동과정의 분업을 폐지하면 직업 종류의 수는 줄어들 수 있겠지만, 그래도 사회를 유지하기 위해 필요한 노동의 종류는 다양하다. 노동을 통해 사회에서 자기실현을 하고 싶은 개인들의 욕구와 사회적으로 필요한 노동의 종류 및 양이 딱 맞아떨어지지는 않을 것이다. 따라서 사회적으로 필요한 일자리와 사회 구성원 개인이 원하는 일자리 수가 정확히 균형을 이루지는 않을 것이다. 이때 특정한 일에 관해 개인들이 원하는 것보다 사회적 필요노동의 양, 즉 일자리가 모자란다면 개인은 다른 일을 선택하거나 기본소득을 받고 지내면서 다음 기회를 기다려 볼 수 있다.

그에 비해 특정한 일의 사회적으로 필요한 노동량 대비 지원자가 부족하다면 더 문제가 된다. 이러한 기피노동의 문제를 해결하기 위해서는 인센티브를 주거나 의무화하는 두 가지 방법이 있다.[16] 규정 노동시간보다 더 짧은 노동시간, 즉 규정된 주당 노동시간이 25시간일 때 기피노동에 대해서는 주당 20시간으로 하는 방식으로 인센티브를 줄 수 있다. 다른 한편, 의무화는 기피노동에 대해 시민의 의무로서 모두 공평하게 특정한 양의 시간을 할애해 맡는 것이다. 현재 한국의 병역 의무 시행 형태를 생각하면 이러한 시민의 의무를 부과하는 데 행정, 기술적으로는 큰 어려움이 없어 보인다. 한국의 군복무처럼 생애의 특정한 기간 기피노동에 종사하든지 예비군이나 민방위 참여처럼 1년에 얼마동안 종사하는 방식으로 기피노동의 종류와 개인의 의사에 따라 선택하게 하면 된다.

기피노동에 대한 인센티브와 의무화는 섞어서 사용할 수 있다. 의무화가 좀 더 장점을 가진 듯하다. 우선, 지원자가 부족한 일에 대해 인센티브로 노동시간을 더 줄인다면 인센티브로 유입되는 사람들도 있는 반면, 노동시간을 줄이는 만큼 더 많은 지원자가 필요하다는 문제가 있다. 그리고 아무래도 기피노동은 노동을 통해 보람을 느끼기 어려운 단순한 노고 활동일 가능성이 높은데, 인센티브로 이것을 자신의 주요한 사회적 노동으로 삼는 사람들이 많이 존재하게 되면 분업 폐지를 통한 개인의 발전이라는 사회적 목표에 걸맞지 않게 될 수 있다. 마지막으로 모든 구성원이 기피노동을 일정하게 나눠 하도록 의무화되면 누구에게나 손해가 가는 것이므로 기술 개발이나 노동과정의 재조직화를 통해 이 노동의 성격을 긍정적인 것으로 변화시키려는 노력이 커질 것이다. 이를 통해 단순한 노고 활동이 노작 활동으로 변할 가능성이 높아진다.

---

16) 앨버트(2003)의 참여계획경제 모델에서는 개인들의 노고를 서로 비슷한 수준으로 맞추기 위해 직무 분석을 해 점수를 매기고 그에 따라 순환하는 방식을 고안하고 있다. 그러나 직무 분석을 통해 객관적으로 노고 수준을 수치화하는 것은 쉽지 않다. 오히려 사람들의 선호와 기피 정도에 따라 분류하는 것이 더 현실적일 것이다.

이와 같은 발전과정의 최종적인 그림은 노동과 자유가 대립되지 않는 사회이다. 개인은 노동을 통해 사회에서 자신을 실현시킨다. 자신의 개성을 발전시키고 실현하는 기쁨을 누리다 보면 그것이 노동이 된다. 사실 이제 노동, 취미, 예술의 경계가 없어진다. 오직 풍부한 인간의 활동 그 자체가 되고 그것이 사회를 만든다.

5. 맺음말

지금까지 논의한 것을 보면 분업을 폐지하고 노동이 소득을 위한 수단이 아닌 개인을 표현하는 활동이 되는 것이 결코 유토피아가 아니라 매우 현실적인 것임을 알 수 있다. 노동의 인간화 시도들과 탈노동주의자들의 아이디어들은 많은 부분에서 적용될 수 있고 현재의 생산력 수준과 과학, 행정 기술로도 이 글에서 이야기한 것들이 현실화될 수 있다. 그것이 꿈같은 말처럼 들리는 것은 단지 지금이 자본주의이기 때문이다. 이것을 가로막는 것은 시장에서 이윤을 추구하는 자본이고 마르크스의 말대로 원래는 사회적 관계인 자본의 힘이 우리를 지배하는 외부의 자연 법칙처럼 느껴지기 때문에 대안적 노동 원리를 실현하는 것이 불가능해 보이는 것이다. 다른 말로 하면 자본주의가 폐지된다면 이 글에서 이야기한 것과 같은 노동 활동의 변화는 매우 실현 가능한 것이 된다. 따라서 자본주의의 폐지가 이러한 노동 원리를 가능케 하는 전제 조건이다.

하지만 반대로 자본주의 폐지가 대안적 노동 원리를 실현하는 충분조건은 아니다. 현실 사회주의국가들의 경험만 봐도 알 수 있다. 마르크스는 "공산주의란 우리에게 있어 조성되어야 할 하나의 '상태'가 아니고 혹은 현실이 따라가야 할 '이상'도 아니다. 우리는 공산주의를 현재의 상태를 폐기해나가는 '현실의 운동'이다"라고 썼다(마르크스·엥겔스, 1988: 67). 물론 대안사회에 대해 어떤 정해진 설계도를 그려놓고 그에 끼워 맞추는 방식은 바람직하지도 않고 성공할 가능성도 적을 것이다. 그러나 대안 원리에 대한 방향과 원칙이 없다면 그 또한 실패할 가능성이 높다. 사적 자본의 제거만으로 자연스럽게 사회주의가 실현되고 공산주의로 발전할 수 있을 것이라고 생각했지만 결국 사회주의국가들은 집합적인 자본주의로 타락했고 이는 역사적인 교훈이다. 그런 의미에서 대안적 원리에 대한 모색과 정립은 중요하고 이 글은 그에 기여하기 위해 썼다.

일단 이 글은 노동, 즉 노동과정의 조직과 노동의 사회적 분배 원리에 집중했다. 그러나 이 글은 아직 추상적인 수준이다. 각 개인의 노동 선택, 기피노동에 대한 의무화나 인센티브의 방식, 노동시간의 배분, 산업 구조와 직업의 종류 등 좀 더 구체적인 윤곽을 그리지 못하고 원리만을 제시하고 있다. 이러한 구체화는 앞으로 해야 할 과제이겠지만, 그를 수행하기 위해서는 앞서 다뤄야 할 사회적 제도들이 적어도 세 가지가 있다.

첫 번째는 의사결정 방식이다. 자본주의에서 노동의 배분과 노동과정의 조직은 시장 원리와 이윤 추구의 동기로 정해지지만, 시장 자본주의가 아닌 사회에서는 사회 공동체와 생산조직 내 성원들의 의식적인 결정에 따르게 된다. 따라서 인간의 사회적 활동 중 생산뿐 아니라 소통의 행위가 조직되는 방식, 즉 넓은 의미에서의 정치적 제도 및 과정이 노동의 배분과 조직에도 결정적인 영향을 미칠 것이다. 두 번째는 교육 제도로서, 여기서 이야기한 노동의 대안적 원리가 실현되는 방식은 교육 제도와 밀접한 관련을 갖고 함께 체계화되고 병행되어야 한다. 세 번째로는 가족 제도를 들 수 있다. 가족은 인간 그 자체를 재생산하는 곳이자 근대사회에서는 기본적으로 사적 영역으로 간주되어왔다. 하지만 대안사회에서 가족의 형태는 어떻게 될 것인가? 양육과 가사를 위한 활동은 사회적 노동으로 행해질 것인가, 사적인 가정의 영역에서 행해질 것인가? 이러한 질문들의 답에 따라 노동의 배분 및 조직화의 구체적인 양태가 많이 달라질 것이다.

이처럼 노동의 분배와 조직에서 시작해 그와 연결될 수밖에 없는 다른 제도들까지 확장해나가면서 대안적인 사회의 원리와 방향성이 좀 더 명확해질 뿐 아니라 노동의 분배와 조직 원리도 좀 더 구체화되는 것이 가능하다. 여기 하나의 글에서 많은 것을 다룰 수는 없다. 하지만 이 글은 계속 수행할 연구 과제의 한 부분이 될 것이다.

참고문헌

강내희. 1999.「노동거부와 문화사회의 건설」. ≪문화과학≫, 제20호.

______. 2014.『신자유주의 금융화와 문화정치경제』. 문화과학사.

김원태. 2009.「마르크스 노동 패러다임의 재구성」. ≪마르크스주의 연구≫, 제6권 제3호.

고르, 앙드레(André Gorz). 2011.『프롤레타리아여 안녕』. 이현웅 옮김. 생각의 나무.

리프킨, 제러미(Jeremy Rifkin). 2005.『노동의 종말』. 이영호 옮김. 민음사.

마르크스, 카를(Karl Marx). 1991.『자본론』 I(상). 김수행 옮김. 비봉출판사.

______. 1992.『자본론』 III. 김수행 옮김. 비봉출판사.

______. 1997.「고타강령초안 비판」.『칼 마르크스·프리드리히 엥겔스 저작선집』 제4권. 박종철 출판사.

______. 2000.『정치경제학비판 요강』 제1권. 김호균 옮김. 백의.

______. 2006.『경제학·철학 수고』. 강유원 옮김. 이론과 실천.

마르크스(Karl Marx)·엥겔스(Friedrich Engels). 1988.『독일 이데올로기』. 박재희 옮김. 청년사.

박준식. 2002.『경제발전과 산업민주주의』. 소화.

아렌트, 한나(Hannah Arendt). 2011.『인간의 조건』. 이진우·태정호 옮김. 한길사.

앨버트, 마이클(Michael Albert). 2003.『파레콘: 자본주의 이후, 인류의 삶』. 김익희 옮김. 북로드.

이영희. 1994.『포드주의와 포스트포드주의』. 한울.

이진경. 2006.『미-래의 맑스주의』. 그린비.

하버마스, 위르겐(Jürgen Habermas). 2006.『의사소통 행위이론』. 장춘익 옮김. 나남.

Aronowitz, S. and J. Cutler(eds.). 1998. *Post-Work: The Wages of Cybernation*. Routledge.

Badham, R. 1991. "The social dimension of computer-integrated Manufacturing." *International Labour Review*, Vol. 130.

Cleaver, H. 2011. "Work Refusal and Self-organisation." in A. Nelson and F. Timmerman (eds.). *Life Without Money: Building Fair and Sustainable Economies*. Pluto Press.

Gorz, A. 1999. *Reclaiming Work: Beyond the Wage-Based Society*. Polity Press.

Gustavsen, B. 1985. "Workplace reform and democratic Dialogue." *Economic and Industrial*

Democracy, Vol. 6, No. 4.

Gustavsen B. and P. H. Engelstad. 1986. "The design of conference and the evolving role of democratic dialogue in changing working life." *Human Relations*, Vol. 39, No. 2.

Kelly, J. E. 1978. "A Reappraisal of Sociotechnical Systems Theory." *Human Relations*, Vol. 31.

Kern, H. and M. Schumann. 1989. "New concepts of production in West German plants." in P. J. Katazenstein(ed.). *Industry and Politics in West Germany*. Cornell Univ. Press.

Ketchun, L. D. and E. L. Trist. 1992. *All Teams Are Not Created Equal: How Employee Empowerment Really Works*. Sage.

Piore, M. and C. Sable. 1984. *The Second Industrial Divide*. Basic Books.

Purser, R. E. and W. A. Pasmore. 1992. *Organizing for Learning*. Loyola Univ. press.

Rigi, J. 2013. "Peer Production and Marxian Communism: Contours of a New Emerging Mode of Production." *Capital and Class*, Vol. 37, No. 3.

Susman G. I and R. B. Chase. 1986. "A sociotechnical analysis of the integrated factory." *The Journal of Applied Behavioral Science*, Vol. 22.

Wheelock, J. and J. Vail(eds.). 1998. *Work and Idleness*. Kluwer Academic Publishers.

Zilbersheid, U. 2004. "The Vicissitudes of the Idea of the Abolition of Labour in Marx's Teachings-Can the Idea be Revived?" *Critique*, Vol. 35.

제4장

대안사회경제의 산업구조 모델*

김어진 | 경상대학교 사회과학연구원 학술연구교수

1. 문제제기

정보 산업과 통신 산업의 발달 및 세계적인 생산조직, 교통망, 통신망, 소비시장 등 21세기 자본주의의 생산력이 고도로 발전했지만 불평등, 경제 위기, 대형 재난사고 등 생산수단의 사적 소유가 빚어내는 모순은 심화되고 있다. 1999년 시애틀 시위 이후 대안사회경제 모델(Alternative Socio-economic Model: ASM)에 관한 연구(앨버트, 2003; Albritton, Bell and Westra, 2004; 大谷禎之介, 2011; Hahnel, 2005; Hudis, 2011; Callinicos, 2003; 정성진, 2009)는 반신자유주의 세계화 운동의 부상과 함께 지속되어왔다. 그러나 반신자유주의 운동과 반전 운동이 2000년대 후반 교착 국면을 맞이하면서 참여계획경제에 관한 논의도 약간의 정체 국면에 있었다.

* 이 글은 한국연구재단의 지원을 받아 수행된 연구(NRF-2013S1A5B8A01055117)이다.

그러나 2008년 세계경제 위기 이후 '점거하라 운동'과 그리스에서 시리자 집권 등은 새로운 대안에 관한 열망이 지속되고 있음을 보여준다. 반면, 일본 핵발전소 폭발 사고를 비롯한 일련의 대형재난 등은 현 자본주의의 위험성과 지속 가능성에 대한 의문을 더욱 증폭시키고 있다.

따라서 대안사회경제 논의는 대안사회의 열망을 흡수해 더욱 구체적인 내용으로 진화할 필요가 있다. 이 글은 바로 그 필요를 충족시키기 위해 대안사회경제 논의를 대안적 산업구조 논의로 구체화하고자 한다. 대안사회경제에서 산업구조는 과연 현재 우리가 살고 있는 자본주의와 어떻게, 왜 다르고 달라야 하는가? 이 글은 이 질문에 관한 답을 시론적 차원에서나마 본격적으로 구해보고자 하는 시도의 일환이다.

새로운 사회경제 모델은 단지 정치적 변혁만이 아니라 생산 영역의 변혁을 통해서 가능하다. 그렇다면 기존 사회의 생산 원리와는 다른 방식으로 사회적 생산이 이뤄질 것이다. 이윤이 아니라 대중의 필요가 생산 및 재생산의 원리로 자리 잡게 된다면 대중의 필요에 부합하지 않은 재화와 서비스는 더 이상 생산되지 않거나 급격하게 생산이 줄어들게 될 것이다. 반대로 기존 사회에서는 늘 부족했던 특정한 부문의 재화와 서비스 생산 및 소비가 대안사회경제사회에서는 급격하게 팽창할 것이다. 양적 변화만이 아니라 질적인 변화도 도래할 것이다. 기술 습득 방식과 다양한 기술 콘텐츠의 등장과 변화, 생산방식과 의사결정 과정의 혁신 등으로 질적인 구조 전환이 벌어진다. 이것은 전면적인 산업구조 재편과 전환을 뜻할 것이다.

대중 필요에 따른, 생산자들의 민주적 생산네트워크가 가동되는 대안사회경제 시스템의 운영 원리를 한마디로 요약한다면 아마도 '사회적으로 유용한 생산(Socially Useful Production)'이 될 것이다. 그리고 이 생산 시스템은 산업구조의 '정의로운 전환(Just Transition)'을 수반한다. 이윤 중심의 생산 원리가 새로운 원리로 재편되므로 대중의 필요에 부합하지 않은 유해 산업들은 존속할 필요가 사라지고 그야말로 친환경적인 산업들이 만개할 것이기 때문이다. 산업구조 전환에 관한 고민은 대안사회경제 모델 논의가 좀 더 구체성을 획득할 수 있는 계기를 제공할 것이다.

물론 이 글은 대안적 산업구조 모델에 관한 시론에 불과하고 대안적 산업구조 모델 논의에서 함께 다뤄야 할 소유, 소비형태, 대외무역 등에 대한 논의까지 상세하게 다루고 있지는 못하다. 대안사회경제 모델의 다른 중요한 측면들과의 연결고리 등이 기술되어 있지 않다 보니 많은 연구 과제를 미완의 과제로 남겨 둬야 할 것 같다. 대안사회경제 모델이 전 세계적으로 일반화되지 않은 상황이라면 대안적 산업구조 전환은 자본주의 세계시장과 일국적인 대안사회경제가 어떻게 관련을 맺을 것인가라는 쟁점을 다룰 수밖에 없을 것이다. 이에 관해서는 하태규(2014)의 연구가 유용한 기초를 제공했다. 그러나 대안적 산업구조 모델의 국제적 확산 경로 등에 관해서는 차후의 연구 과제로 남긴다. 이 글은 여러 면에서 출발점만을 제공하는 한계를 지닌다. 그럼에도 이 연구는 미래 사회의 산업구조에 관한 본격적인 연구의 출발이라는 점에서 나름의 의의가 있을 것이라 본다.

본격적인 논의에 들어가기에 앞서 몇 가지 중요한 전제에 관해 언급해둘 필요가 있겠다. 이 글은 산업구조 전환을 논의하는 데서 공산주의 1단계와 2단계에 관한 구분을 전제한다. 카를 마르크스(Karl Marx)에 따르면 자유로운 개인들의 연합(또는 공산주의)은 '자본주의사회에서 새로운 사회로의 이행기'(1단계)를 거쳐 새로운 사회의 '좀 더 높은' 단계(2단계)로 나아간다. 1단계에서는 자본주의사회의 모반이 아직도 모든 면에서 경제적·도덕적·정신적으로 남아 있어 능력에 따라 일하고 노동에 따라 분배하는 원칙으로 사회가 작동하지만 노동의 소외가 대폭 약화된다. 그러나 더욱이 새로운 사회의 '좀 더 높은 단계'에서는 노동의 소외가 완전히 극복되어 각자는 능력에 따라 일하고 각자에게는 필요나 욕구에 따라 분배하는 좀 더 높은 단계로 나아간다. 그 점을 감안해 이 글은 대안적 산업 전환의 초기 단계와 좀 더 높은 단계에 관한 묘사를 되도록 구분하려 노력할 것이다.

2. 대안적 산업구조에 관한 선행 연구 검토

본 연구는 대안적 산업구조의 원리들과 아이디어를 추출해내는 데 다음과 같은 문헌들에 중요한 아이디어가 있다는 것에 주목하려고 한다. 마이클 앨버트(Michael Albert)의 『파레콘 모델(Parecon: Life after Capitalism)』(2004), 팻 더바인(Pat Devine)의 협상조절 모델(Negotiated Coordination Model), 칵샷과 코트렐(Cockshott and Cottrell)의 『새로운 사회주의를 향하여(Toward a New Socialism)』(1993), 알렉스 캘리니코스(Alex Callinicos)의 『반자본주의 선언(Anti-Capitalism manifesto)』(2003)과 마이클 키드론(Michael Kidron)의 『자본주의와 이론(Capitalism and Theory)』(1974) 등이 그것이다.

그러나 비효율성 제거, 노동시간 대폭 축소, 새로운 기술혁신에 따라 특정 산업들은 사라지고 새로운 산업들이 출현하게 된다는 것이야말로 앞 논의들의 공통점이다. 예를 들어 앨버트에 따르면 재고품을 관리하는 일들은 대부분 전산화되고 그에 따라 대규모 창고도 더 이상 필요 없게 된다(앨버트, 2003: 286).

키드론은 『자본주의와 이론』에서 자본주의의 비효율적 산업과 부분을 188개로 정리했는데 그는 1970년 미국 생산물의 60%를 비효율적 산업으로 분류했다. 무기, 광고, 금융, 보험, 부동산, 임대업(유지, 보수, 건설 업무는 제외),

기업에 대한 서비스, 기업 여행이 대표적인 비효율적 산업으로 분류되었다 (Kidron, 1974).[1)]

그러나 비효율적 산업으로 분류되는 부문의 기존 생산시설이나 축적된 기술이 완전히 폐기처분되는 것이 아니라는 점을 분명히 할 필요가 있다. 캘리니코스는 군산복합체 해체를 이행기 강령 중 하나로 제시했는데, 그는 군산복합체가 해체되더라도 이 부문의 자원이 민간 용도로 전환될 필요성을 역설한다. "NATO 해체, 전반적인 핵무장 해제, 군비 예산의 과감한 감축, 더욱 일반적인 전 세계의 비무장화, 군수 산업을 민간 용도로 전환하기 위한 공적 지원 등을 포함하는 강령이 필요하다"(Callinicos, 2003: 184).

칵샷과 코트렐(Cockshott and Cottrell, 2005)은 질 높은 수준의 교육 및 훈련은 생산자 대중이 새로운 기술을 작동할 가능성을 제공할 것임을 분명히 한다. 각종 기술이 동원된 제조 과정들이 공개되고 생산장비와 부품 공급이 손쉬워지면 개인들의 다양한 취향이 반영되는 DIY도 본격화될지 모른다.

한편『파레콘 모델』에서 앨버트는 공평성, 연대, 다양성, 자율관리라는 파레콘의 핵심 가치들이 현 자본주의의 산업구조와 충돌할 수밖에 없는 이유는 기존의 기술이 상시적으로 억압적인 기술로 변형되기 때문이라고 지적한다. 그래서 실질적으로 공동체 구성원들의 필요에 부응할 수 있도록 현재의 기술과 혁신 역량을 수용할 수 있게 기존 산업이 근본적으로 재편되어야 한다고 역설한다. 그는 핵무기, 생화학 무기, 공해를 유발하는 자동차, 사람들을 소외시키고 무기력하게 만드는 조립라인 등 많은 기술이 억압적인 성격을 띠고 있다고 주장한다. 의학 또는 과학 기술이 억압적으로 쓰이지 않고 오용되지 않으려면 산업기술을 혁명적으로 재편하는 것이 불가피하다. 앨버트는 이를

1) 세계 군비 지출은 1조 2000억 달러이고 광고비 지출은 3850억 달러이다. 에이즈 연구에 쓰인 예산 85억 달러와 비교하라.

위해 기술 오용을 통해 이득을 보는 집단의 준동을 차단하는 것이 관건이라고 주장한다(앨버트, 2003: 484-485).

칵샷과 코트렐(Cockshott and Cottrell, 2005)은 『새로운 사회주의를 향하여』에서 미래 사회주의사회의 산업구조는 기술을 어떻게 민주적으로 대중 필요에 맞게 이용하는지에 달려 있고 민주적 산업구조를 위해서는 민주적 기구가 반드시 전제되어야 한다는 점을 강조한다. 필요한 지식과 기술이 무엇인가에 관해 협력적 연구에 의한 민주적 합의가 이뤄진다면 관련 연구와 조직들은 과학을 기술력으로 전환할 수 있고 또한 그래야 할 것이다. 예를 들어 물로 가는 자동차 등은 즉각 상용화될 것이다. 크리스 윌리엄(Chris William)과 존 벨라미 포스터(John Bellamy Foster)는 인간과 자연의 신진대사와 새로운 사회의 교통 및 에너지 체계에 관해 의미 있는 연구들을 소개한다. 이반 일리치(Ivan Illich)의 연구는 대안사회에서 자동차 산업의 구조개편이 뜻하는 복합적 의미에 관해 흥미롭고 구체적인 사실들과 전망을 제공하고 있다.

필자는 대안적 산업구조 모델에 관한 고민을 실제 노동현장에서 구현하려고 했던 다양한 시도도 있었음에 주목하려 한다. 유해하거나 지속 가능하지 않은 산업과 공정을 친환경적인 것으로 전환하려 했던 국제 노동조합의 경험들은 대안적 산업구조 모델 논의의 현실성을 부여하기에 충분하고 그 자체로도 배울 바가 많다. '사회적으로 유용한 생산'이라는 혁신적 개념을 개발했던 '루카스 플랜(Lucas Plan)'이나 캐나다 노총(Canadian Labour Congress: CLC)의 '정의로운 전환' 프로그램 등은 대안적 산업구조에 대한 열망이 얼마나 구체적인지를 잘 보여준다. 특히 루카스 항공의 컴퓨터 설계 기술자였던 마이크 쿨리(Michael Culy)와 그를 지지한 활동가들은 노동의 결과물이 노동자와 사회에 도움이 되기는커녕 더욱 해로운 생산만을 만들어내고 노동과정에서 노동자들이 소외되는 산업사회 구조를 전면적으로 비판하면서 루카스 플랜을 설계했다. 고급 항공기의 엔진을 개발할 정도로 높은 기술을 가진 사회가 간단한 난방 체계를 충분히 공급하지 못해 런던에서만 한 해 겨울에 980명이 얼어 죽는 모순을 체계적으로 폭로했다. 쿨리를 위시한 활동가들은 군수 부문 생산처럼 사회적으로 바람직하지 못한 사업들을 노조 활동가들이 옹호해야 하는 모순적 상황을 피해야 할 필요성을 느끼는 데서 나아가 사회적으로 유용한 '생산' 개념을 만들었다(김현우, 2014: 46~69).

캐나다 노총의 '정의로운 전환' 프로그램은 더 지속 가능한 생산으로의 전환은 재고용 또는 대체고용과 지속 가능한 생산방식을 위한 연구개발과 교육 및 재훈련 기회 제공을 수반해야 한다는 점을 분명히 한다. 앞의 '정의로운 전환'은 대안적 산업구조 모델이 해고와 강제적 전환배치 등 생산주체의 불필요한 희생을 수반하는 현 자본주의의 산업구조 조정과 근본적인 차이가 있음을 보여준다.

그러나 선행연구들은 대안적 산업구조의 내용과 각 산업들의 구조 전환 방향들에 관한 총괄적인 서술을 담고 있지는 못하다. 이 글은 이에 관한 시론적 성격이라는 한계를 갖고 있기는 하나 대안적 산업구조 전환의 다양한 측면을 본격적으로 다루는 사실상 첫 시도라 할 수 있겠다.

3. 대안사회경제 산업구조의 전환 방향과 내용

필자는 대안사회경제 연구에서 제시된 대안사회의 주요 운영 원리를 '대중의 필요에 따른 친환경적이고 지속 가능하며 협력공생'으로 요약하고자 한다. 이를 세 가지로 정리하면 다음과 같다.

첫째, 대안적 산업구조의 재편은 생산동기가 이윤동기가 아니라 대중의 필요에 따라 작동한다. 이로써 상품 교환 체계가 사라져 평등 속의 풍요가 이뤄질 토대가 형성된다(무스토, 2013: 305~306; 넬슨, 2013: 41). 그리되면 의료, 교육, 교통 등 공공서비스 영역에서도 이윤 획득의 동기가 사라져 탈상품화가 진행된다. 관련 비용을 어떻게 조달할 것인가는 고민의 대상이 되지 않는다. 우리가 누리는 재화와 서비스의 원천은 노동이지 화폐가 아니기 때문이다. 오직 자연에 인간의 노동이 더해질 때만 가치가 만들어지고 화폐는 단지 상품이 된 제품과 서비스를 교환하는 수단일 뿐이다. 탈상품화가 진행될수록 화폐의 역할도 점차로 사라질 것이다.

둘째, 대안적 산업 구조의 개편하에서는 수익성이나 시장성 등의 이유로 도입되지 못했던 친환경적인 과학적 지식과 기술들이 대폭 활용되고 자원에 대한 비효율적 낭비가 점차 사라진다. 그 결과 자연과 인간의 신진대사가 원활해지는 방향으로 산업구조가 재편되어 지속 가능한 생산과 재생산의 조건이 확보된다.[2)]

효율성에 대한 정의 자체가 새롭게 바뀔 것이다. 효율성은 더 이상 '가장 수익성 있는'의 뜻이 아니게 된다. 사람들의 협력적 공생 필요성과 자연이 강요한 제약조건들과 우리의 가치들을 반영하는 것이라 정의될 것이다. 그런 점에서 대안경제는 비효율성을 대폭 제거한다. 특히 무엇보다 대안적 산업구조하에서는 환경파괴 비용이 대폭 줄어든다. 앙드레 고르(André Gorz)에 따르면 "사회주의만이 절대적 필요성에서 벗어나서 만인의 이익을 위해 운용되고 그를 위해 만인이 협력하는 생산방식만이 최소의 비용을 들여서 최대의 만족을 추구하는 사치를 누릴 수 있다". 대안사회경제에서 "낭비의 최대 추

---

2) 지식이 중립적이지 않으며 대안사회에서 대중이 협력과 협동 속에서 과학과 다양한 지식을 향유할 가능성에 대해서는 카르케디(Carchedi, 2011: 256~271)에 매우 상세하게 기술되어 있다.

구에 기반을 둔 경제시스템을(은) 낭비의 최소 추구에 기반을 둔 경제시스템으로 대체"될 수 있다(고르, 2008: 104~105). 낭비와 비효율에 대한 새로운 정의도 자리 잡게 될 것이다. 주류경제학은 자연을 계산에 포함하지 않는다. 마르크스주의 생태학자 포스터가 지적하듯이 "공장이 일으키는 대기오염은 공장이 부담해야 할 내부적 생산비용으로 여겨지지 않는다. 그 대신 자연과 사회가 부담할 외부적 비용으로 본다"(포스터, 1999). 재화 폐기 속도가 빠를수록 국민총생산은 증대할 것이고 국가 회계상으로는 부유한 것으로 나타날 것이다. 심지어 신체적 상해와 질병도 약과 의료서비스 소비를 증가시키는 한 부의 원천으로 잡힐 것이다. 반대로 신체가 건강해 의료비용이 나가지 않고 물건이 반평생 사용 가능하고 수리도 쉽게 되고 다른 물건으로 쉽게 전환이 된다면 국민총생산 산출 규모는 줄어들 것이다(고르, 2008: 104).

전자 산업을 예로 들어보자. 수익성 확보 때문에 인체에 해로운 화학성분들이 포함된 전자기기 부속품들의 대량생산에 제동이 걸리게 된다. 2002년 발간된 연구 보고서에 따르면 2g짜리 마이크로 칩 하나를 만들기 위해 32L 가량의 물을 사용해야 하고 웨이퍼(wafer) 하나에 수백 개의 칩이 탑재된다(그로스만, 2008: 130).

그러나 전자 산업이 질적으로 전환된다면 환경을 파괴하는 디지털 쓰레기 때문에 골치를 썩을 일은 확연히 줄어들게 될 것이다. 전자기기 재활용에 대한 포괄적인 시스템이 도입되어 노트북과 휴대전화의 재활용과 재사용이 손쉬워지고 기존의 제품을 쉽게 업그레이드할 수 있는 기술이 도입되어 자원의 낭비를 줄이고 편리한 기기들을 손쉽게 사용할 수 있을 것이기 때문이다. 소프트웨어를 업그레이드하기 위해 컴퓨터를 교체하는 대신 새로운 프로세서만 교체하면, 즉 기기를 바꾸지 않고도 기존의 제품을 업그레이드할 수 있다면 전자기기를 수시로 교체하는 일은 대폭 줄어들게 될 것이다. 세계 어디에서나 프린터와 다른 주변 기기들의 호환도 가능해진다면 전자 산업에서의 비효율과 낭비 등은 상당히 제거될 것이다. 이것은 이미 전 세계의 공학박사들이 오래전부터 제안한 방식들이기도 하다(그로스만, 2008: 435). 이 방식을 사용할 집단적 의지만이 남아 있을 뿐이다.

그 결과 새로운 사회에서 산업구조는 인간과 자연의 신진대사가 원활해지는 방향으로 재편된다. 이 맥락에서 마르크스가 자연을 모든 자원과 노동수단의 원천으로 명확하게 인정했고 노동 또한 자연의 힘임을 분명히 했음을 상기할 필요가 있다. 마르크스의 이 견해는 자연을 객체이자 희생물로 삼는 지속적 성장의 자본주의 이데올로기와는 완전히 대조된다고 할 수 있다. 『경제학·철학 수고(Ökonomisch-philosophische Manuskripte aus dem Jahre 1844)』(1844)에서 마르크스는 인간성을 자연의 일부로 분명히 정의했다. "인간이 자연에 의지해 산다는 것은 자연이 인간의 몸이고 인간이 죽지 않으려면 그 몸과 지속적인 상호 교류 상태에 있어야 함을 의미한다. 인간은 자연의 일부이므로 인간의 물질적·정신적 삶이 자연과 이어져 있다는 말은 곧 자연이 그 자신(인간)과 이어져 있다는 말과 같다"(Marx, 1977: 73).[3] 인간과 자연의 신진대사가 원활해지는 방향의 산업구조 개편은 지속 가능성과도 직결된다. 마르크스는 "더 고차원적 사회-경제체제의 관점에서 본다면 지구를 특정 개인이 사적으로 소유하는 것은 어떤 사람을 다른 사람이 사적으로 소유하는 것과 마찬가지로 불합리하게 보일 것이다. 심지어 사회 전체나 국가, 모든 사회를 합쳐 생각한다고 해도 이들은 단지 점유자이자 수혜자일 뿐 소유자일 수 없다. 그리고 훌륭한 가장들이 그렇듯 후손에게 좀 더 나은 상태로 물려줘

3) 그런 점에서 대안사회에 대한 여러 실험의 훌륭한 보고를 제공한 에릭 올린 라이트(Erik Olin Wright)의 빛나는 기여에도 불구하고 미래에 관한 마르크스의 기술이 결정론적이라는 비판(라이트, 2012: 153)은 의심의 여지가 있다.

야”(Marx, 1976: 911) 함을 분명히 했다. 결국 대안적 산업구조로의 친환경적 전환은 지속 가능성을 담보하게 될 것이다.

셋째, 대안적 사업 구조하에서는 노동의 소외가 극복되고 생산자들이 생산과정을 직접 책임지고 통제할 수 있게 되어 생산이 민주적으로 계획되고 집행된다. 노동의 소외가 극복되어나가기 시작해 직접 생산자들이자 재화와 서비스의 수요자들의 생산성의 급격한 향상 또한 뒤따른다. 대안적 산업 구조 재편과정은 노동의 소외가 해소되는 세 가지 과정을 수반한다. ① 노동일이 체계적으로 줄어들 것이다. 필요한 총 노동량이 모든 노동자에게 동등하게 나눠지고 기술발전의 성과물은 모두 필요한 육체노동량을 줄이는 데 활용될 것이다. 그에 따라 남은 시간을 자기 계발과 자발적인 공동체 참여에 할애할 수 있게 된다. ② 자동화를 더욱 적극적으로 활용할 수 있다. 첨단무기 산업의 자동화 정도를 감안한다면 광산일이나 생산라인 작업을 자동화하는 것은 전혀 어렵지 않다. 오로지 이윤목적의 생산이 아니라면 굳이 자동화와 인간 노동력 사용을 저울질할 필요가 없다. ③ 노동분업도 점차 극복될 것이다. 노동분업의 폐지란 두 가지 의미(즉, 육체노동과 정신노동의 분리, 생산과정이 기술이나 흥미나 창조성이 전혀 없는 세분화된 작업으로 쪼개져 칸막이화된다는 것의 폐지)를 뜻하는데, 이러한 노동분업의 폐지를 통해 실제 현장의 아이디어들이 즉각 생산과정에 반영되고 생산자들의 협력 네트워크 기제가 발전될 수 있다. 친환경적이고 즉각 실용화될 첨단기술들이 더욱 발전하게 될 것이다.

노동의 소외 극복은 대안적 산업구조 재편에서 매우 중요한 동시적 과제이다. 노동의 소외가 극복됨에 따라 자신의 신분과 지위를 합리화하고 지키기 위해 소진되었던 정서적 에너지도 더는 고갈되지 않아 결국에는 창의성이 만개하게 될 것이기 때문이다(앨버트, 2003). 사람들을 단결시키는 요소가 사람들을 분열시키는 ‘사적 전유’의 굴레에서 인간을 벗어나게 해서 온갖 스트레스가 줄어[4] 종국적으로 인간본성은 변화를 겪을 것이다.[5] 이런 조건에서 "개인이 자유로운 발전이 사회 전체의 자유로운 발전을 위한 조건이 되는 사회"(Communist Menifesto)라는 마르크스의 언급이나 개성과 다양성이 만개하고 심리적 고통과 스트레스의 압박에서 자유로워져서 인간의 무한한 능력이 개발될 것이라는 『문학과 혁명(Literature and Revolution)』(1924)에서의 레온 트로츠키(Leon Trotsky)의 언급이 현실화될 수 있다(Trotsky, 1957).

친환경적인 생산방식의 도입과 노동의 소외 극복으로 생산 주체들은 대중적인 기술교육을 통해 전문적인 기술을 획득할 수 있게 된다. 물론 이행기에 생산자들에게 충분한 교육이 제공되기 전까지는 전문기술자들에게 약간의 특권이 당분간은 주어져야 할지도 모른다. 그러나 이행기를 거치고 다양한 기술이 보안 처리되지 않은 채 공개될 뿐 아니라 대중적 기술교육이 사회가 필요한 만큼 대중화된다면 일정 기간의 특권은 계속 유지되지 않을 수도 있다(Molyneux, 1991). 그러나 특권적 교육 및 훈련 과정이 폐지되고 질 높은 무료 교육이 대중화될 뿐 아니라 생산 주체들이 그런 교육을 향유할 수 있는 조건을 누리게 된다면 사회적으로 유용한 기술이 만개할 수 있게 될 것이다.

또한 산업구조 재편의 방향 설정도 민주적 통로를 통해 결정될 것이다. 그 범위 또한 국제적 수준에서 작동하는 식으로 산업구조 개편 방향이 확정될 수 있다. 과학적 지식 및 연구 성과가 특정 생산에서의 기술로 전환될 경우 장기적·종합적 계획과 그에 따른 지원이 민주적으로 결정된다. 현존 사회에서는 재무 및 예산부서가 수집하는 데이터가 기밀사항으로 취급되어 오직 최고 경영자와 소유주만이 볼 수 있지만 대안경제에서는 모든 사람이 자신들이

4) 아르헨티나의 한 심리학자는 2001년 실업자 운동 피케테로스(piqueteros)가 발전하자 심리적 고통이 급격히 줄어들었다고 지적했다(Harman, 2007).

5) 인간본성이 족쇄가 될 것이라는 반론에 대해서는 이글턴(2012) 등을 참고하라.

원하는 정보를 얻을 수 있기 때문에 산업구조 재편 과정의 민주적 프로세스는 전혀 어려운 일이 아니다.

새로운 산업이나 기존 산업에서 신기술이 수용될 때 파생되는 환경적 요인들과 그 복합적 결과들에 대해서도 충분히 숙고되는 프로세스가 확립될 것이다. 환경영양평가의 새로운 시스템이 무한정 개발된다.

최종적인 결정들은 지역, 부문, 국제적 차원에서 상향, 하향 과정을 반복하면서 점검 검토되고 이행과정에서 시정 사항이 발견되면 즉각 수정되어나가는 민주적 합의과정을 거치게 될 것이다. 물론 대안적 산업구조로 전환하는 것은 일부 기득권층의 이익을 위해 존재하는 권력구조 제거를 전제로 한다.

4. 새로운 원리에 입각한 대안적 산업구조 개편의 범주

앞에서 서술한 대안경제의 원리에 따라 새로운 사회에서의 산업구조는 다음과 같은 방향에 따라 새롭게 전환되고 재편된다. 3절에서 제시된 원리에 따라 산업구조 개편은 전면적으로 폐기되는 산업, 대폭 확장하는 산업, 전면적으로 구조가 개편되는 산업 등으로 분류될 수 있다.

1) 일부 산업의 전면적 폐기

첫째, 대중의 필요와 무관한 산업은 전면적으로 폐기된다. 자본주의적 경영과 관련된 많은 '특수한 기술', 즉 광고, 마케팅 등과 이윤에 종속된 소비패턴이 사라져 관련 산업은 대폭 조정 대상이 될 것이다. 지구환경을 파괴하는 산업들은 대폭 축소되고 군수 산업도 존재할 이유가 사라질 것이다. 산업구조뿐 아니라 도시 설계 자체가 낭비와 환경파괴를 조장하지만 대안사회경제에서는 이와 같은 구조적인 비효율이 제거되어 에너지 산업의 혁신이 일어날 것이다. 사람들이 일터나 학교에 가려면 먼 거리를 이동해야 하고 이 과정에서 귀중한 원료를 태운다(Greenpeace, 2006).

우선, 산업의 폐지 또는 소멸이 해당 산업의 다양한 재원과 인적 역량까지 폐기되는 것은 아니라는 점을 강조할 필요가 있다. 해당 부분의 인적·물적 자원들은 대중의 필요에 맞게 재구성될 것이다. 도매업과 소매업의 경우, 식료품 판매원은 영양 섭취 같은 중요한 과학적 문제를 알리는 홍보 영역에서 그동안 축적해왔던 역량을 재발휘할 수 있다. 실제로 유통은 도매업과 소매업을 뜻하고 운반 및 운송은 운수업으로 편재되어 있다. 광고 산업에서의 디자이너들은 다양한 예술 영역에서 자신의 재능을 발휘할 기회를 가질 것이다.

폐기되는 산업의 재원은 실제 대중의 필요에 입각한 대중의 필요를 충족할 수 있다. 당장 국방비는 삶의 질을 향상시키는 교육, 보건 등 영역의 재원으로 즉시 전환될 것이다. 2012년을 기준으로 국내 방위 산업의 생산 실적이 11조 원이고 2015년 국방비 예산이 37조 6000억 원임을 감안할 때 이 비용은 현 시스템에서 충족되지 않은 대중의 필요를 충족하는 새로운 산업의 재원으로 충당될 수 있다. 이미 현재에도 군수 산업의 경우, 무기기술이 민간 용도의 기술로 전환되고 있다. 원격 탐지기 레이더, 의료장비, 소프트웨어, 신소재, 에너지 분야에서의 연구개발에 집중했는데 이 분야에서의 기술은 대체로 민간과 군대 모두에서 사용되는 민관 겸용 기술(dual-use technology)이다. 군용 헬기 같은 군용 무기 중 일부는 인명 구조용 헬기로 활용될 수도 있다.

그러나 새로운 사회에서는 생산 목적이 대다수의 필요를 충족시키는 것이기 때문에 상당부분의 기술은 폐기될 것이다. 군수 산업을 대표적인 사례로 언급할 수 있겠다. 군수 산업의 일부 기술은 대안사회경제에서 삶의 질 향상에는 활용되지 못하는 불필요한 첨단기술인 경우가 적지 않다. 컴퓨터 시스템이 공작기계에 적용되면서 군수품 생산을 위해 개발된 고도 기술은 '출근용으로 M-1 탱크를 타고 다니는 것'이나 다름없다. 예를 들어 전자파 흡수를 통해 레이더에 의한 피탐(被探) 방지를 가능하게 하는 스텔스 기술의 경우, 민수와 군수 모두 적용 가능한 기술이지만 각 부문에 필요한 기술 수준에는 커다란 격차가 있다(조순경, 1993: 36). 다시 말해 군수용에 적합한 고성능 스텔스 기술은 민수용을 위해서는 불필요하게 값비싼 기술일 뿐이라는 것이다.

마누엘 카스텔(Manuel Castells)은 수치기계 도구의 경우를 사례로 들면서 지나친 군사적 특화는 미국의 기술이 발달하는 데 장애가 되었다고 주장한다(카스텔, 2001: 329). 그는 『정보도시(The informational city)』(1991)에서 불필요하게 정교화된 신병기들과 "기이한 병기창(barque arsenal)의 군사적 '효율성'이 사실상 경제 전반에 비효율성을 누적"시켰음을 증명하는 연구들을 정리한 바 있다(카스텔, 2001: 329). 군수 산업의 비효율성에 관한 차머스 존슨(Chalmers Johnson)의 지적 또한 매우 흥미롭다. 그에 따르면 1947년부터 1990년까지 미국 군비를 모두 합하면 8조 7000억 달러에 이르는데, 1990년에 방위 산업에 종속된 무기, 설비, 공장의 가치가 미국 제조업의 모든 공장 및 설비 가치의 83%에 이른다(Johnson, 2008a; 2008b).

현재 군사기술의 일부는 민군 겸용 기술로서 민간으로 전환될 수 있지만 기술이 애초부터 인간의 기본적 필요에 부응하는 목적으로 개발될 필요가 있을 것이다. 이는 군수 산업 자체에 대한 전면적 재고를 우리에게 제기한다(조순경, 1993: 40). 1980년대 로널드 레이건(Ronald Reagan)의 군수 산업 육성 정책에 미국의 비판사회학계 학자들은 "총을 만드는 데 필요한 어떤 종류의 기술도 버터를 만드는 데는 무용지물이다"라는 말로 비판한 바 있다. 국가 간 지정학적 경쟁으로 막대한 예산과 재원으로 운영되는 군수 산업의 첨단기술

패러다임은 새로운 사회에서는 전면 폐기되는 대표적인 산업이 될 것이다.

2) 먹을거리, 교육, 보건, 예술 등에서의 대폭적인 질적·양적 확장

새로운 사회에서 가장 긴급한 과제 중 하나는 모든 사람이 적절하게 먹을 수 있고 건강과 위생 상태를 유지하는 것이다. 모든 사람이 안전한 먹을거리를 제공받고 의료혜택과 백신을 이용할 수 있어야 하고 높은 수준의 위생 시스템 혜택을 받을 수 있어야 할 것이다. 재원은 충분하다. 생태학자이자 환경 활동가인 윌리엄이 인용한 통계에 따르면 유엔(UN)은 1년에 250억 달러씩 8년에서 10년이면 현재 깨끗한 물을 갖지 못한 10억 명의 인구 모두에게 깨끗한 물을 제공할 수 있을 것이라고 측정했다. 이 액수는 군사비나 광고비의 아주 작은 부분에 불과하다(William, 2010: 226~227).

먹을거리, 보건, 교육 등에서 실질적인 대중의 필요를 충족시킬 수 있는 기술이 이미 개발되었는데도 수익성이나 시장성 등의 이유로 상용화되지 않고 사장되거나 폐기되는 기술들이 발전되어 진정으로 친환경적으로 모든 산업이 질적·양적 확장을 가져올 것이다.

과학, 기술, 자원들이 대중의 필요에 종속된다면 현 산업구조와는 질적으로 다른 산업 조직이 창출되는 것은 필연적이다. 자연과의 신진대사가 순방향으로 이뤄져 인간의 수명이 연장되면서 관련 산업은 무한정으로 확대될 것이다. 마르크스주의 생태학자들에 따르면 폐열(waste heat)은 잠재적으로 바닷물을 담수화할 수 있고 거울이나 PV cells 밑에 있는 그림자도 작물을 키우는 데 활용될 수 있다(William, 2010: 218).

또한 시장에 내맡겨진 교육, 예술, 보건 부문도 실제 필요에 따른 요구들과 부합하는 방식으로 작동하기 시작한다면 관련 영역은 폭발적으로 확장하게 될 것이다. 사교육은 폐지 또는 소멸되고 다양한 영역의 교육 수요가 창출된다. 전문적 학술 영역뿐 아니라 언어, 미술, 음악, 체육 등 다양한 영역의 교육 콘텐츠와 관련 커리큘럼이 개발되고 무료로 대중의 필요에 맞게 제공될 수 있다. 보건 영역에서는 특히 다양한 종류의 심리 치료도 이뤄질 수 있다. 현 체제에서 높은 비용 때문에 엄두를 못 냈던 치료들이 행해질 수 있다(예: 타 부문에 비해 상대적으로 확장되지 못한 뇌질환 및 심리치료 영역이 새롭게 확장될 수 있으므로 난치병 치료에 대한 연구에 지원이 확대되어 해당 치료약이 상용화된다). 학문 영역에서의 변화도 있을 것이다. 새로운 사회에서 학문은 특정인들만의 소유물이 아닐 것이다(Cote, 2007: 39). 폴 세이빈(Paul Sabin)이 자본주의의 학문을 묘사한 바와 같이 '사회에서 고립되고 정치적 순결함에 대한 서약을 필요로 하는, 아무 위험이 없는 전문주의라는 안전한 도피처'(Sabin, 2002) 같은 기류는 사라지고 창발적인 아이디어와 심도 깊은 발견 및 발명이 융합되어 비약적인 지적 발전이 이뤄질 것이다.

3) 에너지 산업의 전환 등을 통해 드러나는 생산과정 자체의 전환

세 번째 범주는 질적인 구조 전환을 겪는 부문이다. 질적인 구조 전환을 겪는 산업은 해당 산업 내의 일부는 전면 폐기되고 또 다른 일부는 확장됨으로써 복합적인 구조 전환 경로를 가진다. 대표적으로 에너지 산업을 들 수 있다. 에너지 산업의 기술 수준의 발전 또한 지속 가능성을 담보할 만큼 상당히 높은 수준에 도달해 있다. 친환경적이고 지속 가능한 재생에너지 도입으로 에너지 산업은 전면적인 구조 개편을 겪을 것이다. 하루 동안 지구가 태양에서 받는 에너지는 지구에서 인간이 소비하는 에너지의 1만 5000배에 이른다. 윌리엄에 따르면 유럽연합(EU)는 태양 패널로 사하라사막의 단지 3%만으로도 유럽에 필요한 전체 에너지를 공급할 수 있다는 계산 결과를 확보했다. 낭비되는 열로 수자원을 확보하는 기술도 이미 개발되어 있다. 친환경적 재생에너지로 에너지 생산 및 재생산 체계가 가동된다면 실로 수많은 관련 산업은 질적 및 양적 전환을 겪을 것이다. 당장 교통과 주택 부문에서의 전환을 예상할 수 있다.

우선 교통 체계를 예로 들어보자. 현 교통 체계는 비효율적·환경파괴적이다. 자동차 보유가 보편화한 나머지 대도시의 교통체증으로 에너지 및 시간 낭비가 일상적이다. 장폴 사르트르(Jean Paul Sartre)가 "유럽에서 가장 날카로운 지성"이라고 명명한 고르는 죽기 직전 남긴 유고 『에콜로지카(Ecologica)』에서 자본주의의 자동차 산업이 낳은 비효율과 폐해에 관해 다각적으로 접근했다. 자동차 대량생산으로 대중교통수단이 배격되고 도시계획과 주거환경이 바뀌었는데 도로운행 차량의 평균속도는 자전거 속도 이하로 떨어지게 되었다(고르, 2008: 82).

자본주의사회에서의 교통과 주택에서의 비효율에 관해서는 일리치의 계산을 예로 들 수도 있겠다. "전형적인 미국사람이라면 1년에 1500시간 이상(주당 30시간, 일요일 포함 하루 4시간)을 차에 할애한다. 여기에는 차가 달리는 동안 혹은 서 있는 동안 운전대를 잡고 보내는 시간, 자동차 값을 지불하고 휘발유, 타이어, 통행료, 보험 범칙금, 세금 등을 낼 돈을 벌기 위해 일하는 시간도 포함된다. 그러니까 이 미국인은 1년에 1만km를 달리는 데 1500시간이 필요하다. 6km에 1시간이 드는 셈이다. 운송 산업이 전무한 나라의 사람들이 걸어 다닐 때 걸음 속도가 정확히 이와 같은데 게다가 그들은 어디든 갈 수 있고 아스팔트 포장한 도로가 아니라도 다 갈 수 있다는 이점까지 있다"(Illich, 2005: 16~18).

인구가 밀집한 도심을 분산시켜 많은 고속도로상의 신도시를 만들어야 하는 까닭에 직장과 주거지 사이의 거리가 멀어지고 사람들이 일하는 시간 중 상당 부분은 그 직장에 오기 위해 필요한 이동 비용을 지불하기 위해 사용한다(고르, 2008: 85). 수도권 순환버스가 보조적 수단이 되기는 하지만 출퇴근 시간을 피한 자동차 통근은 자연스러운 선택이 된다. 즉, 자동차로 가득한 대도시의 황폐함은 더 많은 자동차 수요로 이어진다.

전기 기차, 경전철, 트램(tram)으로의 전환은 점점 더 영구적으로 도시와 시골 사이를 갈라놓는 현재의 상황을 역전시키기 위한 도시 설계의 기초가 될 수 있다. 확실히 이윤 동기만 없다면 사업상 목적을 위한 비행기 여행을 없앨 수 있다. 대륙 안에서 여행은 전기 기차로 훨씬 효율적으로 이뤄질 수 있다(William, 2010: 220).

심지어 런던을 한 바퀴 도는 데 걸리는 시간이 19세기에 마차를 이용했을 때와 별반 다르지 않다(Molyneux, 1991). 더욱이 자동차 배기가스는 지구온난화의 주요 원인 중 하나이다. 대안사회경제에서는 각종 교통수단이 연결된 무료 대중교통 체계가 구축될 수 있다. 이를 위해 비용절감 효과도 크고 더 친환경적인 철도가 대거 확충되어야 한다. 최적의 조건에서 고속 기차는 자동차보다 27배나 열효율이 높다(William, 2010: 220). 도심에서는 전차와 지하철 모노레일, 마을버스, 자전거 등을 결합한 편리한 교통 체계가 구축될 것이다. 그 결과 주차난, 교통체증, 교통사고, 공해 등이 사라질 토대가 만들어질 것이다. 대중교통이 충분히 확대되어 농촌도 무료 대중교통 체계의 수혜지역이 될 것이다.

친환경 단열재 사용과 재생에너지 사용으로 주택 문제도 상당 부분 해결될 것이다. 주택문제의 경우, 이사를 하고 싶으면 집을 팔고 사는 것이 아니라 빈집으로 옮기거나 서로 뜻 맞는 사람들끼리 집을 맞바꾸면 될 것이다. 무주택자 문제도 자연스럽게 해결될 것이고 현재의 복잡한 주택거래 제도보다 일처리도 훨씬 손쉬워질 것이다.

5. 대안적 산업구조로의 전환되는 층위들

앞의 내용을 바탕으로 실제 경제협력개발기구(OECD)의 산업 분류에 해당하는 각 산업을 앞 범주에 따라 분류하면 다음과 같이 서술될 수 있겠다.

1) 폐기적 전환 산업

(1) 군수 산업

대안사회경제체제가 전 세계적으로 확대되고 일반화된 상황이 아니라면 방위적인 군사력의 필요성이 부정될 수는 없다. 국민국가 차원에서 새롭게 형성된 대안사회경제 공동체가 군사적 공격을 받는 상황을 얼마든지 상정해 볼 수 있기 때문이다. 1917년 러시아혁명 이후 새롭게 부상한 노동자 정부가 소비에트공화국에 반대하는 연합군의 공격에 직면하게 되었던 것은 여러 사례 중 하나일 뿐이다. 연합국이 반혁명 세력들을 조직해서 시베리아, 아르한겔스크(Arkhangelsk), 러시아 남부, 캅카스(Kavkaz)에 반혁명 국가를 세우게 했을 정도였으나 소비에트공화국이 초인적인 힘을 발휘해 승리했다. 그러나 3년의 고통스러운 전시 동안 대안사회경제체제에 대한 희망이 꺾이기 시작했음을 감안한다면 군사적 방어의 필요성은 한동안 일국적 차원의 대안사회경제체제의 의제 중 하나가 되어야 할 것이다. 그러나 공산주의 낮은 단계에서조차 군수 부문이 산업으로 존재해야 할 이유는 점차 사라질 것이다.

물론 그전에라도 군수 산업의 전환은 국제적 차원에서 도모되어야 할 것이고 이는 이미 다양한 이행기 강령에서도 중요하게 언급된다. “나토 해제, 전반적인 핵무장 해체, 군비예산의 과감한 감축, 더욱 일반적인 전 세계의 비무장화, 군수 산업을 민간용도로 전환하기 위한 공적 지원”(Callinicos, 2003)이 그것이다.

높은 단계의 공산주의에서라면 군수 산업 자체가 사라지게 될 것이다. 대안사회경제체제가 국가를 넘어 세계적 차원으로 확대된다면 군수 산업이 존속되어야 할 이유가 없어질 것이다. 지역분쟁 지역에서 실질적인 평화조약이 맺어지고 분쟁 지역에 군대와 무기가 아니라 기초적인 생활 유지를 위한 실질적·무조건적인 원조가 이뤄진다면 어떻게 될까? 현대 자본주의에서 현재의 원조는 해당 지역을 수출 거점이나 지정학적 경쟁에서 우위를 확보하기 위한 교두보로 이용하기 위한 지배 수단으로 활용되고 있다. 그러나 국제경제정치 체계가 전환된다면 대중의 필요와 무관한 첨단무기들을 생산하고 주변국들에게 판매해 수익을 얻는 구조는 점차 사라지게 될 것이다. 물론 이는 군수품 계약으로 이익을 얻는 집단이 사회구성체에서 더 이상 지배집단의 일부가 되지 않는 조건에서만 가능한 미래일 것이다.

군수 산업의 전환 및 폐지는 거대한 변화를 가져올 것이다. 이전에는 군사작전과 무기 테스트로 인해 제한되었던 많은 땅이 농지나 주택지 등의 용도로 다시 활용될 수 있다(William, 2010: 221). 군비와 군수 산업에 투입되었던 재원이 삶의 질 향상을 위한 재원으로 전환될 것이다. 당장 미국에서 해마다 군비로 지출되는 돈의 6%만 있어도 중간치 임금의 교사 100만 명을 더 고용할 수 있다. 군비 지출의 일정 부분만으로도 미국 교육 체계의 모든 수준에서 교사 수를 2배로 늘릴 수 있다는 통계도 있다. 무기개발 비용에 들어가는 예산 중 1250억 달러를 삭감하면 미국 도시의 대중교통 체계를 획기적으로 개선할 수 있다는 통계도 있다(Callinicos, 2003).

군수 산업과 관련 있는 산업(소분류에 의거한)들도 폐기 또는 소멸될 것이다. 이 중에서 발전업 중 핵무기와의 관련성 때문에 유지되었다고도 말할 수 있는 원자력 산업도 존속할 이유가 사라지게 될 것이다.

(2) 금융 및 보험 산업

금융 산업의 전환은 대안사회경제 시스템으로의 전환에서 가장 중요한 고리 중 하나가 될 것이다. 금융 산업이 경제에 미치는 영향 때문에 특히 금융 산업의 구조 전환과정은 계급세력 관계의 실질적인 변혁이 없이는 결코 이뤄질 수 없을 것이다.

낮은 공산주의로 가는 단계에서 취해져야 할 첫 번째 조치는 은행들을 하나로 통합하는 일이다. 새로운 대중 권력은 각 은행들을 하나의 은행으로 통합함으로써 각 은행들 회계를 통합하는 조처를 취하게 될 것이다. 은행이 노동자들의 부채에 의존해 수익을 높이는 방식으로 운영되지 않게 하려면 이 조치는 불가피할 뿐 아니라 반드시 거쳐야 할 필수적 과정이다.

물론 은행이 하나로 통합된다 해서 각 소유권에 해당하는 증서들이 갑자기 무효화되지는 않을 것이다. 은행에 집중된 주식, 채권, 어음 등의 증서들이 무효가 되거나 변경되지는 않을 것이다. "저축 계좌에 15루블이 있는 사람이라면 은행 국유화 뒤에도 계속 15루블을 갖게 될 것이다. 1500만 루블을 가지고 있는 사람이라면 은행 국유화 뒤에도 주식, 채권, 어음, 하물증권 등의 형태로 계속 1500만 루블을 가질 것이다. 그러나 은행 국유화를 통해서 소득과 자산 등의 흐름과 규모 등을 정확하게 파악할 수 있고 그에 따라 소득세를 효과적으로 징수하는 일이 가능해진다"(레닌·지젝, 2002: 122~129). 또한 은행 국유화 등의 조치는 재산 및 소득 은폐를 막고 자산가들이 고위 경영진의 매우 복잡한 속임수들을 추적하는 데서 중요한 출발점이 될 것이다.

은행뿐 아니라 보험업에도 일종의 '국유화' 조치들이 행해질 것이다. 이 사업의 통합으로 보험료는 낮아지고 피보험사는 이전과는 비할 수 없는 편의를 얻을 수 있게 된다. 각 은행 회계 통합은 대기업의 영업 비밀 폐지와 더불어 '부자'의 소득을 실제로 통제하고 여기에 세금을 부과하고 제정 제도를 민주화하는 데서 중요한 출발점이 될 것이다.

금융 산업의 목표가 전환됨에 따라 당장 기존의 가계 부채들과 영세 사업자들의 부채도 탕감된다. 마르크스는 『프랑스 내전(The civil war in France)』(1871) 첫 번째 초고에서 비슷한 조치에 관해 설명한 바 있다(마르크스, 1995: 4~5). 실제 최초의 노동자 국가였던 1871년 파리코뮌은 모든 상업 어음에 관한 채무 이자를 청구할 수 없고 지불기한이 된 약속어음에 대한 소송이 모두 정지되었다. 마르크스는 공영 전당포의 차용증서 가운데 20프랑을 넘지 않는 물품들은 모두 무상으로 찾아갈 수 있게 했다는 사실에도 주목했다.

은행을 하나로 통합하는 데는 그 어떤 기술적인 어려움도 존재하지 않는다. 보험회사 직원들의 총회를 통해 즉시 큰 노력을 들이지 않고도 통합을 이룰 수 있을 것이다.

높은 단계의 공산주의에서 상품 화폐 관계가 전면 소멸되기 시작하면 금융 산업과 보험회사 등의 존립 근거는 점차 사라지게 될 것이다. 노동증서의 도입은 화폐경제 소멸의 가장 중요한 물질적 토대가 될 것이다. 돌봄 영역에서의 대중의 필요가 충족되어 보험 산업의 존립 근거도 사라지게 될 것이다.

(3) 광고 산업

광고 산업은 기업의 매출액 제고를 위해 없어서는 안 되는 산업이다. 제품의 구성 요소들이 별반 다르지 않음에도 다른 상표가 달린 상품들을 더 많이 팔기 위해 현 사회에서 광고는 기업에게 필수적인 홍보 산업이라 할 수 있다.

실제로 현대 자본주의사회에서 광고 산업의 규모는 매우 크다. 2011년 광고 산업 전체 5625개 사업체의 취급액 기준 산업 규모는 12조 1727억 원에 이른다. 기업이 실제 쓰는 광고비는 이보다 훨씬 많을 것으로 추정된다.

그러나 생산의 목적이 교환가치와 가치 생산이 아니라 사회적으로 유용한 생산으로 전환한다면 광고 산업이 존속할 이유는 즉각 사라지게 될 것이다. 광고 산업에 종사하는 사람들의 뛰어난 재능은 기업 홍보가 아니라 대다수에게 실제로 유용한 정보들을 제공하는 유용한 업무들에서 쓰일 것이다. 광고 산업이 사라지면 해당 산업의 인력과 기자재들은 실제로 대중에게 필요한 콘텐츠 정보를 제공하는 부문으로 유용하게 전환될 것이다.

(4) 도매업과 소매업

대안사회경제 시스템의 1단계부터 도, 소매 산업 등의 유통 산업은 급격한 전환을 겪게 될 것이다. 현대 자본주의사회에서는 수많은 유통 부문이 다단계 구조로 존립하고 그 산업 규모도 방대하다(도매업이 420개 업종, 소매업이 103개 업종으로 세분화되어 있다). 흔히 유통은 도매업과 소매업, 운수업(운송, 보관)을 포함하는데, 운수업은 폐지되기보다는 오히려 더 신속한 방식으로 소비자에게 전해지도록 획기적으로 전환될 대상이다. 다만 도매업과 소매업은 해당 부문에 종사하는 인력들은 재화와 서비스의 정보가 소비자평의회에 인지되도록 하는 데서 자신들의 노하우를 제공할 수 있지만 기존의 산업은 존립의 근거를 점차 잃게 될 것이다.

도매업과 소매업이 폐지된다 해서 '다양한 소비 욕구가 충족되지 않는 배급 체계가 우리의 소비 패턴을 장악할 것'이라는 선입견을 가질 아무런 이유가 없다. 소비자평의회의 다양한 층위(다양한 지역이나 부문에 속한)가 제품주문서를 제출하면 생산자평의회가 그 주문에 해당하는 재화를 생산하는 식으로 물품 소비에 관한 욕구가 자연스럽게 해결될 수 있다. 다양한 제품의 견본들을 확인하고 이에 관한 정보를 교환할 수 있는 제품전시회가 열리며 동네 총판장에서 구매하고 싶은 물품들을 언제든 얻을 수 있다.

대안사회경제 모델에서 사람들은 동네 총판장에서 직접 전달되는 제품들을 주문하기에 앞서 소비자평의회가 주최하는 제품전시회를 방문한다. 소비자평의회에 부속된 연구 개발팀들은 소비에 관련된 정보를 상세하게 제공할 뿐 아니라 소비자들의 욕구를 제품 혁신에 연결시키는 실제적인 수단들도 제공한다. 동네평의회들이 수집한 소비청구서들을 처리하는 데는 많은 시간이 걸리지 않는다(앨버트, 2003: 424). 연말정산에 걸리는 시간보다 훨씬 단축된 시간들로 다양한 품목 신청이 수집되고 처리될 수 있을 것이다. "녹초가 될 때까지 계속하는 쇼핑"은 없어질 것이다. "상점들을 찾아 돌아다니면서 사소한 차이밖에 없는 경쟁 상품들을 비교하고 교통 혼잡으로 애를 먹고 실제적인 필요와 욕구에 조금밖에 관련이 없거나 아무런 관련도 없는 물건들을 사는 행위를 더 이상 하지 않아도 된다. 그러한 쇼핑은 자본주의사회, 즉 자기 성취를 위한 다양한 방안을 무시하는 사회에서는 나름대로 일리가 있을지 모르나 현명하게 조직된 사회라면 아무런 의미나 가치도 없다. 일상생활에서 차지하는 원자화된 소비행위들의 비중이 줄어들면 우리는 많은 혜택을 누릴 수 있다"(앨버트, 2003: 425).

무엇보다 작업과 책임을 공동부담하고 공동구매와 공동소유를 통해 손쉽게 효율적으로 재화를 획득하고 즐길 수 있지만, 그렇다고 해서 개인적 소비와 그에 따른 취향들이 결코 무시되지 않고 자연스럽게 수용된다. 일종의 신용카드로 공동체와 개인들은 물품들을 얻을 수 있을 것이다. 그 카드는 소비계획, 예산, 선택에 관련된 내용을 담고 있고 정기적으로 경신되어 각 개인의 선호와 소비 패턴의 변화를 알려주고 이 정보들을 소비자평의회뿐 아니라 생산자평의회가 공유할 수 있다. 한마디로 지역 단위의 집단적 소비 계획안과 개인적 소비 계획안들이 생산자평의회로 전해지고 각 개인은 누구나 동네 총판장에서 원하는 물품들의 견본을 확인할 수 있고 또 구매할 수 있을 것이다.

무분별한 시장경쟁이 제거되기 때문에 창고 등의 보관시설은 현재와는 달라질 것이다. 필요와 무관하게 일단 대량생산을 통해 시장을 장악해야 할 이유가 없어지므로 보관 및 운반 시설들이 획기적으로 전환될 것이다. 소비자들의 필요를 충족시킬 수 있는 보관 및 운반 시스템으로 대거 개혁될 것이다. 예를 들어 신선한 먹을거리가 즉시 배달되도록 하는 냉장 보관, 운반 시스템 등이 배가 구축될 것이다.

(5) 부동산, 임대업

주택이나 토지가 이윤 추구와 시장 거래의 대상이 되지 않게 된다면 이 산업 부문도 폐지 또는 소멸될 것이다. 주택이나 토지가 투기 대상이 아니라면 친환경적이고 안전한 건축용법이 무한정 개발되고 이것이 모든 이의 주택이나 건물에 적용된다면 주택 및 건물 개량과 리모델링 또한 확대될 것이다. 분양이 안 된 아파트들도 무주택자들에게 합리적 방식으로 제공될 것이다. 주택이 실수요자들에게 안정적으로 공급되고 집을 사기 위해 인생을 저당 잡히는 현 사회의 흔한 모습은 찾아보기 어렵게 될 것이다. 주택과 토지 이용에 투기와 이윤 동기가 사라진다면 임대업이 존속해야 될 이유도 사라질 것이다. 다양한 방식의 직거래와 합리적인 정보 공유 방식이 만개할 것이므로 부동산업도 점차 사라질 것이다.

이 산업들의 폐지는 공산주의 낮은 단계에서도 당장 시작될 것이다. 1871년 파리코뮌의 주요 정책 중 하나가 바로 주택 임대료의 전액 면제(마르크스, 1995: 4)였음을 떠올릴 필요가 있다.

(6) 기타

앞서 산업구조의 전환 원리에서 제시되었던 것에 의하면 새로운 사회의 산업구조는 기존 사회에서 일부 기득권층의 권력구조의 제거를 전제로 한다. 따라서 법원, 경찰, 검찰, 교도기관, 입법기관, 중앙최고집행기관, 외무 및 국방 행정, 사법 및 공공질서 행정 등은 민주적 계획하에서의 대중 네트워크 시스템과 충돌할 수밖에 없다. 그러나 국가기구 내에서 사회보장 행정 등의 기능을 수행하는 업무들(예를 들어 구청 민원 업무 등)은 폐지되기보다 더 우월한 방식으로 조직되는 대중 네트워크가 그 업무들을 대체할 것이다.

2) 확장적 전환 산업

새로운 사회에서는 현 산업 분류 체계에서 존재하지 않았던 새로운 산업 부문이 생겨날 것이다. 예를 들어 구조 및 구호 부문은 기존 산업 분류 체계에서는 존재하지 않았다. 자연 복구 부문도 아주 국부적인 하위 산업으로 위치해 있다. 그러나 자연과 신진대사 순방향으로 이뤄지는 시스템 내에서는 우선순위에서 밀려 있지만 생산 및 재생산에서 매우 중요한 인명 구조와 시설 복구 활동이 중요한 영역으로 자리 잡을 수 있다.

앞서 지적했듯이 보건과 교육 부문에서의 대폭적인 확장이 있게 될 것이다. 보건, 돌봄 영역의 사회복지 서비스, 교육 등이 대폭 확대되는 대표적인 사례이다. 예술, 대중 스포츠 및 여가 서비스업, 수리업, 기타 개인 서비스업 등도 공공서비스로 재편되어 대폭 확대된다. 특히 보건, 의료, 교육에서 봇물 터지는 새로운 대중 네트워크의 출현과 질적·양적 팽창이 뒤따른다. 돌봄 노동의 경우, 개별 가정 단위로 이뤄졌던 것이 다양한 형태의 공공서비스로 확대 재편된다. 물론 개별 가정 단위의 돌봄 노동을 배제하는 방식은 아닐 것이다(즉, 본인이 원한다면 육아의 경우는 개별 가정에서 이뤄질 수도 있다. 이 경우 '사회적 축적 기금'으로 공제되는 노동증서는 일정 부분 면제될 수도 있을 것이다).

질 좋은 무료 급식과 자동화된 무료 공공 세탁시설 이용 등으로 가사 노동도 사회화되고 관련 산업 규모가 팽창하면서 재구성된다. 1917년 혁명 당시 대중의 경제적·사회적 삶에서 가장 중대한 변화는 바로 공공교육에 대한 자발적 자극과 다양한 교육기관의 등장이었다. "지식에 대한 갈증이 전국적으로 분출되자 도처에 새로운 학교, 성인과정, 대학, 노동자 학부과정이 설치되었다. 전례 없는 교육방식과 전혀 개발되지 않았던 학습영역이 무수히 많은 신선한 독창력을 통해 개척되었다. 지진아를 위한 연구소가 설립되었다. 미취학 유아를 위한 교육제도도 창설되었다. 노동자들이 쉽게 통학할 수 있는 곳에 세워진 노동자 학부와 특별 단기과정에서 재교육이 이뤄졌다"(세르주, 2011). 예술의 경우에도 엘리트만을 위한 예술교육이나 관련 산업에서 그 내용이 질적으로 전환된다. 러시아혁명 직후 루나차르스키(Lunacharsky)가 2만~3만 명의 청중을 대상으로 셰익스피어에 관한 강의를 했던 것이나 러시아 전시공산주의체제 와중에도 극장에서 새로운 창작물 공연이 쇄도했던 무수한 사례를 본다면 대안사회경제에서의 예술에 대한 대중의 새로운 욕구는 봇물 터지듯 확장될 것이다.

3) 구조적 전환 산업

구조적 전환은 편의상 양적·질적 전환으로 분류된다.

(1) 양적 전환

폐기되지는 않지만 양적으로 그 규모가 대폭 축소되는 산업들이 이에 해당한다. 대폭 축소되는 산업 가운데 대표적인 산업으로는 광업 중 일부(원료 채취), 자동차 일부, 발전업 등을 들 수 있겠다. 교통 및 주거의 조건이 획기적으로 바뀌어 주거하는 지역과 도보 거리에서 출퇴근한다면 굳이 자동차가 많이 사용될 이유는 없을 것이다. 재생에너지 시스템이 확립된다면 발전업 중에서 화력, 수력 발전소의 대폭적인 축소가 이뤄질 것이다.

그 외에 대중의 필요를 크게 상회하는 생산(시장 점유율 확대 및 해외 시장 장악 때문에 실제 소비되는 양에 비해 막대한 양이 생산되는 경우, 양적인 축소는 자연스럽게 귀결되는 결과일 것이다)의 경우도 이에 해당한다. 예를 들어 시멘트 공장, 정유소, 제철소에서 전체 공업이 배출하는 이산화탄소의 절반 이상을 배출한다. 하지만 원료의 흐름을 통제하고 생산방식을 바꿔 상당한 양의 이산화탄소 배출을 줄일 수 있다. 전 세계 정유소의 1/6만으로도 충분하다는 연구도 있다(Neal, 2008). 정치적 의지만 있으면 전 세계에서 풍력 터빈과 태양발전 시설 등으로 에너지를 공급하는 데 5년이면 충분하다는 분석도 있다(Neal, 2008). 화석연료와 핵발전소 모두 스팀의 발전과 냉각을 위해 막대한 양의 물을 필요로 하기 때문에 화석연료와 핵발전소 폐쇄로 물 사용량을 대폭 줄일 수도 있다(William, 2010: 219).

(2) 질적 전환

① 농업, 임업, 어업(A)의 경우: 생태적 농업으로 재전환

사실 현 자본주의사회에서 농업은 황폐화될 수밖에 없다. 포스터와 윌리엄에 따르면 자본주의적 축적의 결과, 도시에 인구가 집중되면서 인간과 가축의 배설물 또한 도시로 집중되어 도시의 토양은 넘치는 배설물로 오염된 반면, 농촌은 비료로 사용할 수 있는 배설물이 부족해져 토양이 더욱 척박해졌다. 농촌의 토양은 방대한 단일 작물로 말미암아 그 질이 지속적으로 황폐

화되어왔다. 그 결과 자본주의적 농업은 명백히 동물과 인간에게 해로울 뿐 아니라 농업이 원래 제공하기로 되어 있던 것, 즉 안전하게 사람들을 먹이는 것조차 못하고 있다(William, 2010: 222). 인간과 자연의 신진대사가 원상 복구된다면 살충제, 살초제, 살균제, 화학비료 산업은 획기적으로 축소될 것이다(William, 2010: 222).

우크라이나 사회주의자 세르게이 포돌린스키(Sergei Podolinsky)가 생태경제학을 개척하려 시도하던 초기에 마르크스와 프리드리히 엥겔스(Friedrich Engels)의 저작으로 상당한 영감을 받았던 데서도 알 수 있듯이 현대 자본주의에서 도외시되는 농업이 자연과 인간의 물질대사로서의 농업으로 재편된다. 포스터에 의하면 블라디미르 레닌(Vladimir Lenin)은 토양 영양소의 회수 이용을 강조한 바 있다. 이 영향으로 소련이 1920년대 세계에서 가장 선진적인 생태영향 역학 개념을 발전시켰고 사실 이것이 에코시스템 분석의 기초가 된 바 있다.

농민에게 현대화된 농기구, 기계 장비, 전문 인력을 통한 과학적 지원 등을 무상으로 제공한다. 동시에 장비를 공유하고 자원을 한데 모아 사회기반 시설을 구축해 농민들이 자신들의 미래를 소규모 사유재산 소유자 정도로 보지 않도록 고무시키는 농업의 혁명적 재편은 "사유농지에 새로운 삶의 임대기간을 제공할 것"이다(맥가, 2007).

② 광업(B), 제조업(C): 제조업으로 분류된 산업들이 재생 가능한 에너지 생산 및 재생산 영역으로 재구성.

광업의 경우 원료 채굴에 해당하는 부문은 최소한 유지되거나 대거 폐기되고 나머지 광업은 재생 가능한 에너지 산업으로 재전환된다. 그 외 자본주의사회의 사치재 생산과 소비에 해당되는 제조업도 대폭 개조된다. 칵샷과

〈표 4-1〉 높은 공산주의 단계에서 산업구조 전환의 세 층위

산업구조 변화 방향		관련 산업	비고
폐지 또는 소멸		군수 산업	폐지
		공공 행정, 국방 및 사회보장 행정 중 일부는 폐지 (법원, 경찰, 검찰, 교도기관, 입법기관, 중앙최고집행기관, 외무 및 국방 행정, 사법 및 공공질서 행정 등) / 그 외 일반사회 행정이나 소방서 등 대민 서비스 관련 업무들은 다른 자치기구 등장으로 소멸 또는 재편	폐지
		부동산 / 임대업	폐지
		금융, 보험	폐지
		광고	소멸
		교육 중 사교육(일반 교습, 방문 교육, 사립학원 등)	소멸
전환	양적 축소	광업 중 일부(원료 채취), 자동차 일부, 발전업, 아파트 건설업 등	
	질적 전환	농업은 생태적 농업으로 재 전환	
		광업은 재생 가능한 에너지 산업으로 재 전환	
		제조업에 속한 많은 산업의 전환(자동차 산업은 친환경 대중교통 산업으로)	
		※ 양적 전환과 질적 전환은 복합적 방식으로 이뤄짐	
확장적 전환		보건업, 사회복지 서비스, 교육 예술, 스포츠, 여가 서비스업, 수리업, 기타 개인 서비스업	

코트렐도 지적하듯 자동차 산업의 경우 자동차의 사용을 확대하느냐 억제하느냐 하는 결정은 중요한 산업적 함축을 가지고 있다. 자본주의사회에서 자동차 산업은 산업의 고도화를 대표하는 산업이다. 그래서 자동차 산업의 구조 전환을 여러 차례 언급하는 것은 의미 있다. 자동차 산업은 직간접적으로 자동차와 부품을 만들고 석유를 공급하고 차를 서비스하고 도로를 짓고 수리하는 수백만 명의 사람을 고용한다. 도시의 설계와 소매업의 형태 또한 자동차 소유의 수준에 영향을 받는다. 따라서 자동차 산업의 민주적 재편은 자동차 산업 한 부분의 재편으로 끝나지 않을 것이다. 이 과정에서 자동차 생산 감축이 대중의 필요에 부합한다면 해당 시설과 관련 노동은 대중교통 시설과 관련 서비스 생산 등으로 재구성될 것이다. 현재 매년 7000만 대의 자동차 생산을 급진적으로 줄이면 철, 콘크리트, 아스팔트 수요는 대폭 줄 것이다

(William, 2010: 220). 자동차 산업의 질적 구조 전환은 새로운 산업구조 전환의 바로미터가 될 것이다.

6. 맺음말

대안사회경제 모델의 실현 가능성이 열려 있다면, 또한 대안사회에 대한 다양한 대중의 열망이 어느 순간 증폭된다면 대안사회경제 모델 논의는 더욱 구체화될 것이다. 기후변화 같은 국제적 쟁점은 대안사회경제 모델이 단지 상상이 아니라 현실이어야 한다는 절박감마저 제기한다.

그러나 현실성 문제에서 구소련 사회에 대한 분석은 항상 빼놓을 수 없는 쟁점이었다. 이 글에서 이 문제를 심도 깊게 다룰 여유는 없었다. 그러나 대안사회경제 모델의 계획이 고스플란(Gosplan)이 아님은 분명하게 강조되어야 할 것 같다. 구소련에서 냉전 기간 무기 산업에 타 산업이 종속되고 계획수립 과정에서 생산자들이 배제된 결과 중공업과 소비재 산업의 비중은 불균형적이었고 군수 산업은 미국과의 경쟁이라는 명목하에 팽창 일로에 있었다.[6)]

이것은 러시아혁명 이후 대학을 포함한 교육기관들의 급작스러운 확대, 공연예술 부문의 팽창, 보육시설 확대, 공공서비스의 자치 운영을 통한 질 향상 등의 눈부신 장면들과는 무척이나 대조된다.[7)] 당시 러시아 도시에서는 지역사회의 주민들이 온갖 종류의 공공서비스를 조직했다. 대체로 사회 전체에 대한 결정은 사회 전체가 참여해서 내렸다.

---

6) 소련 사회에서 관료들의 무책임 및 무능력, 노동자들에 대한 배제에 관해서는 코츠(Kotz, 2008)를 참고 바람.

7) 이에 대한 가장 구체적인 기술은 세르주(2011)의 기록이다.

〈표 4-2〉 현 사회에서의 표준 산업 분류(대분류)와 산업 재편 전망

OECD 표준 산업 분류 체계(대분류)	중분류 체계	비고
A-농업, 임업 및 어업		친환경 생태농업으로 재편
B-광업		기존의 자원 무차별적 채굴 금지. 재생 가능한 에너지 산업으로 재편
C-제조업	이중 군수 산업 부분 폐지(기타 기초무기화학물질 제조업, 무기안료 및 기타 금속 산화물 제조업 중 일부, 무기 및 총포탄 제조업)	재생 가능한 에너지 산업과 친환경 대중교통체제, 필요에 따른 각종 부품 맞춤형 생산. 다양한 DIY 생산과 그에 따른 기술과 노동과정 교육 훈련 등
D-전기, 가스, 증기, 수도 사업	발전업 등 일부는 즉각 폐지(원자력), 나머지는 축소 또는 확대 등	재생 가능한 에코 에너지 생산 및 재생산
E-하수 폐기물 처리, 원료 재생 및 환경 복원	대폭적인 확대 및 전환	재생 가능한 에코 에너지 생산 및 재생산
F-건설업	아파트 건설업의 경우, 한국 상황에서는 대폭 축소 필요	친환경 리모델링의 거대한 전환, 단열재와 안전시설로의 건설기법 강화 등
G-도매, 소매업	즉각 폐지 또는 소멸	생산자평의회와 소비자평의회들의 민주적인 소통 체계, 동네 총판장 등에서 편리하게 필요한 재화 획득
H-운수업	전환(먹을거리 생산의 변화 때문에 일부는 대폭 축소될 수 있음. 신선한 먹을거리 이송을 위해 냉장 이동 운송 체계로의 전환)	무료 대중교통 시스템으로 재편
I-숙박 및 음식점업	일부 대거 축소	질 좋은 무료 급식 시스템으로 재편
J-출판, 영상, 방송통신, 정보 서비스업(특히 광고)	광고 부문은 폐지	광고 산업 부문의 폐지 / 방송 통신의 경우 콘텐츠가 재구성됨
K-금융, 보험업	즉각 폐지 소멸(특히 투자기관, 자산운용회사, 개발금융기관 등은 우선적으로 폐지시킬 필요 검토)	
L-부동산, 임대업	즉각 폐지 또는 소멸	
M-전문 과학, 기술 서비스업	- 과학 및 기술 서비스업의 경우 다양한 방식의 확대 - 회계 및 세무 관련 서비스는 폐지 또는 소멸. 광고 대행 서비스 폐지 또는 소멸	과학자들의 연구가 이윤과 직결되지 않으므로 다양한 연구에 대한 전폭적인 지원, 다양한 소프트웨어에 대한 무한한 개발 지원, 동시에 과학 교육의 대중화를 위해 관련 인력들이 재편될 수 있음
N-사업 시설 관리, 사업 지원 서비스업	- 시설 유지 및 청소 등은 전환 - 사설 경비 보안 등은 소멸	
O-공공 행정, 국방 및 사	일부는 즉각 폐지	사법, 경찰, 검찰 등은 폐지

회 보장 행정		
P-교육 서비스업	대폭 확대 재편	다양한 방식으로 팽창 재구성
Q- 보건업, 사회복지 서비스업	대폭 확대 재편	다양한 방식으로 팽창 재구성
R-예술, 스포츠, 여가 관련 서비스업	대폭 확대 재편	다양한 방식으로 팽창 재구성

그러나 1928년 이후 러시아혁명의 후퇴와 반혁명 이후 대안사회경제의 희망은 사라졌다. 소련 사회구성체에 관한 연구 성과에 대한 비교 분석으로는 소련이 세계에 미친 영향을 지성사적 맥락에서 규명해온 암스테르담대학의 교수 마르셀 판 데르 린덴(Marcel van der Linden)의 연구를 참고할 수 있다(린덴, 2012). 린덴은 각 이론에 대해 비교적으로 객관적·상대적인 거리를 유지하면서 소련에 대한 비판적 이론화 작업을 평가했다. 그는 다음과 같이 소련 비판 논쟁의 역사를 정리한다. 1929~1968년에는 스탈린주의적 전환의 결과로서 새로운 사회 형태가 소련에서 출현했다는 이론이 등장했고 1968~1985년에는 소련 비판 논쟁이 다시 활기를 띠었으며 1985년부터는 논쟁 강도가 약해졌지만 새로운 국가자본주의 이론의 수가 많이 늘어났다(린덴, 2012: 376~377). 린덴의 이와 같은 작업은 학계에서도 소련이 대안사회경제 모델에서 사실상 제외되어왔음을 보여준다.

20세기 후반 혁명에서도 비슷한 장면이 확인된다.[8] 포르투갈의 1974~1975년 혁명 당시 대자본가들의 사냥용 별장은 치즈 공장으로 개조되었고 민중 진료소와 문화센터가 번성했다(바커, 2011: 197~204). 골프장은 기존

8) 쿠바혁명에 관해서는 별도의 진지한 연구와 논의가 필요할 것이다. 쿠바혁명의 경우 필자는 대중 민주주의에 기초한 과정에 동반되었다고 보기 어렵다고 판단한다. 그럼에도 풀헨시오 바티스타(Fulgencio Batista) 정권의 가혹한 억압, 부패, 무능으로 이반한 민심이 피델 카스트로(Fidel Castro)나 체 게바라(Che Guevara) 같은 혁명가들에게 향했던 점을 간과해서는 안 될 것이다. 1959년부터 1965년까지 게바라가 노동의 탈상품화를 위해 사투를 벌였던 일련의 과정에 대해서는 좀 더 면밀한 연구가 필요할 것이다. 이에 대해서는 야페(2012)를 참조 바람.

회원을 제외한 모든 사람에게 개방한다고 선포했다. 공장과 군대에서는 노동자평의회의 전국적 네트워크(Councils of Revolutionary Workers, Soldiers and Sailors: CRTSM)가 건설되었다. 폴란드의 1980~1981년 연대노조 경험에서도 국가 전용 건물들이 진료소, 어린이집, 학교 용도로 전용되었고 그단스크(Gdańsk)의 경우는 의료, 카토비체(Katowice) 등에서는 식품 창고가 효율적으로 운영되도록 하는 민주적 배급 체계가 만들어져 해당 지역 노동자들이 관련 업무를 효율적으로 관장했다(바커, 2011: 321).

이 같은 과정은 대안사회경제 모델이 수립되는 과정에서 일사분란하게 현실화되지는 않을 것이다. 대중이 이런저런 근사치(여러 대안)를 연속해서 시험하고 그중 참에 가까워 보이는 쪽을 향해 능동적으로 진로를 수정할 것이다. 대안적 산업구조는 바로 이와 같은 연차근사법(The method of successive approximation)을 통해 이뤄질 것이다(Trotsky, 1930). 중요한 사실은 대안사회경제 모델 실험은 숱한 우여곡절을 겪을 만큼의 가치가 충분하다는 점이다.

대안사회경제 논의에서 실현 가능성은 언제나 논쟁거리였다. 그런데 마르크스는 1844년에 인간이 사적 소유와 노동분업을 폐지함으로써 소외를 극복할 수 있다고 주장했고 『자본론』과 그 초고들에서는 자본주의가 더욱 진보된 사회를 위한 토대를 창조해 그 혜택을 일반화함에 따라 인류가 더 빨리 진보할 수 있게 되었다고 분명하게 주장했다(무스토, 2013: 305). 다시 말해 자본주의야말로 마르크스가 말한 대안사회경제, 즉 자유로운 개인들의 연합의 토대라는 것이다. 마르크스의 이 언급은 대안사회경제의 실현 가능성에 관한 의심에 의미 있는 답변을 제공한다.[9]

이 글은 대안적 산업구조에 관한 다양한 측면을 서술하는 본격적인 논의

9) 자본주의가 미래 사회 이행의 객관적 토대가 된다는 마르크스의 저작에 대한 체계적인 정리를 담은 연구로는 오타니 데이노스케(大谷禎之介, 2011: 355~366)와 김수행(2012)이 있다.

이기는 하나 앞에서도 지적했듯이 여러 한계가 있다. 특히 대안적 산업구조의 지역적·국제적 확산 경로 및 각 산업의 구조 전환에 관한 시뮬레이션 작업 등에 관해서는 차후의 과제로 남긴다. 이 글이 좀 더 구체화되고 진전된 논의를 위한 의미 있는 기여가 되길 바란다.

참고 문헌

고르, 앙드레(André Gorz). 2008. 『에콜로지카』. 정혜웅 옮김. 생각의 나무.

그로스만, 엘리자베스(Elizabeth Grossman). 2008. 『디지털 쓰레기』. 송광자 옮김. 팜파스

김수행. 2012. 『마르크스가 예측한 미래사회』. 한울.

김현우. 2014. 『정의로운 전환』. 나름북스.

넬슨, 아니트라(Anitra Nelson). 2013. 「화폐냐 사회주의냐」. 『화폐 없는 세계는 가능하다』. 유나영 옮김. 서해문집.

라이트, 엘릭 올린(Erik Olin Wright). 2012. 『리얼 유토피아』. 권화현 옮김. 들녘.

레닌(Vladimir Lenin)·지젝(Slavoj Žižek). 2002. 「임박한 파국, 어떻게 그것과 싸울 것인가」. 『지젝이 만난 레닌』. 정영목 옮김. 교양인.

린덴, 마르셀 판 데르(Marcel Van Der Linden). 2012. 『서구 마르크스주의, 소련을 탐구하다』. 황동하 옮김. 서해문집.

마르크스, 카를(Karl Marx). 1995. 「프랑스에서의 내전 첫 번째 초고」. 『칼 맑스 프리드리히 엥겔스 저작선집』 4권. 박종철 출판사.

맥가, 폴(Paul McGarr). 2007. 『녹색은 적색이다』. 조성만 옮김. 책갈피.

무스토, 마르셀로(Marcello Musto). 2013. 『마르크스와 마르크스주의를 다시 생각한다』. 한울.

바커, 콜린(Colin Barker) 외. 2011. 『혁명의 현실성』. 김용민 옮김. 책갈피.

세르주, 빅토르(Victor Serge). 2011. 『러시아 혁명의 진실』. 황동하 옮김. 책갈피.

야페, 헬렌(Helen Yaffe). 2012. 『체게바라 혁명의 경제학』. 류현 옮김. 실천문학사.

앨버트, 마이클(Michael Albert). 2003. 『파레콘: 자본주의 이후, 인류의 삶』. 김익희 옮김. 북로드.

이글턴, 테리(Terry Eagleton). 2012. 『왜 마르크스가 옳았는가』. 황정아 옮김. 길.

정성진. 2009. 「한국에서 사회주의 변혁과 대안적 경제전략의 방향」. 경상대학교 사회과학연구원 엮음. 『대안적 경제전략과 한국경제』. 한울.

조순경. 1993. 「군수산업 중심의 산업. 기술 정책과 경제위기: 미국의 경험과 교훈」. ≪경제와 사회≫, 통권 제20호.

카스텔, 마뉴엘(Manuel Castells). 2001. 『정보도시』. 최병두 옮김. 한울.

포스터, 존 벨라미(John Bellamy Foster). 1999. 『환경과 경제의 작은 역사』. 김현구

옮김. 현실문화연구.

하태규. 2014.「참여계획경제의 대외경제관계 모델 연구」. ≪경제와 사회≫, 통권 제103호.

大谷禎之介. 2011. マルクスのアソシエーション論: 未来社会は資本主義のなかに見えている. 桜井書店.

Albritton, R., S. Bell and R. Westra. 2004. *New Socialism: Futures Beyond Globalization*. Routledge.

Callinicos. A. 2003. *Anti Capitalism Minifesto*. Bookmarks.

Carchedi, G. 2011. *Behind the Crisis*. Brill.

Cockshott, W. and A. Cottrell. 2005. *Towards a New Socialism*. Spokesman.

Cote, M. 2007. "The Contested University." *Utopian Pedagogy*. Cultural Spaces.

Greenpeace. 2006. "Decentralizing Power: An Energy Revolution for the 21st Century." Greenpeace. http://www.greenpeace.org.uk/MultimediaFiles/Live/FullReport/7154.pdf (검색일: 2014.11.24)

Hahnel, R. 2005. *Economic Justice and Democracy: From Competition to Cooperation*. Routledge.

Harman, C. 2007. *Revolution in 21st Century*. Bookmarks.

Hudis, P. 2011. "Marx's Concept of the Transcedence of Value Production." Doctoral dissertation, Department of Philosophy, Loyola University at Chicago.

Illich, I. 2005. *Energie et equite*. Marie Noire. https://www.infokiosques.net/IMG/pdf/Ivan_Illich_Energie_et_equite.pdf(검색일: 2014.11.24)

Johnson, C. 2008a. "How to Sink America." http://carecon.org.uk/DPs/1106.pdf(검색일: 2014.10.26)

______. 2008b. "Why the Debt Crisis Is Now the Greatest Threat to the American Republic." http://www.selectsmart.com/DISCUSS/read.php?16,639150,639374(검색일: 2014.11.24)

Kidron, M. 1974. *Capitalism and Theory*. Pluto.

Kotz, D. M. 2008. "What Economic Structure for Socialism." http://people.umass.edu/dmkotz/What_Ec_Struc_Soc_08_03.pdf(검색일: 2014.10.26)

Marx, K. 1976. *Capital*, vol. 3. Vintage.

______. 1977. *Economic and Philosophic Manuscript of 1844*. Progress Publishers.

Molyneux. J. 1991. *The Future Socialist Society*. Bookmarks.

Neal, J. 2008. *Stop Global Warming: Change the world*. Bookmarks.

Nove, A. 1983. *The Economics of Feasible Socialism*. Routledge.

Sabin, P. 2002. "Academe Subverts Young Scholars' Civic Orientation." *Chronical of Higher Education*, 8 February, B24.

Trotsky, L. 1930. "The History of the Russian Revolution." http://www.marxists.org/archive/trotsky/1930/hrr/ch00.htm(검색일: 2014.6.1)

______. 1957. "Revolutionary And Socialist Art." *Literature and Revolution*. Russell and Russell.

William, C. 2010. *Ecology and Socialism*. Haymarket Books.

제5장

참여계획경제의 대외경제관계
이론적 분석

하태규 | 경상대학교 사회과학연구원 학술연구교수

1. 문제제기

1990년대 초 소동구권 붕괴 후 대안적 사회주의 모델을 논의하는 마르크스주의적 연구들이 그리 풍부하진 않지만 지속되고 있다. 그중 대표적인 것은 마이클 앨버트(Michael Albert)와 로빈 하넬(Robin Hahnel)의 파레콘 모델, 폴 칵샷과 앨린 코트렐(Paul Cockshott and Allin Cottrell)의 노동시간 모델, 팻 더바인(Pat devine)의 협상조절 모델, 데이비드 라이브만(David Laibman)의 다층민주반복조정 모델(Multi-level Democratic Iterative Coordination: MDIC) 등이다. 이 논의들은 사회경제의 구성단위, 민주적 혹은 참여적으로 계획을 작성하는 절차, 계산단위 선정문제, 노동 분업이나 관료제 대처방안 등에서 차이를 보이지만 대체로 스탈린주의적 명령경제나 시장사회주의가 아닌 참여계획경제 모델로 수렴하고 있다.[1)]

참여계획경제는 일반적으로 마르크스의 용법에서 자본주의 생산양식이 지양된 자본주의 이후 사회로서 사회주의, 공산주의, 새로운 사회, 자유로운 인간들의 연합 등과 동의어라고 볼 수 있다.[2] 다만 참여계획경제 모델들은

---

1) 참여계획경제 모델들의 논의를 총괄한 정성진의 글(2006b)과 파레콘을 논의한 이정구의 글(2006), 최근의 쟁점별 논의 글(Campbel, 2012)과 참여계획경제와 직접민주주의의 융합으로서의 사회주의를 논한 하태규의 글(2013)을 참조하라. 참여계획경제를 간단히 정의하면 자본주의 생산양식을 지양한 사회, 즉 자본, 임금노동, 계급, 사적 소유와 가치법칙을 지양한 사회에서 아래에서의 민주적 의사결정과 참여를 통한 계획의 수립과 실행을 추구하는 여러 가지 정치, 사회, 경제적 제도를 통해 자유와 평등과 인간해방을 실현하는 자유로운 인간들의 연합체제라고 할 수 있다. 따라서 전통적인 사회주의 모델의 국가에 의한 위로부터의 계획이나 관료적 국가나 당 독재는 물론이고 시장 중심의 경제체제도 근본적으로 배격한다. 그래서 이런 사회주의는 블라디미르 레닌(Vladimir Lenin)이나 특히 이오시프 스탈린(Joseph Stalin)이 채택한 공산주의와 구분되는 단계로서 일종의 이행기적인 사회 — 가치법칙이 작동하고 관료제적 국가가 유지, 강화되는 사회 — 가 아니라 그 자체가 자본주의와 완전히 구분되는 새로운 원리를 구현한 사회라고 할 수 있다. 따라서 카를 마르크스(Karl Marx)가 쓴 『고타강령비판(Kritik des Gothaer Programms)』(1875)에서의 낮은 단계의 공산주의에 부합한다고 볼 수 있다. 이런 사회는 자본, 임금노동, 가치법칙, 계급, 국가가 지양되었지만 "공산주의사회, 그것이 자신의 토대에서 발전된 대로가 아닌, 반대로 막 그것이 자본주의사회로부터 출현한 대로의 사회"(*MECW* 24: 85)이기 때문에 자본주의적 의식이나 문화가 아직 남아 있고 생산력의 발전도 상대적으로 낮다. 그래서 이 사회는 노동이 더 이상 "단지 생명의 수단이 아닌 생명의 제일의 욕구"(*MECW* 24: 87)가 되는 높은 단계에 도달하기까지 노동시간이 경제운영 원리로 유지되는 사회이다. 필자는 이런 노동시간 기준이 부차적으로 되는 높은 단계의 공산주의는 일국에서 실현될 수 없고 세계사회주의의 실현과 함께 비로소 가시화될 것으로 이해한다. 그러므로 낮은 단계의 공산주의에 해당하는 일국의 사회주의사회는 높은 단계의 공산주의가 가능한 세계사회주의를 향한 공간적 의미에서의 이행기라고도 할 수 있다.

2) 마르크스에게 사회주의와 공산주의는 동의어이다. 사회주의를 공산주의와 다른 단계로 상정하는 것은 러시아혁명 전후 레닌 중심의 혁명적 사회주의자들이 당시 제2인터내셔널의 지배적 조류로서 의회주의적 개혁을 통해 사회주의의 실현을 추구하는 개량주의적 사회주의와 구분되는 혁명적 사회주의를 "공산주의"로 별칭한 것과 연관된다. 이런 정치적 용법은 이후 이론적 정당화를 거쳐 스탈린주의 역사 5단계설에서 사회주의와 공산주의를 마르크스의 공산주의 낮은 단계와 높은 단계 구분과 동일시하는 데로 나아갔다. 하지만 마르크스는 『공산당선언(Manifest der Kommunistischen Partei)』(1848)부터 『자본론(Das Kapital)』(1867)을 포함한 모든 저작에서 공산주의와 사회주의를 동일한 사회로 간주했고 이런 자본

이행기를 거쳐 제 발로 선 새로운 사회가 운영되는 원리를 탐구하는 논의이기 때문에 이행기나 이런 새로운 사회가 심화된 발전을 거쳐 도달하게 될 높은 단계의 공산주의 시기까지 포괄하는 논의를 전개하지 않았다. 따라서 필자의 논의 대상도 주로 낮은 단계의 공산주의로 한정한다.

그런데 이런 대안 모델들은 대개 사회주의경제의 국내적 조직화 문제에 천착하는 반면, 대외경제관계 형성 문제는 거의 다루지 않는 사실상의 고립적 일국 모델이다. 하지만 이런 고립적 일국 모델의 사회주의가 실현된다면 세계자본주의 대양 속의 섬으로서 단기적으로는 몰라도 장기적으로는 존속이 불가능하고 설사 가능하다 해도 세계사적으로 의미가 없다. 우선 식량, 에너지, 원자재 무역에서 보듯이 현대 경제에서 일국이 고립되어 자기 부존자원만으로 경제를 운영하기는 매우 어렵다. 좀 더 근본적으로 현대 경제는 생산과 소비를 통한 인간과 인간, 인간과 자연의 교류일반, 생태적 순환 자체가 세계적 상호의존관계로 구조화되어 있다. 이런 현상을 마르크스와 프리드리히 엥겔스(Friedrich Engels)는 자본주의의 생산력과 교류관계의 세계적 발전과 이에 따른 "개인들의 세계사적 존재"(*MEW* 3: 36)로 표현했다. 이것은 자본주의 발전이 만들어낸 구조적 조건이고 최근 기후변화에서 보듯이 인류를 공동운명체로 만들어놓고 있다. 따라서 어떤 일국적 사회주의경제가 성립한다면 그 경제는 필연적으로 세계경제와 상호관계를 맺어야 하고 좀 더 적극적으로 세계사회주의로의 변화를 추구해야 한다.

이와 관련해 마르크스의 세계혁명론은 국제적 연속혁명론으로 이해할 수

주의 이후 사회를 "자유로운 인간들의 연합" 등으로 부르기도 했다. 이 글에서 공산주의와 사회주의는 동의어로 대안사회, 자유로운 인간들의 연합, 새 사회, 자본주의 이후의 사회 등과 같이 사용될 것이다(Chattopadhyay, 2011: 107~108; 김수행, 2012: 63~66; Hudis, 2011: 275 참조).

있다. 이것은 1850년 3월의 유럽 1848~1849년 혁명에 대한 공산주의자동맹의 중앙위원회 평가연설에서 표명되었고 이후 이론적·실천적 활동에서 고수되었다.[3] 이런 마르크스의 국제적 연속혁명에 대한 문제의식은 궁극적으로 세계시장에 근거한 단일 세계경제체제와 다수 민족국가로 분할된 국가체제라는 모순적 현실조건의 반영이었다. 하지만 마르크스의 기대와 달리 실제 역사 속의 혁명들은 국제적 연속혁명의 양상을 지닌 경우에도[4] 대개 실패했고 성공한 경우도 러시아처럼 일국에 고립되었다. 이것은 국제적 연속혁명은 하나의 가능성일 뿐 구체적인 결과는 국제적 상호의존성이나 구조적 유사성으로만 결정될 수 없는 다양한 특수한 일국적 조건들 — 계급의식과 계급투쟁의 불균등 발전을 포함한 — 의 산물이기 때문이다. 이런 세계자본주의경제와 민족국가 정치의 상호 비대칭적 조건은 자본주의 시작단계부터 지금까지 변

---

3) 마르크스의 『독일 이데올로기(Die deutsche Ideologie)』(1845~1846)와 엥겔스의 『공산주의의 원리(Grundsätze des Kommunismus)』(1847)의 구절에 근거해 동시혁명론으로 이해하는 논의도 있으나 이것이 마르크스의 견해인지가 불분명하고 이런 견해를 마르크스가 초기에 취했다고 해도 다음의 공산주의자동맹의 중앙위원회 평가연설과 같이 변화했다고 보는 것이 타당하다. "민주적 쁘띠부르주아는 기껏해야 앞에서 언급한 목적들(인용자: 개혁적 목적들)을 성취하며 가능한 빨리 혁명을 종결지으려는 반면, 우리의 이해관계이자 과제는 모든 대다수 소유계급이 지배적 지위에서 쫓겨날 때까지, 프롤레타리아계급이 국가 권력을 정복하고 프롤레타리아의 연합이 충분히 진전되어 — 한 나라뿐 아니라 세계 모든 지배적 나라에서 — 이 나라들의 프롤레타리아 간의 경쟁이 중단되고 최소한 생산의 결정적 힘들이 노동자들의 손에 집중될 때까지 혁명을 연속적으로 만드는 것이다." "독일 프롤레타리아 계급의 슬로건은 **연속혁명**이어야 한다"(*MECW* 10: 281, 287). 이후 마르크스의 저술과 활동을 보면 이런 문제의식이 지속되었다. 미국의 당면과제로서 미국 흑인해방운동 지원과 이에 따른 국제노동자협회 결성, 그 협회 활동 속에서 영국과 유럽 혁명의 "지렛대"로서 아일랜드 혁명운동 지원활동과 저술, 파리코뮌 봉기의 지지와 그 의의의 전파, "유럽혁명의 전위"로서 후진적 러시아의 사회주의혁명 가능성에 대한 베라 이바노브나 자술리치(Vera Ivanovna Zasulich)와의 편지 교환 등이 그 증거이다(Anderson, 2010 참조).

4) 이런 혁명으로 1848~1849년 혁명, 제1차 세계대전 후의 러시아, 유럽 혁명, 제2차 세계대전 후의 인민민주주의와 민족해방혁명, 서구 68혁명, 1980~1990년대 민주주의혁명, 2010년대 아랍혁명 등이 있다.

치 않는 조건이고 가까운 미래에도 변화되지 않을 것이다(하태규, 2011 참조). 따라서 현실에서 어떤 혁명은 성공하더라도 마르크스의 희망에도 불구하고 국제적 연속혁명이 아니라 일국혁명이 되고 현실적 사회주의는 일국체제 또는 소수의 지역적 체제들로 귀결될 개연성이 높다.

그래서 앞의 고립적 일국사회주의 모델들은 나름의 역사를 반영한 것이다. 더구나 마르크스주의의 역사에서 이오시프 스탈린(Joseph Stalin)의 일국사회주의노선이 공식화된 후 국제적 연속혁명론은 거의 사라졌고 고립적 일국 모델이 사회주의 건설의 주류이론이기도 했다. 하지만 이런 고립적 일국 모델들은 대외경제관계를 공백으로 남겨두기 때문에 반쪽 모델이다. 이런 공백은 세계혁명을 논한 마르크스의 문제의식대로 자본주의 세계체제 속에서 일국이나 소수의 사회주의경제들은 이행 중의 불완전한 체제이고 이런 경제가 대외경제관계를 맺는 방식 자체가 국제적 연속혁명의 실현 가능성뿐 아니라 자체 사회주의의 운명에도 중대한 결과를 초래할 수 있다는 점을 간과한다. 역사적으로 보면 대외경제관계 형성 문제는 1920년대 소련공업화 논쟁에서 고립주의와 통합주의로 논쟁되었고 코메콘(Communist Economic Conference: COMECON, 공산권 경제 상호원조회의)이나 알바(Alianza Bolivariana para los Pueblos de Nuestra América: ALBA, 미주 대륙을 위한 볼리바르 동맹)에서 시도되었거나 시도 중이지만 자본주의 가치법칙에 근거한 대외경제관계를 사회주의적으로 변화시키는 계산 기준, 실현 수단, 관련 거래 방식, 연관된 국내적·정치경제적 형식들이 부적절하거나 부재했기에 성공할 수 없었다(Day, 1973; Korbonski, 1970, 1990; Hart-landsberg, 2009, 2010; 하태규, 2014 참조).

그러므로 일국사회주의 모델이 현실성을 지니려면 실현 가능한 대외경제관계 모델을 반드시 같이 제시해야 한다. 이런 문제의식에서 이 글은 제2절에서 우선 필자의 참여계획경제의 대안적 대외경제관계 모델을 가설적으로 제시하고, 제3절에서 필자의 가설에서 제기되는 이론적 쟁점들을 검토한 뒤 제4절에서 결론과 함의를 살펴보겠다.

2. 참여계획경제의 대외경제관계 모델의 가설적 대안

사회주의경제의 대외경제관계 형성 문제는 그 경제가 속한 역사적 시점, 지역적 위치, 해당 경제의 규모, 부존자원의 존재, 경제발전 수준에 따라 그리고 제국주의의 압박을 포함한 국제적 역(力)관계에 따라 구체적인 과제와 정책의 수준에서 다를 수밖에 없지만 추상적 수준에서의 일반화는 가능할 것이다. 이런 일반화의 측면에서 우선 참여계획의 사회주의경제가 자본주의경제와 상설적인 교류가 가능한지 논의되어야 할 것이다. 이에 대한 필자의 가설은 정치적 적대(가능성)에도 불구하고 양 경제는 비교우위와 세계 노동분업 원리에 근거해 호혜적인 경제 교류와 통합(의 토대)을 실현할 수 있다는 것이다. 비교우위원리가 사회주의와 자본주의 간 교류 원리가 될 수 있다는 생각은 소련의 1920년대 공업화 논쟁에서 레온 트로츠키(Leon Trotsky) 등의 통합주의에서 배경적 논거를 형성했고(Day, 1973 참조) 중국의 1980년대 개혁·개방 논쟁에서 개방파의 이론적 근거였으며 참여계획경제론 중의 하나인 칵샷과 코트렐의 노동시간 모델에서도 이론적 논거로 채택되고 있다.

반면 마르크스주의 내에서도 굴리엘모 카르케디(Guglielmo Carchedi)의 중국개방 논쟁에 대한 비판처럼 비교우위원리에 대한 비판과 적용의 반대도 만만치 않다. 이에 대한 논의는 다음에 비교우위원리 항에서 다루겠다. 비교우위원리는 자본주의 세계시장에서 양극화를 만드는 자유무역의 이데올로기적 토대로 기능하고 있지만 이런 이데올로기적 기능과 실제 정치경제적 과정을 추상한 합리적 핵심 — 부문별 생산성들의 상대적 차이에 의한 생산특화와 무역의 확대가 호혜적 경제관계를 만든다는 — 은 참여계획경제가 자본주의경제와 공유할 수 있는 원리이고 이런 원리를 적절한 계산 기준과 거래 방식과 경제적 형식으로 구현하면 공평한 교류관계를 만들 수 있을 것이기 때문이다.

다음으로 고려할 사항은 사회주의경제가 대외경제관계를 형성할 때 대상과 범위를 정하는 문제이다. 이에 대한 필자의 가설은 지역적으로는 전 세계로, 범위로는 무역뿐 아니라 투자나 인적 교류까지 모든 범위에, 대상 분야로는 가능한 모든 분야와 품목으로 확장할 수 있고 조건이 허락하면 확장해야 한다는 것이다. 이런 전면적 대외개방교류는 소련 공업화 논쟁에서 트로츠키의 통합주의가 암묵적으로 취한 입장이었다고 생각된다. 또한 중국이나 베트남 등 1980년대 이후 '현실 사회주의'체제가 현실에서 실현하고 있는 방식이다. 물론 필자는 중국이나 베트남이 사회주의가 아니라고 판단하지만 사회주의를 자임하는 체제가 이런 전면적 개방교류를 실현하는 것 자체가 하나의 비판적 검토의 모델일 수 있다고 생각된다.

이러한 전면적 대외개방교류를 주장하는 근거는 사회주의경제가 자본주의의 생산력과 생산관계의 세계적 수준과 범위의 발전에 동참해 이용하기 위해서는 전면적 대외개방교류를 할 수밖에 없다는 점에 있다. 또한 이런 전면적 수준과 범위의 교류를 통해서야 국제적 연속혁명의 물질적 토대를 형성할 수 있고 궁극적으로 세계사회주의를 구성할 수 있기 때문이다.[5] 물론 현실에

5) 전면적 교류가 국제적 연속혁명의 물질적 토대를 형성할 수 있다는 생각은 자본주의의 세계적 전파의 역사적 경험에 비춰 비유적으로 이해될 수 있다. 자본주의의 세계화는 성공한 부르주아혁명 이후 전 세계로 퍼져나간 영국과 네덜란드의 자본주의적 공세의 충격 아래 나머지 국가들이 아래로부터(프랑스, 미국)나 위로부터(독일, 일본) 혹은 식민지 종속과 해방 후의 위로부터의 혁명(제3세계)을 통해 실현되었다. 이때 아래로부터의 혁명은 물론이고 위로부터의 혁명도 아래로부터의 혁명에 대비한 예방혁명의 성격을 지니므로 근본적 동인은 아래로부터의 반란이었고 이런 반란과 혁명은 선발자본주의의 외부에서의 압박과 자극으로

서 구체적 정책을 시행하는 수준에서 보면 그 참여계획경제가 처한 상태, 경제적 발전 수준, 경제 규모, 국제적 관계, 경제 발전을 위한 전략적 계획에 따라 교류의 폭과 대상이 제한될 것이다. 하지만 이런 현실적 제한에서도 지향 자체는 전면적이라는 점에 요점이 있다.

다른 한편, 이런 전면적 교류를 시행할 때 자본주의 가치법칙과 관련된 우려 — 사회주의경제가 가치법칙에 종속되고 그 결과로 자본주의경제로 변형될 가능성과 그렇지 않더라도 국제적 가치법칙에 의한 체계적 가치이전이나 불평등 교환에 종속되어 빈곤화될 가능성 — 를 어떻게 해결할 것인가의 문제가 제기된다. 이에 대해 앞에서 봤던 카르케디뿐 아니라 다수의 마르크스주의자도 사회주의가 자본주의와 전면적 교류에 들어가면 가치법칙에 종속될 위험성이 있다고 본다. 이와 연관해 우선 지적할 것은 사회주의가 자본주의보다 도덕적으로뿐 아니라 정치, 사회, 경제적 시스템에서 더 나은 체제라면 자본주의와의 교류를 두려워하지 않아야 한다는 점이다. 사회주의경제가 현실적으로 자본주의에 비해 생산력이 상대적으로 뒤진다는 이유로 교류를 두려워할 필요는 없다. 다음에 논증하겠지만 생산성이 떨어지는 경제가 교류에 의한 이득을 더 많이 얻을 수 있기 때문이다. 생산성은 상대적으로 떨어지더라도 정치, 사회, 경제적 시스템을 자본주의보다 더 좋게 질적으로 완전히 다르게 만들 수 있다는 것이 참여계획경제론의 기본적 전제이자 결론이다. 그렇다면 오히려 적극적 개방교류를 통해 경제적 이득을 얻을 뿐 아니라 이런 교류 속에 자연스럽게 동반하게 될 정치, 경제, 사회, 문화적 교류 내용들을 통해 세계인들이

촉발되었다. 유사한 과정이 참여계획경제의 전면적인 대외교류로 촉발될 것이다. 따라서 사회주의로의 국제적 연속혁명은 이를 목적의식적으로 추구하는 인터내셔널 같은 세계 당의 정치적 개입만으로 실현할 수 있는 것이 아니라 참여계획경제의 전면적 교류가 촉발하는 세계적으로 평등하고 자유로운 교류의 가능성에 근거한 아래로부터의 반란과 혁명이라는 근본적 동인으로만 실현될 수 있을 것이다.

생활과정에서 사회주의적 가치를 자각하고 실현할 수 있게 도와야 한다.

필자의 가설은 사회주의사회가 내부적으로 "자유로운 인간들의 연합"6)의 방식으로 운영되면서 이런 내부적 원리를 대외경제관계를 규정하는 비교우위원리에 근거해 대외경제관계에로 확대하는 적절한 사회경제적 기제 — 실제노동시간이라는 계산 기준, 노동시간증서라는 화폐대용의 결제수단, 적절한 거래형식들 — 로 구현한다면 그런 우려는 사라진다는 것이다. 이런 사회경제적 기제를 통해 참여계획경제는 평등한 국제적 교류를 실현하고 자유로운 인간들의 창의적 노동에 근거한 혁신적 발전을 선도해 세계인들에게 자본주의 가치법칙의 낙후함을 자각하게 만들고 세계시장에서의 국제적 연속혁명의 토대를 형성하게 할 것이다.

---

6) "자유로운 개인들의 연합"이라고도 한다(김수행, 2012 참조). 자유로운 인간들의 연합(Der Verein freier Menschen)은 마르크스의 공산주의 구상의 핵심적 개념이다. 『자본론』 1권의 상품물신주의 비판에서 마르크스는 다음과 같이 썼다. "마지막으로 기분전환을 위해 자유로운 인간들의 연합을 상상해보자. 공동으로 보유된 생산수단으로 노동하고 그들은 매우 다양한 노동력 형식들을 하나의 단일한 사회적 노동력으로서 완전히 자각해 지출한다"(마르크스, 1867: 100). 이런 사회의 특징은 다음 세 가지이다(Hudis, 2011: 227~230). 첫째, 가치나 교환가치가 존재하지 않는다. 둘째, 봉건제 사회에서 존재했던 "직접적으로 연합한 노동"이 아니라 "자유로운" 인간들의 연합이다. 셋째, 이 사회에서 개인들은 사회적 총생산물을 분배하고 소비하는 데 직접적으로 참여한다. "우리의 상상된 연합의 총생산물은 사회적 생산물이다"(마르크스, 1867: 101). 한 부분은 생산수단을 갱신하거나 재생산하는 데 사용된다. 나머지 부분은 "연합의 구성원들에 의해 생존수단으로 소비된다"(마르크스, 1867: 101). 이 총생산물의 분할이 어떻게 일어나는가? "우리는, 상품생산과 병행을 위해서만, 생존수단에 대한 개별 생산자의 몫은 각자의 노동시간으로 결정된다고 상정할 것이다"(마르크스, 1867: 101). 여기서 마르크스에게 노동시간은 생산과 소비 과정에서 이중의 역할을 한다. 한편으로 그것은 "연합의 상이한 노동 기능들과 다양한 요구 간의 정확한 비례를 유지하는 일정한 사회적 계획"의 일부분으로서 기능한다. "다른 한편, 노동시간은 또한 공동의 노동에서 각 개인에 의해 수행된 부분의, 그리고 사회적 소비로 예정된 총생산물의 부분에 대한 그 개인의 몫의 척도로서 기능한다"(마르크스, 1867: 101). 그래서 "개별 생산자들의 사회적 관계는, 그들의 노동과 노동의 생산물들 양쪽에서, 생산에서도 분배에서도 단순하게 투명하다"(마르크스, 1867: 101).

물론 대외경제관계는 필수적으로 대외정치관계를 동반하게 될 것인데 제국주의가 지배하는 자본주의 국제적 다수국가체제에서 참여계획경제가 이런 대외교류를 실현할 수 있을지에 대한 의문이 제기될 수 있다. 이에 대한 필자의 가설은 현재의 자본주의적 제국주의는 사회주의와의 대외경제교류 자체에 반대할 경제적 근거가 없다는 것이다. 오히려 경쟁하는 복수의 제국주의들은 자국 자본의 국제적인 경제적 경쟁에 규정받는 측면으로 개방과 교류에 적극적일 수 있다. 제국주의의 다른 한 축인 지정학적 경쟁의 규정은 물론 사회주의에 대한 경제적 봉쇄를 전략적으로 선택할 수 있다. 하지만 이런 전략적 선택은 사회주의의 주체적 대응에 따라 변화될 수 있는 상호적인 과정의 일부일 것이다. 따라서 사회주의 자체의 정치사회적 체제의 성격이 사태를 규정하는 다른 중요한 하나의 축일 수 있다.

여기서 참여계획경제체제가 구현하는 정치사회적 시스템은 아래로부터의 민주적 참여로 정책을 결정하고 민주적으로 선택된 대표자를 통해 집행하는 체제이기 때문에 정책 결정사항 집행에 전 구성원의 힘이 모아지고 책임을 함께 할 것이므로 대외정치관계를 슬기롭게 대처할 수 있고 따라서 경제적 봉쇄를 돌파하고 대외경제교류를 보호하며 실현할 수 있을 것이다. 물론 현실의 대외정치관계는 쉽게 예단할 수 없는 다양한 사건과 복잡하고 우발적 요소들로 규정되고 좌우될 수도 있을 것이다. 하지만 이런 예측 불가능한 정치적 요소들 때문에 대외경제교류를 포기하거나 제한적 교류에 머문다면 세계사회주의로의 변화 가능성도 그만큼 멀어질 뿐 아니라 일국적 사회주의의 존립보장도 더 어려워질 수 있다. 오히려 내부적으로 잘 만들어진 정치, 사회, 경제적 시스템을 유지, 변화, 발전시키면서 — 외부 관계를 변화발전의 계기로 삼으며 — 대외정치경제교류에 적극적으로 나설 때만 자신의 보전과 세계사회주의로의 변화 가능성을 높일 것이다.

이제 대외교류의 핵심적 기제들인 실제노동시간 기준으로 노동시간증서를 사용해 대외경제관계를 조직하는 구체적 방식, 노동시간증서 사용을 유인할 수단, 이에 따르는 거래 방식, 이를 뒷받침할 국내적 사회경제적 시스템을 좀 더 짚어보자. 노동시간증서를 대외경제교류의 국제화폐 대용으로 사용하는 방식은 칵샷과 코트렐(Cockshott and Cottrell, 1996)의 논의에서 이미 제시되었다. 필자는 여기서 그들이 암묵적으로 전제하는 평균노동시간 기준이 아니라 실제노동시간 기준을 바탕으로 작동하는 방식을 논의할 것이다.

다른 한편, 실제노동시간 기준 자체는 마르크스의 논의에 근거하고 있는데 이에 대한 후디스(Hudis, 2011)의 논의를 발전시킨 것이다. 주지하는 대로 마르크스는 『자본론』 초고들과 『자본론』 등에서 보듯이 새로운 사회에서 가치법칙의 지양을 일관되게 추구했고 특히 『고타강령비판』에서는 낮은 단계의 공산주의사회에서 실제노동시간이 사회의 분배 원리가 될 것을 주장했다. 필자는 분배를 실제노동시간 기준으로 하는 사회에서 경제적 계산 기준은 논리적·현실적 일관성 차원에서 당연히 실제노동시간 기준이 되어야 한다는 주장을 추가하는 것이고 이런 논리는 마르크스의 논의에서 암묵적으로 내포되었다고 본다.[7]

---

7) 마르크스는 『고타강령비판』에서 낮은 단계의 공산주의사회에서 실제노동시간에 따라 생산과 분배가 진행된다는 점을 분명히 밝혔다. "개별 생산자들은 사회로부터 …… 정확히 그가 준 것을 돌려받는다. 개별 생산자가 사회에 준 것은 그의 개인적 노동량이다"(*MECW* 24: 86). 즉, 개인이 사회에 주고받는 것은 정확히 개인적 실제노동시간이다. 그래서 "한 사람이 다른 사람보다 육체적·정신적으로 우월하고 그래서 더 많은 '노동'을 공급하거나 …… 더 오랜 시간 동안 노동할 수 있기"(*MECW* 24: 86) 때문에 보상의 결과는 평등하지 않을 것이다. 여기서 마르크스의 용어에서 더 높은 강도의 노동을 의미하는 더 많은 "노동"과 노동시간을 뜻하는 "노동량" 사이를 정확히 구별해야 한다. 일부 개인들은 육체적·정신적으로 우월하므로 주어진 시간에 남들보다 더 높은 강도로 일해 결과적으로 더 많이 생산하고도(더 많은 '노동'을 공급하고도) 동등한 노동시간으로만 보상받기 때문에 그리고 더 많은 시간을 노동하고 더 많이 보상받기 때문에 결과적 불평등이 발생한다. 하지만 이것은 부르주아적

여기서 특히 경제적 계산 기준과 경제적 형식들을 논하는 것은 이것들이 경제의 내용을 규정하고 결국 올바른 "생산관계"를 실현하는 핵심적 기제들이기 때문이다. 역사적으로 자본주의로의 이행도 전자본주의 시대에 항상 존재했던 많고 적은 상업관계들이 적절한 생산관계, 더 구체적으로는 계급관계에 근거한 생산조직형식과 결합되었을 때 가능했다.[8] 이런 역사들의 함의는

평등한 권리가 형식과 내용이 일치해 개인적 실제노동시간대로 보상받는 것이다. "그래서 **평등한 권리 — 부르주아 권리 —** 가 여기서 여전히 원칙이고 원리와 실제가 더 이상 불화이지 않는 반면, 상품교환에서는 등가물들의 교환은 오직 **평균적으로** 실존하지 개별의 경우에는 그렇지 않다"(*MECW* 24: 86). 다시 말해 부르주아 사회의 상품교환에서는 평등의 원리와 실제가 괴리되어 동일한 노동시간을 제공했어도 가치법칙에 따라 평균생산량을 기준으로('평균적으로 실존하지') 더 적거나 더 많은 노동시간으로 환원되어 보상받는다('개별의 경우는 그렇지 않다'). 이런 마르크스의 실제노동시간계산에서 서로 다른 사용가치들의 생산에 투여된 이질적 노동시간들을 동일한 노동시간으로 간주한다는 것이 전제된다. 이것은 서로 다른 사용가치들에 투여된 구체노동은 상호비교가 불가능하지만 동일한 추상적 인간노동의 지출이라는 점에 근거한다. 이런 마르크스의 실제노동시간 원리가 생산과 분배에 적용될 때 남는 하나의 문제는 노동의 복잡도 차이이다. 이 문제도 사회의 모든 노동력의 교육훈련의 책임과 비용을 개인이 아니라 사회가 부담하는 참여계획경제에서는 복잡노동과 단순노동을 동일한 노동시간으로 간주해 보상할 수 있다는 점에서 해결된다. 단순 노동력과 복잡 노동력의 생산비용(평생의 교육비)은 차이가 있지만 재생산 비용(일상의 생활비)은 동일하기 때문에 보상의 수준에서는 동일노동시간으로 간주해 단순히 실제노동시간에 따라 분배하는 것이 타당하다. 반면, 노동과정에서 단순-복잡 노동력은 고정자산 계산처럼 예를 들어 평생의 교육훈련비가 투여된 40년 수명의 고정자산이 40년 동안 감가된다고 간주해 그 매일의 노동과정에서 감가상각비와 일상적 재생산 비용이 이전되고 부가된다고 간주해 계산하는 방식이 가능하다. 다른 한편, 노동 강도 문제는 — 마르크스는 그 차이를 인정한다고 했지만 — 두 가지로 나눠볼 수 있다. 하나는 업종과 직무에 따라 노동 강도가 구조적으로 차이날 수 있는데 이 문제는 파레콘이 제시하는 균형 잡힌 직군(balanced jobs) 같이 개인들이 자신의 선택으로 강도 차이가 나는 복수의 직무나 직업을 수행해 결과적으로 모든 개인이 동등한 사회적 평균 강도로 노동할 수 있게 하는 방식으로 해결될 것이다. 동일 직업이나 직무에서 개인들의 노동 강도나 결과적인 노동성과의 편차는 그 자체로 존중하지만 — 마르크스의 논의대로 — 작업장에서의 상중하의 평가제를 시행해 본인들의 직무수행과 이동 선택에 참조할 수 있다.

8) 1970~1980년대 2차 자본주의 이행 논쟁의 결론은 봉건제가 붕괴되어 소농 중심의 경제가 형성되던 서유럽 3국 중 자본주의로의 역사적 이행을 시작할 수 있었던 유일한 나라는 농민

사회주의로의 이행과 실현도 이를 위한 생산력이 발전한 토대에서도 — 사실 21세기 전 세계 다수의 사회는 이미 이런 생산력 수준에 도달했다고 볼 수 있다 — 적절한 생산관계를 통해서만 가능하고 그런 생산관계는 제대로 된 계급관계에 근거해 경제적 계산 기준과 경제적 형식을 통해 실현될 것이라는 점이다.

해방된 무계급적 사회에서 경제적 계산을 할 때 실제노동시간 기준이 적용된다는 것은 생산자 개인들의 노동시간이 그 자체로 평가되어 — 즉, 생산성이 높고 낮음에 상관없이 노동시간의 양으로만 계산되어 — 생산과 분배에 반영된다는 것이다. 그렇게 되면 노동의 성과를 평균노동시간으로 환원하는 외부적 압력 — 물적 조건에 근거한 심리적 강제— 이 작동함이 없이 개인들은 자유로운 자기실현과정으로 노동을 대하고 이 과정에서 여러 가지 사회경제적 제도들과 어우러져 창의적 노동으로 승화하며 사회적 생산력의 발전을 가져오고 생산력 발전과 자유의 실현이 상호 순환적으로 기여하는 시너지를 내게 된다. 이런 실제노동시간계산에서 한 품목에서 여러 작업장의 개별적 실제노동시간들이 반영된 상품들이 하나의 사회적 평균가치(단일 가격)로 통일되는 자본주의 — 일물다가치일가(一物多價值一價) — 와 정반대로, 참여계획경제에서는 한 품목에서 발생하는 여러 작업장의 차이나는 실제노동시간들이 그대로 노동시간 가격들로 표시되어 일물다비용다가(一物多費用多價)가 성립한다.

계급투쟁과 농민 독립성이 가장 발전한 프랑스도, 가장 낙후했던 독일도 아닌 농민과 지주 간의 세력관계가 소농의 점진적 몰락과 대규모 농지 지주와 차지농업가의 형성을 가능하게 한 영국이었고, 이런 영국만이 보유한 — 역사적 우연이었지만 자본주의에 적합한 — 지주-차지농업가-농업 프롤레타리아의 계급관계와 이에 근거한 농업생산 조직형식은 어느 나라에도 잠재했던 첨단 농업기술을 영국만이 채용할 수 있게 하고 급진적 농업 생산력 발전과 자본주의 발전을 이룩할 수 있게 했다(Brenner, 1976, 1977)는 것이다. 마르크스의 분석에서 자본주의는 노동의 자본에의 형식적 종속의 토대에서 공장제 수공업의 노동 분업 형식을 통해 발전했다. 이런 노동과정의 조직형식은 노동의 형식적 종속을 실질적 종속으로 바꾸고 자본의 지배를 확립했다.

이런 일물다가는 운송과 보관노동시간이 다르게 반영되는 공간적 범위뿐 아니라 노동생산성 상승을 반영하는 시간적 범위에서도 드러나게 된다. 이런 실제노동시간 반영은 모든 거래대상 품목의 시간적·공간적 노동시간비용의 차이를 정확히 드러내고 생산물들의 무역, 특화, 투자 결정에서 비교우위를 투명하게 계산할 수 있게 하고 거래 가능성을 즉각 알려준다. 따라서 세계 노동 분업의 공간적·시간적 비교우위를 정확히 반영하고 무역, 특화, 투자를 계속 적용·조정하고 확대해 더 높은 생산성 발전을 이룩할 수 있을 것이다.

물론 처음에 자본주의는 시장 가격으로, 사회주의는 실제노동시간 가격으로 계산하는 것을 병행할 것이다. 그 결과 참여계획경제의 자본주의와의 교역에서, 예를 들어 달러가 주요 국제 통화이겠지만 노동시간전표 — 참여계획경제가 주도할 수 있는 품목의 교역에서는 — 도 사용할 수 있어서 복수의 무역통화가 사용될 수 있을 것이다.[9] 그리고 사태는 물론 국제적인 경제와 정치 등 복합적 수준의 총체적·모순적인 결정의 결과로 나타나겠지만 경제적 조건으로만 보면 시간이 흐를수록 참여계획경제의 무역만큼은 노동시간전표가 주요한 결제수단의 하나가 될 수도 있을 것이다. 그 이유는 참여계획경제가 노동시간증서를 보유한 외국인들에게 "암묵적 이자"(Cockshott and Cottrell, 1996: 113, 116~117)를 제공하기 때문이다.

경제일반, 특히 참여계획경제가 혁신을 통해 생산성이 지속 상승한다면 동일한 노동시간 양을 표시하는 시간증서는 과거보다 현재, 현재보다 미래에 더 많은 사용가치를 표현하고[10] 그 결과 과거에 받은 노동시간증서를 지닌

9) 참여계획경제가 사용하는 노동시간전표는 국내에서는 전혀 유통되지 않으면서 실제노동시간에 따라 분배받은 노동자와 인민들의 노동소득이나 기본소득을 지출하는 계산수단으로만(노동시간 체크카드) 사용될 것이지만, 국제적으로는 일종의 일국적 통화로서 대우받을 수 있고 국제 통화시장에서 거래될 수도 있을 것이다(Cockshott and Cottrell, 1996 참고).

10) 실제시간을 즉각 반영하지 않는 칵샷과 코트렐의 노동시간 모델에서는 노동시간증서가 단

사람은 시간이 감에 따라 자동적으로 생산성 상승분만큼 더 많은 사용가치를 보장받는다. 그러므로 참여계획경제가 발행한 노동시간증서는 이를 보유한 외국 사람에게, 예를 들어 1년에 생산성이 10% 발전하는 경제를 반영하면 10%의 암묵적 이자를 보장해주는 강력한 경제적 도구이다. 관건은 높은 생산성 발전인데 이것을 보장하는 기제는 참여계획경제 모델들이 주장하듯이 참여계획경제에 내재한다.11)

거래형식과 관련해 기존의 자본주의 무역방식은 그대로 이용될 수 있다. 거래 당사자들이 거래계약을 통해 체결한 신용장(L/C), 유전스(usance) 등을 기반으로 두고 관련 선적, 보험, 금융 기관들의 도움을 받아 물건을 교환하고 대금을 수령하는 방식 등은 그대로 이용할 수 있고 필요시 이런 기관들에 상응하는 사회주의적 창구들을 만들 수 있을 것이다. 대외무역창구의 국가독점

기적 암묵적 이자를 누릴 수 없지만 실제노동시간계산에서는 생산성 향상 성과를 즉각 암묵적 이자로 누릴 수 있다.

11) 참여계획경제 모델들은 마르크스의 논의대로 기계를 도입할 때 자본주의는 노동력 비용(노동력 재생산 노동시간)과 비교하는 반면, 사회주의는 노동의 전체 비용(전체노동시간)과 비교해 기계비용이 더 싸면 도입하게 되므로 자본주의보다 사회주의에서 혁신이 쉽게 일어날 수 있음을 지적했다. 참여계획경제는 또한 필요한 모든 재화의 수급을 계획하는 연간 세부적 계획뿐 아니라 사회 전체의 운영과 투자를 계획하는 거시계획과 장기적인 전략적 계획을 참여와 직접민주주의 방식으로 결정하므로 혁신의 과학적 연구를 위한 자원을 전략적으로 집중하면서도 대중 참여를 유도할 수 있다. 또한 자유로운 인간들의 연합으로 운영되는 사회는 자발적 노동이 기본이므로 노동이 강제가 아니라 자기실현이 된다. 이런 노동의 자기실현은 창의와 혁신에 친화적이다. 그래서 개인은 더 많은 물질적·차별적 보상이 없어도 사회적 명예와 같은 더 중요한 보상을 추구하고 얻을 수 있다(Cockshott and Cottrell, 1996: 3장; 앨버트, 2003: 14장; Hahnel, 2005: 225~241; 정성진, 2006b: 499~502 참조). 여기에 더해 실제노동시간계산은 경제(절약)의 대상을 직접적으로 시간적·공간적 차원에서 구체적으로 표시하기 때문에 노동시간을 절약하는 혁신에 특히 친화적이다. 이것은 부분적 특화나 동태적 특화 전략을 정확히 실행할 수 있는 것으로 실현된다. 또한 실제노동시간에 의한 생산과 분배가 원리로 되면 혁신의 성과가 더 많은 사용가치나 여가로 즉각 반영되므로 모든 생산대중이 혁신을 자신의 일로 여기고 혁신에 매진하게 된다.

여부는 참여계획경제에서는 문제가 안 될 것이다. 1920년대 소련 논쟁이나 기존의 전통적 사회주의 모델에서는 대외무역의 국가독점을 고수한 적이 있다. 이런 모델에서는 위로부터 일방적으로 수립되는 국가계획과 대중이나 기업들의 수요공급 상황이 분리될 수 있었기 때문에 국가독점이 중요했지만 대중과 기업의 수요공급 상황이 참여계획으로 유기적으로 통합되는 체제에서 창구는 효율성의 관점에서만 문제가 될 것이다. 즉, 효율성의 관점에서만 통합하거나 분산할 수 있을 것이다.

참여계획에서 무역창구는 결정된 계획을 실행하는 단순대리인 — 이 대리인의 노동도 실제노동시간으로 반영되는 — 역할만 한다. 이런 식으로 무역이 대중의 민주적 의사결정을 정확히 반영하는 기제가 작동한다면 이런 방식은 무역뿐 아니라 투자 — 자본관계가 아니라 설비나 기술의 투자 — 나 모든 인적 교류 형식에도 그대로 확장될 수 있다. 모든 대외교류는 주체적으로 참여하려는 당사자들의 자유로운 의지에 따라 수행할 수 있되 참여계획에 유기적으로 통합되는 시스템에서는 오히려 자유로운 교류가 권장될 것이다. 그 결과 대외경제관계는 전면적 개방교류로 발전할 수 있을 것이다.

이런 전면적 개방교류체제가 유지되고 발전되는 관건은 내부적인 정치경제적 시스템이다. 필자가 염두에 두는 참여계획경제로서의 사회주의는 다음과 같은 특징과 성격을 지닌다. 첫째, 오프라인 집회뿐 아니라 온라인 방송을 통해 작동되는 노동자총회와 인민총회[12]를 경제와 정치 등 사회적 주요 문

12) 노동자총회와 인민총회는 단위조직부터 상향적으로 연합해 전사회적 조직, 전국노동자총회와 전국인민총회로 결집될 것이고, 결국은 세계노동자총회와 세계인민총회로 결집될 것이다. 여기서 각 개인은 노동하는 사람이라면 노동자총회와 인민총회에 동시에, 노동하지 않는 사람이라면 인민총회에만 가입할 것이고 또한 모든 개인은 단위총회, 직장노동자총회와 마을인민총회뿐 아니라 상향의 모든 연합총회에 중층적으로 가입할 것이다. 이것은 마르크스의 '자유로운 인간들의 연합'의 구체적 형식이다.

제에 대한 주권적 의사결정을 하고 생산과 소비를 실행하는 기본적 구성단위로 삼아 인민이 진정한 주체로서 생활하는 토대로 만든다. 둘째, 실제노동시간을 계산단위로 해 계획부터 실제 생산과정과 이 생산결과의 소비와 향유 과정에서 시간적으로 과거부터 현재와 미래까지 일관되고 적용 방식에서 체계적이며 실제 적용과정에서 손쉽게 적용할 수 있고 계산이 투명하고 명확해 평등과 혁신 친화적으로 작용하는 기준을 작동시킨다.

셋째, 아래로부터 모든 개인이 참여해 계획을 직접 작성하되 중앙 집중적 컴퓨터 통신 체계를 통한 조정을 반영해 정확하고 쉽게 수립되는 전사회적으로 단일한 수요공급 일치의 계획을 세운다. 그런데 이렇게 결정된 연간 세부계획도 수시로 발생하는 인민의 기호 변동과 외부 자본주의 세계와의 무역과 교류에 따른 수급과 가격의 변동을 체계적으로 반영해 수시로 조정할 필요가 있다. 이를 위해 역시 중앙 집중적 컴퓨터 통신 체계와 개인들의 아래로부터 참여로 실행되는 조정이 조정함수기법[13]을 활용해 반영된다. 그리고 이런 세부적 계획에 대한 거시적 틀과 사회의 장기 전략적 변화 방향을 제시하는 거시계획과 전략계획은 별도로 노동자총회와 인민총회를 통해 결정된다. 이런 계획들은 개인들이 직접 참여해 작성하는 연간 세부계획과 자동적으로 연동됨에 따라 모든 계획이 종합적으로 연동되는 민주적 참여계획체제가 실현된다.

넷째, 생산 측면에서는 균형 잡힌 직군[14]과 직접민주주의를 통해 자유롭

13) 조정함수기법은 단기적으로 생산할 수 없는 생산설비와 숙련 노동력의 과부족을 수요공급 계획단계나 조정단계에서 파악해 남는 품목의 설비와 노동력을 부족한 품목으로 이동하는 기법인데, 남을 때는 함수 값을 루트(√)로 계산하고 부족할 때는 제곱으로 계산해 부족한 것에 가중치를 더 두는 방법이다.

14) 균형 잡힌 직군은 마르크스의 사회주의 구상의 분업의 지양과 연결되는데, 역할 분담을 없애는 것이 아니라 복수의 직업과 직군에 개인들이 종사하게 해 사회적 평가 차원에서 평균

고 평등한 개인들의 창의력이 마음껏 발휘되어 효율적인 생산 활동을 추구할 수 있게 된다. 분배 측면에서는 노동시간에 의한 평등한 분배와 노동능력이 없는 모든 인민에게 동등한 분배를 통해 자유롭고 평등한 소비와 향유를 가능하게 한다. 또한 이런 생산과 소비를 조직하는 공적 활동 측면도 모든 개인의 평등한 참여로 자유롭고 창의적 활동을 보장하는 한편, 공적 활동의 담당자가 군림하고 특권을 누리는 것이 아니라 민주적 통제를 받게 하는 민주주의의 원리를 추구한다. 다섯째, 이렇게 확보되는 효율적이고 평등하며 자유로운 생산과 소비 체제는 시간에 따라 변화하는 생산력에 근거한 암묵적 이자를 보장하는 노동시간전표를 매개로 해외와의 전면적 개방과 교류를 추구해 참여계획경제의 사회주의가 생존과 발전을 모색할 뿐 아니라 전 세계 자본주의와의 통합과 변화도 도모할 수 있게 한다.

여섯째, 전 인류적 당면 과제인 생태문제는 전문가의 자유로운 연구와 발표를 보장하고 이를 실현하는 연구개발을 위한 체계적 지원을 통해 문제에 대한 해답을 추구하고 이를 직접민주주의 원리에 의한 전 인민의 토론을 통해 전 사회적으로 공유케 한다. 한편, 이렇게 얻어지고 공유한 해답을 높아지는 생산력을 활용해 계획적으로 적용하면 문제의 해결로 나아갈 수 있다. 그뿐 아니라 자본주의와의 전면 교류를 토대로 추구하는 전 세계적 통합과 연관해 생태문제의 전 세계적 해결도 모색할 수 있다. 일곱째, 이런 참여계획경제 사회주의 발전의 핵심적 동력으로서의 혁신은 노동력 비용만이 아니라 노동시간비용 전체를 기계 도입비용과 비교하는 사회주의 원리에 근거해 경제적으로 훨씬 더 쉽게 도입할 수 있다. 또한 기술적으로 낡고 뒤떨어진 기업, 직장노동자총회를 전 사회적 입장에서 하나의 프로젝트로 간주하는 관점에

적으로 동등한 권한과 수고로움이 있는 직업들과 직군들을 개인들이 수행할 수 있도록 장기적 관점에서 순환적으로 생산노동을 조직하는 방식이다.

서 마치 자본주의 기업이 하나의 프로젝트를 자유롭게 도태시키듯이 자유롭게 도태시킬 수 있기 때문에[15] 사회적 반발 없이 혁신을 쉽게 도입할 수 있다. 그리고 참여계획경제의 사회주의에서는 노동이 진정으로 삶의 실현과정이 되고 여가와의 구분이 점차 없어지고 노동시간과 자유시간이 다 같이 개성을 꽃피우는 과정으로 변할 것이기 때문에 혁신적 창의력은 사회 전반에 만연하게 된다. 이런 경제적·사회적·문화적 조건에서 혁신은 기하급수적으로 분출해 고도의 생산력 발전을 실현하고 일국에서 시작한 사회주의를 전 세계로 확장할 수 있는 토대로 작용할 것이다.

마지막으로 이런 참여계획경제의 주요 요소들에 내재해 있으면서도 별도의 사회정치적 제도라는 면을 동시에 가진 직접민주주의를 강조하고자 한다. 이런 직접민주주의는 현재의 부르주아 의회 민주주의, 대의 민주주의는 물론 평의회 민주주의도 민주주의가 '아니라는' 상식에 반하는 주장[16]에 근거한다. 이러한 직접민주주의의 핵심적 특징은 한마디로 인민에 의한 민주주의라는 점이다. 이것은 다음 세 가지로 보장된다. 그것은 ① 인민이 주기적·중층적으로[17] 노동자총회와 인민총회로 집결해 공적 사안에 대해 주권적 의사결정을 한다는 점, ② 이런 주권적 의사결정을 위한 세밀한 대안을 준비하고 총

---

15) 도태된 기업, 노동자총회의 노동자들은 전직을 위한 교육과 훈련을 자유롭게 선택해 참가하고 이 교육훈련시간도 노동시간과 동일한 보수를 받는다.

16) 선거와 대의제를 핵심으로 하는 부르주아 민주주의는 엘리트의 지배, 과두제의 원리이다. 장 자크 루소(Jean-Jacques Rousseau)가 주권은 양도할 수도, 대표될 수도 없다고 했듯이 인민의 의사는 대의되거나 양도되면 필연적으로 왜곡되고 선거 같이 엘리트를 뽑는 제도와 연결되면 과두제로 귀결된다. 평의회 민주주의도 대표자를 선거로 뽑는 한 장기적으로 과두제로 귀결된다.

17) 예를 들면 매주 금요일 오후 시간은 전 사회적 총회시간이다. 첫 주는 직장총회와 마을총회, 둘째 주는 업종총회와 시군총회, 셋째 주는 산업총회와 시도총회, 마지막 주는 전국노동자총회와 전국인민총회가 열릴 것이고 모든 개인은 매주 한 번, 모든 총회 단위는 매달 한 번 주요 사안에 대한 주권적 의사결정을 하게 된다.

회에서 결정된 내용을 충실히 집행하는 역할을 수행하기 위해 전체 인민의 평균적 수준을 반영하고 일생동안 번갈아서 평의회와 전문위원회라는 집행위원회[18)]로 선임되는 인민들이 상시 활동한다는 점, ③ 이 과정에서 발생할 수 있는 공적 의사결정과 집행의 내용 자체와 이를 책임진 당사자의 잘못을 다시 인민의 평균적 수준을 반영하는 인민의 대표자들이 재검토해 교정하는 과정이 연결된다는 점이다(하태규, 2015b 참조).

이 모든 과정의 배경에는 참여계획경제의 기본적 원리인 실제노동시간계산, 균형 잡힌 직군, 노동시간에 따른 분배와 소비, 완전한 개방과 교류, 상시적·비약적인 혁신 등의 제도적 기반을 통해 평소 자신의 업무에서 주도적으로 참여하고 민주적·과학적으로 생산과 소비 계획을 직접 작성하는 인민이 있다. 인민은 이렇게 참여계획경제의 주체로서 활동을 통해 공적 업무에서도 합리적·주도적으로 의사결정하고 집행하며 판단할 수 있는 능력을 갖추게 된다. 모든 인민은 평의회와 각종 전문위원회에 추첨으로 선정되면 의무적으로 참여해야 하는 의무제와 공적 활동도 노동시간으로 간주해 동일 시간 보상을 지급받는 공적 활동 동일 보상 제도를 바탕으로 해 공적 과정에 참여할 수 있는 능력을 제고할 동기를 가지게 된다. 실제 참여과정에서 인민은 공적 의무와 사적 업무를 구별하기보다 모든 일이 사적인 자기실현인 과정이자 공적인 사회적 기여로 이해하게 된다. 이런 식으로 공적 업무와 사적 업무를 순환적으로 수행하는 과정 속에서 인민의 공적 수행 능력이 더욱 발전한다. 이런 인민의 주권적 결정, 집행, 판단 과정에서 모든 사안은 항상 아래로부터

---

18) 집행위원회에서 평의회는 일반적 업무를 수행하고 전문위원회는 수십 가지 분야로 구성되어 각종 전문 분야의 업무를 수행한다. 상시적으로 활동하는 집행위원회는 총회에서 결정받을 사안을 준비하는데, 일반적 사안이면 평의회가, 전문 분야인 경우는 전문위원회를 통해 또한 필요시 평의회와 전문위원회의 합동회의로 준비하고 결정된 일반적 사안은 평의회가, 전문적 사안은 전문위원회가 실행한다.

관련 단위에서 결정되고 나머지 공통의 부분만 더 상위의 단위에서 수행되는 방식이 적용되기 때문에 권력이 존재한다면 말 그대로 분권화되어 있다. 인민은 그야말로 전체로서 자기를 지배하고 관리하기 때문에 국가가 있다면 '지배'가 아니라 '관리'의 국가만 존재한다.

물론 인민이 총회에서 결정할 사안들이 많고 집행기관들이 바쁘게 움직이고 재판에서 심판할 일이 많을수록 국가의 기능은 여전히 존재하는 것이지만 참여계획경제의 탁월한 혁신력에 따라 생산력이 더욱 발전하고 직접민주주의가 더욱 잘 가동될수록 총회, 집행기구, 심판기관에서 결정 및 집행하고 심판할 내용이 점차 없어지는 상태가 올 것이다. 이런 상태는 인민총회의 횟수가 점점 줄고 모든 집행위원회가 비상설로 점차 바뀌고 입법배심원[19]과 인민법정[20]이 점차 적게 소집되는 방식으로 나타날 것이다. 결국 모든 공적 기구는 필요시에만 소집되고 활동할 것이다. 이것은 생산력의 대폭적인 발전에 동반하는 필요에 따른 분배와 연결되어 사회주의의 이상인 완전한 국가의 소멸에 이르는 진정한 방안일 것이다(하태규, 2013 참조).

---

19) 입법배심원은 작게는 수십 명부터 수백, 수천, 수만 명씩 각 총회에서 규모에 맞게 과학적·민주적 추첨으로 윤번제로 뽑히는 인민의 대표자들로 구성되는 입법기관으로서 자기 단위의 입법적 사안을 심의하고 결정하는 역할을 한다. 이런 입법배심원이 필요한 이유는 입법을 노동자총회나 인민총회에서 논의하기에는 시간이 너무 많이 소요되기 때문이다. 또한 입법배심원은 사회주의로의 이행기에 각 총회 단위에서 모든 기존 법률을 심의하는 과정을 통해 마련된 법전들을 기초로 수정이나 추가하는 내용만 심의할 것이기 때문에 사회가 발전할수록 점점 소집할 필요가 줄어들게 된다.

20) 인민법정은 입법배심원과 마찬가지로 수십, 수백에서 수만 명으로 총회별로 과학적·민주적 추첨으로 구성되는 배심원들로 구성되어 주로 정치적 재판을 담당하는 법정이다. 주된 역할은 해당 총회나 집행위원회나 입법배심원이 결정한 의사결정 내용이나 집행내용 그리고 개인들의 독직에 대한 심판기능을 한다. 이렇게 이중적인 민주적 검토과정을 통해 사회의 의사결정과 집행과정이 더욱 합리적이 될 것이다.

3. 이론적 쟁점

이상 필자의 가설적 모델에서 쟁점이 될 수 있는 것은 사회주의경제의 전면적 대외개방교류를 허용하는 국제정치적 조건의 존재 가능성, 대외교류에서 비교우위원리의 적용 가능성, 국제적 가치이전이나 불평등 교환에의 종속 가능성, 실제노동시간계산의 타당성과 적용 가능성이다.

1) 전면적 대외개방교류의 국제정치적 가능성

참여계획경제가 전면적 대외개방교류를 추구하더라도 국제정치적 조건이 이런 교류를 막을 수 있다. 제국주의가 여전히 지배하는 자본주의 세계시장에서[21] 제국주의국가들은 참여계획경제 같은 이질적 경제와의 교류를 원천봉쇄하거나 전략적 분야의 교류를 금지하거나 심지어 무력으로 침략해 참여계획경제체제를 붕괴시키고자 기도할 수도 있다. 하지만 이런 가능성들은 무조건적이 아니라 특정한 조건들에서만 실현될 가능성들이다. 그래서 이런 가능성들의 현실화를 방지하기 위해서는 우선 참여계획경제가 내부적으로 군사적 침략을 격퇴할 수 있는 능력을 지니는 것이 중요하다.

이런 방어능력은 그 나라의 경제규모나 생산력의 발전 수준에 따라 다르겠지만 직접민주주의를 원리로 하는 정치체제라면 — 이것은 곧 유사시 전체

---

21) 21세기 제국주의는 여전히 경쟁하는 복수 제국주의의 경쟁과 갈등으로 정의될 수 있다. 초국적 자본가계급의 단일한 제국(주의)이나 미국이라는 비공식 제국의 일방적 지배 이론들은 결함이 있는 이론들이다. 이런 경쟁하는 제국주의들을 규정하는 요인은 일방적인 경제적 요인 혹은 자본의 논리나 일방적인 정치적 논리 혹은 지정학적 논리가 아니라 두 요인 혹은 논리들의 변증법적 결합에 의한 총체적 논리로 이해할 필요가 있다(하태규, 2011, 2015a; 캘리니코스, 2011; 하비, 2005; Anievas, 2010 참조).

구성원이 무장하고 외부와 맞서 싸우는 체제를 의미하므로[22] — 적어도 방어전에서는 상당하다고 할 수 있다. 따라서 어떤 제국주의 국가라도 자신이 상당한 피해를 감수하지 않고는 침략할 수 없고 침략하더라도 원하는 결과를 쉽게 얻을 수도 없다. 미국은 전혀 민주적이지 않은 이라크, 아프가니스탄과의 최근 전쟁에서도 원하는 결과를 얻을 수 없었다. 이런 결과는 일반적으로 침략전쟁은 국내적 지지와 국제적 정당성을 얻기 어렵고 방어하는 측의 군사력보다 몇 갑절의 군사력이 소모되기 때문이다. 또한 경쟁하는 제국주의들의 관계에서 한 제국주의의 일방적인 지정학적 균형 변경 시도는 다른 제국주의 — 예를 들어 러시아, 중국 — 에 의해 견제되고 제약되기 때문이기도 하다. 다른 한편, 제한적인 군사적 공격이나 정치적 공격으로 지도부를 파괴하고 정권을 교체하려는 시도도 직접민주주의에 근거한 정치체제라면 이를 능히 극복할 수 있다. 주요한 결정을 전체 구성원이 내리는 직접민주주의체제에서 집행위원회로 표현되는 지도부는 추첨해 주기적으로 교체되는 방식으로 구성되므로 군사적·정치적 공격으로 파괴되더라도 쉽게 복원할 수 있기 때문이다.

그러므로 현대자본주의에서 참여계획경제에 대해 제국주의 국가가 취할 가능성이 상대적으로 더 높은 적대적 조치는 경제봉쇄이다. 하지만 이런 가능성도 특정 시기 특수한 조건에서만 현실화될 수 있다. 러시아혁명 이후 소련, 냉전시기의 공산권, 현재의 이란이나 북한에 대한 봉쇄와 고립 사례들은

22) 마르크스가 『프랑스 내전(The civil war in France)』(1871)에서 노동자 봉기의 정치체제 파리코뮌을 평가하면서 기존 국가를 파괴한 "노동의 해방의 정치적 형식"(*MECW* 22: 490), "마침내 발견된 노동의 경제적 해방을 성취할 정치적 형식"(*MECW* 22: 334)이라고 코뮌을 찬양했을 때 이런 코뮌의 군사적 토대는 무장한 시민의 민병대가 자신을 방어하는 것이었다. 이런 국가의 파괴에 근거한 사회주의적·해방적 정치 형식과 모든 시민의 무장을 통한 자기방어의 시스템에 관한 문제의식은 레닌의 『국가와 혁명(Gosudarstfo I refolyutsia)』(1917)에서도 이어졌다.

자본주의적 제국주의가 봉쇄한 것일 뿐 아니라 그 봉쇄된 국가들이 스스로 고립을 유지한 것이기도 하다.

러시아혁명 직후 소련에 대한 경제 봉쇄와 이에 따른 소련의 고립은 1921년 연합국의 협동조합 사기업과의 교류를 해제한 조치로 일부 풀렸고 1924년 소련에 대한 국제적 승인을 통해 거의 해소될 수 있었다. 물론 이런 과정에서 진행된 영국과 소련의 경제협상에서 몰수한 서구인들의 재산에 대한 배상문제가 협상의 걸림돌이기도 했지만, 이런 갈등요인은 풀 수 없는 제약이 아니라 그 자체가 협상 테이블에 올라왔듯이 타협으로 풀 수 있었고 실제로 1924년 영국과의 협상 실패는 배상문제보다는 영국 노동당 정부의 총선 패배에 따른 결과였다. 이런 과정에서 유추하면 소련이 스탈린주의적 고립을 선택하지 않고 개방을 추구했다면 1930년대 이후의 결과적인 고립은 없었을 수도 있었다.

1950년대 코메콘 구성국들의 초기 고립도 냉전적 봉쇄의 결과이기도 했지만 스탈린주의적 고립주의 논리 연장의 결과이기도 했다. 스탈린은 동구 인민민주주의 정권들이 소련의 일국적 고립주의 경제체제를 모방하는 자립경제체제(autarchy) — 기존의 서유럽과의 교역으로 연결된 국제 분업을 끊고 자체적인 중공업화를 추구하는 경제 — 를 채택하도록 강제했기 때문이다. 이런 고립주의체제는 1960년대 이후 동방과 서방 양측의 필요로 화해와 평화공존에 따른 교류 확대로 바뀔 수 있었다. 현재의 중국이나 베트남 같이 스스로 개방을 선택한 나라들은 전면적 교류를 실현하고 있다. 반면, 이란이나 북한은 핵무기 문제 때문에 제국주의의 봉쇄로 고립되는 측면이 있지만 체제유지 같은 내적 논리에서 스스로 고립을 선택한 면도 있다.[23]

---

23) 이란이나 북한은 물론 개방교류를 원하고 추구하지만 통제된 국가주도의 개방교류를 선호하는데 이런 통제된 개방교류는 자국 인민들이 자유로운 교류를 통해 친서방적·친자본주

그러므로 참여계획경제가 전면적 교류를 선택한다면 봉쇄와 고립은 사라진다는 것이 더 일반적 예측일 것이다. 다음에 비교우위 논의에서 보듯이 아무리 규모가 작고 자원이 빈약하며 생산력이 떨어지는 경제라도 — 국제경쟁력이 절대열위 수준의 나라도 — 국제적 교류의 잠재력은 존재하고 또한 자본주의경제는 이를 이용하려고 한다. 자본주의에 내재한 자본순환과 재생산의 국제적 확장의 동력은 자본주의경제의 이질적 경제들과의 교류를 추동하는 힘이다.

그럼에도 특정한 조건에서 제국주의적 경제봉쇄가 작동하지 않을지가 여전히 의문일 수 있다. 이를 검토하기 위해 우선 자본의 자유로운 국제적 이동을 자본의 순환이 국제화된다는 점으로 설명하는 브라이언(Bryan, 1995)의 논의를 참고할 수 있다. 딕 브라이언(Dick Bryan)에 따르면 자본의 이동이 국제적으로 자유롭다는 것은 개별 자본이 그 자본축적을 위한 순환을 국제적으로 실행한다는 것이고 자본의 순환회로(M-C … P … C'-M')에서 한 국면인 생산(P)은 일국에 묶이지만 — 생산은 항상 특정 지역에서 고정되는 고정자본을 바탕으로 특정 지역의 노동력을 사용해서 수행되어야 하므로 — 나머지 국면들은 국제적으로 수행될 수 있다는 의미이다. 그 결과 생산이 지구화될 수 없다는 의미가 아니라 재생산 국면 — 기존 생산 분야의 복제나 확대 혹은 신규 분야로 진출 — 을 통해 지구화된다는 의미이다. 그래서 일국에 존재하는 개별 자본들은 순환회로에 근거해 네 가지 — 지구적·투자 제한적·시장 제한적·민족적 순환자본 형식들 — 로 구분할 수 있다(Bryan, 1995: 90~92).[24]

의적 인간형으로 변화해 체제의 토대를 붕괴시킬 것에 대한 두려움 — 신정국가체제나 스탈린주의체제에서는 정당한 — 에 따른 것이기도 하다. 그러므로 이란과 북한의 고립은 스스로 선택한 측면이 있다.

24) 민족적 순환자본형식은 자본의 각 순환운동(생산, 실현, 재투자)이 민족적 범위 내에 한정되는 경우이다. 역사적으로 소규모 자본과 수입-경쟁적이거나 자연적으로 보호된 산업들

이 논의의 함의는 제국주의적 경제봉쇄를 직접적으로 추동하는 자본형식은 없다는 것이다. 지구적·투자 제한적 순환형식의 자본들은 실현(C'-M')을 국제적으로 수행하기 때문에 봉쇄를 추구할 이유가 없다. 또한 재생산(M'-C)을 국제적으로 수행하는 지구적·시장 제한적 순환형식의 자본들은 봉쇄가 아니라 오히려 적극적 투자에 관심이 있다. 시장 제한적·민족적 순환형식의 자본들은 해당 국가에서 실현을 추구하기 때문에 보호주의에는 친화적일지라도 봉쇄에는 관심이 없다. 유일한 예외로 보일 수 있는 군수자본의 경우도 직접적 이해는 전쟁이지 경제봉쇄가 아니다.

따라서 경제봉쇄가 작동한다면 이것은 자본의 직접적 논리가 아니라 제국주의 국가의 고도의 전략적 행위 — 더 많은 개방이나 더 좋은 조건의 개방을 위한 일시적 후퇴이거나 세계 헤게모니 유지를 위해 지정학적 교두보를 확보하려는 행위 — 일 것이다. 그러므로 참여계획경제가 뒤에서 보듯이 적절한 수익성을 — 최고는 아니라도— 보장하는 전면적 개방과 교류를 한다면[25] 적어도 봉쇄

에 존재한다. 지구적 순환자본형식은 실현(C'-M')과 재생산(M'-C)이 국제적 수익성 조건에 따라 놓이게 된다. 국제적 실현은 상품수출(민족주의적 시각)로서가 아니라 국제적 교역 가능 재화들의 생산으로 정의된다. 그래서 일부 상품은 국제적 수익성 조건과 일치하면 그 나라에서 판매될 수 있다. 국제적 재생산은 상품판매로 실현된 화폐자본이 국제적으로 이동해 국제적 수익성에 따라 "새로운" 순환을 시작하는 화폐자본으로 선대될 수 있다는 의미이다. 이런 국제적 재생산은 다국적 자본들의 활동과 부합한다. 시장 제한적 순환자본형식은 그 나라 내에서의 실현을 위한, 비교역재와 수입경쟁 상품들을 생산한다. 이런 자본은 다국적 기업을 통해 서비스를 생산하는 경우이거나 국제적으로 비용 경쟁력이 없으나 민족국가의 수입제한으로 보호되는 상품들을 생산한다. 투자 제한적 순환자본형식은 재생산이 일국 내로 제한된다. 이런 자본은 교환의 수준에서는 국제적 축적에 통합되지만 생산의 수준에서는 아니다. 그래서 이런 자본은 대부분 수출상품을 국제적으로 생산하기에 상대적으로 작은 자본들이다(Bryan, 1995: 90~92).

25) 무역에서는 생산성이 더 낮은 분야의 제품을 수입하고 더 높은 분야의 제품에 특화해 수출하면 비교우위원리로 교역 당사국들은 상호이득을 얻을 수 있다. 투자에서도 마찬가지 논리로 생산성이 낮은 분야로 더 생산성이 높은 나라의 생산성을 복제하는 투자 — 기술, 인력, 설비 등을 동반한 — 를 유치하면 이득이 발생하고 이 이득의 범위 내에서 일정한 수익

의 경제적 토대는 존재하지 않는다고 볼 수 있다.

21세기 제국주의의 전면적 침략 전쟁이라고 할 수 있는 아프가니스탄, 이라크 전쟁은 세계의 "석유 주둥이"인 중동의 석유저장고 확보와 지배를 위한 미국 제국주의와 경쟁하는 제국주의들 간의 지정학적 경쟁의 산물이다(하비, 2005: 32~39). 그런데 제2차 세계대전 전후에 진행된 소재적인 기술 혁신들(석유화학 등)의 결과 이전의 1차 산업과 천연소재 의존적 산업구조가 인공소재와 화학소재 중심의 산업구조로 바뀌어 제2차 세계대전 이후 자본주의 세계경제에서 자원 약탈을 위한 제국주의적 식민지 직접지배와 통제의 필요성은 석유를 제외하면 거의 사라졌다고 할 수 있다. 그래서 제2차 세계대전 이후의 제국주의 자본의 해외 투자는 제3세계가 아니라 오히려 상대적으로 투자수익성이 높은 중심부에 치중하고 있고 자본주의 세계경제의 거래도 중심부 간 거래에 치중하고 있다(캘리니코스, 2011; 하태규, 2011: 151).

이런 세계경제 구조변화 경향을 고려하면 21세기에도 제국주의적 전면적 침략 전쟁의 대상이 될 가능성이 있는 지역은 석유 — 주요 에너지원일 뿐 아니라 석유화학 산업의 출발점 — 의 세계적 저장고인 중동 외에는 없어졌다고 할 수 있다. 또한 중동의 전쟁이라고 해서 모두가 전면적 침략 전쟁으로 비화하지는 않는다. 지난 2011년 리비아 내전과 연관한 제국주의의 개입은 여러 여건 외에도 다른 제국주의들 — 중국, 러시아 — 의 견제와 제약 때문에 전면적 침략 전쟁으로 발전하지 못했다. 따라서 중동지역의 참여계획경제가 아니라면 제국주의의 전면적 침략 전쟁을 당할 가능성을 그렇게 주요한 문제로 간주할 필요가 줄어든다.[26]

성을 보장하면 투자유치국과 투자국 양자는 상호이득을 얻을 수 있다. 그리고 실제노동시간계산으로 이런 이득을 정확히 타산할 수 있다.

26) 중동의 참여계획경제라도 전면적 침략 전쟁을 당한다면 앞에서 논의한 대로 내적으로 전

이렇게 본다면 제국주의가 참여계획경제에 대해 취할 수 있는 조치들 중 유일하게 현실성 있고 장기지속적일 수 있는 제재는 전략적 분야의 교류금지이다. 이런 금지의 대상 분야는 첨단 산업 분야일 수도 있고 군수 산업 분야일 수도 있다. 그런데 이런 전략적 규제는 사실 자본주의적 제국주의 국가들 상호 간에도 실현되고 있다.[27] 경쟁체제 내에서 선두주자는 후발주자를 제재해 항상 전략적 우위를 유지하려고 노력한다. 그럼에도 전면적 개방교류의 체제에서는 간접적 방식으로라도 전략적 분야에 대한 실질적인 접근이 가능하다. 이런 교류와 경쟁의 복합적 결과는 장기적으로 국제적 불균등 결합 발전으로 나타난다.[28] 따라서 중요한 것은 이런 제한들에도 불구하고 자신의 혁신력을 높이면서 발전하는 내재적 능력이다. 앞에서도 서술했듯이 참여계획경제는 내적인 원리와 기제들에서 자본주의보다 더 혁신적 발전을 할 수 있다는 것을 전제와 결론으로 가지고 있다.

이상의 검토에서 나온 결론은 참여계획경제는 예견되는 자본주의적 제국주의적 압박과 제약의 가능성에도 불구하고 직접민주주의적인 체제의 고유한 힘에 근거한 내재적 방어력과 참여계획경제의 혁신적 발전력에 근거한다면 그런 가능성의 현실화를 방지하면서 충분히 전면적 개방교류를 실현할 수 있다는 것이다.

구성원들의 무장에 근거하고 직접민주주의에 의해 구성되고 보충될 지도부를 중심으로 저항할 수 있다면 — 일정한 자기방어에 필요한 수준의 무장을 전제한다면 — 침략을 격퇴할 수 있을 것이다.

27) 이런 사례로 피터 고완(Peter Gowan)은 1980, 1990년대에 일본에 대한 경쟁우위를 유지하기 위해 미국이 벌였던 정보통신기술(ITC) 같은 성장 분야에서의 경제전쟁을 들고 있다(Anievas, 2010: 141). 한국에 대한 미국의 장거리 미사일 기술 통제 같은 것도 같은 맥락에서 이해할 수 있다.

28) 국제적 불균등 결합 발전 개념에 대한 논쟁은 Anievas(2010)를 참조하라.

2) 비교우위원리의 적용 가능성

데이비드 리카도(David Ricardo)의 비교우위론은 자본주의의 가장 일반적 무역이론이자 남북양극화를 심화시키는 세계화의 이데올로기적 토대로서 기능하고 있다.[29] 다른 한편, 앞의 가설에서 논의했듯이 비교우위론은 사회주의적 개방교류의 이론적 근거로도 제기되고 있다. 이런 쟁점을 논의하기 위해 먼저 리카도의 사례 — 영국과 포르투갈 간에 직물과 와인의 생산성이 두 상품에서 모두 포르투갈이 앞설 때도 상대적으로 생산성이 더 앞서는 분야, 포르투갈은 와인, 영국은 직물에 특화해 무역한다면 무역을 하지 않거나 다른 분야에서 무역하는 경우보다 더 호혜적 경제관계가 형성된다는 주장(<표 5-1> 2국 2상품 모델) — 를 생각해보자.

리카도 모델에 대한 중요한 마르크스주의적 비판 중 하나는 자본의 국제적 비이동성 가정에 대한 비판이다. 국제적으로 자본이 이동 불가능하기 때문에 국내와 달리 절대우위가 아니라 비교우위에 의한 특화가 가능하다는 것이 리카도의 추론이었다. 하지만 현실은 자본의 국제적 이동이 자유롭다. 따라서 리카도의 추론이 성립할 수 없다(Carchedi, 1991: 218)고 주장될 수 있다. 하지만 이 비판은 자유경쟁이론에 대한 유효한 비판이지만 비교우위원리의 합리적 핵심에 대한 비판은 아니다. 자본 이동이 자유롭다는 것은 자본의 순환회로(M-P-M')에서 볼 때 기존 설비(P)에 묶인 생산자본이 즉각적으로 이동할 수 있다는 의미가 아니라 자유로운 화폐(대부)자본(M')을 매개로 수익성을

29) 남북 양극화에 대한 실증적 논의는 정성진(2006a)을 참조하라. 시장자유경쟁의 이데올로기적 기능에서는 한편 민족적 단위와 국제적 자본 비이동성을 상정하는 비교우위론에 내재한 한계 때문에 개별 자본과 개인을 상정하고 효율의 세계적 극대화를 추구하는 경쟁우위론이 1980년대부터 대두되었다. 그 대표적 슬로건이 개인과 기업의 "세계일류(world best practice)"였다(Bryan, 1995: 170~175).

〈표 5-1〉 리카도의 비교우위, 2국 2상품 모델

구분	노동자당 생산(생산성)		가격(생산성의 역수)	
	포르투갈	영국	포르투갈	영국
와인	1.25	0.83	0.80	1.20
직물	1.11	1.00	0.90	1.00
와인/직물비율			0.89	1.20

자료: Subasat(2002).

추구하는 신규 투자를 통해 경향적으로 이윤율의 국제적 균등화를 만들며 이동한다는 의미이다(Shaikh, 1999: 15~16). 이런 경향적(즉, 장기적) 과정에서 국가가 전략적으로 개입한다면 비교우위의 특화를 얼마든지 추구할 수 있다.[30)]

리카도 모델의 다른 큰 문제는 두 상품에서 한 나라가 절대우위를 가진다면 자유무역이 실행될 때 양국의 소비자들이 모두 그 한 나라의 두 상품들을 구매할 것이기 때문에 비교우위에 따른 특화가 아예 일어날 수 없다는 점이었다. 이에 대한 리카도의 해답은 금(화폐) 공급량 변동을 매개로 한 가격조정기제 — 화폐수량설에 근거한 — 에 있었지만,[31)] 이것은 마르크스의 화폐수량설 비판을 고려하면 잘못이다. 그래서 안와르 샤이크(Anwar Shaikh)는 자유무역에서 비교우위가 아니라 절대우위의 원리가 지배하게 된다고 주장했다.[32)]

30) 그래서 앞 사례에서 영국 정부가 처음에는 와인 생산자를 외국 경쟁에서 보호하면서도 점진적으로 보호를 줄이고 직물에 신규 투자를 집중하게 유도할 수 있다(Subasat, 2002: 278~281)고 주장될 수 있다. 물론 이런 추상적 가능성도 실현되기가 쉽지 않다. 자본주의 세계시장에서 민족국가의 정책들은 상이한 자본 순환상의 축적 형식들 간의 모순적 이해들로 규정되고 그래서 민족국가는 하나의 순환적 축적형식에서 국제적 팽창을 촉진하기 위해 다른 순환적 축적형식의 국제적 팽창을 제약해야 하기 때문이다(Bryan, 1995: 100~101).

31) 리카도는 자유무역에서 무역흑자의 나라에서 화폐가 초과 공급되어 화폐 — 상품화폐 — 의 값이 떨어지고 반대로 상품 가격은 올라가는 반면, 무역적자의 나라에서는 화폐가 유출되어 화폐의 값이 올라가고 상품 가격은 비교우위를 가질 때까지 하락해 비교우위에 따른 특화가 일어날 수 있다고 봤다.

32) 샤이크의 절대우위 법칙의 시나리오는 다음과 같다. 생산성이 더 효율적이고 더 값싼 포르투갈은 양 품목들을 영국에 수출한다. 영국의 와인과 직물 생산은 둘 다 축소된다. 영국의 지속적인 금 유출은 대부 가능 화폐자본을 감소시켜 이자율을 상승시키고 그것이 생산에

국제경쟁은 국가별 실질적 생산비용의 구조적 불평등을 반영하기 때문에 국내경쟁과 마찬가지로 절대우위의 원리가 지배하고 구조적 무역불균형은 지속될 것(Shaikh, 1999: 17~18)이라는 주장이다.

다른 한편, 세계경제는 리카도 비교우위론이 근거한 상품화폐의 금본위제(고정환율제)에서 불환지폐의 변동환율제로 변경되었다. 이런 조건에서 샤이크는 국제적 교역조건(실질환율)은 그 나라의 실질노동비용(생산성)의 변화가 없는 한 변경될 수 없다고 주장했다. 이런 샤이크의 비판은 세계적 양극화의 뿌리를 드러내는 강력한 비판이지만 비교우위론의 합리적 핵심까지 부정하지는 못한다. 리카도 이론에서 일국의 절대우위가 양국의 비교우위로 전환되는 과정은 투란 수바자트(Turan Subasat)가 논의했듯이 화폐수량설이 아닌 다른 기제로 작동할 수 있고[33] 교역조건의 변경도 예외적 상황이 아니면 가능

더 악영향을 미친다. 포르투갈에서는 늘어난 금 준비금이 대부 가능 화폐자본을 증가시켜 이자율을 하락시키고 유효수요와 생산을 증대시킨다. 이 모델에서 무역 균형을 낳는 내재적 기제는 없다. 영국의 절대열위는 지속적인 금 유출을 낳는 무역적자를 야기하며 금 준비금을 바닥낼 것이고, 포르투갈은 지속적 무역흑자와 금 준비금의 축적을 초래할 것이다(Shaikh, 1980: 37~40).

33) 앞의 사례에서 영국이 두 상품을 모두 수입할 때 금 준비금이 바닥나기 전에 영국의 두 상품 가격들은 하락할 것인데, 이는 화폐공급량 감소 때문이 아니라 값싼 수입품 때문이다. 다른 한편, 포르투갈에서는 가격이 아니라 생산량이 조정될 것이므로 화폐유입의 결과 인플레가 발생하지 않는다. 영국의 금 준비금이 바닥날 때 더 이상 수입이 불가능하므로 상품 가격들은 점차 무역 이전 수준으로 회복될 것이고 영국 국내의 와인과 직물 생산이 회복될 것이다. 이때 와인 가격이 직물보다 더 많이 증가할 것이므로(와인에서 가격 차이가 더 컸기 때문에) 상인은 영국 직물을 그 국내 가격보다 아래로 포르투갈에 판매하고 그 화폐로 더 값싼 포르투갈 와인을 영국으로 수입하는 것이 가능한데, 영국에서 값싼 포르투갈 와인은 여전히 더 높은 가격으로 판매될 수 있고 그래서 수익을 낼 수 있기 때문이다. <표 5-1>로 설명하면 어떤 상인은 100파운드로 시작해 영국에서 100개의 직물을 구매해 포르투갈에서 90파운드로 판매하고(단위당 0.9 파운드로) 손실을 본다. 하지만 90파운드로 그는 와인 112.5개를 구매해 영국에서 135파운드로 판매해 최종적으로 35파운드를 번다(Subasat, 2002: 269, 272~273).

하다.[34] 결국 리카도 비교우위론은 추상적 수준에서는 작동 가능하다.

하지만 이런 추상적 가능성에도 불구하고 현실을 직시하면 어떻게 해서 현실 세계시장에서 무역이 남북 양극화를 낳는가라는 의문이 제기될 수밖에 없다. 이에 대한 대답은 좀 더 구체적 규정들의 복합이라는 차원에서 나와야 한다. 우선 농업과 광업 등 1차 산업의 공급과 수요의 가격 비탄력성이 한 가지 대답이다(Subasat, 2002: 279). 현실에서 비교우위가 있는 분야가 1차 산업에 집중된 나라들에서는 이 분야의 수요공급이 가격 변화에 비탄력적이기 때문에 무역을 탄력적으로 확대할 수 없다. 그러므로 이 1차 산업에 특화한 나라들은[35] 2, 3차 산업에 특화한 나라보다 생산규모의 확대가 상대적으로 어

34) 실질환율은 특화가 완성되기 전에는 수출 가능 상품의 국내와 국제 상대 가격으로서 측정될 수 있다. 포르투갈에게 실질환율은 다음 식과 같다. RER=ER×PWP/PWE. 여기서 ER은 명목환율, PWP은 포르투갈의 국내화폐에서의 와인 가격, PWE은 영국의 국제화폐에서의 와인 가격이다. 영국에서 국내화폐를 사용하지 않는 것은 영국이 낮은 생산성 국가이므로 그 통화가 국제적으로 채택되지 않기 때문이다. 자유무역이 시작될 때 공동 통화에서 와인과 직물 가격이 포르투갈보다 영국에서 높으면 영국 통화의 평가절하가 공동 통화 가격을 영국 직물이 경쟁력이 있을 때까지 낮출 수 있다. 영국 와인 생산자는 그럼에도 경쟁력이 없으므로 영국시장을 떠나야 한다. 영국이 직물에, 포르투갈이 와인에의 특화가 완성되면 교역조건이 실질환율의 유일한 척도가 될 수 있다. 이 상태에서 영국이 직물을 더 많이 팔기 위해 평가절하한다면 포르투갈은 와인을 더 많이 팔기 위해 같은 식으로 대응하는데 전혀 어려움이 없으므로 환율 평가절하는 단기적이 아닌 장기적으로는 교역조건을 변화시킬 수는 없다. 다른 한편 2국 2상품을 넘어선 다수국가 다수상품 모델에서는 "대국"(세계의 주요 혹은 유일 생산국) 가정에서만 교역조건이 실질환율의 척도로 간주될 수 있다. 대국의 명목 평가절하는 교역조건에 영향을 줄 수 있다. 그러므로 단기적으로는 몰라도 장기적으로는 상대방의 반발하는 평가절하를 초래해 교역조건이 실질환율과 같을 수 있다. 반면, 소국의 경우는 교역재 가격이 외부적으로 주어지기 때문에 실질환율은 수출가능상품의 국내와 국제 상대 가격으로서 측정될 수 있으므로 평가절하에 의한 경쟁력 회복이 가능하다(Subasat, 2002: 272~273, 289~290).

35) 물론 카르케디가 지적했듯이 역사에서 1차 산업에 특화한 나라들은 자발적으로 비교우위에 의해 추구한 것이 아니라 국제적 역관계에서, 제국주의 지배하에서 그렇게 강제되었다(Carchedi, 1991: 219~220, 2001: 37).

려워서 무역을 통해 빈곤을 빠져나오기 힘들다.

둘째, 이와 연관된 다른 문제는 노동생산성 문제이다. 특화에 전제된 암묵적 가정은 특화한 분야를 중심으로 노동생산성이 증가하고 이를 위한 사회적 하부구조의 발달과 노동의 이동을 통한 파급효과로 사회 전반의 노동생산성이 더불어 증가할 가능성이다. 이런 노동생산성의 증가효과는 대개 단순노동을 주로 내포하는 1차 산업에서 상대적으로 낮을 수밖에 없다.[36] 반면, 제조업과 서비스업은 다양한 분야와 복잡도의 노동력들의 상관성을 고려하면 노동생산성 상승이 더 클 수 있다. 그래서 1차 산업 분야에 특화한 나라들이 상대적으로 낮은 생산성 상승으로 무역을 통한 이득이 적을 수밖에 없다. 이와 관련해 노동집약적 분야에 특화하는 것과 자본과 기술집약적 분야에 특화하는 것 간의 차이를 생각할 수 있다. 노동 가치는 노동의 복잡도 차이로 인해 동일한 노동시간에서도 차이가 난다. 뒤에서 논의하겠지만 국제적 수준에서 고정자본과 노동과정에 과학기술과 지식이 더 많이 내포되는 분야의 노동이 다른 나라보다 더 많은 가치를 생산하는 복잡한 노동으로 취급될 것이다. 이것의 함의는 노동집약적 분야에 특화한 나라보다 자본, 기술, 지식 집약적 산업에 특화한 나라가 생산성 상승에 더 유리하다는 점이다. 그래서 현실에서는 1차 산업이나 노동집약적 산업에 특화한 나라들이 자본, 기술, 지식 집약적 산업에 특화한 나라들에 비해 상대적 빈곤이 더 커질 것이다.

이런 논의의 시사점은 비교우위를 정태적이 아니라 동태적으로 해석할 필

---

36) 유사한 맥락에서 고완은 마르크스와 19세기 경제학자들 다수가 자본주의 생산관계에서 특징적 성격을 규모의 경제(규모에 따른 수익체증)와 이에 밀접히 연관된 학습경제(노동력의 기술적 학습과 개선을 통한 효율성 이득)라고 옳게 이해했던 반면, 신고전파 경제학은 완전경쟁 가정 때문에 규모에 따른 수익불변을 고집한 모순을 지적했다. 다른 한편, 고완은 생산에서 자연이 작용하는 기술(1차 산업)에서는 수익체감 경향을 보이는 반면, 인간이 작용하는 기술(공업)에서는 수익체증 경향이 일반적이라는 알프레드 마셜(Alfred Marshall)의 지적도 인용하고 있다(Anievas, 2010: 126~130).

요성이다. 개념적으로도 생산성은 관련국들에서 불균등하게 발전할 것이므로 비교우위는 정태적·고정된 것이 아닌 변동하는 것이다. 이런 관점에서 볼 때 개별 자본의 운동만이 아니라 국가가 전략으로 개입할 수 있다면 동태적으로 더 생산성이 높은 분야로 옮겨가는 특화 분야의 체계적 변화 추구가 가능하다. 특히 참여계획경제의 전략적 계획이 작동한다면 이것은 더욱 실현 가능하다. 이와 연관된 남북 양극화의 세 번째 문제가 비교우위에 의한 무역 확대의 국내 파급효과이다. 하나는 비교우위로 획득되는 이득의 국내적 분배 문제이고 다른 하나는 실업문제이다. 리카도의 비교우위론은 계급을 배제한 채 집합적·민족적 이득만 설명하고 있고(Bryan, 1995: 171) 또한 완전고용을 가정한다. 하지만 현실은 계급관계를 통해 착취가 발생하고 있고 비교우위의 특화가 발생하면 특화되지 않는 나머지 부문의 노동자들은 적어도 단기적 실업에 빠지게 된다(Shaikh, 1995: 61, 62, 65; Carchedi, 1991: 283). 실업과 분배가 악화될수록 사회경제적 갈등을 유발하고 국가의 동태적 특화 전략은 노동의 전적인 동참 속에 수행되기 어렵고 그 결과 그 나라의 노동생산성은 더 정체적일 가능성이 높다. 이런 실업과 분배악화와 생산성 정체는 저발전국들에서 악순환될 수 있다. 실업의 대처와 이득의 분배가 노동 중심적으로 이뤄진다면 국가의 전략적 개입과 연계해 동태적 특화와 노동의 생산성 발전이 더욱 가속화될 수 있다. 이것에도 참여계획경제가 절대적 강점이 있다.

세계적 양극화와 관련된 마지막 문제는 비교우위의 이득이 관련 나라들 간에 분배되는 것은 관련 국가들의 정책들과 국제적 역관계에 좌우된다는 점이다. 비교우위에 의한 교역증대가 추상적으로 양국에 호혜적일 수 있어도 그들 간에서 분배가 실제로 일어나는 수준은 결정하지 않는다. 수바자트가 제시한 <그림 5-1> 무역에서의 이득(에지워스 박스)을 보자. 양국은 동일한 그림상에 존재한다(이 그림에서는 직물의 상대 가격이 같게 원래 모델을 다소 수

〈그림 5-1〉 무역에서의 이득(에지워스 박스)

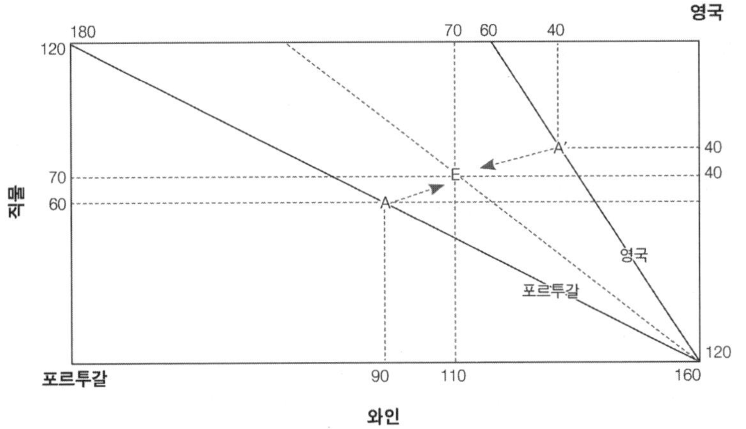

자료: Subasat(2002).

정했다). 두 실선 사이 영역은 특화와 무역에서 획득 가능한 이득을 표현한다. 가운데 점선은 두 상품의 두 나라에서 무역 후 상대 가격을 표현한다. 무역이 발생한 뒤 양국은 두 상품에 동일한 가격을 형성하고 이 점선으로 이동한다. 각국의 무역에서의 이득은 이 점선이 — 무역재의 상대 가격 변화로 결정되므로 — 실선들 사이에 놓인 위치에 의존한다. 상대 가격의 변화가 클수록 이득이 더 커진다. 그림에서 E점은 양국이 두 상품들의 소비를 증대함으로써 얻는 이득을 표현한다. 확실히 점선은 실선들 사이 어느 곳에도 놓일 수 있고 예측할 수 있는 명확한 규칙이 없다. 결정요소는 두 나라의 정책들의 혼합이다.

양국이 아무런 정책 없이 리카도 모델처럼 특화하면 영국의 상대 가격 하락이 더 크기 때문에 점선은 포르투갈 실선에 더 가깝다. 포르투갈이 관세정책을 취하면 점선은 영국 쪽으로 옮겨갈 수 있고 영국도 경우에 따라 수입을 통제할 필요가 있다.[37] 이런 논의의 함의는 국제무역은 근본적으로 호혜적

37) 리카도 모델에서 와인 가격 격차가 상인들에게 여전히 수익성이 있는 한(각주 33 참조), 관세의 증가는 상인들이 포르투갈 시장에서 경쟁할 수 있도록 직물 가격을 더 줄이게 강제할

이득에 근거한 평평한 과정이 결코 아니라 국가 간의 근본적 갈등을 드러내는 불안정한 과정이라는 점이다(Subasat, 2002: 282~284).

그래서 무역이득이 분배되는 실제적 과정은 관세, 수입제한 등의 무역정책과 환율정책에 따라 달라질 수 있다. 더욱이 이런 민족국가의 정책들은 자유로운 외양과 달리 자국 내에 존재하는 상이한 개별 자본들의 국제적 순환형식들 간의 모순에 규정되고 국제경제체제의 규제에도 종속된다. 그럼에도 국가별 형식적 자율성은 재량의 여지를 남겨두고 있고 이것은 국제적 규제와 혼합되어 일정한 결과를 산출한다.

이상의 여러 가지 구체적 차원의 문제들 — 1차 산업이나 노동집약적 산업에의 특화, 이와 연관된 노동생산성 상승폭의 제한, 국내 분배와 실업문제의 역효과, 국가들의 모순적 정책과 국제적 규제의 혼합 결과 — 이 결합된 결과 세계시장에서 무역의 확대는 남북 양극화의 국제경제관계를 만들고 있다. 하지만 이것이 동아시아의 성장에서 보듯이 부분적·동태적 비교우위 개념에 근거한 특화 전략의 실현 가능성을 배제하지 않음도 알 수 있다.[38] 이런 측면에서 특히

것이고 관세수입은 포르투갈의 순이득이 될 것이다. 그래서 자유시장보다 무역에 대한 개입이 포르투갈에 더 유리한 것이다. 다른 한편, 이런 기제가 작동하려면 영국의 준비금이 우선 완전히 소진되어야 한다. 그렇지 않다면 영국으로 상품을 수입하는 것이 더 수익성이 있을 것이다. 그러나 영국이 상당한 금 준비금을 가지고 출발한다면 준비금이 바닥나기 전에 영국의 두 산업 부문이 완전히 파괴될 수도 있다. 이런 시나리오는 영국이 무역을 통제할 필요성을 나타낸다(Subasat, 2002: 269).

38) 샤이크는 절대우위에 의한 무역질서를 설명하는 과정에서 동아시아의 성공사례가 자유무역주의가 아니라 "고도로 선택적인 무역정책들"의 적용에 의한 것임을 옳게 지적한다(Shaikh, 2007: 62). 하지만 이 사례는 절대우위론의 근거라기보다 동태적 비교우위론의 근거로 보는 것이 타당하다. 물론 동아시아의 고도성장은 냉전체제에서 미국의 쇼윈도로서의 지위 덕분 혹은 전략적 봉쇄와 방어기지를 튼튼히 하려는 미국의 전략적 지원 및 기타 조건들(농지 개혁, 우수한 노동력, 한국전쟁, 베트남전쟁 특수 등)에 힘입은 면도 분명히 존재한다. 하지만 동아시아 경제성장의 경제적 논리 자체는 동태적 특화의 모습을 구현한 것이 사실이다.

참여계획경제는 강점을 지닐 수 있다. 평등한 분배와 실업 없는 구조 — 노동하는 개인들에 대한 노동시간에 의한 분배와 정액세금을 통한 사회복지기금의 노동하지 않는 사회구성원들에게 평등한 분배체제와 산업구조조정 등에서 직장이 폐쇄될 때 전직을 위한 훈련시간도 노동시간으로 간주해 보상하는 체제 — 에서 비교우위를 정확히 계산하고 활용할 수 있는 경제적 형식을 이용해 전략적 계획을 구사할 수 있기 때문이다.

이런 강점은 자본주의와의 교역은 물론 사회주의경제들 간의 교역에서 특히 장점을 발휘할 수 있다. 사회주의경제들 간의 교역에서 비교우위와 특화는 자본주의의 약점들 — 개별 자본의 계산방법이 생산성과 간접적으로만 연결된다는 점, 분배와 실업문제가 발목을 잡는다는 점, 국가가 국제관계에 종속되고 개별 자본들의 모순적 순환형식들에 규정되어 포괄적인 대내외 정책을 통해 계획적·전략적으로 개입하기가 어렵다는 점 등 — 이 없이 실제노동시간이라는 투명한 계산기준을 활용해 상호간 시공간적 변동요인을 정확히 반영하며 부분 특화를 포함해 동태적으로 쉽게 적용할 수 있기 때문이다.

사회주의에서 비교우위를 원칙으로 할 수 있다는 견해에 대한 비판은 카르케디(Carchedi, 1986, 1991)가 중국 개방논쟁(Woo and Tsang, 1988)과 관련해 제기한 바 있다. 비판은 세 가지 — 저발전에 특화하게 된다는 점, 불평등 교환을 내재한다는 점, 서구기술에 의존한다는 점 — 이다. 이 비판은 저발전 상태의 사회주의 지향 중국경제에 대한 특수한 비판이지만 기본적 쟁점들과 연관되므로 그 비판의 타당성을 논의하는 것이 문제를 보는 데 도움이 된다. 첫 번째 비판은 저발전국이 좀 더 낮은 생산성 분야 — 노동집약적 — 의 상품에 특화해서 수출하면 그것은 저발전에 특화한다는 비판이다(Carchedi, 1986: 439, 1991: 285). 하지만 이런 비판은 정태적 특화개념에 근거하고 있다. 앞서 봤듯이 특화는 동태적인 것이 될 수 있다.

두 번째 비판은 자본주의와의 국제교역은 체계적 가치이전이나 불평등 교환을 내포한다는 주장과 관련된다. 리카도의 사례에서 포르투갈 와인 생산자들의 80시간은 영국 직물 생산자들의 100시간과 교환된다는 점이 불평등 교환의 원천이라는 지적이다(Carchedi, 1986: 439, 1991: 285~286). 하지만 이 사례가 불평등 교환이 되려면 두 경제의 노동일반이 동일한 수준의 "가치"생산성을 지닌 사회적 노동이라는 것이 전제되어야 한다. 만일 80/100으로 "가치"생산성이 차이가 난다면 평등한 교환일 수 있다. 이와 관련해 중국 학자들은 중국의 개방을 정당화하면서 상품이 일국적 생산 가격에서 전형되어 생성되는 국제생산 가격에서 교환되면 평등한 교환이라고 주장했다(Carchedi, 1991: 284).[39] 하지만 이 주장은 정확하지 않다. 카르케디는 평등한 교환은 상품들이 오직 사회적 가치들이 평균(양식적 혹은 중간)적 생산성과 평균적·국제적·유기적 구성의 자본들로 생산되었을 때만 발생하고 나머지 자본들로 생산된 사회적 가치들 간의 교환은 항상 불평등 교환이라는 점을 들어 반박했다(Carchedi, 1991: 285). 하지만 이 주장도 정확하지 않다. 이 문제는 다음의 국제가치론에서 논의하겠다.

마지막 비판은 서구기술 도입이 생산성 향상으로 이어진다는 순진한 가정을 비판한다(Carchedi, 1986: 440). 카르케디는 소련과 동유럽의 서구기술 도입의 역사적 경험이 효과 없었음을 지적하고 "한편의 서구기술의 도입과 채용, 다른 한편의 '이행기' 사회들의 자본주의 시장으로의 통합과 자본주의 생산관계의 도입은 상호를 강화"(Carchedi, 1986: 441, 1991: 286)한다는 점을

39) 다시 말해 "A나라가 평균 1노동일로 X상품 한 단위를 생산하고 B나라가 평균 2노동일로 Y상품을 생산한다고 하자. 이때 A나라의 1노동일과 B나라의 2노동일이 동일한 국제가치 단위 — 예를 들어 세계 필요노동시간으로 1노동일 — 를 가지면 A나라가 X상품 한 단위를 B나라의 Y상품 한 단위와 교환하는 것은 1노동일이 2노동일과 교환됨에도 불구하고 완벽히 평등한 교환"(Woo and Tsang, 1998: 25~26)이라는 주장이다.

지적한다. 이런 비판은 중국 개방의 결과로 발생한 자본주의 생산관계의 "도입"과 자본주의적 착취 강화의 미래를 예측했던 중요한 지적이지만,[40] 자본주의 생산관계의 도입 없이 서구 자본주의 기술을 도입하는 것이 불가능하다는 점을 확증하지는 않는다. 참여계획경제의 개방과 교류에 적합한 계산 원리와 경제적 형식들을 통해 자본주의 기술을 도입할 수 있다면 이것은 가능한 시나리오이다.

3) 국제가치법칙의 규정성

마르크스적 가치법칙이 국제적 맥락에서 적용되는 것에 관해 마르크스 자신이 거의 언급하지 않았고 이후의 마르크스주의적 논쟁들 내에서도 그다지 많이 취급되지 않아서 그 결론이 명확하지 않지만,[41] 마르크스주의자들에게

40) 나아가 개방 이전의 중국이 국가자본주의사회였기 때문에 개방 이후 자본주의 생산관계를 도입한 것이 아니라 개방과 함께 기존에 내재한 생산관계가 더 현실화되었다는 관점에서 문제를 볼 필요가 있다(이정구, 2009 참조).

41) 마르크스는 『자본론』 3권에서 세 차례 수치, 예[마르크스, 1894: 8장(179), 13장(257, 259)]를 들어 선진국과 저발전국들 간의 상이한 유기적 구성도와 착취율에 따른 이윤율의 차이 — 불평등 교환이 아니라 — 를 논의했다. 이를 참조해 오토 바우어(Atto Bauer)와 헨릭 그로스만(Henryk Grosman)은 유기적 구성의 차이가 국제적 이윤율 균등화 — 마르크스가 상정하지 않은 조건 — 에 근거한 국제적 가치이전을 낳는다고 주장했다. 폴 스위지(Paul M. Sweezy), 폴 바란(Paul Baran)은 자본이동 없는 무역 단독으로 이윤율 균등화를 이룰 수 없다는 이유로 가치이전 가능성을 부인했다. 아기리 에마뉴엘(Arghir Emmanuel)은 자본의 국제적 이동이 이윤율의 세계적 균등화 경향을 낳는 반면, 노동은 이동이 제약되는 상태에서 저발전국의 임금이 더 낮고 따라서 잉여가치율은 높은데도 국제적으로 평균 이윤율이 형성되므로 국제적 교환에서 불평등 교환이 발생하고 이런 임금격차가 저발전국 빈곤의 원인이라고 주장했다. 이에 대해 사미르 아민(Samir Amin)도 같은 입장이었다. 하지만 국제적 노동생산성의 차이는 역사적으로 존재했고 지금도 존재하기에 임금 격차는 원인이 아니라 결과이고 잉여가치율은 오히려 선진국이 더 높기에 이런 에마뉴엘의 설명은 샤를 베틀하임(Charles Bettelheim), 장 오토 앤더슨(Jan Otto Andersson) 등의 비판처럼

주요한 이론으로 받아들여지는 것들은 국제적 생산 가격론 및 국제적 시장가치론 — 간접적용이론과 직접적용이론(정성진, 1984) — 이다. 먼저 국제적 생산 가격론의 주장은 세계시장에서 개별 자본들이 수익성에 따라 자유로이 국제적 이동을 하므로 평균이윤율을 보장하는 국제적 생산 가격을 형성하게 되고 이에 따라 국제적 부문들 내와 부문들 간에서 유기적 구성이 차이나는 개별 자본들 간에 가치이전이 일어난다는 것이다. 이 논의의 함의는 유기적 구성이 상대적으로 낮은 자본들이 많은 저발전국에서 유기적 구성이 높은 자본들이 많은 선진국으로 체계적인 가치이전이 발생하고 있고, 그 결과 세계적 남북 양극화를 가중시킨다는 점이다. 하지만 이런 논의가 근거하는 국내적 생산 가격과 동일한 성격의 "국제적" 생산 가격이 형성되려면 국내에서와 같이 국제적으로도 자본뿐 아니라 노동의 자유로운 이동과 동질화가 전제되어야 한다. 하지만 노동의 국제적 이동은 마르크스의 『자본론』에서의 논의처럼 여전히 극히 제한적이고 따라서 이질화되어 있다고 봐야 한다.[42]

잘못된 것이었다(Howard and King, 1991: 10장 참조).

42) 이 노동의 이질성 문제는 마르크스의 『자본론』 1권 22장 '임금의 국민적 차이' 장에서 취급되었다. 마르크스는 이 이질성 때문에 가치법칙이 그 국제적 적용에서 이중의 변경을 겪는다고 봤다. 하나의 변경은 노동 강도에 있다. 마르크스는 일국적 수준에서 노동이 자유롭게 이동하므로 평균적 노동 강도를 형성해서 평균 이상과 이하는 예외지만 국제적 수준에서는 노동의 이동이 체계적으로 제한되므로 국제적·평균적 노동 강도가 형성될 수 없고 상이한 민족별 노동 강도들이 "등급을 이룬"(마르크스, 1867: 758)다고 봤다. 그 결과 한 나라의 더 강도 높은 노동은 동일시간에 다른 나라의 더 강도 낮은 노동보다 더 많은 가치를 생산한다. 두 번째 변경은 노동 생산성에 관련된다. "가치법칙은 그 국제적 적용에서 더 생산적인 민족이 세계시장에서 경쟁에 의해 그 상품들의 판매 가격을 그들의 가치 수준으로 낮추도록 강제되지 않는 한 더 생산적인 일국적 노동이 또한 더 강도 높은 노동으로 계산된다는 점에 의해 더욱 변경된다"(마르크스, 1867: 758). 따라서 "상이한 나라들에서 동일한 노동시간에 생산되는 동일한 종류의 상품의 상이한 양은 서로 다른 국제 가치를 가지는데 그 가치는 상이한 가격으로 표현된다"(마르크스, 1867: 759). 여기서 마르크스는 노동의 국제적 이동 제한 때문에 민족별로 강도와 생산성이 차이가 나고 그래서 노동의 "가치"생산성이 민족별로 차이가 난다고 명확히 밝힌다.

카르케디는 마르크스의 국제가치법칙의 첫 번째 변경과 관련해 노동이 국제적 임금지대별로 동질화되고 이동 가능하므로 노동의 국제적 이동 제한 가정이 부분적으로 낡았고, 두 번째 변경과 관련해서도 마르크스의 주장을 자본의 비이동성이 선진 기술의 국제적 복제를 막고 노동의 평균생산성을 만들 수 없다는 주장으로 해석해 이런 자본의 국제적 비이동성 가정은 과점적 자본들의 기술이전을 동반한 다양한 국제적 투자에 의해 낡은 것이 되었다고 주장한다(Carchedi, 1991: 221).[43] 그래서 국제적 수준에서도 생산 가격이 형성된다는 주장이다. 하지만 카르케디 자신도 인정하듯이 노동의 국제적 동질화는 비슷한 발전 수준 — 국제적 임금지대 — 의 나라에 한정된다. 따라서 남북 임금지대 간에는 여전히 노동이 비동질적이므로 동일노동에 근거한 국내적 생산 가격과 같은 의미의 국제적 생산 가격이 형성될 수는 없다. 기술을 동반한 자본의 국제적 이동도 결과적으로 전 세계적 동질의 노동을 낳지 못했다는 점에서 자본이동에 동반한 기술이전이 바로 노동생산성 상승을 규정한다는 가정도 잘못된 것이다. 오히려 현실에서는 노동생산성(의 잠재력) 수준이 기술이전을 내포한 자본의 이동을 규정하는 측면이 더 강하다고 볼 수 있다.

주로 일본 학자들이 논의한 두 가지 국제적 시장가치론들은 국제적 시장가치 형성과정에서 직간접적으로 불평등 교환이 발생한다는 주장을 펴지만 자본의 국제적 이동에 의한 국제적 이윤율의 균등화 경향을 부정한다는 점에

43) 카르케디는 노동의 이동성과 관련해서는 임금과 착취율이 임금지대별(선진국들과 종속국들의)로 격차가 있지만 임금지대 내에서는 경향적으로 동일화되고 있어 적어도 발전 수준이 유사한 나라들 내에서는 자본과 동시에 노동의 이동성을 가정할 수 있고 자본의 이동성과 관련해서는 과점적 자본들(다국적 기업들)이 국제적 수준에서 한 부문이 아닌 다수 부문에서 기술이전을 동반한 다양한 투자들 — 직접, 합작, 포트폴리오 투자, 국제 하청, 기술이전, 가맹점, 매니지먼트, 마케팅 계약 등 — 을 수행하므로 국제적 이동성과 이에 따른 기술이전이 확보되고 있다고 봤다(Carchedi, 1991: 239~243).

공통점이 있다(정성진, 1984 참조). 하지만 자본의 국제적 이동은 현실이다. 그래서 이윤율의 국제적 균등화가 경향적으로 일어나고 있다. 경향적이라는 의미는 특정 시점에서 단면을 끊어 보면 항상 부문 내와 부문들 간에서 이윤율이 불균등하지만 장기적 흐름에서 — 수익성에 따라 자유로이 이동하는 신규 투자자본을 매개로 — 경향적으로 균등화된다는 의미이다. 그래서 정성진은 "국제적 시장생산 가격" 개념을 제안한 적이 있다.[44] 국제적 수준에서 비용 가격에 국제적 평균이윤율을 더하는 국제적 생산 가격이 형성되지만 이 가격은 논리적으로 국제적 부문별로 먼저 형성된 국제적 부문별 시장가치에 근거한다는 설명이다. 그래서 국제적 부문 내의 시장가치 형성과정에서 원래 생산성이 낮고 가치가 큰 저발전국의 민족적 가치가 선진국으로 일방적으로 이전되고 이 생성된 국제적 시장가치가 국제적 시장생산 가격으로 전화되는 과정에서 저발전국의 이윤이 선진국으로 이전되는 이중의 불평등 교환이 발생하게 된다는 것이다(정성진, 1984: 186).

하지만 민족별 노동력의 질적 차이를 인정한다면 국제적 부문 내의 시장가치형성과정에서도 질적 차이가 양적 차이로 환원되는 과정이 성립되므로 일방적 가치이전이 발생한다고 주장할 수 없다. 예를 들어 <표 5-2>에서 저발전국은 a상품에서는 가치이전을 당하지만 b상품에서는 가치를 가져온다. 그래서 또한 부문 간 이윤율의 균등화 과정도 추상적으로 보면 양방향의 이전이 내포되므로 "이윤율이 높은 주변부가 생산한 이윤의 일부가 중심으로 이동"(정성진, 1984: 186)이 체계적으로 발생한다고 주장할 수 없다. 하지만 이 부문 간의 국제적 이윤율 균등화 과정에서 일반적으로 유기적 구성이 낮은 1차 산업과 노동집약적 산업 부문에서 유기적 구성이 높은 중화학공업 부

44) 이후 발전된 논의(정성진, 2012: 26~27)에서 정성진은 국제적 생산 가격론을 수용한다.

〈표 5-2〉 국제적 시장 가치 사례

구분	민족적 가치		국제적 개별 가치		국제적 시장 가치		생산성
	a	b	a	b	a	b	
선진국	10h	20h	30h	60h	35h	55h	3
저발전국	40h	50h	40h	50h			1

자료: 정성진(1984).

문으로 가치이전이 일어난다고 할 수 있고 이런 유기적 구성이 낮은 부문에 저발전국들이 특화한 것이 현실이다. 따라서 앞의 비교우위론에서 세계적 양극화 원인 중 하나로 지적했던 저발전국들의 사회적 생산성 상승 가능성이 낮은 1차 산업과 노동집약적 산업 특화가 국제적 생산 가격 형성과정에서 체계적 가치 이전을 통해서도 빈곤의 원인이 된다는 점을 추가할 수 있다. 물론 석유 산업 같이 유기적 구성이 높은 1차 산업에 특화한다면 반대가 된다.

이상의 검토 결론은 노동의 국제적 이질성을 전제한다면 국제적 시장가치론이 주장하는 국제적 시장가치 가격 형성에 의한 불평등 교환이나 국제적 시장생산 가격론이 주장하는 시장가치와 생산 가격 형성과정의 이중의 불평등 교환이나 국제적 생산 가격론이 제시하는 국내와 동일한 형식의 국제적 생산 가격 형성에 의한 체계적 가치이전은 부정확한 것이다. 정확히 하자면 국제적 교환은 세계시장에서 형성된 국제시장 가격에 근거하는데, 이 국제시장 가격은 노동의 국제적 이질성에도 불구하고 자본의 국제적 이동에 의해 경향적으로 평균이윤율을 만드는 일종의 국제적 생산 가격이다. 하지만 이것은 국내의 생산 가격과 동일한 의미에서는 아니다. 노동의 가치가 몇 배로 더 크게 환원된 선진국들의 개별 자본들과 그대로인 저발전국들의 개별 자본들이(물론 이런 양분은 단순화이고 현실 세계는 '등급'에 의해 다양한 수준으로 환원된 각국별 개별 자본들이) 각 국제적 부문 내에서 논리적으로 시장가치를 형성하면서 평등한(가치이전을 주고받을 수 있다는 의미에서) 교환을 이루고 이후 생산 가격으로 전환된다.

이런 생산 가격으로의 전형과정에서 개별 자본들 간의 가치이전은 항상 발생하지만 마르크스가 지적했던 대로 자본가들 간의 분배 — 평상시에는 자본의 규모에 따라 잉여가치를 분배하지만 위기 시에 서로 손해를 전가하려고 격렬하게 투쟁하고 경쟁하는 형제 간의 분배 — 의 문제일 뿐이다. 다만 낮은 유기적 구성에 특화한 저발전국의 개별 자본들은 국제적 부문의 시장가치의 생산 가격으로의 전형과정에서 체계적 가치이전을 당할 가능성이 있다. 하지만 이 문제는 저발전국의 입장에서 양면성이 있다. 특화를 통한 생산성 상승의 이득과 특화에 의한 가치이전의 불이익이 병존한다. 그래서 부분특화나 동태적 특화가 올바른 해결책이다. 전략적으로 낮은 유기적 구성 부문에의 특화를 통해서라도 사회의 전반적 생산성(잠재력)을 높여서 높은 유기적 구성 부문으로 이전해야 한다.

이런 결론에서 볼 때 참여계획경제가 자본주의와 체계적 교환관계를 형성하는 것은 일방적 가치이전에 놓일 염려가 없다. 추상적 차원에서는 국제적 교환관계는 평균가치를 내재한 생산 가격에 근거한 평등한 교환이다. 물론 마르크스가 말했듯이 "상품교환에서는 등가물들의 교환은 오직 평균적으로 실존하지 개별의 경우에는 그렇지 않다"(*MECW* 24: 86)는 의미에서 — 개별 가치들이 시장가치와 생산 가격으로 전형되는 과정에서 가치를 잃거나 얻어서 — 추상적으로만 평등하다. 이런 조건에서 실제노동시간계산에 근거하면 참여계획경제는 상대방의 생산 가격과 정확히 실제노동시간(자본주의적 개별 가치에 가장 가까운 개념)대로 교환을 수행할 수 있다. 그래서 참여계획경제는 항상 "개별 가치"를(동일 품목이라도 항상 상이할 수 있는) 국제적 생산 가격과 교환하는 것과 마찬가지이기 때문에 그 결과는 생산 가격과의 내용과 형식이 통일된 평등한 교환이다. 문제는 참여계획경제가 낮은 유기적 구성 부문에 특화해 그 부문의 시장가치가 생산 가격으로 전형되는 과정에서 체계적 가치이전을 당하는 경우인데 이것은 참여계획경제가 부분특화와 동태적 특화로 극복해야 하고 실제시간계산에 근거해야 잘 할 수 있다.

덧붙여 사회주의경제 간 교류에서 민족적 노동들의 질적 차이 문제를 검토해보자. 이런 사회주의경제들 간 교류에서도 민족적 노동 간의 질적 차이가 전제되므로 동일한 노동시간은 상이한 시간 양으로 환원되어야 한다. 그런 의미에서 경제별로 만들어진 노동시간증서들이 노동의 질적 차이를 반영해서 — 뒤에서 보듯이 실질환율을 반영해서 — 환원되어 교환되어야 한다. 그럼에도 실제노동시간계산에 근거하기 때문에 비유하면 "개별가치"들로 상호 교환되는 완전히 평등한 — "원리와 실제가 더 이상 불화하지 않는"(*MECW* 24: 86) — 교환이다. 그리고 경제교류의 심화과정에서 이런 노동의 질적 차이는 점점 동질화되는 과정을 밟을 것이다. 하위의 경제가 상위의 도움으로 더 빨리 발전하는 과정에서 일정한 시점에 동등한 수준의 노동이 형성될 것이고 이런 상태는 국제적·경제적 연합의 토대가 형성된 것이다. 필요한 정치적 과정을 거쳐 국제적인 정치적 연합이 형성될 수 있다면 국제적 경제관계는 국내관계로 변경되게 된다. 이런 과정이 전 세계적 범위에 이르면 '가치' 생산력은 더 이상 의미가 없어지고 사용가치 생산력만 의미를 가지게 된다.

4) 실제노동시간계산의 타당성과 적용 가능성

칵샷과 코트렐은 노동시간 모델에서 2개 장(Cockshott and Cottrell, 1996: 10, 11장)을 할애해 무역을 논의하는데, 자본주의와의 교역에서 화폐 대신 참여계획경제가 발행한 "노동시간증서"를 사용할 것을 제안한다. 이 노동시간증서는 "국내에서 유통될 수 없지만 해외에서는 유통될 수 있다". 이 방식에서 무역이 노동시간증서로만 거래되기 때문에 "세계시장의 환율변동은 무시

될 수 있다"(Cockshott and Cottrell, 1996: 148). 이 논의에서 노동시간 모델은 노동시간을 사회주의경제의 국내적 조직화뿐 아니라 자본주의와의 교역에도 적용할 계산 기준으로 사용하자고 제안한다. 이 제안은 마르크스가 『그룬트리세(Grundrisse)』(1858)에서 말했듯이 "결국 모든 경제들은 시간경제의 문제"(*MECW* 28: 109)이기 때문에 적절하다. 노동시간 절약을 통한 생산성 향상은 자본주의뿐 아니라 모든 경제들(경제=절약이라는 의미로서)의 보편적 법칙이고 그래서 노동시간은 사회주의의 자본주의와의 대외경제관계에서 계산 기준이 될 수 있다. 더욱이 노동이 해방된 사회주의에서는 자본주의 가치법칙보다 더욱 고차적인 법칙이 될 수 있다.[45] 그런데 여기서 노동시간은 두 가지로 해석할 수 있다. 하나는 평균노동시간이고 다른 하나는 실제노동시간이다. 만약 노동시간을 평균노동시간으로 본다면 이것은 사실상 자본주의 가치법칙을 그대로 따를 위험이 있다. 가치법칙은 평균노동시간의 강제법칙과 다름없기 때문이다.[46]

45) 마르크스는 다음과 같이 표현했다. "사회가 곡물, 가축 등을 생산하는 데 더 적은 시간을 요구할수록 사회는 더 많은 시간을 물질적이든 정신적이든 다른 생산에 적용한다. …… 생산의 다양한 분야로의 노동시간의 계획적 분배뿐 아니라 시간경제는 그래서 공동체적 생산이 토대로서 취해져도 제1의 경제법칙으로 남는다. 그것은 더욱 고도의 법칙이 된다. 하지만 이는 본질적으로 노동시간에 의한 교환가치 측정과 다르다"(*MECW* 28: 109). 또한 Cockshott and Cottrell(1996: 3장)과 정성진(2006b: 482~485)을 참조하라.

46) 마르크스가 피에르 조제프 프루동(Pierre Joseph Proudhon)의 노동시간증서 개념을 비판한 핵심적 논점은 실제노동시간과 사회적 필요노동시간을 혼동했다는 점이었다. 마르크스는 프루동의 주장처럼 자본주의 생산체제라는 토대는 그대로 두고 유통의 변화만 추구하는 것, 화폐를 노동시간증서로만 바꾸는 것은 실제노동시간을 적용하려는 의도에도 불구하고 평균노동시간을 강제하는 생산 체계를 그대로 두기 때문에 의미가 없다는 점, 노동시간증서는 기존의 화폐와 다를 바가 없게 된다는 점을 비판했다. 『철학의 빈곤(Misère de la philosophie)』(1847)에서 이미 마르크스는 "가치를 결정하는 것은 사물을 생산하는 데 걸린 시간이 아니라 생산될 수 있는 최소시간이고 이 최소는 경쟁에 의해 확인"(*MECW* 6: 136)된다고 했다. 이런 견해는 나중의 『그룬트리세』에서의 프루동과 알프레드 다리몽(Alfred Darimon)의 노동증서에 대한 비판에서 확인된다. "평균노동시간을 표현하는 노동

그런데 노동시간 모델은 계산 기준으로서의 노동시간을 사회적 필요노동시간, 평균노동시간으로 간주했기 때문에[47] 계산 기준을 찾는 데서 방향은 정확했으나 문턱을 넘지 못했고 그래서 대외경제관계를 통해 가치법칙에 종속될 위험성이 있다.

이 평균노동시간계산의 가치법칙 종속 위험성 주장을 좀 더 자세히 논의할 필요가 있다. 대개의 사회주의 구상에서 계산 기준으로 노동시간을 채택할 때나 역사적으로 존재했던 사회주의 지향 경제들에서 계산 기준으로 세계시장 가격을 이용할 때 암묵적으로든 명시적으로든 노동시간을 사회적 필요노동시간, 즉 평균노동시간이라고 이해하는 경우가 많기 때문이다. 이런 평균노동시간 기준의 문제점은 측정 가능성, 노동과정에의 적용, 그 효과의 측면에서 볼 필요가 있다.

먼저 측정 가능성의 문제는 평균노동시간은 추상적 개념으로는 존재하지만 — 자본주의에서는 끊임없이 변동하는 시장 가격들을 통해 추상으로 — 사회주의 계획경제에서는 실제로 개별노동시간들을 반영한 결과로만 도출된다는 점에서 출발한다. 그래서 이런 개별노동시간들의 평균을 내기 위해서는 공간적·시간적 범위가 정해져야 한다. 일국사회주의경제에서 공간적 범위는 일국으로 한정할 수 있지만 — 사실 이것도 대외경제관계를 고려하면 단순하지는 않지만 — 시간적 범위를 정하는 것은 문제가 다르다. 개별노동시간들의 생산

시간증서는 결코 실제노동시간과 상응하지 않고 그것으로 결코 태환될 수 없다"(*MECW* 28: 76~77).

47) 이것은 다음 문장이 보여준다. "기계들의 가치가 그것들을 만드는 데 필요한 노동시간 양으로 계산될 수 있듯이 …… 인간들의 숙련들도 그렇게 계산할 수 있다", "모든 소비재들은 그 노동 가치들, 즉 그것들을 생산하는 데 직간접적으로 필요한 사회적 노동총량으로 표현된다", "노동 가치를 사회주의경제에서 경제적 계산의 토대로 사용하는 것을 방어한다"(Cockshott and Correll, 1989: 71, 1996: 40, 118).

성은 시점에 따라 달라질 수 있으므로 평균도 시점에 따라 달라질 수 있다. 이렇게 시점별로 변화하는 평균을 확정하려면 1년, 5년 같은 식으로 기간 기준을 정해야 한다. 그 내용은 다르지만 코메콘이 세계시장 가격에 근거해 고정 가격을 5년마다 변경한 것은 동일한 틀에서 나온 것이었다.

이런 식으로 일정한 기간을 평균 기준으로 정하면 변화하는 실제노동시간과 분명한 괴리가 발생할 수밖에 없다. "단순하게 투명한"(마르크스, 1867: 101) 계산 기준에 근거해 공동체적 관점에서 공평한 경제적 조정과 거래를 추구하는 것이 사회주의의 원리임에 비춰 이런 괴리는 수용할 수 없다. 이런 괴리가 존재하는 한 계산이 불투명하게 되고 계산 결과는 불평등을 내재한 것이 된다. 그러므로 이런 괴리는 코메콘에서 봤듯이 자의적인 조정과 거래 결정을 유도할 수 있고 결과적인 비효율을 유발해 거래를 위축시킬 수 있다. 그러므로 평균노동시간이 실제노동시간과 괴리가 발생한다면 계산 기준으로서는 자격 미달이다. 기준 기간이 길수록 괴리가 커질 가능성이 크다. 기간이 짧을수록 괴리를 좁힐 수 있지만 그만큼 자주 평균을 변경해야 한다. 가장 바람직한 것은 실시간으로 실제노동시간을 반영하며 평균을 바꾸는 것인데 이렇게 된다면 평균을 설정하는 의미가 없어진다. 실시간이라고 해도 공간적으로 차이가 나는 개별적 노동시간들을 취합할 수 있다면 아예 실제노동시간을 그대로 계산 기준으로 사용해도 되기 때문이다.

어쨌든 이렇게 일정한 시공간적 기준에 따라 평균이 정해지면 이제 이렇게 정해진 평균은 계획과정에 적용되고 실제의 노동과정에도 적용된다. 마르크스가 『자본론』 3권에서 설명했듯이 자본주의경제에서 보통 다수의 생산자 집단의 생산성으로 규정되는 평균생산성에 미치지 못해 동일한 생산물의 생산에 더 많은 노동시간을 투여하는 생산자들은 자신들의 실제노동시간보다 더 적은 노동시간, 즉 사회적 평균노동시간으로 환원된 더 적은 가치를 시장에서 실현하고 결국 도태된다. 평균보다 더 높은 생산성을 실현한 혁신적 생산자들은 당분간 더 많은 가치, 특별초과이윤을 얻고 하위의 생산자들이 이런 혁신을 모방하도록 강제한다. 이런 기제에 내재한 평균으로 환원경향은 시장경쟁을 통해 동태적으로 관철된다. 문제는 이런 평균으로의 환원기제는 평균노동시간을 계산 기준으로 적용하는 순간 사회주의 노동과정에서도 형식은 다르지만 — 계획과정을 통해 — 마찬가지로 작동할 수 있다는 점이다. 평균노동시간 기준이 적용되면 더 생산성이 낮은 생산자들은 더 생산성을 높여야 하는 사회적 압력을 받게 되고 생산성이 더 높은 생산자들은 여유를 가지게 되고 평균에 맞춰 생산을 낮추는 것이 자연스럽게 될 수 있다. 만약 이런 압력과 조정이 없이 단순히 개별노동시간들의 취합에 의한 평균으로 머문다면 개별노동들은 실제노동과정에서 항상 다른 성과를 낼 수 있기 때문에 결과적으로 계획은 항상 불일치하게 된다. 결국 계획의 작성 시점에서의 단순한 가이드라인에 머물게 된다. 그래서 이런 평균시간기준은 실제시간기준과 마찬가지로 계획 작성을 위한 가이드라인이라는 점 외에는 아무런 역할을 하지 않는다. 만약 실제시간기준이 동일한 가이드라인 역할을 하면서 자유로운 노동에 친화적이라면 굳이 평균시간기준을 고수할 이유가 없다.

그래서 이렇게 평균이 정해지고 그 평균이 노동과정에 실제로 적용되기 시작하면 결국 그 효과는 노동의 소외를 낳고 생산성에 역효과를 일으키며 자본주의적 가치법칙과 유사한 효과를 유발할 수 있다. 평균에 미치지 못하는 노동자가 평균과 괴리된다는 사회적 평가 아래 이를 극복하라는 압력을 수용해야 한다면 이것은 자신의 자발적 의지에 근거한 자유로운 사회주의적 노동이 아닌 외부에서 정해진 평균에 압박당하는 자본주의적 소외된 노동이 되살아나는 것이나 마찬가지이다. 다른 한편, 생산성이 높은 노동자에게 사회적으로 인정된 평균이 있고 평균 이상을 생산했는데도 평균노동시간으로만 보상하면 거꾸로 노동성과의 하락을 조장하게 되고 결국 사회적으로 생산성의 정체를 낳는다. 이렇게 생산성이 높은 노동자에게 평균으로의 하락경향을 부과하지 않으려면 높은 생산성에 걸맞게 더 많은 보상을 시행해야 한다.

이것이 구소련체제의 개혁 시도에서 익숙하게 시도되었던 방식이었는데 이런 시도 자체가 노동의 소외를 낳고 가치법칙과 유사한 기제의 더 전면적인 작동을 가져온다.[48] 노동이 성과에 따라 보상된다면 그 결과로서 분배의 불평등 문제를 야기한다는 점을 논외로 하더라도 자유로운 노동은 사라지고 생산력우선주의가 생겨난다. 이제 모두에게 노동은 자기실현을 위한 노동이 아니라 노동생산물을 위한 노동, 생산을 위한 생산으로 변하게 된다. 하위의 노동자들뿐 아니라 평균과 상위의 노동자들 모두에게 생산성 향상을 위한 노동을 강제하는 기제가 평균노동시간을 매개로 성과에 따른 분배법칙을 통해 작동하게 된다. 자본주의에서 노동소외와 상품물신에 근거하고 경쟁을 통해 실제노동시간을 평균노동시간으로 환원하는 가치법칙이 동일하게 사회주의에서도 작동하는 것과 마찬가지다.

자본주의에서 평균은 자신이 부정되는 각 개별 자본과 노동들의 운동을 통해 자신으로 회귀하는 동태적 과정 속에서 효율성만 추구하지만 — 비록 경쟁에 뒤진 자본의 파산과 노동의 실업이라는 벌칙을 부과하는 무자비한 과정일지라도 — 사회주의에서 평균이 도입되고 생산과정에 적용되면 그것은 인위적·정태적인 평균이기 때문에 사회적 효율성을 잃으면서 노동의 소외와 가치법

48) 마르크스는 『고타강령비판』에서 낮은 단계의 공산주의에서의 "개인적 노동량에 의한" 분배를, 구소련과 이를 따르는 논의들에서는 노동 "성과"에 의한 분배로 해석했다. 그래서 "각자로부터 그의 능력에 따라 (일하고), 각자에게 그의 '노동'에 따라 (분배한다)"로 잘못 해석했다(Hudis, 2011: 282). 이런 "노동"(노동성과)에 따른 분배는 노동량(노동시간)에 의한 분배와 완전히 다른 것이다. 후자는 성과와 상관없이 노동시간 자체가 분배기준이 되는 것인 반면, 전자는 기본적으로 자본주의적 분배방식이다.

칙의 효과만 되살릴 수 있다. 그 결과 효율성을 살리기 위해 생산력우선주의를 조장하는 분배가 도입되면 노동소외가 더욱 강화되어 자본주의보다 더 못한 사회가 될 것이다. 이상에서 볼 때 평균노동시간을 정한다는 것은 일정한 공간적·시간적 범위라는 기준이 자체적으로 내장하는 실제노동시간의 왜곡 때문에 불투명성, 불평등, 비효율을 낳게 될 뿐 아니라 정해진 평균을 적용하는 순간 노동소외와 생산성의 정체라는 역효과를 낳게 되고 이를 극복하려고 노동성과에 따른 보상을 도입하면 자본주의 가치법칙과 동일한 기제가 더 조잡하게 작동하게 될 수 있다. 따라서 사회주의경제의 계산 기준으로 평균노동시간, 사회적 필요노동시간을 사용하는 것은 가치법칙을 더 조악한 형식으로 도입할 위험성을 안는 것이다.

그러므로 참여계획경제의 대외경제 거래에서 자유로운 인간들의 자발적 노동을 전제하는 실제노동시간이 계산 기준이 되어야 한다. 물론 이런 실제노동시간 기준을 현실에서 적용하려면 각 생산물의 관련노동자들이 연합해서 노동할 때 각 노동자들 모두의 개별노동시간들을 계산하고 그 생산물의 실제노동시간을 정확하게 반영할 수 있도록 각 사업장 — 물질적 생산뿐 아니라 운송, 보관, 서비스 등 모든 생산 분야 — 에서 바코드, 아이디 카드, 포스(point of sales: POS), 경영정보 체계(Management Information System: MIS) 등을 통해 모든 생산물과 실제노동시간을 측정하고 실시간으로 종합하는 포괄적 컴퓨터 통신망이 전제된다. 이것은 현재의 생산력발전 수준에서 실현 가능하고 개별 자본별로 실현되었다(Cockshott and Cottrell, 1996: 9장; 정성진, 2006b: 498~499). 사회주의에서 필요한 것은 이를 전 사회적 수준에서 체계화하는 작업이다.

4. 맺음말

이 글의 지금까지의 주장이 타당하다면 세계 어느 지역에서든 혁명적 변화를 통해 자본주의 생산양식을 지양하고 새로운 원리에 입각한 대안적 사회주의사회를 건설하는 경제는 기존의 사회주의적 지향 경제들이 흔히 채택했던 자본주의와의 교류 단절이나 제한적 교류가 아니라 전면적 대외개방교류를 통해 자신의 발전과 동시에 세계자본주의체제의 다른 모든 지역의 세계시민에게 긍정적 영향을 미치고 사회주의적 가치를 실감할 수 있게 할 것이다. 이런 교류 확대는 점차 누적되면서 국제적 연속혁명을 낳는 씨앗이 될 것을 전망할 수 있을 것이다.

그런데 혁명적 변화를 통해 탄생할 새로운 사회가 자유로운 인간들의 연합과 그에 내재하는 직접민주주의가 제대로 실현되어 전면적 개방교류를 통한 좀 더 빠른 생산성의 발전을 보장하면서 국제적 연속혁명의 물질적 토대를 마련할 수 있으려면 인간의 변화, 즉 자본주의적인 '이기적 개인'에서 "사회적 개인"(*MECW* 29: 91)으로의 변화와 발전이 전제된다는 점을 마지막으로 덧붙이고 싶다. 이런 인간의 변화는 참여계획경제 모델 일반에 암묵적으로 전제되어 있다. 그리고 이런 사회적 개인으로의 변화는 혁명적 단절의 하루아침에 생성되거나 ― 이것은 불가능하고 ― 국가 권력의 장악이나 국가의 파괴 이후 시작되어 수많은 시행착오를 겪으면서 완성될 수 있는 과정 ― 이런 과정은 역사적 경험에서 보듯이 실패로 귀결될 가능성이 높기 때문에 ― 이라기보다 자본주의 내에서 현실의 부분적 대안운동들 자체가 각각의 운동 속에서 사회주의적 원리를 체득하고 그 과정에 참여하는 주체들이 '사회적 개인'으로 고양되는 과정에서 그 결과로서 사회 전체의 혁명적 변화를 이뤄낼 때 가능할 수 있다는 점을 강조하고자 한다.

이상에서 이 글의 논의는 참여계획경제 모델 일반이 그렇듯이 대안적 대외경제관계 모델을 현실화하는 경로, 즉 사회의 토대를 혁명적으로 변화시키는 실천방안이나 이에 근거한 대외관계의 새로운 구축에 필요한 이행기적인 국제정책 대안 없이 일종의 유토피아적 청사진을 제시하는 방식의 논의이기 때문에 전체 논의가 추상적·원리적 논의에 머물렀다. 또한 경제적 관계에 논의를 집중했기 때문에 정치적·사회문화적 대외관계 차원의 문제는 아주 한정적으로 검토되거나 아예 배제되었다. 이런 점들이 이 글의 한계임이 분명하다.

그럼에도 이 글이 추구한 것은 소련의 역사적 현실사회주의 실험의 실패 이후 마르크스가 반대했던 대안사회에 대한 유토피아적 논의라도 필요한 이론적 정세를 감안한 시도라는 점을 강조하고자 한다. 1990년대 이후 자본주의 외에는 대안이 없다는 패배주의적 분위기를 극복하고 대안이 가능하다는 것을 보여준 시도가 참여계획경제 논의였다면 이 논의를 대외경제관계로 확장하는 것은 지구화된 21세기 자본주의 세계화 시대에도 일국적 수준에서 대안을 건설하는 것이 가능하다는 것을 보여주려는 시도이다. 이 글이 이런 문제를 제기하는 출발점을 형성할 수 있다면 나름의 기여일 것이라고 위안한다. 이 글의 논의가 경제적 관계, 특히 계산 기준과 사회경제적 형식들에 초점을 맞춘 것은 물질적 토대가 상부구조를 규정한다는 역사유물론적인 문제의식에서 극히 기초적인 논의를 시작한 것이라고 할 수 있다. 이런 논의에서 실제노동시간 기준의 중요성과 전면적 개방교류의 정당성과 필요성을 논증할 수 있었다면 나름의 기여일 것이라고 자부한다. 한편 이 글의 논증과 정교화를 위해서는 투입산출 매트릭스를 활용한 시뮬레이션을 통해 실제노동시간계산의 타당성을 밝히는 것이 필요했으나 지면의 한계로 못한 것이 아쉽고 추후에 시도해볼 것을 약속한다.

참고 문헌

김수행. 2012.『마르크스가 예측한 미래사회』. 한울.

마르크스, 카를(Karl Marx). 1867(2001).『자본론』 제1권. 김수행 옮김. 비봉.

______. 1894(2004).『자본론』 제3권. 김수행 옮김. 비봉.

박지웅. 2013.「자유로운 개인들의 연합에서 자유, 개인 및 연합」. ≪마르크스주의연구≫, 제10권 제1호.

앨버트, 마이클(Michael Albert). 2003.『파레콘: 자본주의 이후, 인류의 삶』. 김익희 옮김. 북로드.

이정구. 2006.「새로운 대안경제의 모색: 참여경제('파레콘')를 중심으로」. ≪마르크스주의연구≫, 제3권 제2호.

______. 2009.「1990년대 이후 중국 국가자본주의의 전개과정 연구」. 경상대학교 대학원 경제학과 박사학위논문.

장시복. 2012.「세계자본주의의 불균등발전과 초국적 자본가계급의 구성」. ≪마르크스주의연구≫, 제9권 제2호.

정성진. 1984.「세계자본주의와 불평등교환」.『세계자본주의론』. 이대근·정운영 편. 까치.

______. 2006a.「세계적 양극화」. ≪민주사회와 정책연구≫, 제9권.

______. 2006b.『마르크스와 트로츠키』. 한울.

______. 2012.「마르크스의 세계시장 공황론」. ≪마르크스주의연구≫, 제9권 제3호.

치앙(Alpha C. Chiang)·웨인라이트(Kevin Wainwright). 2006.『경제경영·수학 길잡이』. 정기준·이성순 옮김. 지필.

캘리니코스, 알렉스(Alex Callinicos). 2011.『제국주의와 국제 정치경제』. 천경록 옮김. 책갈피.

하비, 데이비드(David Harvey). 2005.『신제국주의론』. 최병두 옮김. 한울.

하태규. 2011.「마르크스주의 제국주의론 연구」. 경상대학교 대학원 정치경제학과 석사학위논문.

______. 2013.「자본주의 위기와 대안, 참여계획경제와 직접민주주의로서의 사회주의」. ≪진보평론≫, 제56호.

______. 2014.「참여계획경제의 대외경제관계」. 경상대학교 대학원 정치경제학과

박사학위논문.
______. 2015a. 「데사이의 『지정학적 정치경제학』을 읽고」. ≪마르크스주의 연구≫, 제12권 1호.
______. 2015b. 「마르크스의 대의제 민주주의 비판과 고대 아테네 민주주의」. 로자 룩셈부르크 국제학술대회 논문집.
하트-랜스버그, 마틴(Martin Hart-landsberg). 2010. "ALBA and Cooperative Development, Marxist 21." ≪마르크스주의연구≫, 제7권 제3호.
Anderson, K. B. 2010. *Marx at the Margins*. University of Chicago Press.
Anievas, A(ed.). 2010. *Marxism and World Politics*. Routledge.
Brenner, R. 1976. "Agrarian class structure and Economic development in pre-industrial Europe." *The Past and Present*, No. 70.
______. 1977. "The Origin of capitalist development: a critique of neo-Smithian Marxism." *New Left Review*, Vol. 104
Bryan, D. 1995. *The Chase across the Globe: International Accumulation and the Contradictions for Nation states*. Westview press.
Campbell, A(ed.). 2012. "Special Issue: Designing Socialism: Visions, Projections, Models." *Science and Society*, Vol. 76, No. 2.
Carchedi, G. 1986. "Comparative advantages, capital accumulation and socialism." *Economy and Society*, Vol. 15, No. 4.
______. 1991. *Frontiers of Political Economy*. Verso.
______. 2001. *For another Europe*. Verso.
Chattopadhyay, P. 2011. "On the Question of Soviet Socialism." *Science and Society*, Vol. 75, No. 1.
Cockshott, W. and A. Cottrell. 1989. "Labor value and socialist economic calculation." *Economy and Society*, Vol. 18, No. 1.
______. 1996. *Towards a New Socialism*. Spokesman.
Day, R. B. 1973. *Leon Trotsky and The Politics of Economic Isolation*. Cambridge Press.
Hahnel, R. 2005. *Economic Justice and Democracy*. Routledge.
Hart-landsberg, M. 2009. "Learning from ALBA and the Bank of the South." *Monthly Review*, Vol. 61, Iss. 4.
Howard, M. C. and J. E. King. 1991. *A History of Marxian Economics II*. Macmillan.
Hudis, P. 2011. "Marx's Concept of the Transcendence of Value Production." Doctoral dissertation, Department of Philosophy, Loyola University at Chicago.

Korbonski, A. 1970. "Theory and Practice of Regional Integration: The Case of Comecon." *International Organization*, Vol. 24, No. 4.

______. 1990. "CMEA, Economic Integration, and Perestroika, 1949~1989." *Comparative Communism*, Vol. 23, No. 1.

Marx, K. 1857~1861(1986). *MECW* Vol. 28. Progress Publishers.

______. 1857~1861(1987). *MECW* Vol. 29. Progress Publishers.

______. 1861~1863(1988). *MECW* Vol. 30. Progress Publishers.

Marx, K. and F. Engels. 1845~1846(1978). *MEW* Band 3. Diet Verlag.

______. 1845~1848(1975). *MECW* Vol. 6. Progress Publishers.

______. 1849~1851(1978). *MECW* Vol. 10. Progress Publishers.

______. 1870~1871(1986). *MECW* Vol. 22. Progress Publishers.

______. 1874~1883(1989). *MECW* Vol. 24. Progress Publishers.

Shaikh, A. 1980. *Foreign trade and Law of value: Part Ⅱ*. Science and Society.

______. 1999. "Real Exchange rates and the International mobility of capital." Working Paper No. 265, New School University.

______. 2007. *Globalization and Myth of free trade*. Routledge.

Subasat, T. 2002. "A political economy critique of the Ricardian comparative advantage theory." *Research in political economy*, Vol. 20.

Woo, T. and S. Tsang. 1988. "Comparative advantage and trade liberalization in China." *Economy and Society*, Vol. 17, No. 1.

제6장

참여계획경제 대외무역의 기본 전제에 대한 연구*

러시아 대외무역체제 변화과정 검토를 중심으로

김의동 | 경상대학교 국제통상학과 교수

1. 문제제기

러시아 대외무역이 국내총생산(GDP)에서 차지하는 비중은 1960년 3.7%에서 1975년 6.6%, 1989년에는 10.1%(이 당시 미국 15%대)로 상당히 느리게 증가했다.[1] 그러던 것이 페레스트로이카(perestroika) 이후, 특히 1990년대 들어오면서 무역증가율이 경제성장률을 크게 앞서면서 1992년 18%이던 것이 1999~2001년 3년 연속 50%를 상회할 정도로 급증세를 보였다. 2000년대 내내 40% 중, 후반의 높은 수준을 유지하다가 2010년대 들어와 40% 초반대

* 이 글은 ≪마르크스주의 연구≫, 제12권 제1호(2015년)에 게재된 2013년 정부(교육부) 재원으로 한국연구재단의 지원을 받아 수행된 연구(NRF-2013S1A5B8A01 055117)의 내용을 수정, 보완한 것이다.

1) http://data.worldbank.org/indicator/TG.VAL.TOTL.GD.ZS(검색일: 2014.6.10)

(2013년 기준 41.3%)에 머물고 있다.

시기별 무역 의존도 추세는 소비에트혁명 이후 지속적으로 추진했던 전통적인 무역회피정책(trade-aversion policy)이 완전히 실패로 끝났음을 여실히 반증하는 것이다. 즉, 폐쇄적 무역정책은 1970년대 들어와 한계를 보이며 다소 완화되기 시작하다가 페레스트로이카 개혁 이후 자본주의와의 무역 확대로 그 한계를 확실하게 드러냈다. 이런 추세 변화는 세계경제와의 대외무역을 배제한 일국사회주의 혹은 폐쇄적 사회주의경제(이하 참여계획경제) 운용이 결국 소련과 러시아 경제에 큰 제약요인으로 작용했음을 여실히 보여주는 것이다.

이런 점에 착안해 이 글에서는 소련과 러시아의 대외무역체제 변화과정을 검토함으로써 현실 사회주의체제에서 대외무역체제의 문제점 및 실패요인을 추출하고 미래 참여계획경제에서 적용되어야 할 대외무역체제 운영의 핵심적 기제가 어떠해야 하는지, 어떤 기본적 원리가 적용, 준수되어야 할 것인지에 대해 정리하고자 한다.

2절에서는 참여계획경제와 참여계획경제의 대외무역에 관한 기존 논의와 선행연구를 간단히 검토하려 한다. 3절에서는 대외무역 각 분야의 현황이나 실증분석보다는 역사적 과정에서 소련과 러시아 대외무역 제도나 체제, 정책상 변화의 기본 내용과 그 특징을 살펴봄으로써 대외무역체제와 관련된 실질적 내용 변화와 문제점 및 실패요인을 살펴볼 것이다. 검토 시기는 주요 변화가 발생한 국면을 기준으로 대체로 5개 국면으로 나눠 살펴볼 것이다. 페레스트로이카 이후 시기는 기본적으로 페레스트로이카 및 보리스 옐친(Boris Yeltsin) 정부의 자본주의적 전환 시기와 블라디미르 푸틴(Vladimir Putin) 집권 시기로 나눠 살펴볼 것이다.

4절에서는 대외무역체제와 관련된 실질적 내용 변화와 문제점 및 실패요인 분석을 근거로 핵심 실패요인을 정리하고 이들 실패요인을 어떻게 수정 적용해야 참여계획경제에서의 대외무역이 정착될 수 있는 전제조건으로 기능할 수 있을 것인지를 살펴보려 한다. 이렇게 함으로써 참여계획경제에서의 대외무역정책 실패를 줄일 수 있는 기본적 원리에 대한 토론과 구상에 대한 논의를 확대시키는 데 그 목적을 두고 있다. 다시 말해 향후 참여계획경제에서의 대외무역 수행의 필요충분조건에 대한 논의 지평을 확대하려는 데 이 글의 목적이 있다.

2. 기존 연구 검토

참여계획경제란 생산, 분배, 소비 등 인간의 경제생활이 시장이나 국가 같은 외적인 강제가 아니라 인간의 의지로 자율적으로 통제되는 경제를 의미한다. 이와 관련된 연구로 크게 세 가지 모델을 들 수 있다. 앨버트와 하넬(Albert and Hahnel, 1991, 1992, 2002)의 파레콘(참여경제를 의미하며 Participatory Economy에서 Par와 Econ을 합친 단어) 모델, 아다만과 더바인(Adaman and Devine, 1996, 1997)의 협상조절(Negotiated Coordination) 모델, 칵샷과 코트렐(Cockshott and Cottrell, 1996)의 노동가치계산 모델 등이 대표적이다.[2)]

이들 모델은 직접민주주의와 참여에 바탕을 둔 계획경제를 지향한다는 점에서 공통적이다. 이들이 강조하는 참여계획경제란 마르크스가 추구했던[3)]

---

2) 참여계획경제 모델에 대한 상세한 논의는 이정구(2006), 정성진(2006b)을 참조할 수 있다.

3) 정성진(2006b)에 따르면 카를 마르크스(Karl Marx)는 『자본론(Das Kapital)』(1867)에서 자본주의 시장경제와 대립되는 계획의 의미를 다음과 같이 구체화한다고 강조한다. 즉, 생산 전체의 상호관련이 맹목적인 법칙으로서 생산당사자에게 강요되는 자본주의적 생산과는 달리 그 상호관련이 생산당사자들의 집단적인 이성으로 이해되고 터득되어 하나의 법칙이

참여계획경제를 '아래로부터의 사회주의'로서 '노동자계급의 자기해방'과 '자유로운 생산자들의 연합'에 기초한 참여계획경제임을 강조하고 있다는 점이다. 마르크스적 사회주의란 "사람들이 자신들의 삶을 통제할 수 있기 위해, 또 자신들의 삶의 방식에 대해 효과적인 결정을 하기 위해 요청되어지는 사회변혁"이라는 팻 더바인(Pat Devine)의 정리에서 단적으로 드러난다(Devine, 2002: 73).

그러나 이들 기존의 참여계획경제 모델들은 그 자체로 온전한 이론적 근거를 확보하지 못하고 있고 개선, 보완해야 할 부분이 적지 않다. 파레콘 모델과 협상조절 모델은 노동시간계산을 배격하고 시장과 화폐에 기초해 논의를 전개하고 있기 때문에 부분적으로 시장경제 모델에서 온전히 벗어나지 못한 측면이 있다. 칵샷과 코트렐 모델의 경우 그들 스스로 자신들의 모델을 노동가치 모델로 부르고 있는데, 사회주의에서 가치 범주가 소멸되어야 하기 때문에 정성진(2006b)처럼 '노동시간계산 모델'로 부르는 것이 옳을 것이다.

그런데 이런 참여계획경제에서 대외무역은 어떻게 이뤄져야 하는가? 그리고 그 전제조건은 무엇이 되어야 하는가? 전통적으로 사회주의 운동에서는 명확한 대외무역이론을 세우지 못하고 있다. 마르크스는 대외무역 편을 집필하려 했으나 쓰지 못하고 사망했다. 참여계획경제를 어떻게 운영할 것인가와 관련된 대다수 질문에 마르크스의 특별한 처방은 만나기 힘들다.

마르크스는 참여계획경제의 새로운 주제들에 대해 최소한의 개념적 도구들은 제공했지만 대외무역과 관련해서는 이것마저도 기대할 수 없다. 당연히 앞서 살펴본 참여계획경제 모델들에서도 이런 대외무역과 관련된 당위성은 강조되고 있지만 그에 대한 전제조건과 추가 논의는 폴 칵샷과 앨린 코트렐

되고 이 법칙에 따라 생산과정을 그들의 공동 관리 아래 두는 것으로서, 여기에서는 생산과정이 인간을 지배하는 것이 아니라 그 정반대라고 역설했음을 강조하고 있다.

(Paul Cockshott and Allin Cottrell)의 논의 외에는 실제로 거의 찾아볼 수 없다.

사회주의 대외무역 관계 모델과 관련된 논의 중 대표적인 것은 1920년대 소련에서 치열하게 전개되었던 고립주의(isolationism) 대 통합주의(integrationism)의 논쟁을 들 수 있다. 비록 일국사회주의론자들이 강조한 고립주의의 승리로 귀결되긴 했지만 데이(Day, 1973)의 논의는 일국사회주의경제 건설에서 이런 경쟁하는 대외무역 관계 모델들이 존재했고 이런 논쟁이 정치적 세력관계 지형의 변화와 연관해 진행되었다는 점을 잘 보여준다.

이후 공산권 경제 상호원조회의(Council for Mutual Economic Assistance: COMECON)는 다수의 일국사회주의 지향 경제들이 지역적 연합을 통해 국제적 통합을 지향했던 역사가 있었음을 알려주는 대표적 증거였다. 하지만 COMECON 실험도 결국 실패했고 그 실패의 직접적 요인을 역내 무역 확대 실패, 특화 시도 실패, 통합적 국가계획 실패 등 3대 요인에서 찾고 있다.

코본스키(Korbonski, 1990)는 이런 실패의 3대 요인을 세밀하게 분석한 후 소련과 동구 참여계획경제들의 구조 자체, 일국사회주의적인 고립주의 경제가 지닌 자체 내 기제들의 한계가 근본적 원인이 되었음을 밝히고 있다. 그래서 COMECON의 사례도 여전히 고립주의 경제 모델에 근거를 둔 대외경제관계 형성 시도의 근본적 한계를 반증하는 대표적 사례로 이해할 수 있다.

역사적·경험적 사례 외에 직접적으로 참여경제를 위한 대외무역이론 논의와 관련된 기존 연구는 매우 드물다. 앞서 소개한 세 가지 모델 중 두 모델에서만 대외무역에 대한 약간의 논의가 제시되어 있을 뿐이다. 우선 칵샷과 코트렐(Cockshott and Cottrell, 1996: 10장)의 노동시간 모델은 자본주의와의 대외무역 관계를 데이비드 리카도(David Ricardo)의 비교우위이론(theory of comparative advantage)과 노동시간계산에 근거해 노동시간증서를 대외무역의 교환수단으로 사용하는 방식으로 발전시킬 것을 논의하고 있다. 이런 논의의 기본적 틀은 본 연구에도 크게 참고가 되었다.

파레콘 모델에서는 참여적 의사결정기구로[4] 계획촉진위원회와 소비자평의회 및 노동자평의회를 논의할 때 세계평의회를 상정하지 않고 일국적 전국평의회만을 상정하므로 일국적 모델을 논의하는 것이 분명하다. 그럼에도 이 모델에서는 참여계획경제의 자본주의와의 무역 방식에 대해 거의 다른 언급 없이 "50% 이상의 법칙"(Hahnel, 2005: 212)만을 제안한다. 이 말은 참여계획경제가 무역에서 선진경제와는 이익 극대화를 추구할 것이지만, 후진경제와는 최소한 이득의 50% 이상을 돌려줘야 한다는 의미이다.

그 취지는 동의할 수 있으나 파레콘의 '사회적 기회비용'이라는 계산 기준(앨버트, 2003: 206~207) — 경제적 가치뿐 아니라 사회적 가치도 반영하며 상호 연동된 구성요소들이 변할 때마다 변하고 따라서 추상적으로 존재하지만 객관적으로 표현할 수 없는 — 으로는 무역이득 자체를 측정할 수가 없기 때문에 "50% 이상의 법칙"은 현실에서 적용할 수 없다는 점에서 한계가 분명하다(하태규, 2014: 18).

이들 두 논의에서 공통적으로 강조하는 사항은 정치경제적 시스템이 생산자와 소비자 대중의 참여와 직접민주주의를 통해 작동하지 않는다면 경제가 대중을 배제한 소수 지배로 운영되고 그 귀결로 대중은 대외무역에 주도적으

4) 파레콘에서 경제 조절은 참여계획을 통해 이뤄진다. 먼저 계획촉진위원회가 모든 재화, 자원, 노동, 자본스톡의 기회비용(지시 가격)에 대한 추정치를 제시한다. 이에 기초해 소비자평의회는 품목별 소비계획서를 제출하고 노동자평의회는 생산계획서(생산품목 및 이를 위한 투입품목)를 제출한다. 이때 소비자평의회가 제출하는 소비계획은 물론 구성원들의 노동, 노력 등급에 대한 평가로 뒷받침되는 것이라야 한다. 또 노동자평의회가 제출하는 생산계획은 그것의 사회적 편익이 사회적 비용을 초과할 수 있음을 입증해야 한다(Hahnel, 2005: 337). 계획촉진위원회는 이에 기초해 품목별 초과수요 혹은 초과공급 정도를 확인하고 초과수요 품목은 지시 가격을 올리고 초과공급 품목은 지시 가격을 내린다. 소비자평의회와 노동자평의회는 이 새로운 지시 가격을 토대로 다시 소비계획서와 생산계획서를 제출하며 이 과정은 초과수요와 초과공급이 0으로 수렴할 때까지 반복된다.

로 참여할 수 없게 된다는 것이다. 이럴 경우 경제와 대외무역의 이득은 소수에게 귀속되고 노동대중은 소외되면서 가치법칙, 즉 소수가 주도하는 경제에서 평균노동시간을 대중에게 외적으로 강제하는 법칙에 종속되고 이들의 창의적 노동을 통한 생산성 향상도 기대할 수 없게 만든다는 점에 주목한다.

그러므로 아래로부터 참여, 즉 모든 구성원이 각종 총회, 평의회, 전문위원회 등 대표기구 활동을 통해 정치경제적 민주주의가 실현되어야 혁신적인 생산력 발전을 이룩하고 자유로운 문화를 발전시킬 수 있다는 것이 이들이 공통적으로 강조하는 핵심기제라 할 수 있다. 이는 당연히 대외무역에도 확장될 것이다. 대외무역 관련 국내 연구로는 이런 기존 연구에 바탕을 두고 '참여계획경제의 대외경제 모델'에 대한 개괄적 구상을 정리한 하태규(2014)가 유일할 정도이다.

3. 소련과 러시아 대외무역체제의 시기별 특징과 한계

비록 고립주의와 통합주의의 치열한 논쟁을 거치긴 했지만[5] 소련은 이런 전통적 무역이론과는 다르게 자본주의 국가에 포위된 상태에서 일국사회주의 노선을 채택하고 고립화 및 자립화(autarky) 정책을 채택했다. 당연히 대외무역에서도 무역기피정책(trade aversion policy)이 오랫동안 시행되었다. 하지만 소련 시절부터 현재까지 러시아는 경제가 어려워질 때마다 대외무역에 의존해 위기를 돌파하는 모습을 보였다.

이 절에서는 소련과 러시아의 대외무역체제 발전과정을 대체로 아래와 같

5) 상세한 것은 하태규(2014: 37~44) 참조 바람.

이 5개의 국면으로 나눠 살피고 향후 참여계획경제에서 고민해야 할 대외무역의 기본 원칙을 추출하는 기초 자료로 검토하려 한다. 다만 다섯 번째 시장체제 편입 국면은 논의와 별다른 연결성이 없기 때문에 간단히 언급하는 것으로 갈음한다.

1) 일국사회주의 노선과 자급자족 경제 시기(1930~제2차 세계대전 종전)

1920년대 소련의 공업화 논쟁에서 소련 경제발전을 위한 대외무역 역할이 심각하게 논의되었다. 고립주의와 통합주의의 치열한 논쟁이 있었지만 1930년대에 이오시프 스탈린(Joseph Stalin)이 채택한 노선은 결국 전통적인 비교우위원리를 거부한 이른바 '일국사회주의론'에 기초한 외부세계와의 고립화 및 자립화 정책이었다. 스탈린은 수요와 가격 변동에 따라 발생하는 해외시장의 힘에 의한 예견할 수 없는 움직임과 파괴적인 영향을 두려워했다. 수입은 경제계획에 따른 산업화 운동에 필수적인 공장시설로 제한할 정도였다.

1930년대 이후 추진된 이러한 자급자족정책은 제2차 세계대전 후에도 이어져서 이른바 무역기피정책으로 나타났다. 즉, 1913년에 수출/GDP 비중이 10.4%였던 것이 1937년에는 0.5%로 감소했다는 것에서 볼 수 있듯이 소련 공업화의 초기 단계에서는 실질적으로 거의 폐쇄경제(autarky economy)를 유지했음을 알 수 있다(Gregory and Stuart, 1990: 336~339). 레온 트로츠키(Leon Trotsky)는 이를 두고 "일국사회주의론을 논의하는 누구라도 우리 경제와 세계자본주의경제 간의 협력과 투쟁의 사실을 무시하는 것은 공허한 형이상학에 몰두하는 것"(Day, 1973: 166~167)이라고 강하게 비판했다.

대외무역과는 달리 이 시기 소련에서 공업화는 강하게 추진되었다. 대중소비재를 희생으로 한 생산수단 생산 부문을 우선 성장시켰던 기간이다. 그리고

리와 스튜어트(Gregory and Stuart, 2001: 79)에 따르면 국민순생산(NNP)에서 공업생산 비중은 1928년 28%에서 1937년에 45%로 급증했고, 제조업 순생산물 중 중공업 비중 역시 같은 기간 31%에서 63%로 비약적으로 성장했다.

그 결과 GNP에서 총자본 투자가 차지하는 비중은 1928년 13%에서 1937년에는 26%로 증가했다. 반면 GNP에서 가계소비가 차지하는 비중은 같은 기간 80%에서 53%로 급감했다. 이런 통계 수치들은 1928년 이후 진행된 소련의 강한 축적의 성격이 서방과의 경쟁을 의식해 대중의 의사와 관계없이 매우 극단적인 모습으로 나타났음을 잘 보여준다.

노동생산성의 급속한 상승에도 불구하고 실질임금이 저하되는 모습을 보일 정도로 오직 자본주의 국가를 따라잡기 위한 공업화에만 몰두해 국가 혹은 관료 중심의 경제개발 전략 수행에 집착했다.[6] 이는 소련의 축적이 노동자들의 생활수준을 높이는 사회주의적 축적방식에서 점차 멀어지고 있을 뿐 아니라 생산주체가 생산조건을 관리하는 아래로부터의 경제운영에서 멀어지고 있음을 동시에 보여주는 중요한 한 요인으로 간주할 수 있을 것이다.

이런 점에서 정성진(2006b)은 이 시기 이후의 소련 경제를 국가자본주의적 경제로 규정하고 자본주의 생산양식의 핵심적 요소들인 상품, 화폐, 임금노동, 착취, 경쟁, 자본축적, 공황 등의 범주가 1930년대 이후 소련에서 실제로 존재하고 작동했음을 밝히고 있다.

6) 앨릭 노브(Alec Nove)에 따르면 1932년 실질임금지수는 1928년을 100으로 놓았을 때 88.6을 밑돌았다. 또한 1937년 실질임금은 1937년 가격을 가중치로 사용하면 1928년의 85%였지만, 1928년의 소비패턴을 기준으로 하면 1928년의 58% 정도였을 뿐임을 강조하고 있다(정성진, 2006b, 206~207에서 간접인용).

2) 제2차 세계대전 후 사회주의권 경제통합 추진시기(1950~1970년대 초)

소련은 제2차 세계대전 이후 대외무역활동의 중요성에 주목하기 시작했다. 제2차 세계대전 후 소련은 전통적인 자급자족 기조에서 COMECON을 중심으로 한 사회주의 역내 경제권을 형성하면서 시장을 확대하는 역내 자급자족정책으로 전환했다. 전후의 어려움을 극복하기 위해 서방과의 무역을 확대하는 대신 사회주의 역내 무역을 활성화시키는 데 주력했던 것이다. 이 시기에 COMECON 역내 무역 비중이 거의 60%에 이른 반면, 서방과의 무역비중은 15~20% 수준에 그쳤다. 그렇지만 이 시기에도 대외무역의 GDP 비중은 겨우 3~6% 수준에 머물러 기본적으로는 제2차 세계대전 이전의 무역회피정책에서 벗어나지 않았다.

1964년 기존의 소련을 중심으로 한 각 동구 회원국과의 쌍무무역 청산체제를 다국 간 무역청산체제로 이행시키기 위해 중앙 청산은행 기능을 갖는 국제경제협력은행(International Bank of Economic Cooperation: IBEC)이 설립되고 역내 표준 통화로 대체루블(Transferable Ruble)이 도입되기도 했다. 물론 대체루블은 이미 계획된 재화인도를 청산하는 도구로 상호인도 사이에 갭을 연결하는 임시변통 수단이고 환산단위(사회주의 국제 가격 책정단위)로 기능했을 뿐이었다.

하지만 결과적으로 COMECON은 회원국들에 대해 다자간 협상 가능성과 다자간 결제시스템을 제공하지 못했다. 개별 국가들은 주로 쌍무협상에 의존해 대외무역을 수행했다. 따라서 쌍무협정에 따른 구상무역(barter trade)이나 청산결제방식으로 이뤄지는 대외무역의 증가는 품목에서나 경쟁력 면에서 한계를 가질 수밖에 없었다. 또한 표준 통화인 대체루블은 앞서 지적한 것처럼 국제 통화로서 많은 문제점을 내포하고 있었다.[7]

〈표 6-1〉 소련 및 러시아의 주요 기간별 연평균 GDP 증가율과 수출/GDP 비중 추이

구분(단위)	1950~1973	1974~1984	1985~1991	1992~1999	2000~2013
	성장기	정체기	개혁기	혼란기	회생 안정기
GDP 증가율(%)	3.6	0.93	-1.3	-5.3	5.2
수출/GDP(%)	3~6	6~11	10~13	20~50	41~50

주: 소련 시기 통계는 자료에 따라 다르게 나타나고 있음을 고려해야 함.
자료: Mazat and Serrano(1995: 6); 한종만(2012: 151); 박제훈(1991: 17); *World Economic Outlook Database* 각 호.

사실 이 시기까지 소련체제의 주된 관심사는 투자확대를 통한 경제 및 군수 산업 성장에 우선순위를 둔 상태에서 의식주 관련 개인소비 충족, 공공재 소비(의료, 보건, 교육, 기타 사회 문화 서비스) 충족에 근간을 두고 있었다. 그 결과 소비패턴의 다양성이 확보되지 못하고 소비재 산업이 성장하지 못 했던 시기였다. 주로 풍부한 농업 노동력과 천연자원에 기반을 둔 제조업을 중심으로 중공업과 자본재 및 군수 산업 성장에 주력해 앞서 언급한 것처럼 투자 증가를 통한 외연적 성장(extensive growth)을 꾀했던 시기였다.

그 결과 <표 6-1>처럼 1950~1973년까지 연평균 경제성장률이 3.6%로 제2차 세계대전 후 푸틴 집권기를 제외하고는 가장 높은 성장률을 기록했던 시기였다(Mazat and Serrano, 1995: 6). 실제로 이런 점에서 이 시기 공업화는 성공적인 것으로 평가되기도 했다(Gershenkron, 1962: 150). 하지만 대외무역/GDP 비중이 3~6% 수준에 머물러 있고 사회주의국가들과의 무역비중이 2/3를 차지해(박제훈, 1991: 16~18) 서방과의 대외무역은 여전히 제한적 규모에 그쳤던 기간이었다.

7) 소련의 무역결제 방식은 무역 파트너별로 차이를 보였다. 서구와 제3세계 국가와의 교역은 루블화 태환성이 확보되지 못해 경화 기준으로 이뤄졌다. 핀란드와 COMECON 회원국 및 기타 사회주의국가들과는 바터무역, 산업협력, 청산협정 등을 통해 교역이 이뤄졌다.

3) 1970년대 중반~1980년대 중반 페레스트로이카 이전

돕(Dobb, 1978: 327~331)에 따르면 스탈린 시대가 끝나고 니키타 흐루쇼프(Nikita Khrushchyov) 시대로 접어들면서 점차 일방적 중화학공업에 대한 우위정책에서 벗어나 생산 및 소비재 모두의 생산을 촉진하려는 방향으로 정책이 전환되기 시작했다. 고용구조에도 변화가 생겨 농촌 노동력이 고갈되고 도시 인구가 늘면서 농업 생산물 증가가 요구되었다(Gaidar, 2007: 87).

이는 기존 외연적 성장 모델을 유지하기 위해서는 상당한 정도의 농업생산성 증대가 필요한 상황이 도래했음을 의미하고 점차 공업화 전략의 전환이 요구되고 있었음을 의미한다. 실제로 농업생산성 증대가 일정 수준 미개척지 경작과 더욱 집약적인 기계화를 통해 가능할 수 있었지만 서유럽과 비교해 기후조건에서 열악한 환경을 가진 소련 입장에서 생산성 증가는 기대만큼 성공적이지 못했으며(Bellinger and Dronin, 2005) 한계를 드러냈다.

노동생산성 측면도 한계에 부닥쳤다. 1970년대까지 생산성 증가의 특징은 효율성을 높이는 새로운 기계로의 대체보다 공장노동자 훈련 증대나 대규모 새로운 산업공단을 건설하는 방식으로 이뤄졌다(Nove, 1970: 336). 따라서 모든 부문에서 서유럽보다 많은 자원 소요형(원료 및 에너지) 경제구조를 탈피하지 못했다.[8] 이런 결과는 실제로 1975~1984년 기간 GDP 성장률이 1%에도 이르지 못해 경제침체를 겪은 데서 잘 드러난다(Gaddy and Ickes, 2006).

소련은 외연적 성장 모형이 더 이상 성공할 수 없게 되자 비용최소화와 효율성 증대를 통한 내포적 축적체제(intensive accumulation)로 옮겨가려고 노력

---

8) 이런 상황은 중앙계획체제의 고유한 비효율성에 기인하는 것은 아니고 실제로 기존 생산설비의 효율성은 경제의 군사화, 소련 노동자의 의욕 감퇴, 열악한 기후조건 등에 영향을 받았다고 볼 수 있다.

했다. 하지만 기존 고정자본의 퇴출과 대체, 군수 산업 이외에 기술혁신 산업과의 접목 어려움, 경제의 군사화에 의한 민간 투자 억제, 노동자의 의욕 약화(relaxation of discipline),[9] 시베리아 산업화의 고비용 등으로 그 성과가 미미했다. 또한 노후화된 고정자본 설비나 설비가동률의 저하도 지속적인 문제로 등장했다(Popov, 2010). 이런 축적체제 전환의 어려움은 높아지는 삶의 수준에 대한 소련 국민의 욕구를 제대로 충족시키는 데 한계를 드러냈다.

결국 소련 입장에서 내포적 축적으로의 전환을 위한 기계 및 수송기기를 포함한 생산수단 확보, 각종 소비제품의 양과 질적 한계 극복, 또 농업제품군에서 국내적 욕구와 수요를 충족시키는 한계를 극복하기 위한 유일한 해결책은 <그림 6-1>에서 극명하게 드러나듯이 대외무역에서 찾을 수밖에 없었다. 말하자면 대외무역을 통해 소비재, 농산물, 자본재, 기술 부족 문제를 해결할 수밖에 없게 된 것이다. 이는 단적으로 소련이 1970년대 가장 큰 곡물 수입국으로 부상한 것이나 서방과의 무역이 크게 증가추세로 돌아선 것과도 무관하지 않은 것이다(Gaidar, 2003).[10]

이 결과 GDP에서 차지하는 무역 비중이 이전 3~6%에서 6~12%대 수준까지 증가했고, 서방과의 교역비중은 30% 수준에서 40% 수준에 근접할 정도로 늘어났다. 특히 1974년 유가가 폭등하자 소련은 서방의 라이선스나 기계, 장비 등의 구입에 기초한 수입선도성장정책(policy of import-led growth)을 계속 추진하려 했다.

이 시기 소련의 대외무역 패턴은 크게 변화했고 수입 증대를 뒷받침할 경

9) 1970년대 중반 이후 노동력 부족이 현실화되어 노동자의 협상력이 높아져 점차 산출물 목표 달성이나 기술혁신에 대한 관심 등이 저하되면서 경영자들은 노동자 관리에 훨씬 더 많은 어려움을 겪게 되었다(Ellman and Kantorovich, 1992: 10~11).

10) 식량과 농업 부문, 기계류 및 수송기기 분야에서 소련의 무역적자가 심화되기 시작한 것도 1970년대 들어서면서 본격화되었다는 점에서 단적으로 드러난다(Gaidar, 2007: 99).

〈그림 6-1〉1950~1980년대의 소련 대외무역 추이

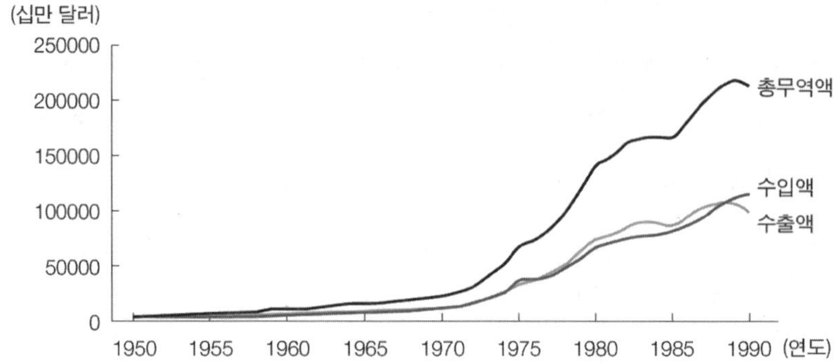

자료: 박제훈(1991: 17~20); Mazat and Serrano(1995: 13); 러시아연방통계국(http://www.gks.ru).

화 조달은 두 차례 석유 위기로 인한 유가 급등과 석유와 가스 수출 및 중동으로의 무기 수출 등을 통해 원활하게 충족되었다. 그 외에도 풍부한 국제 유동성, 즉 오일 달러를 근거로 한 대외신용조달을 통해 무리 없이 경화를 조달할 수 있었다.

1970년대 이후 서방과의 교역이 크게 증가했지만 그렇다고 소련 무역구조의 고도화와 연결되지는 않았다. 소련 총수출에서 자원과 에너지 수출 비중이 크게 증가해 1970년 26%에서 1980년 50%로 크게 높아졌기 때문이다. 이는 서방과의 교역 이후에도 소련 무역패턴은 여전히 천연자원과 에너지에 대한 높은 수출 의존도에서 벗어나지 못하는 후진국형 무역패턴을 유지하고 있었기 때문이다(<그림 6-2> 참조).

이런 천연자원 및 에너지에 대한 높은 의존도는 구조적인 대외취약성을 높이게 된다. 천연자원 및 에너지는 국제 가격 변화에 크게 영향을 받기 때문이다. 수입 측면에서도 농산물, 기계, 장비, 기술과 같은 중요 재화 수입에 대한 서구 의존도가 크게 높아지면서 대외변동성에 대한 위험에 더욱 노출되었다. 1980년대 이후 소련은 상시적으로 이런 대외취약성에 노출되었고 이후

〈그림 6-2〉 러시아의 에너지 및 천연자원 수출비중 추이

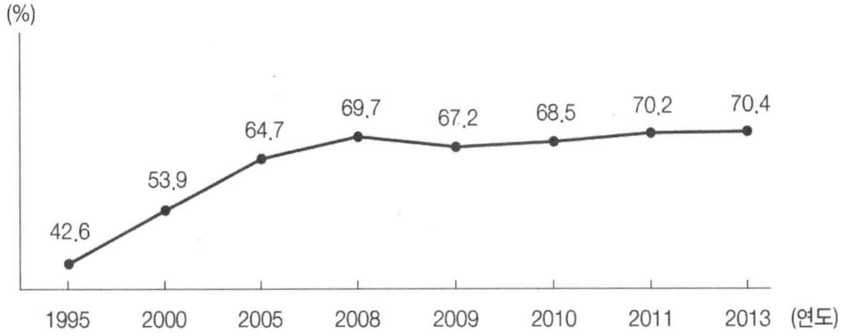

자료: 러시아연방통계국(http://www.gks.ru).

소련 해체의 주요한 동인으로 작용한 것으로 보인다.

대외취약성에 대한 우려는 1980년대 들어와 현실로 나타났다. 유가가 하락하고 아프가니스탄 및 폴란드 사태로 인한 동서 정치관계 악화 및 금수조치, 동유럽 국가의 대서방 채무 증가 등의 요인으로 소련은 무역선을 다시 역내로 전환하지 않을 수 없는 상황을 맞았다. 소련은 자본주의국가와의 교역보다는 에너지 및 원자재, 식품 생산, 과학기술 등의 분야에서 COMECON 역내 통합을 증대시킴으로써 국내의 위기를 극복하고자 했다.[11] 하지만 이 시기 COMECON체제에서는 대다수 회원국들이 아직 수출을 국내 생산자를 위한 시장이나 완전고용 확보의 수단이 아니라 필요한 수입을 획득하기 위한 수단으로 여기는 성격이 청산되지 못하고 있었기 때문에 소련의 어려움을 해소하는 데는 명확한 한계가 있었다.

11) 1985년 12월에 체결된 '과학기술진보의 종합 프로그램'의 일환으로 이른바 국제적 부문내 생산협력과정이 강조되었다. 즉, 각 COMECON 회원국 내의 동일한 산업 부문에 있는 기업들이 부품특화나 생산협력에 관한 장기협정을 체결한다(Schweizer, 1994).

4) 페레스트로이카 정책과 대외무역분권화와 시장화 도입(1985~1991)

이 시기는 1985년에 집권한 미하일 고르바초프(Mikhail Gorbachev) 대통령이 페레스트로이카를 시행해 경제침체가 깊어진 시기였다. 연평균 GDP 성장률이 -1.3%로 악화되었다. 이 시기 소련 대외무역 개혁의 전개과정은 간단하게 세 시기로 구분해 살필 수 있다. 계획관리 시스템의 개선과 부분적 분권화 시기(1985~1988), 전면적 무역분권화 시기(1989~1990), 외국인 투자의 전면 개방과 대외무역공단(Foreign Trade Organization: FTO)의 주식회사로의 전환 시기(1991) 등으로 나눌 수 있다(상세한 것은 박제훈, 1991: 37~40 참조).

첫 시기는 개혁 초기 단계로 주로 조직 면에서 대외경제 활동을 관리하는 통일중앙기관을 설립해 대외경제 활동의 장기 전략 및 프로그램을 작성토록 했고[12] 동시에 중앙의 과잉된 정보나 관리 부담을 개별 산업 부처나 기업으로 분산함으로써 무역의 효율성을 제고시키려는 제한된 분권화, 즉 관리 개혁 및 관리합리화 성격을 띠는 것이었다.[13] 하지만 대외무역을 국가독점으로 둔 채 국내 계획과정을 분권화하는 것은 가능할지 모르지만 국내 계획시스템이나 가격시스템의 근본적 개혁 없이 대외무역을 제대로 분권화하기는

---

12) 각료회의 산하 상설기구로서 국가대외경제위원회가 1987년 9월 신설되었다. 그와 동시에 대외무역부(Ministry of Foreign Trade: MFT) 및 FTO 활동을 개선하고 국내기업과의 접촉을 긴밀하게 함으로써 좀 더 엄격한 품질관리를 가능하게 하는 한편, 해외시장 정보를 더 빨리 제공함으로써 국내제품의 품질 향상을 기하는 데 주안점을 두었다. 이런 맥락에서 다수의 FTO가 MFT에서 관련 산업부서 산하로 이관되었고 MFT는 에너지 및 주요 원자재 수출이나 완성 플랜트 수입 등의 업무만 담당하는 방향으로 개혁이 이뤄졌다.

13) 계획 작성 부문에서는 변함없이 중앙집권적·행정적 수단이 지배적이었지만 1987년 1월 기존의 FTO 이외에 24개 산업부처 및 80개 대기업이 독립적으로 직접 대외무역활동을 할 수 있는 권한을 부여받음으로써 기업의 대외경제관계 계획 작성과 발전에 관련된 권한은 점차 확대되었다. 예를 들어 국가발주 및 국내소비자와의 계약을 초과해 생산된 제품은 수출할 수 있게 되었다. 따라서 이때 수출품목 및 수출지역에 대한 기업결정권은 좀 더 확대되었다.

〈그림 6-3〉러시아의 경제성장률 추이

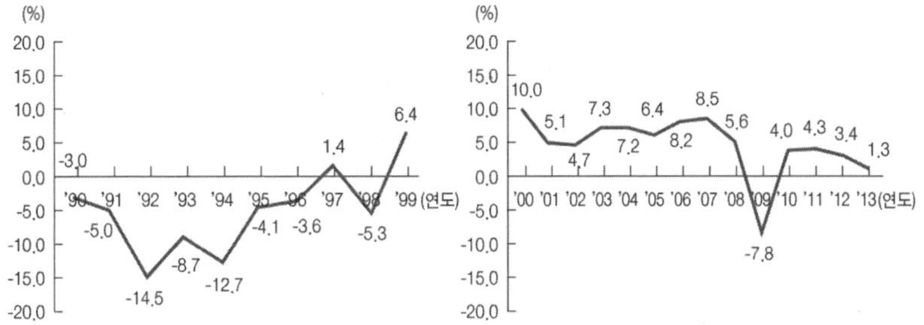

자료: 러시아연방통계국(http://www.gks.ru); *World Economic Outlook Database* 각 호.

힘들었을 것이다(Mazat and Serrano, 1995: 30).

둘째 시기는 전면적 무역분권화 시기(1989~1990)라 할 수 있다. 이 시기는 대외무역권한이 각 산업부처, 기업, 지방자치단체, 협동조합 등까지 대폭 확대되었던 시기로 1989년 4월에는 적어도 이론적으로는 모든 기업과 조직이 대외무역활동을 할 수 있게 되었다. 1990년 6월 말 기준으로 총 1만 6000개의 대외경제 관계 기업과 조직이 등록되어 있었다.

셋째 시기는 외국인 투자를 전면 개방하고 무역공단의 주식회사화를 추진한 시기(1991)이다. 1990년 10월 소련은 외국인 투자에 관한 대통령 포고령으로 100% 외국인 직접 투자 및 투자과실의 송금도 전면 허용했다. 그와 동시에 관광사업 및 인프라 부문 등에서도 외국 자본 투자 유치를 개방했다. 이외에도 FTO를 주식회사화하면서 무역중개회사로 전환하는 한편, 필요할 경우 소규모 단위로 분할하거나 다양화시키도록 제도를 변경했다.

이런 개혁조치는 소유형태의 다양화, 국영기업의 민영화 및 주식회사화와 맥을 같이하는 것으로 적어도 이론적으로는 실질적인 시장경제로의 이행을 위한 법적·제도적 장치가 마련되었던 시기로 볼 수 있다. 즉, 대외무역의 실질적 분권화와 함께 경쟁체제 도입을 통해 국내경제의 효율성 향상이 대외경제 부문에 유기적으로 연계되도록 하는 새로운 계기를 조성했다.

가격 체계도 품목에 따라 국가 가격이 유지되기도 했지만 점차 자유시장 가격으로 전환되었고 품목에 따라 암시장 가격이 형성되어 있기도 했다(Mazat and Serrano, 1995: 27). 이는 일정 수준의 중앙통제가 잔존하고 있다 하더라도 직접적 명령방식의 비중이 크게 줄어들고 간접적 통제방식으로 전환되면서 통제방식의 다양화가 이뤄지고 있었음을 의미한다. 따라서 주요 품목에서 직간접 통제무역과 기업에 의한 독자적인 분권화 무역이 병존하는 혼합무역 양식을 과도기적으로 보이고 있었다.

페레스트로이카 이후 소련의 경제 개편과 동구 국가들의 시장경제로의 전환이 가속화되면서 경제계획과 쌍무적 무역, 지불협정에 기초한 경제협력 틀로서 COMECON의 결속력도 약화되었다. 하지만 소련의 산적한 국내경제 문제로 COMECON체제를 개편할 여력이 남아 있지 않았다. 특히 1991년 1월 1일부터 급격히 악화되는 소련의 외환사정으로 모든 COMECON 국가와의 거래를 경화로 결제하기로 일방적으로 결정하면서 점차 COMECON도 해체되었다.[14] 이 시기 이후 소련 경제 상황은 더욱 악화되었다.

이런 혼란한 와중에서 가격체제가 완전히 자유화되고 자본주의 시장이 확산되면서 올리가르히(Oligarchs, 특권계층)에 의한 거대한 부의 축적이 가능해졌다.[15] 오늘날 러시아 경제의 특징 중 하나인 소수 대기업에 의한 경제 독점

---

14) 1990년에 소련의 15개 연방공화국들 대부분은 주권, 독립선언을 했고 소비에트 사회주의 공화국들은 소련의 근본 틀을 구성했던 '소비에트'와 '사회주의' 형용사를 삭제했다. 그뿐 아니라 1991년에 COMECON과 군사협력체였던 바르샤바조약기구도 해체되었다.

15) 사유화 과정에서 강한 정보력을 동원해 국민들의 이른바 사유화 증서(바우처)를 싼값에 매입한 기업 내부자와 특권층[노멘클라투라(nomenklatura)]들이 주도권을 장악했다. 이런 상황을 빗대어 그 당시 러시아를 올리가르히 자본주의라고 부르기도 한다. 러시아의 8대 기업 중 5개 기업이 가스, 석유, 알루미늄 같은 자원개발과 관련된 회사이다. 나머지 대기업들은 전력생산, 공급, 은행, 통신 회사이다. 가장 많이 알려진 러시아 기업은 가즈프롬

도 여기서부터 출발하고 있다. 정치 지도자들의 최우선 목표는 시장경제로의 이행을 실현하는 것이었다. 말하자면 '시장 사회주의'를 실현하려던 개혁이 1991년 12월 25일 소련 해체로 귀결된 셈이었다(Clarke, 2007: 15). 결국 이 와중에 그동안 소련 사회 발전의 기본 가치들(기본적 정의감, 노동의 조직화, 응집력, 계급 연대 등)조차 훼손되면서 해체 수순으로 귀결되었다.

페레스트로이카는 결국 1991년 10월 28일 옐친의 경제개혁 프로그램(거시경제 안정, 가격자유화, 사유화, 사회보장장치, 독점 해제, 대외무역 자유화 등)을 통해 더욱 급진적인 방식으로 시장적 요소를 전폭적으로 도입하는 한편, 세계경제로의 편입을 위한 기본 틀을 조성하게 되었다. 하지만 이런 방향의 급선회로 인한 대가도 크게 치를 수밖에 없었다.

5) 시장경제체제로의 편입과 무역 의존도 급증 및 WTO 가입(1991~현재)

소련체제가 무너진 후 옐친이 집권한 러시아는 1990년대 기간(1990~1999) 극심한 경제혼란에 직면했다. 사실 이 시기 러시아는 <그림 6-3>에서 봤듯이 1997년과 1999년을 제외하고 큰 폭의 마이너스 성장을 기록했고 초인플레이션, 대량 실업, 사회안전망 붕괴 등으로 큰 고통을 받은 시기였다.

이러한 경제 불안을 타개하기 위해 러시아는 세계경제에 지속적으로 편입되었고 미국과 서유럽이 원하는 방향으로 구조 전환을 지속했다. 러시아는

(Gazprom)일 것이다. 가즈프롬은 1991년 소련의 가스부(部)가 국영기업으로 변신하면서 탄생했다. 러시아 GDP의 7~8%를 차지하는 공룡기업이다. 가즈프롬의 회장을 지낸 드미트리 메드베데프(Dmitry Medvedev)가 2008년 러시아 대통령으로 선출된 점으로 봐도 가즈프롬의 위상을 알 수 있을 것이다. 금융회사 중에서는 스베르방크(Sberbank)를 들 수 있는데, 러시아 소매 금융의 선두주자로서 러시아인 약 56% 정도가 돈을 맡길 만큼 러시아 금융시장에서 중요한 존재이다.

〈그림 6-4〉1990년대 이후 러시아 무역추이(1992~2013)

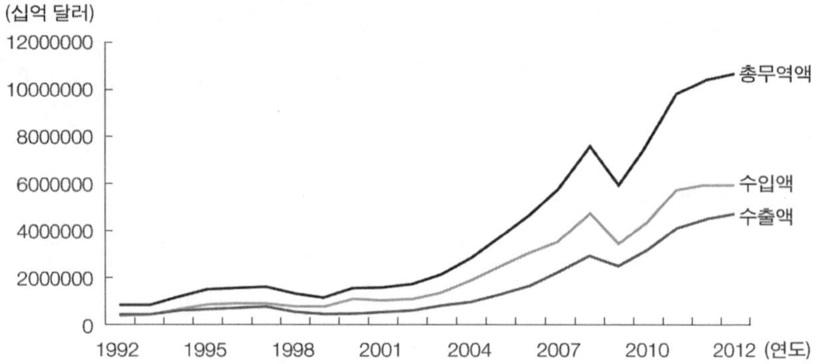

자료: 러시아연방통계국(http://www.gks.ru).

1993년 6월 관세와 무역에 관한 일반협정(General Agreement on Tariffs And Trade: GATT) 가입신청서 제출, 1997년 파리클럽(Paris Club) 가입, 1998년 G8 참가, 2012년 세계무역기구(WTO)에 마침내 가입하면서 자국 시장 개방을 적극 추진하는 한편, 시장경제체제를 적극 수용하고 세계경제체제에 편입되기 위한 노력을 지속적으로 확대시켰다.

그 결과 1991년 러시아 GDP에서 대외무역이 차지하는 비중은 4%에 지나지 않았으나 1996년에는 약 20%로 증가한 데 이어 2006년에는 40%를 상회했고 2013년 43%대로 높아졌다. 2013년 말 기준 수출 5273억 달러, 수입 3150억 달러를 기록해 세계 9위 무역대국으로 부상했다. 전체 무역액 중 독립국가연합(Commonwealth of Independent States: CIS) 역외 국가들과의 교역 비중이 85%에 이를 정도로 COMECON 중심의 교역구조에서도 완전히 벗어났음을 보여주고 있다.

이런 위기는 1999년 이후 러시아 재건을 기치로 푸틴 정권이 들어서면서 강력한 중앙집권적 경제정책을 추진한 결과[16] 급속도로 안정되기 시작했다. 기업의 재국유화 등 지향점에서 약간의 차이가 있지만 그렇다고 해서 국가자본주의 혹은 실로비키(Siloviki)를 중심으로 한 관료 자본주의 지향이라는 큰 틀은 과거와 비교해 별달리 변화되지 않았다.

1999년에는 국제 유가가 높게 유지되고 루블 절하에 의한 수입대체 산업의 회복 등으로 인해 플러스 성장을 이뤘고, 이런 추세가 지속되면서 2008년 세계금융위기 이전인 2000~2007년에 높은 경제성장률을 나타냈다. 이는 고유가 시대에 편승해 푸틴의 에너지 및 자원 무기 정책이 힘을 발휘하고 러시아 경제의 글로벌화를 위한 강력한 국가 주도의 새로운 발전 전략[17]이 일익을 담당한 결과이기도 하다.

하지만 2008년 세계금융위기 이후 다시 러시아는 저성장체제로 전환했다. 2008년 5.6%로 성장률이 낮아진 후 2009년 큰 폭의 마이너스 성장률을 기록했고 2010년 이후 2~4%대의 이전 기간에 미치지 않는 낮은 성장률을 보이고 있다. 이런 저성장 추세는 러시아 경제가 거두는 성과가 아직까지 러시아 경제발전의 질적 고도화에 의해 뒷받침되지 않고 있음을 간접적으로 대변하는 것이다. 2014년에는 큰 폭의 유가 하락과 우크라이나와의 분쟁 및 서방의 규제 등으로 루블화가 폭락하는 등 새로운 경제 위기에 직면하고 있다.

---

16) 푸틴 이전에 특권층을 형성했던 올리가르히 대신 페테르(Peter) 사단, 즉 푸틴의 출신 지역인 상트페테르부르크 출신의 율사 및 경제 관료와 실로비키로 지칭되는 군부 그리고 국가안보위원회(KGB) 출신의 보수 강경파 집단이 정부와 국영기업의 주요 보직을 장악하면서 러시아 정치와 경제를 통제해갔음을 의미한다.

17) 소유와 경영을 독점하고 경쟁과 변화를 싫어하는 올리가르히들에 대해 국가가 인위적·강제적인 수단을 동원해 특정 산업이나 기업을 대대적으로 재국유화하는 등 강력한 구조 조정을 실시해 8년 임기 동안(2000~2008) 군수, 에너지, 전략 산업에 대한 완벽한 국가 통제를 확보했다. 상세한 것은 이종문(2010) 참조. 나아가 공권력 약화와 도덕적 불감증 및 도덕적 해이로 만연한 부패 관료, 범죄 세력, 여러 형태의 마피아들과 전쟁을 선언해 국가 질서를 회복하면서 권위주의적 국가체제, 국가자본주의 혹은 실로비키를 중심으로 한 관료 자본주의를 복원해갔다. 상세한 것은 한종만(2012: 65~70) 참고. 이런 체제적 특성은 현 푸틴-메드베데프-푸틴으로 이어지는 체제로 그대로 이어지고 있는 것으로 보인다.

이런 부정적 경제 흐름에서 러시아가 심각한 세 가지 문제에 직면했음을 포착할 수 있다. 첫째, 2000년대 이후 에너지 및 천연자원 가격 인상에 힘입어 수출과 투자가 급증한 것은 사실이지만 제조업 고도화, 경제 부분의 현대화나 다각화로 충분하게 연결되지 못해 국제경쟁력을 확보하지 못했다는 사실이다. 둘째, 관료 중심적 경제발전정책의 여파로 여전히 금융 부문이 낙후되어 있고 중소기업의 발전이 미진하며 시장경제에 걸맞지 않은 불합리하고 비효율적인 제도들이 산재해 있다는 것이다. 셋째, 기초과학, 우주, 방위 산업 등 몇 가지 분야는 경쟁력을 갖추고 있지만 <그림 6-2>에서 봤듯이 석유, 가스, 목재, 천연자원 등에 대한 수출 의존도가 감소하기는커녕 지나치게 커져 러시아 경제가 상시적인 대외경제 여건에 따른 불안정성에 노출되어 있다는 점이다.

이런 세 가지 문제는 러시아가 소비재나 IT를 포함해 주요 제조업 상품에서 국제경쟁력을 충분히 확보하지 못한 채 자원 수출에만 의존해 제조업이 취약해지는 '네덜란드 병(Dutch disease)'을 심각하게 앓고 있을 뿐 아니라 부가 소수에게 집중되어 비민주적 정치에 의한 비효율적 경제운영으로 지속적인 저성장에 시달릴 가능성에 노출되어 있음을 의미하는 것이다.

4. 대외경제관계 모델의 실패와 문제점 및 참여계획경제 무역의 필수조건

앞에서 살핀 것처럼 소련 사회주의 국제무역과 관련된 역사적 경험은 완전히 실패로 귀결되었다. 적절한 비자본주의적 대외무역 대안을 만들지 못한 채 다른 체제 내적 결함들이 중첩되면서 결국 1985년 이후 1990년대까지 큰

대가를 치르고 자본주의적 대외무역체제에 적극 편입되었음을 알 수 있었다.

대외무역 발전과정에 대한 논의를 통해 정리할 수 있는 실패 요인은 크게 6가지 사항으로 집약할 수 있을 것이다. 첫째, 비교우위를 통한 세계분업에의 불참과 생산의 고도화, 국제화 및 산업균형 달성 실패, 둘째, 국가 독점적 대외무역 전략의 폐쇄성과 비효율성, 셋째, 아래로부터의 계획과 생산 체제의 결여, 넷째, 국내 교환수단의 비태환성 문제, 다섯째, 다각적 대외결제시스템 구축 실패, 여섯째, 참여계획방안 수립과 계산 가능성의 불비 등이다.

이 절에서는 소련의 실패 요인들이 제거되어야 참여계획경제 운영이 가능한 이유를 정리함으로써 참여계획경제 대외무역 관계의 필수 조건들에 대해 논의하려 한다. 다만 자본주의 진영의 봉쇄와 압박, 전략적 교류 금지의 가능성이 참여계획경제의 직접민주주의적인 체제의 고유한 힘에 근거한 내재적 방어력과 혁신적 발전능력 및 전면적 개방교류를 통해 극복될 수 있다는 전제에서 논의를 전개할 것이다. 본 절에서의 논의는 소련과 러시아의 대외무역 경험을 토대로 참여계획경제 대외무역원리를 살펴보고 있지만 기본적으로는 하태규(2014)의 논의를 기초로 이를 재확인하는 한편, 일정한 보완을 시도한다는 점에서 의의가 있다.

1) 세계분업에의 불참과 세계자원에의 접근 차단: 생산의 고도화 및 국제화 실패

세계 분업에 참여해 세계자원을 효율적으로 활용함으로써 산업구조 고도화와 국제화 및 산업균형을 도모하지 못했다는 사실은 소련 국제무역의 가장 중요한 실패요인으로 지목될 수 있을 것이다. 또한 앞 절의 논의에서 자립경제 노선 혹은 일국사회주의 노선은 어떤 사회주의국가든 채택할 수 있는 체제가 아니라는 점을 확인할 수 있었다.

타국과 완전히 관계를 단절하는 최악의 상태에서도 러시아가 일국사회주의체제를 상당기간 유지할 수 있었던 것은 국가 경제를 계속 작동시키는 데 필요한 천연자원과 에너지 분야에서 100% 독립성을 보유하고 있는 유일한 나라였기 때문이다.[18] 나아가 이들 분야가 수출 전략 산업 역할을 할 수 있었던 탓이기도 했다.

그럼에도 지금까지 논의에서 소련 경제는 경제성장에 어려움을 겪을 때마다 1950~1960년대에는 COMECON으로 대표되는 역내 시장 확대나 1970년대 이후 자본주의국가들과의 무역을 통해 문제를 타개했음을 알 수 있었다. 이는 소련의 경우에도 일국사회주의 혹은 자립경제 유지가 가능하지 않은데 하물며 에너지와 천연자원 독립성이 확보되지 않은 국가의 경우에 일국사회주의를 유지하는 것은 매우 어려운 과제임을 반증하는 것이다.

이런 점은 일국사회주의적 소련 대외무역 정책이 세계분업을 확장하고 비자본주의적 대외교류를 완성해야 하는 사회주의의 본질에서 벗어난다고 비판했던 트로츠키의 주장이 타당했음을 말해주는 것이다(상세한 것은 하태규, 2014: 37~44 참조 바람). 또한 일국사회주의로는 불가능하고 주요 선진국 혹은 전 세계적 수준의 참여계획경제체제가 수립되어야 참여계획경제의 대외무역이 성립 가능하다는 주장이 제기되는 근거가 되기도 한다. 이는 향후 논의되어야 할 중요한 이론적 과제라 생각된다.

---

18) 러시아는 세계 최대 천연가스 보유국이자 수출국이다. 러시아의 천연가스 매장량은 50조 CBM으로 전 세계 매장량의 27%를 차지하고 있다. 석유 매장량은 전 세계 매장량의 7%인 750억 배럴로 사우디아라비아에 이어 세계 2위이다. 석탄 매장량은 2400억 톤으로 세계 1위이고 몇 세기 동안 사용할 수 있는 물량이다. 수력 발전, 목재, 각종 천연자원에서도 거대한 보유량을 자랑한다. 특히 전 세계 10% 면적을 차지하면서 인구는 전 세계 인구의 2.4%밖에 안 된다(키리야노프, 2008: 31~32).

사실 일국사회주의, 자립경제의 근거는 단지 일국 내 이데올로기적·도덕적 원리와 사회주의적 민주주의 원리에서만 찾을 수 있는 것이 아니라 오히려 확고하고 영속적인 사회제도적 기초나 물질적 기반을 안정시킬 수 있는 조건에서 가능하다. 달리 말하면 국내경제 기반 확충의 중요성은 말할 것도 없고 세계무역에 참여해 세계자원을 유용하게 활용하지 않고서는 참여계획경제체제 유지가 불가능한 일임을 확인하게 된다.

물론 자유로운 개인들이 참여하는 노동자 관리나 노동자 권력 그리고 다원주의적·사회주의적 직접민주주의를 기반으로 두지 않고서 세계무역을 포함해 경제적 기반 확보만으로 사회주의가 유지될 수는 없을 것이다. 그럴 경우 세계경제 관계망 참여가 소련에서의 경험처럼 자본주의적 특성에 흡수되는 결과를 초래하게 될 것이기 때문이다.

부분적인 사회주의 역내 교류만으로 참여계획경제가 유지되는 것도 어렵다는 사실은 1949년 결성된 COMECON의 경험에서 여실히 드러난 바 있다. 소련이 COMECON을 통해 일국적 고립을 벗어나긴 했지만 제한적 성과만 얻었을 뿐 오랜 정체 상태를 겪다 실패로 귀결되었다. 역내 통합의 핵심적 3대 과제, 즉 역내 교역, 생산특화, 계획조정 달성 등에서 제대로 성과를 이뤄내지 못했기 때문이다.

역내 거래규모 확대라는 성과가 있었지만 기본적으로 쌍무적 구상무역의 형태(다자주의 원칙에서 벗어나)를 취함으로써 상대적으로 좁은 범위의 교역대상 재화들(부족한 상품들은 동일하게 수요가 높았고 여유 상품들은 수요가 낮았으므로), 부정확한 가격 책정(재화 품질과 관련된 힘든 협상이 상존, 행정적 고정 가격 설정으로 평균생산비용, 세계시장 가격, 수급상황도 반영 못해), 지불 어려움 가중(각 당사국이 무역균형을 유지하려 했고 흑자나 적자를 다른 통화로 태환할 수 없었다는 점, 다자 결제 시스템 결여, 채무 미결제에 대한 벌칙 낮아 결제 지연 등) 등의 문제에 봉착했기 때문이다.

앞서 살펴봤듯이 이런 일국사회주의와 부분 통합의 한계를 소련과 동유럽 국가들은 1970년대 초반 이후 자본주의 국제분업에 대한 의존도를 크게 높이는 것으로 극복함으로써 참여계획경제에서 확실히 멀어졌다. 따라서 전면적 개방교류를 실현해야 한다는 것은 참여계획경제의 혁신적 발전을 위해 필수적 요건임을 확인할 수 있게 된다.

2) 국가의 무역독점에 따른 폐쇄성과 비효율성

소련 사회주의 대외무역의 두 번째 실패요인은 사회주의를 '소유관계변화'와 위로부터의 '계획'으로만 사고함으로써 국가가 무역을 독점했다는 사실이다. 위로부터 일방적으로 수립되는 국가계획에 의존한 무역 모델은 필시 대중이나 기업들의 수요공급 상황에 적절하게 대응하지 못하게 된다. 즉, 자유로운 개인들이 참여하는 노동자 관리나 다원주의적·사회주의적 민주주의에 기반을 두지 않음으로써 대중과 기업의 수요공급 상황이 참여계획에 유기적으로 통합될 수 없을 것이다. 말하자면 생산의 사회화에 실패하게 된다.

하태규(2014: 54~55)식 표현을 빌리면 철저하게 참여계획방식, 즉 아래로부터 구성원의 이해와 의지를 민주적으로 반영할 수 있는 세부적 실행계획(소비와 생산, 수요와 공급의 균형), 거시경제계획(세금과 재정을 통한 국가 전체 틀), 전략적 계획(산업구조와 사회구조의 장기적 변화 추구)의 종합적 추구를 통해 무역이나 동태적 특화를 추구하지 못함으로써 대중의 욕구와 필요에서 멀어져 참여계획경제의 본질을 훼손시킨다.

소련은 단일 공식환율체제를 유지했다(Wiles, 1968: 130~131). 대외 통화거래가 공식환율을 기준으로 루블로 교환되고 소련 은행시스템의 계정에 기록되었다. 그러나 공식환율은 세계시장 가격을 소련 국내시장 가격으로 연결시키는 기능을 갖지 못했다. 소련 국내 재화 가격은 세계시장 가격이나 공식환율로 계산되는 재화 가격과 상당히 차이가 났다(Hanson, 2003: 201). 왜 그랬을까?

야스시(Yasushi, 2013)의 논리에 근거해 그 이유를 간단히 살펴보자. 그에 따르면 중앙은행(Gosbank)이나 대외무역은행(foreign trade bank)을 통해 국가가 대외무역에 개입하는 방식은 대체로 아래와 같이 작동하면서 가격관리를 이원화시켜 국내 소비자와 생산자 모두를 세계시장에서 격리시키는 결과를 가져오게 된다.

대외거래용 루블(valuta rouble)로 환산한 외국 통화 가격과 공식환율로 계산한 국내루블 가격에 대해 논의해보자. 말하자면 국내루블로 환산된 특정 재화를 고려할 경우에 정부 당국은 수입과 수출 보조금 및 수입과 수출 세 부과를 위한 가격균등화 메커니즘을 활용해 대외결제용 루블과 국내루블로 환산된 재화 가격 간에 차이를 조정할 것이다. 다음의 방정식이 미시적 및 거시적 차원에서 균등화 기제를 잘 보여준다(Yasushi, 2013: 7~8).

$$SFTE=(Md\text{-}Ms)\text{-}(Ed\text{-}Es)=(Md\text{-}Ed)+(Es\text{-}Ms)=(Md\text{-}Ed)\text{-}(Ms\text{-}Es)$$ [19]

가격균등화 기제를 이해하기 위해 우선 다음 상황을 예로 들어보자. 대외무역은행이 수입재화에 대해 외국판매자에게 외화로 M을 지불하고 수입하

19) SFTE(Special Foreign Trade Earnings): 가격균등화 이후 재정수입 혹은 지출.
Md, *Ed*: 국내루블 기준 수입과 수출.
Ms(oe×M), *Es*(oe×E): valuta 루블 기준 수입과 수출, oe: 공식환율.
M, E: 외국 통화 수입 수출 가격(세계시장 가격).

는 FTO에게 M에 대한 루블 신용을 제공한다. 그다음에 FTO는 수입재화를 판매해 얻은 수입 Md로부터 루블 신용을 상환한다. 만약 대외결제용 루블로 환산한 재화 가격이 국내루블로 환산한 가격보다 높다면($Ms>Md$) 이 차액이 보조금으로서 FTO에 지불된다. 만약 반대라면 그 차액은 수입세로 FTO로부터 징수된다.

수출도 비슷한 방식으로 규제된다. 대외무역은행이 FTO에게 Ed에 대한 국내루블 신용을 공여하고 FTO는 신용을 활용한 소련 수출업자에게 수출대금에 대해 국내루블로 지불한다. 외국 바이어는 대외무역은행에 수출대금을 외국 통화로 결제한다. 그다음에 대외무역은행은 FTO에 Es를 지불한다. FTO는 대외무역은행에 Es의 판매대금에서 신용으로 받은 Ed를 상환한다. 만약 $Es>Ed$라면 그 차액은 수출세로 FTO에게서 징수된다. 만약 $Ed>Es$일 경우는 그 차액이 수출보조금으로 FTO에 이전된다.

이런 가격균등화 기제를 통해 소련 당국이 참여계획경제의 중요한 성취로 인식했던 외환관리와 대외교역에 대한 독점권을 행사할 수 있었다. 하지만 국내기금의 재분배 형태를 통한 이런 국가관리 방식은 결국 외환 흐름이 국내루블 흐름과 제도적으로 독립되어 수행되도록 함으로써 비록 단일한 공식 환율이 존재했음에도 불구하고 국내 상대 가격 시스템이 세계시장 상대 가격 시스템과 분리되게 만들었다.

말하자면 가격관리가 이원화되어 무역 대상 품목의 국내 생산자를 세계시장과 격리시켜 생산에서의 품질 및 혁신의 수준이나 제품 인도의 신뢰성 등에서 국제수준에 훨씬 못 미치는 결과를 초래했던 것이다. 국내기업 및 FTO의 계획에서 사실상 물량 목표가 계속 중요한 위치를 차지해 품질보다는 생산량이 강조되어 제품 차별화가 중요한 제조업 분야의 경쟁력 약화를 초래한 것이다. 다른 한편, 기업 간의 수평적 관계보다 수직적·관료적인 관계가 중요해지면서 특히 최종제품 생산에서 전문화 및 분업화의 정도를 제한하는 요인으로 작용했음을 부인할 수 없게 되었다.

3) 국내 지불수단의 비태환성 문제와 노동시간증서의 활용방안

전통적인 계획경제에서 모든 경제활동은 물량적 균형(material balance) 방식에 입각한 계획에 따라 결정되기 때문에 기업 간 거래는 주로 중앙은행이나 거래은행의 구좌를 통해 청산되는 식이고 현금은 임금 지불 등의 특정 목적으로만 인출될 수 있다. 은행권 형태로의 화폐는 기본적으로 소비재 유통 목적을 위해서만 이용된다.

소련 계획당국은 대외무역에서 발생되는 위험과 비예측성에서 벗어나고자 루블 비태환성에 집착했다. 하지만 루블의 비태환성은 루블이 해외에서는 물론 소련 국내에서도 태환성이 없다는 데 문제의 심각성이 있었다. 기업 경영자는 당국이 발행하는 자원배분 허가증 없이는 루블을 가지고도 필요한 자재를 구입할 수 없었기 때문이다.

루블의 이런 대내외적 비태환성(internal inconvertibility) 및 루블의 재화 비태환성(commodity inconvertibility)은 소련 국내 가격이나 대외무역 가격이 모두 상대적 희소성을 반영하는 시장 가격이 아니라는 문제와 함께 소련이 쌍무무역에 의존하지 않을 수 없게 하는 주원인이 되었다(박제훈, 1991: 29). 또한 소련의 경우 페레스트로이카 정책 시행 이후 연방 재정적자를 신용팽창으로 보전하는 방법을 취했기 때문에 막대한 양의 화폐과잉공급(monetary overhang)이 축적되기도 했다.

대외적으로 루블의 비태환성은 국가의 외환독점을 초래하는 한편, 중앙계획의 속성상 무역회피(trade aversion) 현상을 유발하게 된다. 비록 계획당국이 국제시장에서의 비교우위를 계산할 수 있다 하더라도 무역 및 분업화의 확대로 경제계획 달성이 세계시장의 불확실성에 노출되는 것을 꺼려 가능한 무역 규모를 줄이려는 경향성을 키우고 이러한 경향성은 수입대체정책으로 더욱 강화된다(Wolf, 1988: 4~9).

이상의 논의를 통해 볼 때 루블의 대내외적 비태환성은 궁극적으로 계획 당국으로 하여금 대외무역량과 형태를 결정하는 데 비교우위의 척도로서 국내 가격 수준이나 구조를 이용할 수 없게 만든다. FTO는 대외무역협상과 관련해 국내 가격 대신 세계 가격을 이용해야 한다. 또한 비태환 루블과 소련 가격체제는 국제적 생산비용 산정을 어렵게 할 뿐 아니라 루블화 이윤을 쉽게 태환하지 못하게 함으로써 외국 기업들의 투자를 위축시키게 된다.

사실 소련이 서방으로부터의 대외금융 및 신용이용에 적극적으로 나서게 된 것은 1970년대 데탕트(détente) 이후였고 그 이전은 국제신용을 '사회주의 국가 간 전체적인 상호이익을 얻는 자금의 유통 체계'로 정의했을 정도로 사회주의권 내에서의 폐쇄적인 대외금융체제를 유지했다. 특히 COMECON 내 거래가 사회주의 블록 외부에서는 사용할 수 없는 대체루블로 이뤄졌기 때문에 경화의 부족으로 한계에 부딪혔다.

국내적인 태환성은 수입대금 지불 및 외국 통화 구입에 자국 통화를 사용할 수 있음을 의미한다. 대외적인 태환성은 외국인(비거주자)이 자국 통화를 타국 통화로 환금하거나 상품 및 유가증권으로의 대체를 보증하는 것이다. 특히 모든 국가의 대외 경상거래(상품, 서비스 무역)에서는 결국 비거주자의 현지 통화 수입의 교환자유화를 통해 태환성 확보를 할 수 있게 된다.

따라서 국내 부문의 비중이 압도적인 국가의 경우는 소련 시절 방식의 사회주의적 대외 부문 유지가 일정 기간 가능할지 몰라도 대외의존성이 큰 국가의 경우는 별도의 환율 제도를 유지하면서 대외적 통화 태환성을 확보한다는 것이 난망한 일이기도 하다. 따라서 국내 경제의 안정화 조치 및 국내적 개혁을 포함해 점진적·단계적인 자국 통화의 태환화 방안을 마련하지 않을 수 없음을 알 수 있다.[20)]

그렇다면 이런 소련의 경험을 통해 태환성을 갖춘 참여경제에서의 대용수단은 어떻게 창안될 수 있을까? 즉, 가치법칙에 종속되어 자본주의화되거나 체계적 가치이전으로 빈곤화될 우려가 없는, 자본주의적 화폐를 대신할 결제수단, 특히 국제화폐로서도 유통될 대용수단을 어떻게 창안할 것인가? 지금까지 국내 및 국제적으로 활용될 수 있는 화폐대용의 비이자(non-interest bearing) 결제수단의 가장 유력한 대안으로 이른바 칵샷과 코트렐(Cockshott and Cottrell, 1996)이 제시한 '노동시간증서'[21)]를 사용하는 방식이 검토되어왔다.

4) 다각적 결제시스템 마련 실패

앞서 살펴본 것처럼 소련의 대외 결제시스템은 대외결제용 루블로 이뤄지고 다시 국내루블로 지급받는 이원적 결제체제로 운영되었다. 이런 결제체제의 한계로 말미암아 다각적 결제시스템이 만들어지지 못하고 쌍무 지불협정으로 결제하는 관행이 굳어졌다. 이처럼 폐쇄적인 결제시스템 유지는 국내경

---

20) 두 나라 간의 지불협정 및 복수 환율의 폐지와 무역결제상의 통화 태환성의 구비 등이 국제통화기금(IMF) 회원국의 의무로서 요구되고 있다. 이 의무 규정을 고려해 세계무역에서 참여경제 노동시간증서의 태환성을 어떻게 수립할 것인지에 대한 논의가 적극 이뤄져야 할 것이다.

21) 하태규(2014: 23~33, 88~93)도 참여계획경제가 사용하는 노동시간증서는 국내에서 전혀 유통되지 않으면서 실제노동시간에 따라 분배받은 노동자와 인민의 노동소득이나 기본소득을 지출하는 계산수단으로서만(노동시간 체크카드로) 사용될 것이지만, 국제적으로는 일종의 일국 통화로서 대우받을 수 있고 국제 통화시장에서 거래될 수 있을 것이라고 주장한다. 하태규(2014: 28~29)는 실제노동시간계산에 근거할 경우 노동의 복잡도와 강도의 차이를 어떻게 고려할 것인가도 논의하고 있다.

제와 대외경제 문제를 이원화시켜 다양한 경제문제를 유발시키는 기제로 작동했음을 알 수 있었다.

따라서 앞서 설명한 자본주의 화폐를 대신할 국내 및 국제 지불수단으로서의 '노동시간증서' 환율체제를 어떻게 형성할 것인가의 문제가 매우 중요한 과제로 등장하게 된다. 말하자면 '노동시간증서'를 국내적으로 단순히 소비지출의 수단으로 활용하는 데 그치지 않고 비교우위원리에 근거해 대외결제 수단으로 확대하는 적절한 국제 환율기제들을 만들어야 한다는 것이다.

최소한 이론적으로 실제노동시간을 반영한 '노동시간증서'는 모든 거래대상 품목의 시간적·공간적 노동시간비용의 차이를 정확히 드러내고 생산물들의 무역, 특화, 투자 결정에서 비교우위를 투명하게 계산할 수 있게 하며 거래 가능성을 즉각 알려줄 수 있는 대안으로 고려되고 있다. 여기에 더해 거대한 슈퍼컴퓨터 네트워크를 기반으로 둔 비트코인(bitcoin)과 자유자재로 프로그래밍이 가능한 이시리움(ethereum)과 같은 가상화폐에 의한 환율제도 수립을 접목시키는 방안도 지속적으로 검토해야 할 것이다.

물론 처음에 자본주의국가는 시장 가격으로, 참여계획경제는 실제노동시간 가격으로 계산하는 것이 병행될 것이다. 예를 들어 달러가 주요 국제 통화겠지만 참여경제가 주도할 수 있는 품목의 무역에서는 노동시간증서를 대외결제 통화로서 사용해야 할 것이다. 기본적으로는 참여경제가 전면적 대외경제 교류를 허용하는 한편, 대외무역의 결제를 독립적으로 관장할 수 있는 범위 내에서 국제경제기구의 지급협정에 가입하거나 실제노동시간에 근거한 노동시간증서와 향후 가상화폐가 국제적으로 공식적인 무역 통화로 수용될 수 있는 여지를 심화시켜야 할 것이다.

물론 국제적인 경제와 정치 등 복합적 수준들이 총체적·모순적인 결정의 결과를 나타내겠지만 경제적 조건으로만 보면 시간이 흐를수록 참여경제의 무역에서만큼은 노동시간증서가 주요한 결제수단이 될 수 있을 것이다. 그 이유는 참여경제가 노동시간증서를 보유한 외국인들에게 생산성 상승분만큼의 가치상승을 의미하는 암묵적 이자(Cockshott and Cottrell, 1996: 113, 116~117)를 제공하기 때문이다.

그 근거는 실제노동시간에 의한 생산과 분배가 바탕이 되면 혁신의 성과가 사회적으로 더 많은 사용가치나 여가로 즉각 반영되므로 모든 생산대중, 즉 '사회적 개인(*MECW* 29: 91)'으로 변화되었고 또한 계속 변화하는 대중이 혁신을 자신의 일로 여기고 혁신에 매진할 가능성이 커지게 된다. 이런 점에서 참여경제 혁신이 자본주의보다 더 급속히 진행될 것이라는 예측도 가능하다(하태규, 2014: 33).[22]

5) 위로부터의 계획조정에 따른 생산균형 조절 실패

사실 마르크스는 계획이나 국유화를 곧바로 참여계획경제와 동일시한 적이 없다. 마르크스 사회주의 사상의 핵심은 1879년 그가 "노동자계급의 자기해방은 노동자계급 자신의 사업이어야 한다"(Marx, 1974: 375)라고 정식화한 노동자계급의 자기해방 사상, 즉 아래로부터의 사회주의 사상으로 집약될 수 있다.

이런 기준에서 정성진(2006a: 170)은 "사적 소유와 국유화 혹은 시장조절

22) 하지만 상이한 상품묶음을 소비하는 개인들은 국제무역으로 발생되는 상대 가격에 차별적으로 영향을 받는다. 이 말은 국가 간 시점에 따라 국내 소비자들 간 무역을 통한 불균등 이익이 발생할 수 있다는 의미이다. 상이한 소득탄력성을 갖는 재화를 상정할 경우 수출과 수입의 소득탄력성에 따라 무역에 의해 받는 영향이 소비자군에 따라, 재화군에 따라 상이할 것이다. 이런 점에서 거래의 계산 기준으로 실제노동시간 단위(노동시간증서)가 앞의 모든 사항을 포괄하고 조정할 수 있을 것인가에 대해서는 숙고가 요구된다.

과 계획 간에 만리장성을 쌓는 것은 마르크스의 사상과 아무런 인연이 없는 '계획 물신주의' 혹은 '소유 물신주의'일 뿐"이고 이 때문에 "누가 그와 같은 계획 혹은 국가 소유를 통제하는가 하는 문제는 부차적인 것이 되고 만다"라고 강하게 비판한다. 그에 따르면 소련과 러시아 경제에서 이른바 '계획'은 관리 명령이거나 일종의 우선순위 체계일 뿐 마르크스적 의미의 계획과 아무런 공통점도 없고 오히려 경쟁의 특수형태로 이해할 수 있다고 지적한 바 있다(정성진, 2006a: 196). 즉, 그는 계획이 아래로부터의 진정한 의미의 계획이 아니라(빈번한 갈등을 수반하는) 실제로 중앙집권적 통제의 외양하에서 소수 엘리트 주도의 거시경제 정책 혹은 산업 우선순위의 지정과 같은 자본주의적 개발독재 체계와 별반 다르지 않았다고 비판한다.[23)]

이런 점에서 소련과 러시아에서 연합한 생산자들은 생산수단과 토지 및 자본을 자유로운 연합노동의 도구로 전환해 참된 개인적 소유를 실현하는 "통일된 협동 생산(Marx, 1974: 213)"으로 구체화시킬 수 없었다. 생산의 목표, 무엇을 생산하고 어떻게 생산할 것인지도 소수 엘리트가 정했다(Filzer, 1986: 257). 즉, 국가가 사회를 통제했다 할지라도 누가 국가를 통제하는가가 핵심적인 쟁점이다(Haynes, 1996: 479). "형식적 소유관계가 아니라 현실적 통제와 권력의 관계에 주목한다면 국가적 소유와 계획의 지배는 자본주의적 규정성의 폐지를 의미하는 것이 아니라 단지 그 형태의 변화만을 의미할 뿐이다" (정성진, 2006a: 171).

---

23) 1990년대 러시아의 시장경제로의 전환은 사회주의의 붕괴 혹은 자본주의의 부활이 아니라 국가자본주의에서 사적 자본주의로의 전화로 이해되어야 한다는 일군의 주장(정성진, 2006a)도 존재한다. 하지만 이 시기 국가통제의 약화가 자본주의로의 복귀를 의미하는 것은 아니고 오히려 아래로부터의 압력에 의해 부분적으로 촉발된 이행, 즉 국가자본주의의 비민주적 형태에서 좀 더 민주적 외양을 띤 국가와 사적 자본 간의 새로운 균형으로의 이행으로 해석하는 것이 더욱 타당할 것이다(Haynes, 1996: 480).

실제로 소련에서 기업 경영자들은 기업에 대해 효과적인 통제력을 갖고 있었고 마르크스적 의미에서 자본기능의 담지자로 역할을 수행했다(정성진, 2006a: 186~190).[24] 계획이 느슨하고 중구난방이었기 때문에 경제의 대부분은 계획 밖에서 기능했다. 공식적으로 인정된 시장 거래가 많은 활동에서 사용되었다고 테민(Temin, 1991: 575)도 지적한다. 말하자면 직접 생산자들이 생산조건을 소유, 통제하는 사회적 소유와 아래로부터 시작된 참여계획의 민주성과 공개성이 전혀 확보되지 못하고 오히려 비민주성과 폐쇄성 및 독재성을 드러냄으로써 소련과 러시아의 경제 및 대외무역의 실천이 사회주의적 방식으로 제대로 통제되지 못하는 결과를 초래했다.

이런 위로부터의 계획과 조정의 본질적 한계로 말미암아 앞서 발전과정에서 소련과 러시아 경제는 과잉축적에 따른 자본주의적 경기순환에 직면하게 되고, 경기하강기에는 필연적으로 대외무역에서 돌파구를 찾는 과정을 반복했음을 살펴보았다. 소련과 러시아의 이른바 위로부터의 계획과 조정이 경제를 자본축적과 이에 수반된 모순의 동학에서 벗어날 수 있는 대안으로 작동하지 못했던 것이다.

이런 점에서 경제운영과 국제무역이 참여경제론에서 대안경제 모델로 제시한 준거들, 즉 사적 소유가 아닌 사회적 소유, 기업적 작업장 조직이 아닌 노동자평의회나 소비자평의회 및 대외무역평의회 조직을 통한 운영,[25] 노고

---

24) 소련 기업 경영자들이 자신들이 관리했던 기업들에 대해 단지 관리만 하고 실질적 통제력이 없었다면 1991년 소련 붕괴 이후 그들이 그 기업들을 어떻게 그토록 쉽게 전유 혹은 횡탈할 수 있었는지(이른바 사유화)를 설명할 수 없을 것이다(정성진, 2006b: 186~190).

25) 대외무역의 창구와 조직은 생산 측면에서 직장-업종-산업-전국 노동자총회를 기반으로 수준별 집행기구인 평의회와 전문위원회로 구성될 것이고, 수요 측면에서는 마을-시, 군, 구-도-전국 인민총회를 기반으로 두면서 수준별 조달전문위원회나 별도의 전문위원회 형태로 구성할 수 있을 것이다(하태규, 2014: 110).

와 희생에 따른 보상, 시장 혹은 중앙계획이 아니라 참여계획, 계급지배가 아닌 참여 자주관리 등에 의해 수행될 수 있어야 참여계획경제로의 지향이 이뤄질 수 있을 것이다.

물론 계획을 위해 사회적으로 거대한 시간을 소요하는 문제와 대표자들 중심의 각종 계획위원회 등으로 인해 새로운 관료주의를 양산할 가능성이 배제될 수 있어야 할 것이다. 그렇지 않을 경우 앞서 살펴본 것처럼 고르바초프 개혁시대를 거쳐 옐친-푸틴-메드베데프-푸틴으로 이어지는 러시아 경제가 국가자본주의적 특성을 강하게 표출하면서 참여계획경제와는 거리가 멀어지는 것과 같은 결과를 초래할 수 있기 때문이다.

6) 참여계획과 계산 가능성의 불비

기본적으로 참여계획경제가 가능해지고 현실화되려면 아래로부터의 계획과 계산 가능성이 전제되어야 할 것이다. 그동안 참여계획경제를 비판하는 중요한 근거는 시장이 아닌 계획에 의거해 자원배분을 하는 것은 불가능하고 가능하다 하더라도 엄청난 비용과 시간이 소요된다는 것이었다. 이런 비판은 슈퍼컴퓨터나 빅데이터 처리능력이 없었던 소련 시기의 경제계획에는 상당한 한계로 작용했을 것으로 추정된다.

하지만 고도로 발전한 21세기 정보통신 기술은 지난 20세기에는 상상할 수 없었던 상세한 계획 입안과 실행을 가능하게 한다. 이런 가능성에 대해 정성진(2006b: 497~499)은 모든 상품에 부착된 바코드 활용, 모든 기업의 재무제표 웹사이트 공개 의무화, 컴퓨터 처리속도 향상과 적절한 수학적 알고리즘 원용, 인터넷에 기반을 둔 네트워크 활용과 빅데이터 처리능력 급진전 등의 참여계획에 우호적인 생산력 발전이 이뤄지고 있다는 점을 강조하고 있다. 이런 생산력 기반을 고려하면 슈퍼컴퓨터를 이용해 수천만 개 생산물의 수출, 수입 행렬의 해를 구해 수출, 수입에 체화된 노동시간(직접투하 노동시간과 중간 투입재에 체화된 과거 노동시간의 합)을 계산할 수도 있을 것이다.

그는 기존 생산력 발전에 더해 참여계획과 계산 가능성의 제고에 따른 동태적 효율성과 관련해서도 매우 긍정적인 전망과 비전을 제시하고 있다. 참여계획경제에서는 직접 참여를 통해 노동소외가 극복될 수 있어 노동의욕의 비약적 증대, 생산현장의 국지적 지식과 생산현장의 실제에 체화된 암묵적 지식의 사회적 동원 극대화, 공공재 투자 증대를 통한 연구개발과 기술혁신에의 더 많은 재원 배분, 혁신의 공개성 확보로 인한 사회적 확산효과 증대 등의 측면에서 사회 전체의 삶의 질과 풍요가 크게 개선될 수 있음을 강조한다(정성진, 2006b: 500~501).

5. 맺음말

소련과 러시아의 대외무역체제 변화과정과 실패요인을 살펴보면서 일국사회주의의 불가능성 명제의 타당성이 입증되고 있음을 알게 되었다. 어느 체제든 미래로 가는 길이 하나일 수는 없지만 체제는 불완전한 것이고 미래는 정확히 알 수 없기 때문에 더 나은 참여계획경제의 대안을 설계하는 것은 대중이 원하는 희망적 미래체제 형성의 핵심적 과제일 것이다.

지금까지의 논의에서 소련과 러시아의 대외무역발전과정은 마르크스적 의미의 참여계획경제의 핵심적 지향과 괴리된 채 지속적으로 왜곡되면서 완벽하게 실패로 귀결되었음을 알 수 있었다. 페레스트로이카 이후 약 30년에 걸친 국가주도 세계경제로의 편입 정책을 펼친 러시아가 지속 가능한 경제발전의 전제조건을 결국 더욱 적극적인 시장경제 지향의 구조조정에 초점을 맞추고 있음을 2012년 WTO 가입에서 확인할 수 있었기 때문이다. 나아가 2014년에 들어 자본주의적 순환에 얽매여 큰 경제적 어려움에 직면한 러시아의 상황이 이를 잘 대변하고 있다.

그렇다고 해서 러시아의 사례가 곧바로 참여계획경제의 불가능성을 입증하는 것은 아니다. 앞서 3, 4절에서 봤듯이 참여계획경제의 핵심적 내용들이 소련과 러시아의 현실에서 구체화된 적이 없었기 때문이다. 이런 점에서 오히려 러시아의 역사적 대외무역 실패 요인들을 그 반대되는 목표지점으로 되돌려놓는 것이 참여계획경제 대외무역 실현을 위한 과제로 등장하게 된다. 즉, 앞서 살폈던 6가지 유형의 실패요인들을 극복해 본래의 마르크스적 그리고 각종 참여계획경제 이론에서 제기된 대외무역지향의 원칙들을 철저히 적용해야 할 과제가 여전히 남아 있다는 것이다.

물론 이런 숙제는 인간의 변화, 즉 자본주의적·개인주의적 인간에서 사회적 개인으로 인간의 변화와 발전이 전제된다. 사실 하태규(2014: 153)가 주장하듯이 이런 인간 변화는 참여계획경제 논의 일반에 암묵적으로 전제되어 있는 것이기도 하다. 이런 변화는 오히려 자본주의 내에서 현실의 부분적 대안운동들 자체가 각각의 운동 속에서 참여계획의 원리를 체득하고 그 과정에 참여하는 주체들이 사회적 개인으로 고양되는 과정에서 사회 전체의 변화를 이뤄낼 때 가능하다고 봐야 할 것이다.

참고문헌

박제훈. 1991. 『소련의 대외무역 및 금융제도의 개혁』. 대외경제정책연구원.

앨버트, 마이클(Michael Albert). 2003. 『파레콘: 자본주의 이후, 인류의 삶』. 김익희 옮김. 북로드.

이대식. 2012. 「러시아의 WTO 가입과 시사점」. ≪SERI 경제 포커스≫, 제366호. 삼성경제연구소.

이정구. 2006. 「새로운 대안경제의 모색」. ≪마르크스주의 연구≫, 제3권 제2호.

이종문. 2010. 「푸틴 시대 러시아 국가자본주의 형성과 발전: 국가경제발전 모델의 관점에서」. ≪한국과 국제정치≫, 제26권 제1호.

이재영·채욱·한홍렬·신현준. 2007. 『러시아의 WTO 가입과 한국의 무역투자 증진방안』. 대외경제정책연구원.

정성진. 2006a. 「소련사회의 성격」. 『마르크스와 트로츠키』. 한울.

______. 2006b. 「21세기 사회주의와 참여계획경제를 위하여」. 『마르크스와 트로츠키』. 한울.

키리야노프, 올렉(Oleg Kiriyanov). 2008. 『다시 깨어나는 거인 러시아』. 미래에셋투자교육연구소.

하태규. 2014. 「참여계획경제의 대외경제관계」. 경상대학교 대학원 박사학위논문.

한종만. 2012. 「러시아의 체제전환과 경제발전: 고르바쵸프에서 메드베데프까지」. 한양대학교 아태지역연구센터·김영진 엮음. 『유라시아 체제전환과 경제발전』. 한울.

Adaman, F. and P. Devine. 1996. "The Economic Calculation Debate: Lessons for Socialists." *Cambridge Journal of Economics*, Vol. 20.

______. 1997. "On the Economic Theory of Socialism." *New Left Review*, No. 221.

Albert, M. and R. Hahnel. 1991. *The Political Economy of Participatory Economics*. Princeton University Press.

______. 1992. "Participatory Planning." *Science and Society*, Vol. 56, No. 1.

______. 2002. "In Defence of Participatory Economics." *Science and Society*, Vol. 66, No. 1.

Becker, A. S. 1987. "US-Soviet Trade in the 1980's." *A Rand Note*. The RAND Corporation.

Bellinger, E. G. and M. Dronin. 2005. *Dependence and Food Problems in Russia 1900-1990:*

The Interaction of Climate and Agricultural Policy and Their Effect on Food Problems. Central European Univ. Press.

Clarke, S. 2007. *The Development of Capitalism in Russia*. Routledge.

Cockshott, W. and A. Cottrell. 1996. *Toward a New Socialism*. Spokesman.

Day, R. B. 1973. *Leon Trotsky and The Politics of Economic Isolation*. Cambridge Univ. Press.

Devine, P. 2002. "Participatory Planning Through Negotiated Coordination." *Science and Society*, Vol. 66, No. 1.

Dobb, M. 1978. *Soviet Economic Development since 1917*. Routledge.

Ellman, M. and N. Kontrovich(eds.). 1992. *The Disintegration of the Soviet Economic System*. Routledge.

Federal State Statistics Service. 2012. *Russia in Figures*.

Filtzer, D. 1986. *Soviet Workers and Stalinist Industrialization*. Pluto.

Gaddy, C. and B. W. Ickes. 2006. "Addiction and Withdrawal: Resource Rents and the Collapse of the Soviet Economy." Draft. Pennsylvania State University.

Gaidar, Y. 2003. "The Soviet Collapse: Grain and Oil." American Enterprise for Public Policy Research.

______. 2007. *Collapse of an Empire: Lessons for Modern Russia*. Brookings Institution Press.

Gerschenkron, A. 1962. *Economic Backwardness in Historical Perspective: a book of essays*. Belknap Press of Harvard University Press.

Gregory P. R. and R. C. Stuart. 1990. *Restructuring the Soviet Economic Bureaucracy*. Cambridge University Press.

______. 2001. *Russian and Soviet Economic Performance & Structure*(7th ed.). Addison Wesley Longman.

Hahnel, R. 2005. *Economic Justice and Democracy*. Routledge.

Hanson, P. 2003. *The Rise and Fall of the Soviet Economy*. Longman.

Haynes, M. 1996. "Eastern European Transition: Some Practical and Theoretical Problem." *Economic and Political Weekly*, Vol. 31, No. 8.

Korbonski, A. 1990. "CMEA. Economic Integration, and Perestroika, 1949-1989." *Studies in Comparative Communism*, Vol. 23, No. 4.

Marx, K. 1974. *The first International and After: Political Writings*, Vol. 3. Penguin.

______. 1987(1857~1861). *MECW* Vol. 29. Progress Publisher.

Mazat, N. and F. Serrano. 1995. "An Analysis of the Soviet economic growth from the 1950's to the collapse of USSR." http://www.centrosraffa.org/public/bb6ba675-6bef-41

82-bb89-339ae1f7e792.pdf(검색일: 2014.5.7)

Nove, A. 1970. "Economic Reforms in USSR and Hungary, A Study in Contrasts." A. Nove and D. M. Nuti(eds.). *Socialist Economics*. Penguin Books.

Nuti, D. M. 1989. "The New Soviet Cooperative: Advances and Limitations." *Economic and Industrial Democracy*, Vol. 10.

Popov, V. 2010. "Life Cycle of the Centrally Planned Economy: Why Soviet Growth Rates Peaked in the 1950's." CEFIR/NES Working Paper Series, No. 152.

Schweizer, P. 1994. *Victory: The Reagan's Administration Secret Strategy that Hastened the Collapse of the Soviet Union*. Cambridge Univ. Press.

Smith A. H. 1987. "Gorbachev and the World-the Economic Side." in D. A. Dyke(ed.). *the Soviet Union under Gorbachev: The Real Prospects for Reform*. Croom Helm.

Temin, P. 1991. "Soviet and Nazi Economic Planning in the 1930's." *Economic History Review*, Vol. XIV, No. 4.

Wiles, P. 1968. *Communist International Economics*. Basil Blackwell.

Wolf, T. A. 1988. *Foreign Trade in the Centrally Planned Economy*. Harwood Academic Publishers.

Yasushi, N. 2013. "Soviet foreign trade and the money supply." BOFIT Discussion Papers 30. Bank of Finland, BOFIT.

http://www.gks.ru(검색일: 2014.5.12)

https://www.rand.org/content/dam/rand/pubs/notes/2009/N2682.pdf(검색일: 2014.6.3)

http://www.cefir.ru/papers/WP152.pdf.(검색일: 2014.7.8)

http://data.worldbank.org/indicator/TG.VAL.TOTL.GD.ZS(검색일: 2014.6.10)

http://stat.wto.org/CountryProfile/WSDBCountryPFView.aspx?Language=E&Country=RU (검색일: 2014.8.9)

제7장

국가 권력의 민주적 사회화 모델*

권력구조의 대안적 메커니즘을 중심으로

김영수 | 경상대학교 사회과학연구원 학술연구교수

1. 문제제기

사회주의체제와 민주주의를 양립시키거나 혹은 양립 불가능한 것으로 규정하려 했던 다양한 관점이 구소련과 동구권 국가들의 패망으로 사라지고 지금은 자본주의국가가 법과 제도를 중심으로 하는 자유민주주의 헤게모니 전략으로 세계를 지배하고 있다. 그런데 민주주의의 본질적 가치는 정치적인 갈등의 해소나 제도적인 수준의 개혁만으로 완성되기가 쉽지 않다. 사회구조의 변화에 조응하거나 비조응하는 사회적 갈등이 그 형식과 내용을 달리하면서 지속되기 때문이다. 민주주의 이행은 사회구성원들의 삶으로 현실화되는 사회적 하부구조의 실질적인 민주화 투쟁을 동반하고 그것을 둘러싼 또 다른

* 이 글은 2013년 중점연구과제에 대한 한국연구재단의 지원사업의 도움으로 완성되었다 (NRF-2013S1A5B8A01055117).

갈등을 유인한다. 또한 사회구성원들은 변화된 사회적 조건에 상응하는 새로운 요구를 내세우면서 '민주주의의 질(the Quality of democracy)'을 요구하거나 '민주주의의 누적적 발전효과'의 주체로 나서기도 한다.

민주주의 연구에서 2000년 이전을 민주화 '이행' 및 '공고화'의 시기라고 할 수 있다면 2000년 이후에는 민주주의 '질(質)'의 시기이자 그것에 조응할 수 있는 국가 권력의 구조적 패러다임을 구축하는 시기라고 할 수 있다. 그런데 수많은 국가가 민주화 이행 및 공고화 과정을 거쳤거나 혹은 현재 그 과정을 거치고 있다 하더라도, 자본주의사회체제의 권위주의적 유산과 경제적 불안정이나 사회적 불평등의 구조적 조건들을 극복하지 못한 채 민주주의 '질'에 상응하는 국가 권력의 구조적 패러다임과 민주적 메커니즘을 구축하지 못하고 있다.

1990년대의 신자유주의 세계화는 21세기 지구화의 모순을 응축한 상태에서 갈등적인 계급관계를 지구적 수준으로 복원했다. 계급갈등은 지구적 수준에서 초국적 자본 및 자본의 초국적 네트워크를 구축하고자 하는 자본과 이에 저항하는 노동자계급의 운동으로 나타났다. 세계 각국의 노동자계급은 2008년을 전후로 시작된 세계경제 위기 상황에서 자신의 권리를 방어하기 위한 투쟁을 전개하고 있다. 주요 원인은 소득의 양극화, 고용불안, 장기적인 실업 상태 등의 생활위기였다. 노동자계급은 생활위기를 극복하기 위해 자본에 저항하면서 동시에 국가 권력의 구조를 민주적으로 변화시키려 하고 있다. 최근에는 오래전에 죽은 것으로 간주되었던 코뮌주의나 공산주의가 새롭게 직접민주주의를 불러내고 있다(Badiou, 2013; 지제크, 2010, 2012). 또한 '21세기 사회주의' 담론이 참여계획경제 모델을 대안으로 제시하면서 등장했다(앨버트, 2003; Cockshott and Cotrell, 1993; 가라타니 고진, 2009; 정성진, 2006, 2007). 이러한 현상은 계급적대와 국가가 소멸하지 않는 한 국가 권력의 민주적 메커니즘 문제가 지속적으로 제기될 수 있다는 것으로 봐야 한다. 즉, 자본주의 체제나 사회주의체제의 계급적인 갈등이나 모순을 해소시키는 국가 권력의 민주적 구성과 재구성에 대한 대안적 담론이 필요하다는 의미이다.

그래서 이 글은 노동자계급의 '참여, 관리, 통제, 소환'의 패러다임으로 '민주주의 이행기 국가 권력의 민주적 사회화 모델'을 모색하려 한다. 물론 이 글에서 처음으로 제기하는 이론적 모델의 도식화는 형식화의 한계에서 발생하는 문제점을 안고 있을 뿐 아니라 적지 않은 논란의 소지가 있다. 하지만 이 글은 논지를 전개하면서 사회주의 사회체제의 당위성과 정당성을 전제로 하지 않는 대신, 노동자계급이 국가 권력을 관리, 통제하거나 자신의 대표자들을 소환할 수 있을 때 '민주주의의 최고의 질'이 보장된다는 것을 전제로 한다. 주요 문제의식은 민주주의 이행의 사회화 단계에 조응할 수 있는 국가 권력의 민주적 메커니즘을 노동자계급의 관점으로 규명하고자 하는 것이다.

2. 민주주의 이행의 접근방법과 국가 권력

1) 민주적 이행을 위한 제도개혁과 국가 권력

역사적으로 민주주의 이행론의 핵심은 사회적 통합으로 갈등과 균열을 축소시키면서 각종 제도적 모순들을 개혁하는 것이었다. 즉, "높은 수준의 경제개혁과 경제발전, 국민적 합의, 민주적인 제도의 정착", "민주적·경쟁적인 선거게임의 정착, 확장된 선거경쟁의 존재, 높은 수준의 정치 참여와 정치적 자유, 제도적인 개혁"(Gasiorowski and Power, 1998: 740~771), "다양한 경쟁체제의 정착, 정책 결정과 집행에서 나타나는 높은 투명성, 정치적 행위에 조응하는 책임성, 통합적인 시민사회의 형성"(Diamond, 1996: 227~240) 등이 민주주의 이행의 제도적 개혁과제로 제기되었다. 주요한 과제들은 정치사회의 점진적인 구조개혁과 연계되어 있었다. 또한 많은 연구자는 "민주주의 사회를 공정하고 규칙적인 선거, 언론의 자유, 보편적 참정권 등이 민주주의의 핵심이고 또한 비민주적 관행을 최소화하는 대신에 민주적 법치를 확립하는 것으로 규정했다"(O'Donnell, 2005). 이러한 과제들은 권위주의 사회가 아닌 자유민주주의 사회에 조응할 수 있는 국가 권력의 민주적 제도들이다.

민주주의 이행의 제도적 접근은 법과 제도의 형식적 변화, 즉 '권위주의체제가 무너지고 난 이후, 그동안 피지배세력들에게 부여되지 않거나 제한되었던 각종 권리들을 법적으로 제도화하고 이러한 법, 제도적인 범주 내에서 이해를 둘러싼 경쟁과 책임을 보장하는 사회체제로 변화되어야 한다'는 것에 초점을 맞추고 있다. 연구자들은 과거에 존재했던 법, 제도적 모순들을 해결하면서 사회구성원들의 정치적 참여와 사회적 동의들을 이끌어내는 방식의 정치적 민주주의 이행을 강조하고 있다. 그런데 민주주의 이행의 제도 개혁적 과제들은 노동자계급의 정치를 법, 제도적인 공간에 머무르면서 민주적·경쟁적인 선거게임에 참여하는 정치활동만으로 제한시키는 결과를 초래했다. 즉, 노동자계급의 민주주의가 법, 제도적인 공간의 확장과 통합적인 시민사회 내에서 이뤄지는 경쟁체제로 제한되었다. 이러한 제한적 구조들은 민주주의 이행의 과정에서 새롭게 나타나는 계급 간의 갈등, 특히 노동자계급의 생존조건에서 비롯되는 갈등현상들을 국가 권력의 민주주의 이행과정과 유기적으로 연계되지 못하게 하는 메커니즘으로 작용했다.

2) 민주주의의 질적 발전을 위한 단계론적 이행과 국가 권력

1980년대 후반 기예르모 오도넬(Guillermo O'donnell)은 중남미 지역을 중심으로 한 사례분석을 토대로 민주화 이행과정을 자유화(liberalization), 민주화(democratization), 사회화(socialization)로 제시했고 권위주의체제가 무너지고 난 이후에 전개되었던 자유화 및 민주화와 관련된 다양한 정책을 분석했다. 자유화 및 민주화 단계는 반민주적인 사회구조를 민주적인 사회구조로 변화시키기 위한 제도적·법적 과제들을 실현하려 하지만, 사회화 단계는 사회적 하부구조의 실질적인 민주화와 연계되어 있었다.

그런데 2000년대 중반에 들어 오도넬의 '민주주의 사회화 단계'를 구체화하기 위한 시도가 이뤄졌다. 많은 연구가 진행되었던 심의민주주의는 실질적 민주주의 혹은 사회화 단계에 조응할 수 있는 개혁적 과제, 특히 논의 및 참여, 민주적 의사결정과 관련된 과제들을 제시했다(임혁백, 2000; 오현철, 2006, 2007). 구체적으로 공론조사(deliberative polls)와 시민배심제(citizens' juries), 공동체 대화(community dialogue), 권능강화 참여 거버넌스(Empowered Participatory Governance), 시민포럼(citizen forum), 합의회의(consensus conference), 주민참여예산 등의 제도가 대안으로 제출되었다. 이러한 대안적 제도들은 민주주의의 질을 강화하는 것으로 제기되었다.

그러나 '민주주의의 질'에 대한 다양한 논의는 노동자계급과 민중의 비제도적 대중투쟁과 그들이 권력주체가 되는 방안까지 제시하지 않고 있다. 노동자계급과 민중이 대중투쟁으로 삶의 질을 추구한다고 할 때 '민주주의의 질'에 대한 기존 논의들은 노동자계급과 민중의 삶의 질을 실질적으로 반영할 수 있는 권력구조의 메커니즘까지 논의하지 않았다. 그래서 피터 마르쿠제(Peter Marcuse)는 4단계 민주주의 이행론을 제시했다. 4단계 이행론은 "정치적인 억압체제에서 민주체제로의 이행단계, 사회적 하부구조의 민주화를 위한 밑으로부터의 다층적인 대중투쟁 분출단계, 경제적 민주화 실현단계, 사회주의로의 이행단계"(Marcuse, 1995: 38)였다. 오도넬의 사회화 단계에 조응할 수 있는 구체적인 정책, 즉 민주화 이행의 전략, 주체, 정책, 민주적인 사회체제의 상(象)까지 제시하고 있다. 그런데 마르쿠제는 민주화 이행의 과정에서 나타날 수 있는 다양한 투쟁과 주체를 고려했다. "노동자계급은 민주주의 이행단계에 조응하는 중층적 요구를 표출한다. 밑으로부터의 다층적인 대중투쟁을 민주주의 이행의 특정한 단계로 구분하기 어렵지만, 노동자계급의 대중투쟁단계는 독자적인 민주주의 이행단계로 설정할 수 있다. 사회적 모순은 단기적으로 해소되는 것이 아니라, 지속적으로 해소되었다가 새로 생성되고 또다시 해소되면서 지양되기 때문이다"(Marcuse, 1995: 40). 마르쿠제는 다른 연구자들과 달리 사회주의로 이행하는 단계까지 설정해 자본주의 사회체제의 혁명적 변화도 고려했다. 하지만 마르쿠제도 사회주의로 이행하는 단계에서 국가 권력과 노동자계급 간의 관계 혹은 권력구조의 민주적 메커니즘을 어떻게 구성하거나 재구성할 것인가에 대해서는 말하지 않고 있다.

3) 민주주의의 '최고 질'을 위한 21세기 사회주의적 이행과 국가 권력

구(舊)사회주의국가는 이행기 정치체제인 프롤레타리아독재의 민주주의 이행 전략, 즉 프롤레타리아트가 지배계급이 되도록 부르주아계급을 억압해서 국가 스스로 소멸할 수 있는 다양한 민주적 권력구조를 구축하겠다고 표방했지만 결국 실패했다. 국가 권력은 비국가적이면서 민주적으로 작동되지 않았고 노동자계급은 국가형태를 자기조직화의 직접적·비대의적인 형태(평의회)로 대체하지 못했다. 구사회주의국가가 '민주주의의 최고 질'을 구축하지 못하고 패망한 것이다.

노동자계급이 자본주의체제의 다양한 모순과 갈등을 해소시켜감과 동시에 계급적대를 지양하는 실질적 주체의 관점에서 볼 때 노동자계급의 민주주의는 구사회주의국가가 실현하지 못한 최고 수준의 '민주주의의 질'을 지향하지 않을 수 없다. 이러한 민주주의는 민주주의 이행기 중 최고의 질적인 단계로 상승하려는 사회체제인 사회주의 및 공산주의 학설과 다시 연계되지 않을 수 없게 한다. "공산주의란 프롤레타리아 해방의 조건들에 관한 학설"이었기 때문이고 프롤레타리아가 해방된다는 것은 계급적대가 소멸되고 국가권력의 사회화가 실현되는 사회체제를 의미했기 때문이다.

그래서 많은 학자는 민주주의의 최고 질적 단계에 상응하는 사회주의적 참여계획과 직접민주주의 전략을 제시했다. 사회적으로 공평성, 연대성, 다양성 등의 가치를 인정하고 노동자계급의 다양한 참여구조를 정착시키는 참여경제 모델(앨버트, 2003), 사회주의적 계획과 직접민주주의 간의 융합 모델, 사회구조의 기반을 생산-소비 협동조합에서 찾는 모델 등은 현실 사회주의 체제의 국가 권력이 안고 있는 반민주적 한계를 넘어서려는 21세기 사회주의의 새로운 시도들이었다. 한국에서도 이러한 이론적 기반을 마르크스주의와 한국 현실에 적용시키려 했던 시도가 있었다(정성진, 2007; 장석준, 2006). 이 연구는 참여계획경제 모델과 직접민주주의의 한국적 적용 가능성을 탐색했고 주민참여를 기반으로 하는 스위스의 다양한 직접민주주의의 사례를 소개한다.

이러한 연구들은 민주적인 제도개혁, 질적 발전을 위한 단계론적 이행의 한계를 넘어서고 있다. 제도적 권력주체만이 아니라 사회적 주체들의 참여와 계획으로 이뤄지는 사회체제의 민주적 패러다임이 제시된 것이다. 그러나 연구자들이 민주주의 이행이 노동자계급을 중심으로 한 비제도적 사회 권력을 다양한 권력, 즉 공공 권력 및 국가 권력의 제도적 메커니즘이나 비제도적 메커니즘을 구축하는 방안이나 혹은 직접민주주의와 평의회 민주주의의 구체적 메커니즘을 제시하는 것은 아주 미미하다.

또한 슬라보이 지제크(Slavoj Žižek)도 지적하고 있듯이 민주적 메커니즘이 지배세력의 무조건적인 재생산을 보장하는 국가기구의 일부를 형성한다면, 그것은 국가 권력과 지배세력 간의 반민주적인 융합을 강화할 것이다. 구소련과 동구권 국가들은 프롤레타리아독재를 앞세워 국가의 사멸 및 계급적대를 지양하기보다 "당과 정부를 단일한 시스템으로 융합시켜 전례 없는 권위적 국가, 공포정치적인 국가"를 지향했다. "혁명 이후의 사회주의국가에서는 그 승리를 위한 국가장치, 특히 경찰, 군대와 같은 억압적 국가장치를 유지해야 했다. 승리한 사회주의국가를 보존하고 자본주의국가와의 경쟁에서 승리한다는 전략은 정치적 진리의 주체적 상징화를 철저하게 막을 수밖에 없었다"(서용순, 2014: 56).

그래서 지제크는 "민주주의에 대한 환상이 사회의 근본적인 변혁을 가로막는 장애물이지만, 프롤레타리아독재는 민주주의의 폭발적 분출 자체의 다른 이름이다. 아무리 급진적인 반자본주의를 표방한다 하더라도 그 해법을 국가 권력의 민주적 메커니즘을 통해서만 찾을 수 있다"(지제크, 2013: 37)라고 제기했다. 지제크는 민주주의 이행의 사회화 단계에 조응하는 국가 권력의 메커니즘이 노동자계급의 독재체제와 연계되어야 한다는 점을 강조했다.

3. 대안사회의 민주적인 국가 권력 메커니즘 모색

1) 국가 권력의 호응적 순환 모델

현대 자본주의체제에서 노동자계급의 정치적 주체들의 역량이 강력한 경우는 일반적으로 흔하지 않다. 혁명적 상황이 발생하지 않는 한 노동자들이 모두 노동자계급의 정치적 주체들을 지지하는 것이 아니기 때문이다. 부르주아 지배계급은 민주주의를 공고화하는 과정에서 노동자계급을 대상으로 통합-분할통치 전략을 강화한다. 그것은 노동자계급을 대상으로 한 몰계급적인 '대중 우상화 전략'과 '계급 정체성 해체 전략'이다. 우선 지배계급의 '대중 우상화 전략'은 노동자들의 계급의식을 몰계급적인 국가주의 의식으로 조작하는 통치 전략이었다. 다음으로 '계급정체성 해체 전략'은 노동자계급 내부의 주체적 역량을 해체하는 통치 전략이다. 부르주아 지배계급은 노동자계급운동을 '현장 권력의 공동화(空洞化)', '계급 이기주의'로 매도되는 '사회적 영향력의 공동화', 그리고 노동운동 내부의 조직적 통일성을 약화시키는 '조직 권력의 공동화' 등의 상태로 약화시켰다. 부르주아계급은 이 과정에서 국가 권력을 활용한다.

국가의 권력구조는 권력기구, 권력형성, 권력집행, 권력평가라는 순환적·유기적 체제를 유지하고 있다. 부르주아계급은 노동자계급의 주체적 역량을 국가 권력의 다층적 메커니즘을 이용해 지배한다. 그런데 민주주의 이행을 국가 권력의 제도개혁이나 국민의 참여에 초점을 맞추는 이론들은 권력구조의 순환적·유기적 측면보다는 국가 권력의 개별적 구성요소에 집중해 분석하고 평가했다(Gasiorowski and Power, 1998; O'Donnell, 2005). 노동자계급의 정치도 정당을 중심으로 한 권력주체 혹은 정권을 장악하는 권력형성에 초점을 두었다. 이는 부르주아계급의 민주주의가 노동자계급의 정치를 부르주아 민주주의의 틀 내에서 블랙홀처럼 흡수하고 있어도 노동자계급이 부르주아 민주주의를 공공선으로 착각하는 주요 이유인 것이다.

그래서 노동자계급의 민주주의는 권위주의체제를 무너뜨린 저항의 주체들과 그들의 이해를 분석하고 평가하는 과정에서 민주주의 이행 및 공고화의 동력을 규명할 수 있어야 한다. "민주주의는 언제 어디서나 부르주아계급인 지도세력에 대항하는 노동자, 민중의 투쟁에서 비롯되기 때문이다"(Therbon, 1983: 271). 노동자계급의 민주주의가 노동자 스스로 자신을 통치하고 지배할 수 있는 권력구조에 조응해야 하는 주요 이유이다.

민주주의를 '노동자계급의 자기통치 및 자기지배'라는 관점에서 볼 때 민주주의는 다양한 사회세력 간의 투쟁이 전개되거나 활성화되는 장을 형성하고 유지하는 것이고 또한 국가 권력의 비국가적·민주적인 메커니즘을 형성해 운영하는 것이다. "노동자계급은 민주주의 이행기에 조응할 수 있는 다층적 요구, 특히 자신의 권리를 보장할 수 있는 민주적 국가 권력의 메커니즘을 요구하면서 대중투쟁을 전개한다"(Marcuse, 1995: 40). 만약 국가 권력이 노동자계급의 민주주의를 일상적으로 경험할 수 있는 것과 무관한 구조로 구축된다면 노동자계급은 국가주의에서 벗어나지 못할 것이다.

계급 간의 모순과 갈등을 소멸할 수 있는 권력구조가 '민주주의의 최고 질'을 담보할 수 있다는 관점에서 볼 때 노동자계급이 국가 권력의 주체이자 대상으로 존재하면서 국가 권력과 상호 호응관계를 유지할 필요가 있다. 노동자계급은 국가 권력에 대한 자기지배의 패러다임에서 민주주의의 주체로 나설 수 있다. <그림 7-1>은 노동자계급이 국가 권력을 자기 스스로 지배하는 하나의 모델이다.

<그림 7-1>은 그동안 직접민주주의나 실질적 민주주의를 강조하면서 보

〈그림 7-1〉국가 권력에 대한 노동자계급의 자기지배 모델

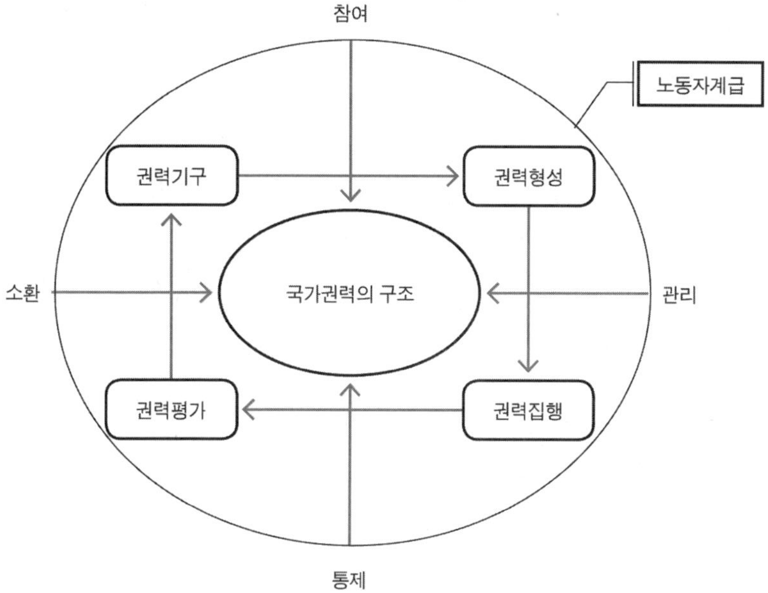

편적으로 제기되었던 담론들을 국가 권력의 구조와 노동자계급의 권리를 통일적으로 연계시킨 모델이다. 즉, 모델은 노동자계급의 자기지배를 위해 국가 권력과 노동자계급 간의 순환적 메커니즘을 구축한 것이다. 국가 권력과 노동자계급 간의 상호 호응적인 권력관계가 '민주주의의 최고 질'을 보장할 수 있다는 전제에서 볼 때 국가 권력은 권력기구를 중심으로 권력의 형성과 집행 및 평가라는 순환적 메커니즘으로 작동되어 노동자계급을 통치하는 반면, 노동자계급은 권력에 대한 자기지배의 네 가지 구성요소, 즉 권력참여, 권력관리, 권력통제, 권력소환이라는 민주적 메커니즘으로 국가 권력을 지배한다. 노동자계급이 주체적으로 참여할 수 있는 권력구조, 자율적으로 통제하고 관리할 수 있는 권력구조 그리고 평가를 바탕으로 소환할 수 있는 권력구조를 정착시킨 것이다.

물론 이러한 모델이 이미 구사회주의국가에서 실패한 것이라고 규정할 수 있다. 이진경은 지제크가 제안한 국가와 정치의 공리를 "첫째, 공산주의적 국가-당 정치의 실패는 무엇보다 반국가적 정치의 실패, 국가형태를 자기조직화의 직접적·비대의적인 형태(평의회)로 대체하려는 노력의 실패이다. 둘째, 국가를 무엇으로 대체하고 싶은지에 대한 명확한 생각이 없다면 국가에서 물러날 권리가 없다. 즉, 진정한 과제는 국가에서 거리를 두는 것이 아니라 국가 자체를 비국가적 방식으로 작동하게 만드는 것이어야 한다"(이진경, 2014: 29)라는 것으로 정리하고 비판하면서 다음과 같은 문제의식을 제기했다. 그것은 "국가장치의 파괴를 국가장치의 대체로 바꿔버린 점, 국가장치의 파괴 또는 소멸이 무엇인지를 근본에서 사유하지 못한 점, 국가는 아마도 소멸되지 않을 것이라는 점"(이진경, 2014: 29~38) 등이었다.

그러나 국가 권력에 대한 노동자계급의 자기지배 모델이 노동자계급과 국가 권력의 관계를 혁명적으로 구성한다면 그 과정은 국가장치의 대체나 파괴를 넘어서야 할 것이다. 구사회주의국가는 국가 권력에 대한 노동자계급의 자기지배를 보장하는 국가장치를 창조했다. 역사적으로는 "혁명에 성공했던 소련의 소비에트 정부 초기에는 노동자들이 공장위원회, 평의회, 공동경영, 경영진에 대한 직접선출 등의 자유와 권리를 향유했다"(리브만, 1985: 355). 또한 "파리코뮌은 상비군의 폐지, 재판관 및 정치적 대표자들의 직접 선출 및 소환, 기존 국가 권력의 파괴 등 그 이전의 억압적 국가와는 달리 국가라는 특수한 형태의 기능을 사회 자체에 되돌려주고 그럼으로써 국가를 서서히 소멸시키는 정치적 형태"(김세균, 1989: 51)를 구성했다. 이러한 사례들은 혁명에 성공한 세력이 새로운 국가 권력을 만들고 그 국가 권력과 노동자계급 간의 상호 호응적 관계를 새롭게 구성한 것으로 봐야 한다. 노동자계급이 국가 권력에 대한 자기지배의 다양한 민주적 메커니즘을 혁명적으로 창조한 것이다.

노동자계급이 사회의 지배계급으로 군림한다는 의미는 "혁명의 성공을 프롤레타리아 국가 권력의 완성, 즉 거대한 관료제와 군사조직, 방대하고 정교한 통치기구의 주체와 구조를 변경시키는 의회 권력과 행정 권력의 형성으로 봐야 한다".

이처럼 낡은 국가기구를 파괴한다는 것은 국가장치의 완전한 파괴 및 대체를 의미하기보다 노동자계급의 자기지배를 위한 국가장치와 권력 메커니즘을 새롭게 창조한다는 의미로 봐야 한다. 새로운 관료와 관료기구, 새로운 군인과 군대구조, 새로운 통치인력과 통치구조 등이 노동자계급의 자치 권력에 조응하도록 재구성되는 것이다. 이것이 낡은 국가기구를 민주적인 국가 권력의 메커니즘으로 구축하는 과정이다. 특히 몽테스키외(Montesquieu)가 권력분립을 말하면서 '군에 대한 국민의 통제'를 제기한 점도 상기할 필요가 있다. "군을 통솔하는 집행 권력이 국민을 억압하지 않도록 군대와 국민은 밀접한 관계를 가져야 한다. 구체적으로는 시민으로 구성되는 시민적 성격의 국민군이 있어야 하고 국민군이 없을 경우에는 일반 국민과 함께 거주하면서 살아가는 하층계급 중심의 상비군이 있어야 한다"(김계수, 1983: 155). 이는 국가 권력의 모든 힘이 국민을 위해 국민과 함께 작동되어야 한다는 의미이다. 자본주의사회에서 국민의 대다수인 노동자계급이 국가 권력의 메커니즘을 지배해야 실질적인 권력분립이 이뤄질 수 있고 또한 '민주주의의 최고 질'이 실현될 수 있다는 것과 유사하다.

2) 정치사회 권한의 민주적 분산 모델

국가 권력은 정치사회의 권력이 존재하지 않은 상태에서 어떠한 조직이나 질서도 존재하기 어렵다는 미혹에서 쉽게 벗어나지 않는다. "국가 권력은 기본적으로 사회 및 사회적 조직의 질서를 지원하면서 국민을 대상으로 국가적인 정체성을 강화해야 한다"(Bierstedt, 1960: 730). 정치사회의 다양한 권력주체들이 국가 권력을 운용하기 위해 좀 더 많은 권한을 확보하려 하고 이러한 권한의 집합적 힘으로 형성되는 권력의 중심을 차지하려 하며 "국가의 공공적 자원망을 지배하고 있는 지배적 엘리트 간의 공식적·비공식적 연계를 구축하려 한다"(Perrucci and Pilisuk, 1970: 1040).

노동자계급은 이 과정에서 국가 권력의 통치대상으로 전락한다. 노동자계급은 일반적으로 국가 권력과의 관계에서 권력의 정당성을 보장하기 위한 선거의 권한만을 확보한다. 반면에 "영합게임(zero-sum game)의 원리로 작동되는 국가 권력은 선거 이후에 권력투쟁의 반대세력에게 대항해서 관료적 엽관주의(spoils system)를 강화"(Jessop, 1969: 417)하는데 이는 정치사회의 권력을 집중시키기 위한 토대로 작용한다. 그래서 '민주주의의 최고 질'은 노동자계급을 자율적·자치적인 권력 메커니즘의 주체로 나서게 하는 대신 정치사회의 권한을 분산시켜 권력의 집중화를 예방할 수 있을 때 보장될 수 있다. 이를 위해서는 노동자계급의 운동이 제도적 공간이든 비제도적 공간이든 활성화되어야 한다. "노동자계급은 다수의 이해관계를 위한 다수의 자립적·자율적인 운동의 주체이고 또한 시민사회를 변화시키는 주도적 주체이기 때문이다"(마르크스·엥겔스, 2007: 30).

<그림 7-2>는 정치사회의 권력이 집중되는 것을 예방하고 노동자계급을 중심으로 한 사회구성원들의 자치활동을 활성화시키는 모델인데, 그 주요 목적은 정치사회의 권한을 민주적으로 분산하는 것, 즉 국가 권력의 비국가화와 비대의제적인 정치를 권한의 민주적 분산과 확장으로 구축할 수 있는 자치민주주의 가치를 반영한 것이다.

물론 <그림 7-2>에서 제시되고 있는 네 가지 자치조직 이외에도 비국가

〈그림 7-2〉 권한의 민주적 분산과 확장 모델

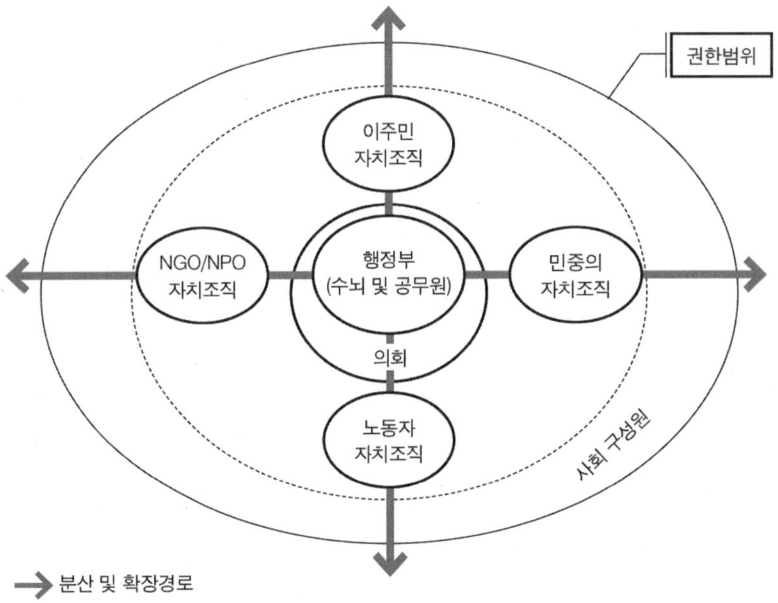

적·비제도적인 사회구성원의 자치조직이 매우 다양하게 존재할 수 있다. 이러한 자치조직들이 시민사회에서 정치사회보다 많은 권한을 서로 공유하고 연대하면서 자신들의 자치를 실현하고자 한다면 시민사회는 정치사회보다 더 많은 권한을 확보해 실질적인 권력주체로 존재해야 한다.

이는 블라디미르 레닌(Vladimir Lenin)이 제기했던 새로운 노동자 국가 권력의 운영원리와 유사하다. 레닌은 국가 권력을 집행하는 관료나 노동자계급의 정치적 대표자들의 권한을 최소화하는 원리를 제시했다. "첫째, 관료나 정치적 대표자들을 선출하는 것뿐 아니라 항시라도 소환이 가능하다. 둘째, 관료나 정치적 대표자들은 노동자의 임금을 상회하는 수준의 급료를 받지 못한다. 셋째, 모든 사람이 관료나 정치적 대표자들을 직접 통제하면서 모든 사람이 한 번씩은 관료 및 대표자가 될 수 있다"(레닌, 1995: 136). 국가 권력의 권한이 소수의 관료들에게 집중되어 있을 경우 이러한 운영원리는 실현될 수 없다. 장 자크 루소(Jean-Jacques Rousseau)는 『사회계약론(Du Contrat social)』(1762)에서 관료들의 의사를 세 가지, 즉 "개인적 이익을 도모하는 개인 의사, 지배계급의 집단 의사, 일반 의사 또는 주권 의사로 분류한 상태에서 관료들의 권한이 집중될수록 관료들의 개인 의사가 가장 강하게 발현된다. 국가 권력의 작동 원리에서 일반 의사가 지배적이어야 함에도 일반 의사가 가장 약하다"(김계수, 1983: 171)라고 했다. 이러한 현상은 관료나 정치적 대표자들이 시민사회를 지배하고 통치하는 패러다임에서 비롯된다.

따라서 시민사회의 수많은 자치조직이 관료나 정치적 대표자들보다 많은 권한을 보유하는 모델은 정치사회의 권력주체와 노동자계급 간의 유기적인 관계를 필요로 한다. 안토니오 그람시(Antonio Gramsci)가 강조한 것처럼 정치사회의 지도자는 대중의 이해와 유기적으로 결합해 대중에게서 끊임없이 활력을 제공받아야 하고 대중 위에 기계적으로 군림하는 리더십과 대중의 이해 및 참여와 유리된 관료적 집중주의를 부단히 경계해야 한다는 가치이다. 유기적인 리더십은 "의사소통적 상호이해를 통해 참여와 통합의 이념을 실현할 수 있고 이런 리더십을 바탕으로 지배와 억압에서 해방된 사회, 구성원 상호 간의 공통적인 가치와 규범, 목표에 대한 상호이해와 합의형성을 통해 공유함으로써 개인과 전체의 연대성을 구축할 수 있다"(Habermas, 1990: 183).

사회구성원 및 노동자계급이 좀 더 많은 권한을 보유한다는 것은 헌법 및 각종 법령에서 자치민주주의의 가치를 구체화하는 것이다. 물론 관료제 및 대의제는 인간이 살아가는 모든 공간에서 나타날 수 있는 정치사회의 권력체제임에 틀림없지만 시민사회를 중심으로 한 자치민주주의는 정치사회의 권한을 시민사회가 구조적으로 공유하면서 관료제 및 대의제의 형식과 내용을 사회적으로 변화시킬 수 있는 것이다.

3) 민주적인 국가 권력 메커니즘의 운영원리와 사례

국가 권력의 호응적 순환 모델과 권한의 민주적 분산 모델은 사회체제의 혁명을 전제로 하지 않는다. '민주주의의 질'을 지향하는 국가는 권력의 민주적 메커니즘을 다양한 차원에서 모색하고 있다. '민주주의의 질'은 자본주의체제이든 사회주의체제이든 노동자계급의 이해를 어떻게 보장하느냐 혹은 국가 권력과 노동자계급 간의 권력관계가 어떠한 형식과 내용으로 구축되느냐가 관건이기 때문이다.

노동자계급의 민주주의는 각 개인이 자신의 완전한 잠재력을 발전시킬 수 있는 사회를 지향한다. 노동자계급은 자신이나 사회구성원 대다수의 생활세계에 영향을 주는 각종 정책의 결정과정에 참여하고 그 정책의 집행이나 평가과정에 주체적으로 개입할 권리와 권한을 보유할 수 있다. 노동자 스스로 자신을 관리하고 통제하는 자기지배의 원리인 것이다. 따라서 국가 권력의 민주적 메커니즘은 국가 권력과 노동자계급 간의 권력관계가 '참여, 관리, 통제, 소환'이라는 패러다임으로 작동되어야 한다는 의미이다. 노동자계급의 민주주의는 국가 권력과의 관계에서 노동자들의 권리가 소외되는 것을 소멸시키거나 국가주의의 미혹에서 벗어나는 과정이 될 것이다.

물론 이 글에서 제시하는 남아프리카공화국과 베네수엘라의 사례는 오래전에 적용된 경우이다. 하지만 남아프리카공화국과 베네수엘라 국가 권력의 민주적 메커니즘이 폐지되지 않고 지속된다면 그러한 사례를 통해 다양한 함의를 도출할 수 있다.

일반적으로 국가 권력은 제도화된 권력기구인 입법부, 행정부, 사법부로 구성된 상태에서 사회구성원들의 동의에 기반을 둔 권력주체를 형성한다. 노동자계급의 동의는 정부나 국회가 주기적으로 교체되는 동력이기도 하다. 노동자계급은 관료를 제외한 대부분의 정치적 권력주체들을 선출하는 선거에 참여해 동의를 표출한다. "선거에 참여해 반대표를 던지든 찬성표를 던지든 투표에 참가하는 것만으로도 동의를 표출하는 것이다. 어느 누구든 투표에 참여하는 것은 국가 권력의 필요성을 인정하는 행위이다"(플라므나츠, 1986: 352). 그러나 노동자계급은 선거 이외에도 시민사회의 기구인 정당이나 자치적인 시민사회조직에 참여해 권력형성의 주체로 존재한다. 시민사회단체의 비제도적인 기구도 국가 권력을 구성하는 국가기구이기 때문이다. 그래서 국가가 시민사회 권력, 즉 국가나 정치사회를 중심으로 하는 권력이 아니라 시민사회의 노동자계급을 중심으로 하는 권력을 제도적으로 보장한다.

남아프리카공화국과 베네수엘라는 시민사회 권력을 헌법으로 보장했다. 남아프리카공화국은 1990년 아파르트헤이트(apartheid)체제에서 해방된 이후 새로운 헌법을 제정하면서 국가 권력의 민주적 메커니즘을 구축했다. 대표적인 메커니즘이 국가 권력의 4권 분립이다. 남아프리카공화국 헌법은 입법권, 행정권, 사법권, 시민사회권을 보장했다. 시민사회권은 구체적으로 헌법상의 민주주의를 지원하고 보호하는 독립된 국가기구로 구성되었다. '공공호민관(Public Protector)', '국가회계감사관(Auditor-General)', '인권위원회', '문화, 종교, 언어 공동체 보호발전위원회', '성평등위원회', '선거위원회'는 남아프리카공화국 노동자계급의 시민사회권을 구체적으로 실현하는 국가기구이다. 시민사회단체들은 이러한 위원회를 통해 입법, 행정, 사법을 감시하고 통제한다. 공공호민관은 모든 국가기구와 그 구성원의 부정부패를 감시하고 수사해 그 결과를 국민에게 공개한다. 국가회계감사관의 경우 중앙정부든 지방정부든 노동조합과 시민단체의 요구가 반영된 국민예산안을 만들어 의회에 제출하고 의회는 정부예산안과 국민예산안을 함께 검토, 절충해 정부예산안을 최종적으로 확정한다. 남아프리카공화국의 시민사회권은 모든 국가기구를 시민사회의 권한으로 감시하고 통제할 수 있다.

노동자계급의 시민사회권은 국가의 정책을 결정하고 집행하는 과정에서도 발현된다. 만약 노동자계급이 정부정책을 결정하는 최종적 권한을 보유한다면 정부정책의 '공동운영 및 공동결정'이 가능하다. 남아프리카공화국의 각종 시민사회단체는 중앙정부든 지방정부든 주요 정책을 결정하는 과정에 참여하고 있다. 시민사회단체들은 정부에서 수립한 주요 정책의 최종 결정권을 행사하고 있다.

남아프리카공화국 시민사회는 또한 국가예산을 수립하는 권한이 있다. 그것은 민중예산제도이다. 남아프리카공화국 국가예산은 남아프리카공화국 노동조합회의(the Congress of South African Trade Unions: COSATU)를 중심으로 한 시민사회단체에서 만드는 민중예산안과 행정부의 정부예산안을 국회가 동시에 심의해 결정된다. 남아프리카공화국 시민사회단체의 민중예산은 흑인 노동자들의 삶의 질을 고양시킨다는 목적하에 국가예산의 전략적 목적을 다음과 같이 설정하고 있다. 그것은 "기초생활에 대한 양질의 공공서비스 고양, 경제성장과 함께 양질의 직업 창출, 민중이 재산 및 기술에 접근 가능성 강화, 민주적·참여적인 통치구조의 강화, 환경보전 및 발전보장 정책의 강화"(COSATU, 2002) 등이다. 이런 전략적 목적에 조응하는 국가예산안을 시민사회단체가 수립할 수 있다는 것 자체부터 정치사회의 권한이 구조적으로 분산되어 자치조직이 국가예산까지 지배하고 통제할 수 있는 제도적 메커니즘인 것이다.

그렇지만 노동자계급은 국가 권력이 노동자계급과 유리되는 대의구조 및 전문적 엘리트 중심의 소수 과두화되는 것을 예방할 수 있어야 한다. 존 로크(John Locke)도 권력에 대한 평가 권력을 인민이 보유하고 있다고 강조했다. "정부가 사회공공선에 적합하게 권력을 행사했는가의 여부는 인민이 결정할 일이다"(플라므나츠, 1986: 322). 인민은 정부가 집행한 권력의 정당성을 평가할 권리의 소유자였다. 따라서 노동자계급은 정책으로 집행된 국가 권력을 평가하고 그 결과를 토대로 국가 권력의 새로운 권력기구와 권력주체를 형성한다. 시민사회 권력은 이 과정에서 관료 및 정치적 대표들에 대한 인사권한을 발휘할 수 있다.

남아프리카공화국에서는 노동자계급을 중심으로 한 사회구성원의 복합적 인사검증체제가 구축되어 있다. 이는 시민사회가 정치사회의 인사권한을 분산적으로 공유하는 대표적 사례이다. 남아프리카공화국의 국회의원 후보는 시민사회에서 이뤄지는 최소 다섯 번의 복합적 인사검증체제를 거쳐야 한다. 이러한 복합적 인사검증체제는 1995년에 결성되어 과거사를 정리했던 남아프리카공화국 진실화해위원회 위원들을 선발한 사례를 계기로 제도화되었다. "아프리카민족회의(African National Congress: ANC) 정권은 위원회 위원들을 선발하기 위해 '정치활동 경험이 거의 없는 인권운동가'들을 공개적으로 모집하고 이 과정에서 17명의 위원들은 297명의 후보자들 중에서 공개적·복합적인 3단계 인사검증을 거쳐 지명되었다. 노동조합을 중심으로 한 시민사회단체들은 인사검증심사에 참여해 45명으로 압축된 후보자 가운데 25명을 선발했다. 그리고 넬슨 만델라(Nelson Mandela) 전 대통령은 25명의 후보자 중에서 마지막으로 17명의 위원들을 지명했다"(김영수, 2002: 148).

베네수엘라도 국가 권력에 대한 노동자계급의 통제와 감시를 보장하고 있다. 베네수엘라 정부는 국(공)영 기업의 감독을 실질적으로 단행할 수 있는 시민사회 권력을 '헌법' 제273조에서 보장했다. 시민사회 권력은 민중의 수호자, 검찰총장, 감사원장으로 구성되는 공화국 윤리위원회에서 행사되었는데 민중수호청의 수장인 민중수호자는 다음과 같은 권한을 가지고 있다. '헌법' 제281조 2항에서 "시민 권력체는 국가의 공공사업이 적절히 기능하는지의 여부를 감독하고 공공재화를 생산, 관리하고 공급하는 행정의 업무가 독단 행위, 권력 남용, 과실 등으로 노동자와 민중의 합법적·집합적·광범위적인 모든 이익과 권리가 침해되는 일이 없도록 보호한다"(Gott, 2005: 68). 마이클 레보위츠(Michael Lebowitz)는 베네수엘라가 수립하고자 하는 사회 형태에 대해 이렇게 말하고 있다. "사회 위에 군림하는 국가 대신에 민주적·참여적·주체적 형태의 국가 권력 메커니즘, 즉 노동자계급이 자신에게 영향을 주는 각종 결정과정에 참여하고 생산활동의 목적을 자신의 목적과 일치시킬 수 있다"(원영수, 2006: 127~129). 노동자계급은 민주적 의사결정과정에 참여하고 이를 통해 자신의 환경과 자기 자신을 동시에 변혁하며 새로운 사회의 주체로서 자신을 생산하게 될 것이다. 이는 노동자계급이 스스로 국가 권력과 자기 자신을 지배하는 '민주주의의 최고 질'의 한 사회형태이다.

4. 맺음말

노동자계급은 그동안 제도적·형식적인 민주주의를 형성하는 주체이자 그러한 민주적 국가 권력의 통치대상으로 존재했다. 노동자계급은 민주화 이행기에 권위주의체제에서 누리지 못했던 기본적 권리들을 획득했지만, 삶의 질을 실질적으로 변화시키지 못했다. 노동자계급은 사회체제의 근본적 모순을 극복하려 하지 않는 민주화 이행의 제도개혁적 한계에 직면했던 것이다. 그런데 노동자계급은 제도적·형식적인 민주주의를 넘어서는 실질적 민주주의의 주체로 쉽게 나서지 못하고 있다. 이는 민주주의의 사회화 단계에 조응하는 국가 권력 메커니즘이 구축되지 못한 주요 원인으로 작용했다. 앞으로도 노동자계급이 민주주의 사회화 단계의 권력주체로 나서지 못하는 현상은 쉽게 극복되지 않을 것이고 또한 노동자계급 스스로 자신의 권리가 소외되고 있는 것조차 인식하기 쉽지 않을 것이다. 노동자계급이 '참여, 관리, 통제, 소환'의 모델로 국가 권력과 관계를 맺어본 적이 거의 없기 때문이다.

그렇지만 이 글은 미시적인 몇몇 사례와 추상적인 모델의 결합으로 '민주주의의 질'을 구축하는 대안사회의 상을 제시하려 했다. 대안사회는 국가 권력을 민주적으로 사회화하는 모델을 기초로 국가 권력에 대한 노동자들의 권한, 즉 노동자계급의 민주주의가 지향해야 할 가치를 다양한 권력 패러다임으로 구성 및 재구성되어야 할 것이다. 추상적·이상적인 가치라 할지라도 이러한 가치는 국가 권력과 노동자계급 간의 상호 호응적 순환, 정치사회의 권한을 최소화하는 대신에 노동자계급의 권한을 최대화하는 권력 분산 등으로 노동자계급의 '삶의 질과 민주주의의 질'을 높일 수 있다. 노동자계급이 권력의 주체이자 대상으로 존재할 수 있는 사회체제의 민주주의, 이것이 계급 적대나 혹은 새롭게 생성되는 모순과 갈등을 소멸시킬 수 있는 국가 권력의 민주적 메커니즘이다.

그러나 이 글은 다양한 측면에서 한계를 지니고 있다. 우선 민주적 국가 권력의 메커니즘 사례가 지극히 제한적이라는 점이다. 남아프리카공화국과 베네수엘라의 사례에 한정되어 있고 또한 남아프리카공화국과 베네수엘라의 국가 권력을 총체적으로 분석, 평가하지 않으면서 미시적 사례를 도출하고 있다. 다음으로는 이론적 모델을 구축하는 과정에서 주관적인 가치가 개입되는 측면을 배제할 수 없었다. '참여, 관리, 통제, 소환'의 패러다임이 보유하고 있는 또 다른 비민주주의적 측면을 객관적으로 고려하지 못했다. 마지막으로 민주주의 국가 권력에 대한 계급론적 접근의 한계이다. 이 글은 노동자계급을 추상적인 권력주체로 상정하고 있다. 하지만 구체적 현실의 노동자계급은 계급 내적으로 다양하게 분화되어 있는 상태이다. 정규직과 비정규직,

대기업 노동자와 중소기업 노동자, 고용된 노동자와 실업 상태의 노동자, 남성 노동자와 여성 노동자, 높은 연령의 노동자와 그렇지 않은 노동자 간의 다양한 분화현상이 존재한다. 이 글은 노동자계급의 계급 내적 분화현상까지 반영하지 못하고 있다.

필자는 이 글을 마무리하면서 적지 않은 과제를 떠안았다. 가장 중요한 과제는 국가 권력의 민주적 사회화 모델을 좀 더 정치하게 구성해야 한다는 것이다. 이 글에서 제시한 모델은 오래전부터 존재했던 다양한 이론적 담론을 체계화한 것에 지나지 않는다. 심층적인 연구는 이제부터 시작되어야 한다. 각각의 모델, 담론, 사례 등은 좀 더 풍부하게 분석하고 평가해야 한다. 다음으로 중요한 과제는 필자의 논지를 학문적으로 객관화시켜야 한다는 점이다. 이 글의 논지가 개인의 주장에 머물지 않아야 한다는 점을 고려할 때 민주주의에 대한 다양한 가치와 관점을 다양하게 섭렵하고 학문적 교류의 폭을 확대할 필요를 느낀다.

참고문헌

가라타니 고진(柄穀行人). 2009.「세계 위기 속의 어소시에이션-협동조합」. ≪녹색평론≫, 11~12월 호, 녹색평론.
김계수. 1983.『구미정치사상사』. 일조각.
김세균. 1989.「마르크스의 국가관」. ≪철학≫, 제31집.
김영수. 2002.『남아공 민주주의의 역사 현재 미래』. 동인.
레닌, 블라디미르(Vladimir Lenin). 1989.『프롤레타리아독재에 대하여』. 편집부 옮김. 앎과 함.
______. 1995.『국가와 혁명』. 김영철 옮김. 돌베개.
리브만, 마르셀(Marcel Liebman). 1985.『레닌주의 연구』. 안택원 옮김. 미래사.
마르크스(Karl Marx)·엥겔스(Friedrich Engels). 1991.『칼 맑스 프리드리히 엥겔스 저작 선집』. 최인호 외 옮김. 박종철출판사.
______. 2007.『공산당선언』. 이진우 옮김. 책세상.
서용순. 2014.「바디우의 '코뮌주의 이념'에 대한 소고」. ≪마르크스주의연구≫, 제11권 제1호.
앨버트, 마이클(Michael Albert). 2003.『파레콘: 자본주의 이후, 인류의 삶』. 김익희 옮김. 북로드.
오현철. 2006.「토의민주주의: 이론 및 과제」. 주성수·정상호 편.『민주주의 대 민주주의』. 아르케.
______. 2007.「민주주의의 새로운 공간: 한국 공론장의 대안적 발전 모델을 중심으로」. ≪한국정치학회보≫, 제41집 제2호.
원영수. 2006.『지금 건설하라, 21세기 사회주의』. 메이데이.
이진경. 2014.「실재의 정치학과 배제된 자들의 공산주의: 지젝의 공산주의 정치에 대하여」. ≪마르크스주의연구≫, 제11권 제1호.
임혁백. 2000.『세계화 시대의 민주주의: 현상·이론·성찰』. 나남.
장석준. 2006.「21세기의 현실 대안-사회주의」. ≪마르크스주의연구≫, 제3권 제2호.
정성진. 2006.「21세기 사회주의와 참여계획경제의 가능성」. ≪진보평론≫, 제30호.
______. 2007.「21세기 사회주의를 위한 참여계획 모델」. 경상대학교 사회과학연구원 국제학술대회자료집.

지제크, 슬라보이(Slavoj Žižek). 2010. 『처음에는 비극으로, 다음에는 희극으로』. 김성호 옮김. 창비.
______. 2012. 『멈춰라, 생각하라』. 주성우 옮김. 와이즈베리.
______. 2013. 「오늘 왜 공산주의인가」. 이현우 옮김. ≪말과 활≫, 창간호.
플라므나츠, 존(John Plamenatz). 1986. 『정치사상사』. 김홍명 옮김. 풀빛.
Andrew, R. 1999. *Electoral Systems and Democratization in Southern Africa*. Oxford University Press.
Badiou, A. 2013. "General Introduction." 서울 공산주의 국제 컨퍼런스 발표문.
Barchiesi, F. 2011. *Precarious Liberation: Workers, the State, and Contested Social Citizenship in Postapartheid South Africa*. State University of New York Press.
Berman, D. R. and M. A. Abdollahian. 1999. "Negotiating the Peaceful Expansion of the South Africa Electorate." *Journal of Conflict Resolution*, Vol. 43, No. 2.
Bierstedt, R. 1960. "An Analysis of Social Power." *American Sociological Review*, Vol. 15, No. 6.
Cockshott, W. P. and A. F. Cottrell. 1993. *Towards A New Socialism*. Coronet Books Inc.
COSATU. 2002. *People's Budget System*.
Charney, C. 1999. "Civil Society. Political Violence. and Democratic Transition: Business and peace process in South Africa. 1990 to 1994." *Society for Comparative Study of Society and History*, Vol. 99.
Diamond, L. 1996. "Toward Democratic Consolidation." L. Diamond and M. F. Plattner(eds.). *Developing Democracy: Toward Consolidation*. The Johns Hopkins University Press.
Gasiorowski, M. J. and T. J. Power. 1998. "The Structural Determinants of Democratic Consolidation-Evidence from the Third World." *Comparative Political Society*, Vol. 31, No. 6.
Gott, R. 2005. *In the Shadow of the Liberator: Hugo Chávez and the Transformation of Venezuela*. Verso.
Habermas, J. 1990. *Strukturwandel der Öffentlichkeit*. Shurkamp.
Hewitt, C. L. and M. Matlhako. 2001. "History Education in Post-Apartheid South Africa-African identity and Regional Economic Integration." *Society for Comparative Study of Society and History*, Vol. 78, No. 1.
Jessop, R. D. 1969. "Change and Power in Structural Analysis." *Sociological Review*, Vol. 17.
Kingdon, G. and J. Knight. 2000. "Are Searching and Non-Searching Unemployment Distinct States when Unemployment is high? The Case of South Africa." Working Paper No.

WPS/2000-2. Centre for the Study of African Economies. University of Oxford.
Leibbrandt, M., I. Woolard, H. McEwen and C. Koep. 2010. "Employment and Inequality outcomes in South Africa." Southern Africa Labour and Development Research Unit (SALDRU) and School of Economics, University of Cape Town.
Lijphart, A. 2004. "Constitutional Design for Divided Societies." *Journal of Democracy*, Vol. 15, No. 2.
Marcuse, P. 1995. "Transition in South Africa: To What?" *Monthly Review*, Vol. 47, No 6.
McDonald, D. and J. Pape(eds.). 2002. *Cost Recovery and the Crisis of Service Delivery in South Africa*. Human Science Research Council.
Nattrass, N. 2000. "The debate about unemployment in the 1990s." *Studies in Economics and Econometrics*, Vol. 24, No. 3.
Neff, D. F. 2006. "Subjective Well-Being, Poverty and Ethnicity in South Africa: Insight from an Exploratory Analysis." *Social Indicators Research*, Vol. 80, Iss. 2.
Norris, P. 2008. *Driving Democracy: Do Power-Sharing Institutions Work?* Cambridge Univ. Press.
O'Donnell, G. 2004. "Human Development, Human Rights, and Democracy." *The Quality of Democracy: Theory and Applications*. in G. O'Donnell, J. V. Cullell and O. M. Iazzetta(eds.). University of Notre Dame Press.
______. 2005. "Why the Rule of Law Matters." *Assessing the Quality of Democracy*. in L. Diamond and L. Morlino(eds.). The Johns Hopkins University Press.
Oyugi, W. 2006. "Coalition Politics and Coalition Governments in Africa." *Journal of Contemporary African Studies*, Vol. 24, No. 1.
Perrucci, R. and M. Pilisuk. 1970. "Leaders and Ruling Elites: The Interorganizational Bases of Community Power." *American Sociological Review*, Vol. 35.
Therbon, G. 1983. *States and Society*. Oxford.

제8장

코뮤니즘사회에서 문화와 일상의 의미와 위상변화에 관한 시론*

심광현 | 한국예술종합학교 영상원 영상이론과 교수

1. 문제제기

코뮤니즘사회 — 카를 마르크스(Karl Marx)의 용법에 따르면 자유로운 개인들의 연합으로 자본주의 생산양식이 폐지된 새로운 사회 — 에서 문화와 일상의 의미와 그 사회적 위상이 지금과 어떻게 다르게 변할 것인지를 살피기는 쉽지 않다. 어려움은 먼저 오늘날에도 문화의 개념적 스펙트럼이 너무 넓고 그와 맞물려 일상의 의미가 복잡, 모호해지고 있다는 데서 비롯된다. 우선 문화의 외연적 의미는 좁게는 고급예술과 대중문화와 같은 특수한 문화 콘텐츠(산업)부터 언어기호적 체계 일반, 인문 사회과학 및 과학기술을 포함하는 제반

---

* 이 글은 ≪시대와 철학≫, 제25권 제4호(2014년 겨울)에 수록된 필자의 글 「대안사회에서 노동과 문화의 의미와 기능 변화: 문화의 내포적 의미의 정식화와 참여계획경제」를 부분적으로 수정하고 마지막 절에 일상의 변화에 관한 내용을 추가로 보완해 재구성한 것이다.

학술 문화, 출판 언론 방송과 같은 커뮤니케이션 시스템, 가사와 여가와 놀이를 포함하는 다양한 유형의 생활 문화, 종교와 사회적 의례 등을 포함하는 삶의 방식 전체까지 폭넓게 펼쳐져 있기 때문이다. 이 넓은 스펙트럼 중에서 무엇을 지칭하는가에 따라 현재 상황에서 문화의 이해방식이 달라지기 때문에 미래 사회에서 무엇이 변하고 변하지 않을지를 판단하기는 더욱 어려워진다. 일상의 경우도 과거에는 그 범위가 매우 제한되었던 여가와 자유시간 활용방식이 오늘날에는 대부분 광범위해진 문화(관광, 스포츠) 산업과 서비스 산업에 의해 상품화되고 있어서 일상과 문화와 경제의 구분이 뒤섞이고 있다. 이런 까닭에 자본주의사회의 문화와 일상과 이를 넘어선 코뮤니즘사회의 문화와 일상을 비교하기 위해서는 양자를 비교할 수 있는 기준이 될 문화의 개념적 틀을 세우는 일부터 필요하다고 할 수 있다.

또 문화와 노동의 관계가 어떻게 변화할지를 살피는 일이 추가로 필요하다. 일례로 주당 40시간의 노동시간이 주당 20시간 이하로 줄어들 경우 일반 대중에게 문화의 의미와 기능이 크게 달라질 수밖에 없다. 이런 차이는 주당 노동시간이 50시간이 넘었던 과거에 문화(와 예술)의 의미와 기능이 지금과 얼마나 달랐는지를 비교하면 쉽게 가늠할 수 있을 것이다. 그러나 단지 노동시간의 감소와 자유시간의 증대라는 시간 할당에서의 양적인 변화를 넘어서서 각자의 재능과 희망에 따라 자유롭게 직업을 선택할 수 있고 어떤 형태의 직업에서도 착취가 폐지되며 노동과정 내에서 노동자들의 자율적 통제가 크게 증대하게 될 경우 현재 우리가 생각하는 노동과 문화와 일상의 관계 자체도 근본적으로 변하게 될 것이다.

그러나 이런 변화가 문화와 일상의 의미와 위상이 경제제도의 변화에 의해 일방적으로 결정된다는 것, 다시 말해 토대가 상부구조를 결정한다는 것을 의미하는 것으로 이해되어서는 안 될 것이다. 코뮤니즘사회에서 자유시간이 대폭 늘어난다면 그 시간을 비생산적인 소비나 여가에 사용할 것인가, 아니면 창조적인 활동에 사용할 것인가를 결정하는 것 또는 어떤 활동이 창조적인가 아닌가를 결정하는 일 자체가 바로 문화적인 문제이기 때문이다. 이런 이유에서 코뮤니즘사회에서 문화와 일상의 의미와 그 사회적 위상을 살피기 위해서는 한편으로는 문화(적 혹은 문화정치적 상부구조)와 노동(경제적 토대) 사이의 내적인 상관관계 변화를 분석하는 작업과 더불어 문화와 노동의 의미와 기능이 어떻게 변할 것인가를 분석하는 작업이 동시에 필요하다.

이 글에서는 먼저 토대와 상부구조의 관계에 대한 마르크스의 설명과 이후 마르크스주의에서 양자의 관계를 어떻게 바라봤는지를 비판적으로 검토하면서 자본주의사회의 문화와 대안사회의 문화를 비교 평가할 수 있는 준거틀로서 마르크스의 노동 개념과 수렴 가능한 레이먼드 윌리엄스(Raymond Williams)의 내포적 문화 개념('자연적 성장의 육성'으로서의 문화)을 제안한 후 앙드레 고르(André Gorz)가 제안한 '시간해방정책'의 사례와 마이클 앨버트(Michael Albert)의 '참여계획경제 모델'을 참조해 대안사회의 문화와 예술의 의미와 기능 변화 방식을 '참여계획문화'라는 모델로 제시하고 이런 모델이 실현될 경우 일상의 의미와 그 사회적 위상이 어떻게 변할 것인지를 탐구하고자 한다.

2. 토대와 상부구조, 노동과 문화의 관계

토대와 상부구조의 관계 문제는 마르크스주의 이론에서 여전히 해결되지 않는 가장 중요한 아포리아(aporia) 중 하나이다. 그 관계는 '결정'(경제주의), '반영'[게오르크 루카치(György Lukács)], '표현'[발터 베냐민(Walter Benjamin)],

'중층결정'과 '재생산'[루이 알튀세르(Louis Althusser)]과 같은 방식으로 다양하게 이해되어왔다. 그러나 그 어떤 개념도 토대와 상부구조를 아우르는 사회적 과정 전체의 역동적인 성격을 포착하는 데는 한계가 있어 보인다. 이런 문제점 때문에 윌리엄스는 토대와 상부구조라는 개념은 본래는 관계를 보여주기 위한 하나의 비유적인 표현일 뿐이었다는 점을 환기시키면서 이를 추상적인 범주나 영역으로 고정시키는 방식을 비판한 바 있다.

애당초의 논의에 쓰였던 어휘들의 주된 의미는 관계적이었으나 이것들은 대중성을 띠게 되면서 ① 비교적 폐쇄된 범주들이나 ② 비교적 폐쇄된 활동 영역들을 지칭하는 경향을 갖게 되었다. 그리고 이것들은 시간적 연관 관계를 갖게 되거나 아니면 나아가 그 비유의 범위를 공간적인 것까지 확장했다. 하지만 '토대'와 '상부구조'라는 식으로 추상화하는 것은 마르크스가 공격했던 사고 유형이다(윌리엄스, 2009: 97~98).

이런 논지를 받아들인다면 토대와 상부구조라는 2차원적인 비유를 추상적 범주로 고정시키는 대신, 역동적인 전체로서 복잡하게 연결되어 있는 4차원적인 사회적 과정의 흐름들을 포착하기 위한 관계적인 의미로 되돌려 해석할 필요가 있다. 이런 관점에서 토대와 상부구조의 비유가 명시된 마르크스의 텍스트 「정치경제학비판 서문」(1859)의 관련 내용 중에서 양자의 관계를 기술한 부분들을 주목하면 다음과 같다.

인간들은 자신들의 생활을 사회적으로 생산하는 가운데 자신들의 의지로부터 독립되어 있는 일정한 필연적 관계들, 즉 자신들의 물질적 생산력들의 일정한 발전단계에 조응하는 생산관계들에 들어선다. 이러한 생산관계들의 총체가 사회의 경제적 구조, 즉 그 위에 법률적·정치적 상부 구조가 서며 일정한 사회적 의식 형태들이 그에 조응하는 그러한 실재적 토대를 이룬다. 물질적 생활의 생산방식이 사회적(477)·정치적·정신적 생활과정 일반을 조건짓는다. 인간들의 의식이 그들의 존재를 규정하는 것이 아니라 거꾸로 그들의 사회적 존재가 그들의 의식을 규정한다(마르크스, 2005: 478).

이렇게 마르크스는 상부구조(의식형태, 사회적·정치적·정신적 생활과정 일반, 의식)는 토대(경제적 구조, 물질적 생활방식, 사회적 존재)와 한 가지 관계만을 가지는 것이 아니라, 세 가지 다소 차이가 있는 관계, 즉 ① 조응, ② 조건화, ③ 규정이라는 관계를 맺는다고 기술했다. 이 짧은 문장에서 토대와 상부구조의 관계가 각기 다른 의미를 갖는 용어로 기술되고 있다는 것은 이 관계가 결코 일면적이 아닌 다면적이라는 점을 잘 보여준다. 다면적인 관계라는 것은 어느 하나로 환원하기 어려운 복잡한 관계라는 것을 뜻한다. 그렇다면 이 복잡한 관계를 어떤 방식으로 일관성 있게 해석할 수 있을까? 『자본론(Das Kapital)』(1867)에서 이를 위한 단서를 찾을 수 있다. 여기서 마르크스는 물질적 생활의 생산과정, 즉 노동과정을 "인간과 자연의 신진대사과정"이라는 관점에서 일관되게 설명하고 있다.

노동과정은 사용가치를 생산하기 위한 합목적적 활동이고 인간의 욕망을 충족시키기 위한 자연물의 취득이고 인간과 자연 사이의 신진대사의 일반적 조건이며 인간생활의 영원한 자연적 조건이다. 따라서 그것은 인간생활의 어떠한 형태로부터도 독립되어 있을 뿐만 아니라 오히려 인간생활의 모든 사회적 형태에 공통된 것이다(마르크스, 1999: 233).

사회적·정신적 생활과정, 혹은 의식형태라는 의미를 함축하는 상부구조는 결코 인간생활의 모든 사회적 형태에 공통된 것인 노동과정과 분리될 수 없고 오히려 노동과정은 모든 인간생활의 사회적 형태의 일부인 상부구조에도 공통된 것이라는 것이다. 이 말은 상부구조적 활동이란 인간과 자연 사이에서 이뤄지는 신진대사의 일반적 조건인 노동과정이라는 공통성에 뿌리를 내리고 있다는 것으로 해석할 수 있다. 이렇게 볼 경우 상부구조가 토대에 '조응'하고 토대가 상부구조를 '조건화'하고 '규정'한다는 것은 인간의 삶이 지구라는 자연에 뿌리를 두고 있듯이 상부구조 역시 인간과 자연의 신진대사의 의식적인 조절인 노동과정에 뿌리를 내리고 있다는 것으로 이해할 수 있다. 여기서 주의할 점은 이 노동과정이 의식이 없는 행위가 아니라 자기가 의식하는 목적을 자연물에 실현시키는 과정, 즉 합목적적인 의식적 활동이라는 것이다. 인간은 '합목적적인 노동과정'을 통해 자기 자신의 뿌리인 자연에 영향을 미치고 자연을 변화시키며 그렇게 함으로써 인간 자신의 자연(천성)을 변화시킨다는 것이다.

> 노동은 무엇보다도 먼저 인간과 자연 사이에서 이뤄지는 하나의 과정이다. 이 과정에서 인간은 자신과 자연 사이의 신진대사를 자기 자신의 행위로 매개하고 규제하고 통제한다. 인간은 하나의 자연력으로서 자연의 소재를 상대한다. 인간은 자연의 소재를 자기 자신의 생활에 적합한 형태로 획득하기 위해 자기의 신체에 속하는 자연력인 팔과 다리, 머리와 손을 운동시킨다. 그는 이 운동을 통해 외부의 자연에 영향을 미치고 그것을 변화시키며 그렇게 함으로써 동시에 자기 자신의 자연(천성)을 변화시킨다. 그는 자기 자신의 잠재력을 개발하고 이 힘의 작용을 자기 자신의 통제 밑에 둔다. …… 가장 서투른 건축가라도 가장 훌륭한 꿀벌보다 뛰어난 점은, 그는 집을 짓기 전에 미리 자기의 머릿속에서 그것을 짓고 있다는 것이다. …… 노동자는 자연물의 형태를 변화시킬 뿐 아니라 자기가 의식하는 목적을 자연물에 실현시키는 것이

다. 그 목적은 하나의 법처럼 그의 행동방식을 규정하는데, 그는 자신의 의지를 이것에 복종시키지 않으면 안 된다. 그리고 이 복종은 결코 순간적인 행위가 아니다. 노동하는 신체들의 긴장 이외에도 주의력으로서 나타나는 합목적적 의지가 노동이 계속되는 기간 전체에 걸쳐 필요하다. 더욱이 그 의지는 노동의 내용과 그 수행방식이 노동자의 흥미를 끄는 일이 적으면 적을수록, 따라서 노동자가 노동을 자기 자신의 육체적 및 정신적 힘의 자유로운 발휘로서 즐기는 일이 적으면 적을수록 더욱 필요하게 된다. 노동과정의 단순한 요소들은 ① 인간의 합목적적 활동, 즉 노동 그 자체, ② 노동대상, ③ 노동수단이다(마르크스, 1999: 225~227).

여기서 "노동자는 자연물의 형태를 변화시킬 뿐 아니라 자기가 의식하는 목적을 자연물에 실현시키는 것이다"라는 구절과 "노동하는 신체들의 긴장 이외에도 주의력으로서 나타나는 합목적적 의지가 …… 필요하다"라는 구절에 다시 한 번 주의하자. 이 말은 자연물을 변형시키는 물질적 생산과정에 언제나 노동자의 합목적적인 의식과 의지, 즉 정신적 활동이 반드시 결합되고 있음을 강조하는 것에 다름없다. 그러나 노동의 분업이 제도화됨에 따라 물질적 생산과정과 정신적 생산과정의 분리가 나타나고 "노동자가 노동을 자신의 육체적·정신적 힘의 자유로운 발휘로 즐기는 일이 적으면 적을수록" 이라는 새로운 양상이 나타난다. 『독일 이데올로기 (historischer Materialismus)』 (1832)에서 마르크스와 프리드리히 엥겔스(Friedrich Engels)는 이 새로운 양상을 다음과 같이 기술하고 있다.

노동분업이 그야말로 분업이 된 것은 육체적 노동과 정신적 노동의 분화가 나타나는 순간부터였다. 이 순간부터 의식은 자신을 현행 실천에 대한 의식이 아닌 별개의 것으로, 즉 뭔가 현실적인 것을 표현하지 않고서도 현실적으로 무언가를 표현할 수 있

> 다면서 우쭐대기 시작했다. 이 순간부터 의식은 자기 자신을 현실세계로부터 해방된 위치에 올려놓았고 '순수' 이론, 신학, 철학, 도덕 등을 계속 만들어내게 되었다.(60) …… 생산력, 사회상태, 의식이라는 이 세 가지 계기는 서로 모순에 처할 수 있고 또 처하지 않을 수 없는 바, '노동분업'의 출현과 함께 정신적 활동과 육체적 활동, 향락과 노동, 생산과 소비가 각기 다른 개인들에게 맡겨질 가능성, 아니 현실성이 생겨나기 때문이라는 결론, 그리고 그것들이 서로 모순에 처하지 않을 유일한 가능성이란 오직 노동분업이 폐지될 때뿐이라는 결론 등이다(마르크스·엥겔스, 2007: 61).

육체노동과 정신노동의 분업으로 의식이 실천에 대한 의식이 아닌 별개의 것으로 나타나 현실세계에서 해방된 위치에 서서 우쭐댄다는 것은 곧 노동분업으로 하나의 사회적 과정이 토대와 상부구조라는 형태로 괴리되어 후자가 전자에 대해 우쭐대기 시작했다는 것을 의미한다. 본래 분리될 수 없는 하나의 사회적 과정인 생산력, 사회상태, 의식이라는 세 가지 계기들을 서로 모순에 처하게 만드는 토대와 상부구조 간의 이런 괴리로 인해 "노동자가 노동을 자신의 육체적 및 정신적 활동으로서 즐기는 일이 적어"지게 되고 노동과정은 노동자에게 소외된 강압적 힘으로 나타나게 된다. 마르크스는 이와 같은 모순, 괴리, 소외는 오직 공산주의적인 노동분업의 폐지로만 극복될 수 있다고 봤다.

> 노동분업은 우리에게 다음과 같은 사실들을 보여준다. …… 인간 자신의 활동은 그 인간에 대해 적대적인 하나의 소외된 힘으로 되게 마련이고 인간은 이 힘을 지배하지 못하고 오히려 그 힘의 노예가 된다는 사실이다. 이 활동은 그에게 강요되는 것이며 그는 이로부터 벗어날 수가 없게 된다. 그는 한 사람의 사냥꾼이거나 한 사람의 어부, 아니면 한 사람의 목동, 한 사람의 비평가일 뿐이며, 생계수단을 잃지 않으려는

한 그는 계속 그렇게 살아야 한다. 이에 비해 공산주의사회에서는 아무도 하나의 배타적인 활동영역을 갖지 않으며, 모든 사람이 그가 원하는 분야에서 자신을 수양할 수가 있다. 그리고 사회가 생산 전반을 통제하게 되므로 각 개인은 자신이 하고 싶은 대로 오늘은 이 일을, 내일은 저 일을, 즉 아침에는 사냥하고, 오후에는 낚시하고, 저녁에는 소를 몰며, 저녁식사 후에는 비평을 하면서, 그러면서도 사냥꾼으로도, 어부로도, 목동으로도, 비평가로도 되지 않는 일이 가능하게 된다(마르크스·엥겔스, 2007: 63~64).

이렇게 보면 토대와 상부구조의 괴리 및 모순적인 관계는 노동분업이라는 특수한 단계에서 나타났다가 노동분업의 폐지와 더불어 사라지는 하나의 '역사적 관계'라고 할 수 있다. 이렇게 해서 모든 종류의 노동과정에서 정신적 활동과 육체적 활동의 분리가 사라지고 노동자가 노동을 자신의 정신적이자 육체적인 활동으로서 즐기는 일이 늘어날수록 노동과 문화의 분리된 경계, 토대와 상부구조를 괴리시키는 경계도 소멸하게 될 것이다. 하지만 이때 나타나는 변화는 단지 노동과 문화의 경계가 소멸된다는 것만이 아니다. 정신노동과 육체노동의 분리에 기초한 노동과정의 성격이 변화하면 그에 뿌리를 내리고 있던 문화의 성격도 변할 수밖에 없기 때문이다. 마르크스는 『정치경제학비판 요강(Grundrisse der Kritik der politischen Ökonomie)』(1953)에서 이런 변화를 다음과 같이 설명한 바 있다.

노동은 더 이상 생산과정에 포함되어 있는 것으로 나타나지 않고 오히려 인간이 생산과정 자체에 감시자와 규율자로서 관계한다. …… 그는 생산과정의 주행위자가 아니라 생산과정 옆에 선다. 이러한 변환에서 생산과정의 커다란 지주로 나타나는 것은 인간 스스로 수행하는 직접적인 노동도 아니고 그가 노동하는 시간도 아니며

> 그 자신의 일반적인 생산력의 점취, 그의 자연이해, 사회적 형태로서의 그의 현존에 의한 자연 지배, 한마디로 사회적 개인의 발전이다. …… 이에 따라 …… 개성의 자유로운 발전, 따라서 잉여노동을 정립하기 위한 필요노동시간의 단축이 아니라 사회의 필요노동시간의 최소한으로의 단축 일체, 그리고 여기에는 모든 개인을 위해 자유롭게 된 시간과 창출된 수단에 의한 개인들의 예술적·과학적 교양 등이 조응한다(마르크스, 2002: 380~381).

물론 이런 변화는 노동분업에 기초한 자본주의적 생산관계가 지속되는 한 저절로 이뤄지는 것은 아니다. 이런 변화가 가능하려면 과학기술의 발전으로 노동수단 기계화의 성과가 자본에 의해 점유되는 방식이 중단되고 사회적으로 공유되어야 하며 노동분업은 사회적 협업으로 전환되어야 한다. 이것이 마르크스가 『독일 이데올로기 I』에서 말한 "전반적인 상호의존, 즉 각 사람 간의 이 자연필연적인 '세계사적' 협동 형태"(마르크스·엥겔스, 2007: 70)에 다름없다. 이런 형태의 새로운 사회적 협업 속에서 각 개인은 "아침에는 사냥하고, 오후에는 낚시하고, 저녁에는 소를 몰며, 저녁식사 후에는 비평을 하면서, 그러면서도 사냥꾼으로도, 어부로도, 목동으로도, 비평가로도 되지 않는 일이 가능하게" 될 뿐 아니라 "예술적·과학적 교양"까지도 자유롭고 즐겁게 향유할 수 있게 되기 때문에 노동과 문화는 현재와 같은 고정된 직업의 형태로 분리되는 대신 각 개인의 생활과정의 연속적인 계기들로 통합될 것이다.

그러나 이렇게 전문화된 직업적 구분이 폐지된다면 과연 예술과 과학기술이 질적으로 높은 수준을 유지할 수 있을까라는 의문이 제기될 수 있다. 만일 생애 대부분의 시간을 전문 분야에서의 연구와 창작에 할애하지 않을 경우에 알버트 아인슈타인(Albert Einstein), 루트비히 판 베토벤(Ludwig van Beethoven), 요한 볼프강 폰 괴테(Johann Wolfgang von Goethe) 같은 천재적인 과학자와 예술가들이 나올 수 있을까라는 의문이 그것이다. 그러나 이런 의문은 어려서 특정 분야에 뛰어난 재능을 보인 소수만이 특정한 절차(시험)와 방식(후원이나 상품화)으로 연구와 창작에 몰입할 수 있는 기회가 주어질 수 있는 자본주의사회의 노동분업 조건을 전제로 한 것이다. 이와 달리 누구에게나 자신의 잠재력을 발휘할 기회가 '평생에 걸쳐' 다양한 절차와 방식으로 주어질 수 있다면 오히려 더 많은 아인슈타인과 베토벤과 괴테가 출현할 가능성이 커질 수 있다. 반대로, 어느 누구도 한 가지 일에 집중하지 않게 되면서 문화의 다양한 영역과 층위가 파편화됨으로써 집합적인 문화의 수준 자체가 하향 평준화될 가능성을 원천적으로 배제할 수도 없을 것 같다. 이런 문제에 올바로 답하기 위해서는 자본주의사회에서 통용되는 문화와 그 의미와 기능과 성격이 크게 달라질 대안사회의 문화를 서로 비교해 평가할 수 있는 공통의 준거 틀이 될 문화 개념을 새롭게 세울 필요가 있다. 과거의 문화로 미래의 문화, 역으로 미래의 문화로 현재의 문화를 일방적으로 재단하는 것은 객관적으로 납득 가능한 적절한 비교가 될 수 없기 때문이다.

3. 문화의 내포적 의미: '자연적 성장의 육성'

자본주의 이전의 문화, 자본주의의 문화, 그리고 코뮤니즘사회의 문화를 장기적인 관점에서 비교할 수 있는 좀 더 보편적인 문화 개념은 어떤 것일까? 인류학에서 사용하는 '삶의 방식'으로서의 문화라는 개념은 시공의 차이를 넘어서 인류가 살아 있는 한 드러날 수밖에 없는 삶의 다양한 방식을 모두 수용할 수 있기 때문에 가장 보편적인 문화 개념이 될 수 있다. 하지만 이 개념은 그 외연이 너무 넓어 인류가 아닌 동식물의 삶의 방식에도 공히 적용될 수 있는 개념이기 때문에 인간의 삶의 방식의 특수성을 드러내지 못한다는 단점이 있다. 반면 예술, 대중문화, 과학기술과 같은 좁은 의미의 문화는 역사시대 이후 인류의 삶의 방식의 특수한 성취를 구체화한다는 장점은 있지만, 인류 전체의 삶의 방식의 다양성을 포괄하지 못한다는 단점이 있다. 이렇게 문화의 의미를 외연적으로 넓히거나 좁히려는 접근방식은 너무 추상적이거나 반대로 너무 제한적이라는 한계가 있다. 이런 문제점에 갇히지 않는 다른 접근방식은 '내포적 의미'라는 관점에서 문화의 '외연적 의미'를 관통하는 개념을 찾는 것이다.

현대 문화연구가 이뤄낸 문화의 내포적 개념에는 크게 두 가지가 있다. 하나가 20세기 후반 대다수 연구자들이 공유하는 '상징계'(언어기호 체계 또는 상징적 의미화 체계)로서의 문화라는 개념이라면, 다른 하나는 다수가 사용하지는 않지만 현대 영국문화연구의 창시자였던 윌리엄스가 제안한 '자연적 성장의 육성'으로서의 문화라는 개념이 그것이다.

1) '상징계'로서의 문화

우선, 에른스트 카시러(Ernst Cassirer)가 '상징형식'이라는 개념으로 제안했고[『상징형식의 철학(Philosophie der symbolischen Formen)』(1923)], 이후 자크 라캉(Jacques Lacan)이 정교화한 '상징계'라는 개념, 최근 사회생물학자들이 말하는 '밈(meme)'과 같은 개념이 이에 적합한 예가 될 수 있을 것이다. 이 개념은 집단적 차원에서 언어기호의 발명과 사용을 통해 후천적인 경험을 명시적 지식으로 전환해 세대를 건너 지식을 축적하고 계승할 수 있게 한다는 점에서 오직 유전자를 통해서만 경험을 계승할 수 있는 동물적 삶과 인간의 삶의 방식을 확연히 구별하는 인간문화의 특수성을 명확히 해주면서 시공을 넘어 출현하는 모든 유형의 문화에 공통된 준거 틀이 될 수 있다는 장점이 있다.

그러나 이 개념은 '언어기호 체계'의 특수성을 과도하게 강조함으로써 자연적 삶에서 얻는 경험과 언어기호를 사용한 문화적 경험 간의 경계를 단절적으로 강화하고 자연과 문화 사이의 내재적·필연적인 연결과 매개과정을 망각하게 만드는 단점이 있다. 이렇게 자연과 문화 사이의 차이만이 강조되고 양자 간의 내적 연결이 망각되는 현상은 앞서 마르크스가 비판했던 현상, 즉 육체노동과 정신노동이 분업화된 "순간부터 의식은 자신을 현행 실천에 대한 의식이 아닌 별개의 것으로, 즉 뭔가 현실적인 것을 표현하지 않고서도 현실적으로 무언가를 표현할 수 있다면서 우쭐대기 시작했다"라는 현상에 다름없다고 할 수 있다. "이 순간부터 의식은 자기 자신을 현실세계로부터 해방된 위치에 올려놓았고 '순수' 이론, 신학, 철학, 도덕 등을 계속 만들어내게 되었다"라는 것은 바로 '상징계'가 토대에서 해방된 위치에 올라 우쭐대면서 자신이 토대에 대해 명령을 내리는 상부구조 역할을 하기 시작하게 되었다는 것을 의미하는 셈이다. 따라서 문화를 토대와 분리되어 상부구조적으로 자율성을 가지는 '상징계'로 이해한다는 것은 노동분업에서 연유한 관념론이 스스로를 자립적인 체계로 착각하는 것에 다름없다고 할 수 있다. 이런 형태의 문화 개념은 계급사회를 관통해온 관념론적 문화 개념을 극단화한 것이라고 할 수 있다. 따라서 자율적 상부구조로서의 상징계라는 방식으로 문화의 내포적 의미를 파악하려는 관점은 노동분업에 기초한 계급사회에서 현실적으로 작동하는 문화현상을 설명하는 데는 일정한 타당성이 있겠지만 노동분업에 기초한 계급 자체를 폐지한 대안사회에서의 문화를 설명하는 데는 한계가 있다고 본다. 그렇다고 코뮤니즘사회에서는 언어와 기호의 체계로서의 상징계가 필요 없다는 말은 아니다. 다만 자연과정과 노동과정에서 독립된 것으로서가 아니라 자연과 노동과 선순환을 할 수 있는 새로운 형태와 기능을 가진 상징계로서의 문화라는 개념으로 조정이 필요하다는 것이다. 그리고 이런 조정을 위해서는 다른 의미에서의 문화 개념이 필요하다. 그 다른 의미의 문화 개념을 윌리엄스가 제안한 바 있다.

2) '자연적 성장의 육성'으로서의 문화

이렇게 자연과 문화를 단절적으로 보게 만드는 '상징계'라는 개념과는 달리 윌리엄스가 제시한 '자연적 성장의 육성'으로서의 문화 개념에서는 자연과의 연속성과 차이가 동시에 강조되고 있다. 상징기호 체계는 '육성'의 결과로서 획득되지만, 상징기호 체계는 허공에서 자연과 무관하게 인공적으로 발명되는 것이 아니라 '자연적 성장'의 진화과정 중에서 출현한 것이고 '상징계'의 목적은 애초에 자연적 성장을 육성해 촉진한다는 의미가 있는 것이므로 언제나 자연적 성장이라는 과정과 피드백이 되어야 한다는 것이다. 이런 맥락에서 보면 문화는 자연과 차이를 가지면서도 자연적 성장을 촉진한다는 점에서 자연과 연속선에 놓인 특수한 과정이라고 할 수 있다.

> 우리는 공동의 결정에 의해 계획할 수 있는 것은 계획해야 한다. 그러나 문화이념의 강조는 하나의 문화란 본질적으로는 계획 불가능함을 상기시킬 때 정당성을 가질 수 있다. 우리는 생활수단과 공동체의 수단들을 확보해야만 한다. 그러나 이런 수단들로 어떤 삶을 살게 될 것인지는 알 수도 말할 수도 없는 것이다. 문화의 이념은 자연적 성장(natural growth)의 육성(tending)이라는 하나의 은유에 의존하고 있다. 그리고 은유적으로나 사실적으로나 궁극적으로 강조되어야 하는 것은 바로 성장인 것이다. 이것이야말로 바로 우리가 재해석할 필요가 가장 큰 영역이다. …… 민주주의에는 아직도 중대한 물질적 장애들이 있다. 그러나 우리의 마음속에는 미덕을 가장해

> 그 뒤에서 남을 조종하고 우리 자신의 입장에서 남의 갈 길을 정하려는 장애물 또한 있는 것이다. 이러한 문화의 이념에 대항해 자연적 성장을 육성하는 것이라는 문화의 이념이 필요한 것이다. 부분적이나마 인간의 삶을 안다는 것은 그 생의 비상한 다양성과 가치의 풍요로움을 이해하고 경이로워 하는 일이다. 우리는 자신의 집착으로 살아가야 하지만 남의 집착도 인정하고 성장의 길을 열어주는 것을 공동의 사업으로 삼을 때만 비로소 충족한 공동의 삶을 살 수 있는 것이다. …… 공동의 문화이념은 특정한 사회적 관계 속에서 자연적 성장의 이념과 그것을 육성하는 이념을 통합시켜 준다(Williams, 1982: 320~322).

이렇게 윌리엄스의 문화의 내포적 개념 속에는 자연과 인공적 문화의 분리가 아니라 '자연적 성장+인공적 육성'이라는 두 가지 계기가 통합되어 있다. 이런 형태의 문화의 정의는 앞서 마르크스가 말한 내용과 적합하게 일치한다. "인간은 자신과 자연 사이의 신진대사를 자기 자신의 행위에 의해 매개하고 규제하고 통제한다"라는 마르크스의 구절은 인간은 문화적 과정을 통해 인간 자신의 '자연적 성장을 육성'한다는 윌리엄스의 정의로 수렴될 수 있다. 이런 과정을 통해 마르크스가 말했듯이 인간은 "그것(자연)을 변화시키며 그렇게 함으로써 동시에 자기 자신의 자연(천성)을 변화시킨다. 그는 자기 자신의 잠재력을 개발하고 이 힘의 작용을 자기 자신의 통제 밑에 둔다". 이런 의미에서 보면 노동과 문화는 생명체와 자연 환경 간의 신진대사의 인간적 형태라는 동일한 과정을 가리키는 다른 명칭에 지나지 않는다고 할 수 있다. 달리 말해서 마르크스에게서 '소외되지 않은 노동'은 윌리엄스의 '소외되지 않은 문화'와 같은 의미이다. 마르크스에 의하면 이렇게 본원적으로 통합될 수밖에 없는 노동과 문화가 분리되는 것은 계급지배와 함께 나타나는 노동분업에 의해서이다.

윌리엄스에 의하면 '자연적 성장의 육성'으로서의 문화는 산업자본주의의 등장과 함께 두 가지 형태로 분리된다. 자연과 결합된 문화는 낭만적 개인주의와 권위주의의 이데올로기에 의해 자연과 문화로 분리된다. '자연적 성장'의 이념만을 강조하는 것이 낭만적 개인주의의 전형이라면 '육성'의 이념만을 강조하는 것이 권위주의의 전형이다. 이 두 가지 양상을 모두 비판하면서 윌리엄스는 개인과 사회 모두를 위해서는 양자택일이 아니라 양자가 동시에 필요하다고 주장한다.

> 공동의 문화라는 이념은 특정한 사회적 관계 속에서 자연적 성장의 이념과 그 육성의 이념을 하나로 통합시킨다. 전자는 낭만적 개인주의의 전형이며 후자는 권위주의적 훈육의 전형이다. 그러나 각자는 전체적 관점에서 볼 때 필요한 강조점을 표시한다. 민주주의를 위한 투쟁은 인간 존재의 평등의 인식을 위한 투쟁이며, 그것이 아니라면 아무것도 아닌 것이다. 그러나 인간의 개성과 다양성을 인정해야만 비로소 현실적인 공동의 통치는 이뤄질 수 있는 것이다. 우리가 자연적 성장을 강조하는 것은 지배양식이 편리하게 선별적으로 이용하는 힘이 아니라 전체적인 잠재적 에너지를 보이기 위함이다. 그러나 동시에 우리는 사회적 현실인 육성도 강조한다. 어떤 문화도 전체적 과정으로 볼 때 선별이자 강조요, 특수한 형태의 육성인 것이다. 어떤 공동문화의 탁월성은 그 선택이 자유로우면서도 공동으로 이뤄지고 또 재선택이 이뤄진다는 데 있다. 육성은 공동의 결정에 따른 공동의 과정이며, 이 과정은 그 자체 내에 생의 실제적 다양성과 성장을 함께 포괄하는 것이다. 자연적 성장과 육성은 인간 존재의 평등이라는 근본원리에 의해 보장되어야 하는, 하나의 상보적 과정의 두 부분인 것이다(Williams, 1982: 322~323).

이렇게 해서 '인간과 자연의 신진대사의 합목적적 조절로서의 노동'(소외되지 않은 노동)이라는 마르크스의 개념이 '자연적 성장의 육성'이라는 윌리엄스의 문화(과정) 개념으로 번역될 수 있음을 살폈다. 그런데 이 개념들은 단순히 현상기술적인 개념이 아니라 평가적인 의미를 담고 있는 개념이다. 마르크스의 소외되지 않은 노동 개념은 ① 인간과 자연의 연속성과 불연속성을 동시에 함축하면서 ② 계급사회에서의 노동분업에 의한 육체노동과 정신노동의 분리가 인간과 자연의 분리를 야기함으로써 어떻게 노동을 괴로운 일로 만듦과 동시에 문화를 현실 위에 우쭐거리며 군림하는 공허한 활동으로 만드는가를 비판적으로 분석하게 하며 ③ 자본주의를 넘어선 코뮤니즘사회에서는 소외되지 않은 노동이 어떻게 공허하지 않은 문화를 가능하게 할지를 전망하게 한다. 윌리엄스의 통합적 문화 개념은 산업자본주의의 등장과 함께 자연적 성장의 육성으로서의 문화 개념이 어떻게 두 개의 상반된 양극으로 분해되면서 문화의 개념 자체를 양극 대립으로 해체했는지를 잘 보여주고 이를 넘어서야 할 필요를 제기한다.

국가/자본의 독재에 반발해 자연으로 돌아가려는 장 자크 루소(Jean-Jacques Rousseau)류의 낭만적 개인주의의 저항과 이를 억압하려는 국가/자본의 권위주의적 통제의 지배라는 양극이 그것이다. 19세기 이래 소외된 노동의 지구적 확산으로 이런 대립은 예술영역에서는 낭만주의 '대(對)' 고전주의, 초현실주의/모더니즘/포스트모더니즘 '대' 여러 형태의 리얼리즘 간의 대립으로 반복되어왔고 사회정치적 차원에서는 여러 형태의 자유주의/무정부주의 '대' 권위주의적 사회주의/민족주의/공동체주의 간의 대립으로 반복되어왔다고 할 수 있다. 이런 맥락에서 '자연적 성장의 육성'으로서의 문화 개념은 지난 역사에서 나타난 이런 다양한 대립의 공허함을 비판함과 동시에 대안사회 문화가 어떠해야 할지를 보여주는 이념적 준거 틀이 될 수 있다. 마르크스와 윌리엄스를 통해 얻은 이런 준거 틀에 기초하면 다음과 같은 세 가지 전망을 세울 수 있다.

(1) 코뮤니즘사회에서 사라질 문화

계급사회의 노동분업으로 인간과 자연의 신진대사의 합목적적 조절과정을 토대와 상부구조로 강제적으로 분할한 결과, 문화적 상부구조가 자립적인 형태를 띤 '상징계'로서 나타나 인간의 다면적·복합적인 활동이 자연적 성장의 한 극과 인공적 육성이라는 다른 극으로 소외된 형태로 분해된 방식으로 나타나고 있다면, 강제적 노동분업과 계급구조가 폐지된 코뮤니즘사회에서 문화는 '자연적 성장의 육성'의 형태를 취하게 되기 때문에 기존의 상징계 중에서 노동분업을 당연시하면서 자연적 성장과의 분리를 강화해 자립적 형태를 취했던 모든 형태의 문화가 그 토대를 상실하게 되어 소멸될 것이다. 그런 상징적 질서의 대표적인 사례가 종교(와 신학과 그와 공생해온 형이상학)라고 할 수 있을 것이다. 인간과 자연의 신진대사의 합목적인 조절과 촉진을 통한 모든 개개인 잠재력의 전면적 발달이 사회적 삶의 가장 중요한 가치로 전면 부각될 경우 이런 가능성 자체를 저해했던 모든 형태의 이데올로기적인 상징계는 존립할 기반을 상실할 수밖에 없기 때문이다. 물론 제도로서의 종교가 소멸한다고 해서 종교가 강조해온 '경외심'이나 '사랑'과 같은 가치도 소멸한다는 것은 아니다. 코뮤니즘사회에서는 모든 형태의 노동과 문화의 의미와 가치가 '인간과 자연의 신진대사의 합목적적 조절'을 통한 인간과 자연의 공진화와 타자와의 협력이라는 점이 강조되기 때문에 기존 종교의 배타적인 경외심이나 재화에 얽매인 사랑의 좁은 경계를 뛰어넘어 인간적 자연의 전면적 발달을 추구하는 가운데 자연스럽게 배양되는 타자에 대한 폭넓은 존중심과 생명에 대한 강렬한 사랑의 감정이 일반화될 것이다.[1)]

(2) 코뮤니즘사회에서 활성화될 문화

다른 한편으로는 이런 이데올로기적 상징 체계가 군림하는 바람에 억압당하거나 주변화될 수밖에 없었던 '자연적 성장의 육성'이라는 문화 개념에 부합하는 다양한 문화적 활동들이 각종 검열과 억압장치의 해체로 인해 크게 활성화되고 증가하게 될 것이다. 각자에게 내재한 잠재력을 전면적으로 발달시키기 위한 넓은 의미의 예술활동(고급예술과 대중예술만이 아닌 다양한 형태의 생활예술과 스포츠 활동)과 인간과 자연의 신진대사에 대한 합목적적인 이해를 증진시키기 위한 다양한 형태의 과학적 연구와 교육활동 그리고 이런 활동들에 기반을 둔 인간의 유적 성격[마르크스의 전인(全人, Ganze Menschen)]에 대한 자기이해를 새롭게 성찰하려는 철학적·역사적·인간학적 연구와 교육활동들이 그것이다. 이것이 마르크스가 코뮤니즘사회에서는 모든 활동들이 "한마디로 사회적 개인의 발전"을 위한 활동으로 전환된다고 말한 바에 상응하는 것들이다.

> 한마디로 사회적 개인의 발전이다. …… 이에 따라 …… 개성의 자유로운 발전, 따라서 잉여노동을 정립하기 위한 필요노동시간의 단축이 아니라 사회의 필요노동시간의 최소한으로의 단축 일체, 그리고 여기에는 모든 개인들을 위해 자유롭게 된 시간과 창출된 수단에 의한 개인들의 예술적·과학적 교양 등이 조응한다(마르크스, 2002: 381).

---

1) 윌리엄 모리스(William Morris)는 자본주의 이후 대안사회를 '에코토피아(ecotopia)'라고 명명하면서 이 사회를 꿈속에서 탐방한 주인공과 이 사회에 살고 있는 사람들 사이의 질의응답을 통해 이 사회에서의 삶을 다음과 같이 기술하고 있다. "우리는 자연과 무리 없는 싸움을 하면서 인생을 보내고 있고, 우리 자신의 일면만이 아니라 전면을 활동시켜, 이 세계의 모든 생명들 중에서 가장 강렬한 기쁨을 갖고 살아가고 있습니다. 그래서 우리에게는 자기본위가 아닌 것이 가장 영광스러운 것입니다"(모리스, 2004: 111).

(3) 코뮤니즘사회에서 노동과 문화의 선순환

앞서 말한 두 가지 과정을 통합하면 우리는 계급사회에서 분리되었던 육체노동과 정신노동, 자연과 문화, 개인과 사회가 어떻게 다시 만나게 되어 대안사회에서 '사회적 개인의 발전'의 조건을 만드는지를 명료하게 이해할 수 있다. 계급사회에서는 노동분업에 의해 다수가 육체노동에 종사하고 소수는 잉여노동의 성과를 토대로 정신노동을 수행하면서 문화적 상부구조를 자립적인 것으로 만들었다면, 계급 없는 코뮤니즘사회에서는 노동분업이 노동협업으로 전환되면서 사회구성원 모두가 문화적 상부구조(상징계)와 노동과정과 긴밀하게 상호작용하며 순환하는 '자연적 성장으로서의 문화'라는 새로운 통합적·문화적 노동과정에 참여하게 된다는 것이다. 이런 변화과정을 다이어그램으로 그려보면 <그림 8-1>과 같다.

계급사회의 상징계는 이렇게 육체노동과 정신노동의 분리에 기초해 있었기 때문에 언제나 이분법적·환원주의적일 수밖에 없었다. 하지만 관념론이라고 해도 정신노동은 육체노동에 기초해야 하고 유물론이라고 해도 육체노동은 정신노동을 필요로 하기 때문에 양자는 서로 뒷문으로 상대방을 들여오지 않을 수 없었다. 고대 형이상학적 관념론이나 중세 기독교가 앞에서는 정신노동의 우위를 강조했어도 뒤에서는 노예노동과 농노제에 기초할 수밖에 없었던 사정이나 근대 자본주의가 모든 것을 자본과 상품으로 계량화하도록 함으로써 기계적 유물론이 활개 치도록 했음에도 정신적 불안이나 저항을 잠재우기 위해 관념론적 형이상학이나 종교를 뒷문으로 들여올 수밖에 없었던 사정이 이 점을 입증한다. 그러나 육체노동과 정신노동의 분리라는 노동분업이 폐지될 경우 유물론과 관념론은 동시에 그 입지를 상실할 수밖에 없게 되고 그 대신 인간과 자연의 신진대사의 합목적적인 조절로서의 노동과정과 자연적 성장의 육성이라는 문화과정은 서로 연결되어 선순환 과정을 취하게 될

〈그림 8-1〉 계급사회 전후의 노동과 문화의 변화

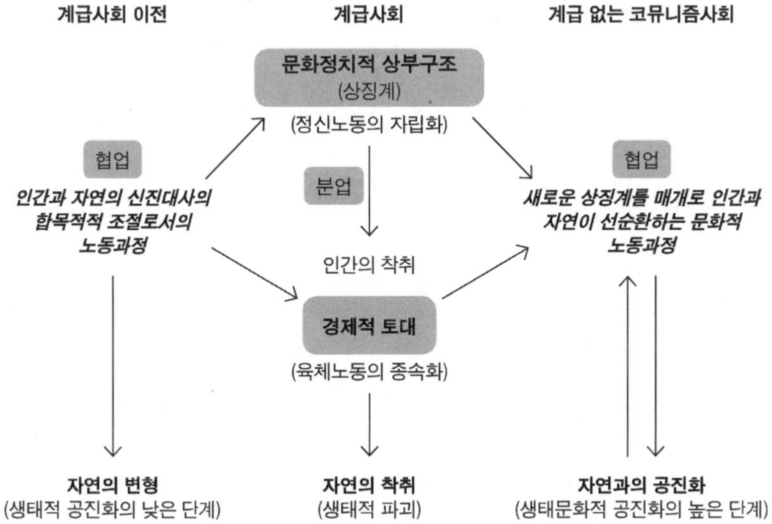

것이다.

이런 변화 속에서 존재론적 관심은 끈 떨어진 연과 같이 허공을 맴도는 형이상학 대신 인간과 자연의 (면역적·소화적·신경적) 신진대사의 역사적 변화라는 생태학적 과정 자체로 이동하게 될 것이고 인식론적 관심 역시 사회적 노동을 통해 확장된 자연과의 신진대사의 성과에 기초해 인간 자신의 감성적·지성적·인성적 잠재력을 전면적으로 발달시킴과 동시에 그런 발달과정이 자연과의 신진대사를 지속 가능하게 하는 — 즉, 자연의 착취가 아닌 자연과의 공진화 — 방식이 무엇인가를 탐구하는 쪽으로 이동하게 될 것이다. 자본주의 사회에서는 문화적 과정이 앞서 말한 바와 같이 모순적인 형태를 취할 수밖에 없었기 때문에 봉건사회에서의 이행기(르네상스 시기)와 그 이후 초기(가령 프랑스혁명 전후)에는 발전하다 중기에는 지체하고, 후기에는 퇴행할 수밖에 없다면 대안사회에서는 노동과정과 문화과정 각각의 내적 모순이 지양되고 양자 간 관계도 모순 없이 선순환되어 노동과 문화 모두가 질적으로 향상되고 발전하게 될 것이라고 볼 수 있는 이유가 여기에 있다.

그동안 문화활동은 두 가지 이유에서 억압당해왔다고 할 수 있다. 이제까지 언어기호를 사용해 자신의 경험과 지식을 명시화하려 했던 모든 문화적 활동들은 자본주의 이전에는 종교적 검열이라는 족쇄에, 자본주의사회에서는 상업적 목적과 구매자들의 편협한 취향이라는 기준에 예속당해왔다. 코뮤니즘사회에서는 그런 두 가지 족쇄가 해체되면서 모든 문화적 활동에 대한 가치평가는 동료들과 일반 대중 전체에 의해 자유롭게 이뤄지기 때문에 문화적 다양성과 풍요로움이 보장될 가능성이 훨씬 높아지게 될 것이다. 물론 이럴 경우에도 동료들과 일반 대중이 새로운 실험을 외면한다면 문제가 발생할 수 있다. 『파레콘』(2003)의 저자 앨버트는 이럴 가능성에 대해 다음과 같이 기술하고 있다.

> 예컨대 탁월한 기량을 갖춘 어느 예술가가 동료 예술가들과 소비자들로부터 인정을 받지 못해 휴식시간에만 창작활동을 하고 있다면, 과연 이것을 어떻게 생각하는 것이 좋을까? 그런 상황이 발생할 가능성이 없지만, 발생하더라도 파레콘의 경우 최악의 상황에 해당하는 반면, 자본주의사회 또는 위계적으로 조직된 다른 모든 사회들의 경우에는 일반적인 현상에 속한다. …… 지금까지 우리가 예술가들에 관해 논의한 내용은 탁월한 수학자나 운동선수처럼 특별한 부류에 속하는 다른 많은 사람들에게도 그대로 적용된다. 파레콘은 노고에 대한 보상과 균형적 직군을 통해 우리의 삶의 질을 향상시키고 정의를 증진한다. 또한 파레콘은 가장 풍부하고 다채로운 예술의 창조를 위해 다양한 재능들을 최대한 개발하고 이용하도록 장려하며, 동시에 보상과 상황의 공평성을 보장하고 자율관리는 촉진한다. 그럼으로써 예술가들은 자신을 가장 잘 표현하고 일반 대중은 그들의 노력을 가장 잘 이해하고 평가할 수 있게 될

것이다(앨버트, 2003: 404).

이런 가정에서 다음에서는 코뮤니즘사회의 문화의 의미와 기능이 현재와는 어떻게 다르게 변화하고, 이런 변화가 현재 사회의 문화보다 더 다채롭고 풍요로운 결과를 가져올 것이라는 주장의 타당성 여부를 구체적으로 살피기로 하겠다.

4. 시간해방정책과 참여계획문화

코뮤니즘사회 문화의 가장 큰 특징이 육체노동과 정신노동의 비분리와 개인이 지닌 잠재력의 전면적 발달을 자연적 성장의 육성이라는 관점에서 구현하는 데 있다면 이런 특징이 구현된 형태를 생각할 수 있는 좋은 방법 중 하나는 변화의 형태를 '시간해방'이라는 관점에서 생각하는 것이다. 자본주의가 수행한 문화혁명 중 하나가 사람들을 특정한 장소에 평생토록 묶어놓았던 봉건사회의 공간적 족쇄에서 사람들을 해방시킨 것이라면 코뮤니즘사회로의 이행에서 나타나는 문화혁명 중 하나는 '자본주의적으로 편성된 노동시간의 감옥'에서의 해방이라고 생각할 수 있기 때문이다.

자본주의는 봉건사회의 공간적 감옥에서 탈출한 농노들이 상업도시라는 새로운 공간을 창출하고 그 공간을 발판으로 전 지구적인 교역을 활성화하는 과정에서 탄생했고, 이후 500여 년이 경과하는 사이 지구 전체를 자본주의적인 가치사슬로 연결하는 데 성공했다. 자본주의는 이렇게 해서 인간을 전(前)근대적인 공간적 예속에서 해방시켜 전(全) 지구적 공간을 자유롭게 움직일 수 있게 했다는 점에서 사람들을 매료시켜왔다. 그러나 그와 같은 공간해방의 대가는 자본주의적으로 편성된 시간이라는 새로운 족쇄를 차는 것으로 상쇄되었다는 점에 주목해야 한다. 아무리 좋은 공간에서 살고 다른 공간으로 자유롭게 이동한다고 해도 그런 공간에서 거의 모든 시간을 더 많은 자본을 축적하기 위한 임금노동에 사용해야 한다면 공간해방의 의미는 곧바로 사라질 수밖에 없다.

그렇다면 자본주의적으로 편성된 시간에서의 해방이란 구체적으로 어떤 형태를 띠게 될까? 앞서 마르크스가 말한 바와 같이 이는 ① "잉여노동을 정립하기 위한 필요노동시간의 단축이 아니라 사회의 필요노동시간의 최소한으로의 단축"으로 인해 "모든 개인들을 위해 자유롭게 된 시간과 창출된 수단에 의한 ② 개인들의 예술적·과학적 교양 등"의 활동이 가능하게 된다는 것을 의미한다. 즉, 사회적 필요노동시간을 단축시켜 잉여노동(잉여가치)을 축적하는 자본주의사회와는 달리 대안사회에서는 그 증가분을 개인들의 예술적·과학적 교양활동을 위한 자유시간으로 전환시킨다는 것이 바로 자본주의적으로 편성된 시간의 족쇄 — 필요노동시간이 줄어도 자유시간은 늘지 못하게 만드는 족쇄 — 에서의 해방의 골자인 셈이다.

가령 노동시간이 주당 20시간 정도로 축소된다고 가정하면 그로 인해 늘어난 자유시간의 비중이 얼마나 클 것인지를 실감할 수 있을 것이다. 이 정도의 노동시간은 현재 대학의 전임교수들에게 책정된 노동시간과 유사한 규모이다. 대학의 전임교수들은 주당 10시간 정도의 의무 강의시간과 이와 연관해 10시간 정도의 행정활동이나 입시 관련 회의 등에 필요한 시간을 할애하고 나면 나머지 시간을 개인의 자유시간으로 사용할 수 있고 게다가 7년마다 1년간의 유급 연구년(안식년)의 기회를 부여받고 있다. 이 자유시간은 연구활동, 사회봉사활동, 교양과 여가 활동 등에 자유롭게 배당할 수 있고 이런 시간의 다양한 조합으로 평생 시간 설계를 할 수 있다. 이미 25년 전 고르는 주

〈표 8-1〉 시간해방정책의 문화정치적 함의

구분	항목	설명	비고
노동시간 감축	연간 1000시간으로(노동에서의 해방)	1일 6시간, 주4일 노동(연간 12주 휴가)	연간, 평생 노동시간의 자율적 설계를 통한 시간해방
새로운 가치와 과업	노동 내의 해방	자주 관리	노동과정 내의 민주주의
	새로운 책임성	윤리적·정치적 책임	노동과정 외부에 대한 윤리적·정치생태학적 책임
	비경제적 행동과 목표	노조의 문화적 과제	외부와 연대해 자율적 문화-생협활동 등을 촉진할 장소, 네트워크 구성
		다른 운동과의 연대	다른 운동에 대한 책무 확대
덜 일하고 잘 살기	자기-목적적 행위의 지속적 증대	미적·예술적·교육적 돌봄활동 등이 삶의 목적이 되도록	자아실현과 사회적 연대강화를 위한 자유시간 중심 사회로 발전

주: 심광현(2011: 184)에서 도표 재인용.

당 노동시간을 24시간으로 감축하면서도 노동소득은 줄지 않는 변화를 가정할 경우 노동운동은 임금협상의 좁은 수준을 넘어 다양한 형태의 새로운 문화정치적 과업을 자신의 프로그램으로 삼을 수 있다고 제안한 바 있는데 그 내용을 도표로 요약하면 <표 8-1>과 같다.

앨버트는 만일 1955년에 미국이 참여경제를 채택했다면 불필요하고 과다한 생산과 낭비적인 활동(군대, 광고, 사치)에 들어가는 지출이 감소하고 과학, 기술, 예술, 교양, 여타 분야의 발전을 위한 교육과 재능개발에 더 많은 지출이 이뤄져 1인당 생산성이 두 배로 증가하고, 공공재가 많아지고, 오염과 질병이 줄고, 노동자와 관리자 사이의 평등이 실현되고, 자원과 에너지를 위한 타국에 대한 지배가 사라지고, 인간 복지와 무관하던 비용이 복지에 사용되고, 성취감이 늘어나고, 분배가 공정해지며, 산출이 저하되거나 혁신이 지체되는 일 없이 주당 노동시간이 40시간에서 13시간으로 감소했을 것이라고 추정하고 있다(앨버트, 2003: 396~397).

실제로 이렇게 노동시간이 줄어들 경우에도 그렇지 않을 경우만큼 혹은 그 이상으로 사회적 발전이 지속 가능하게 될 것인가를 따지는 것은 경제학자들의 몫이므로 이 문제는 필자가 다룰 수 있는 범위를 벗어난 것이다. 오히려 이는 코뮤니즘사회의 실현 여부를 가늠하는 전제조건이기에 여기서는 적어도 주당 20시간 이하로 노동시간이 감소했다는 전제로 늘어난 자유시간을 어떻게 사용해 문화의 의미와 기능이 변할 것인지를 살피고자 한다. 모든 성인에게 주당 20시간 이하의 노동시간이 부여되면서도 평생에 걸쳐 기본적인 소득과 삶의 질이 현재 대학 전임교수 수준으로 유지될 수 있다면 늘어난 자유시간으로 어떤 형태의 문화적 활동이 가능하고 그것들이 어떤 새로운 의미와 사회적 역할을 하게 될까?

1) 자유시간 증가와 새로운 문화적 활동

우선 자신의 노동시간을 평생에 걸쳐 자유롭게 설계할 수 있기 때문에 자유시간 역시 평생에 걸쳐 자유롭게 설계할 수 있게 될 것이다. 물론 이럴 경우 수많은 사람이 자유롭게 선택하는 시간 설계는 수많은 교통편이 컴퓨터로 예약 관리되듯이 관리될 것이다. 각자는 자신에게 주어진 평생 노동시간을 현재와 같은 한 가지 직무가 아니라 여러 형태, 가령 비행사, 항공역학 연구자, 숲 해설가, 화가, 수의사, 축구선수 등 여러 가지 형태로 설정하고 인생의 여러 국면에 이를 배분하는 방식으로 설계할 수 있을 것이다. 또 자유시간 역시 시 쓰고 낭독하기, 바이올린 연주, 연극, 영화, 등산, 탁구, 수영, 정원 가꾸기, 요리 등 여러 형태로 배분할 수 있을 것이다. 이렇게 유비쿼터스 네트워크를 이용한 시간 설계와 배분은 매일 저녁 다음날 활동 프로그램을 조정하기 위해 '정념거래소'를 설치할 필요를 제기했던 샤를 푸리에(Charles Fourier)의 구상을 좀 더 효율적으로 대체할 수 있을 것이다.

2) 참여계획문화

그러나 모든 사람이 이와 같이 자유로운 시간설계를 하고자 하기 때문에 노동시간과 자유시간의 배분과 그 활동내용과 그에 대한 평가 방식은 주기적으로 참여자들 간의 공개적인 토론과 평가를 통해 조정되어야 한다. 앨버트의 파레콘 모델에서는 이런 민주적인 절차가 산업 부문과 지역단위의 생산자-소비자평의회 및 계획촉진위원회를 통한 여러 차례 협상절차로 효율적으로 이뤄질 것이라 가정하고 있다. 물론 이런 협의과정에서 계획촉진위원회가 새로운 관료집단으로 특권화될 위험이 있다는 비판도 있지만, 이런 위험은 모든 구성원이 계획촉진위원회에 — 연간 몇 시간 동안 의무적으로 배심원으로 활동하게 하는 무작위 추첨제도와 같은 방식으로 — 참여하게 함으로써 최소화할 수 있을 것이다.[2] 그리고 이 과정에 필요한 복잡한 데이터(양적·질적 정보)의 생산과 평가방식은 유비쿼터스 컴퓨팅의 매개로 조정, 지원되기 때문에 전문

---

2) 참여계획경제 모델에는 앨버트와 로빈 하넬(Robin Hahnel)의 파레콘 모델, 폴 칵샷(Paul Cockshott)과 앨린 코트렐(Allin Cottrell)의 노동시간 모델, 팻 더바인(Pat Devine)의 협상조절 모델, 데이비드 라이브만(David Laibman)의 다층민주반복조정 모델 등이 있다. 이 모델들은 사회경제의 구성단위, 민주적 혹은 참여적으로 계획을 작성하는 방식, 계산단위 선정, 노동분업이나 관료제 대처방안 등에서 차이를 보이지만, 대체로 스탈린주의적 명령경제나 시장사회주의가 아닌 참여계획경제 모델로 수렴하고 있다. 참여계획경제 모델을 간단히 정의하면 자본, 임금노동, 계급, 국가, 사적 소유, 가치법칙을 폐기한 사회에서 아래로부터의 민주적 의사결정과 참여를 통한 계획 수립과 실행을 추구하는 여러 가지 정치적·사회적·경제적 제도들을 통해 자유와 평등과 인간해방을 실현하는 자유로운 인간들의 연합체제라고 할 수 있다. 마르크스가 『고타강령비판(Kritik des Gothaer Programms)』(1875)에서 말한 낮은 단계의 공산주의에 부합하는 모델이다(하태규, 2014: 1).

가들이 아니라도 내용을 이해하고 평가할 수 있다고 가정된다. 여기서 어떤 유형의 생산과 소비 활동도 인간과 자연의 신진대사의 지속 가능한 발전에 기여하는 사용가치 측면에서 평가될 것이고 문화적 활동 가치는 자유롭고 평등한 개인들의 사회적 연대를 지속 가능하게 함과 더불어 각 개인의 잠재력의 전면적 발달에 기여하는 자연적 성장의 육성이라는 측면에서 평가될 것이다.

이렇게 코뮤니즘사회에서는 노동시간과 자유시간이 서로 맞물려 순환하기 때문에 경제적으로만 아래로부터의 참여와 협의를 통한 참여계획이 이뤄지는 것이 아니라 문화적인 차원에서도 아래로부터의 참여와 협의를 통한 참여계획문화가 가능할 수 있어야 할 것이다. 참여계획경제의 형태는 현재 이미 일부 지방자치단체가 제한적으로 실행하는 '참여예산제도'의 전면적 확대를 통해 그 타당성과 문제점을 타진할 수 있듯이 참여계획문화의 형태도 그와 유사한 실행 모델을 통해 그 타당성과 문제점을 타진할 수 있을 것이다. 경제가 아니라 문화 차원에서 아래로부터의 참여계획을 생각할 수 있는 한 가지 사례는 작게는 주거설계에서 크게는 도시설계에 이르는 공간문화의 구성방식이다. 자본주의사회에서 도시계획은 자본가와 관료와 관련 전문가의 일방적인 기획과 설계로 이뤄져왔기 때문에 시민들이 적극적으로 참여할 수 있는 도시계획이나 공동주거설계 방식을 가늠하기 쉽지 않다. 하지만 2010년 건축가 하태석이 제안한 쌍방향 도시생성 모델은 제한적이지만 이를 확장할 경우 참여계획문화가 실행 가능함을 시사하고 있다.

그는 스마트폰 애플리케이션을 사용해 전시현장은 물론 전 세계 어디서든 이 프로그램에 접속한 시민들이 — 세대와 라이프스타일에 따라 선택 가능한 방식으로 — 자신이 선호하는 주거 유닛을 선택하면 이런 선택을 취합하고 조정해 실시간으로 변화하면서 자기-조직적인 방식으로 작동하는 컴퓨터 시뮬레이션 프로그램을 만들어 2010년 베니스 비엔날레 한국관 전시에 출품했다.

시민참여가 늘어남에 따라 도시는 점점 더 개개 시민의 라이프스타일에 맞게 분화된 모습으로 변모하게 된다. 시민의 참여수의 합이 허용 한계밀도에 다다르면 도시는 최대 미분상태가 되며, 모든 유닛이 모든 시민의 라이프스타일에 맞춤화된 도시가 된다. 우리는 이런 도시를 적분도시라고 부른다. 본 전시는 이 도시의 생성변화과정을 실시간으로 중계한다. 곧 시민의 개별적 참여는 도시의 변화를 촉발한다(하태석, 2010: 158).

적분도시의 거주자는 자신의 라이프스타일에 따른 맞춤화된 주거를 제공받는다. 제공되는 정보는 세대와 라이프스타일에 대한 정보이다. 세대에 대한 정보는 세대를 구성하는 구성원에 대한 정보이고, 라이프스타일에 대한 정보는 그 세대를 구성하는 구성원의 성향에 대한 정보이다. 단순히 몇 가지 타입으로 모든 이의 라이프스타일을 규정하는 환원주의적 방법 대신 적분도시는 차이를 갖는 미분적 시스템을 제안한다. 이 미분 시스템은 라이프스타일의 여섯 가지 축을 기준으로 그 안에서 무수히 많은 다양성을 만들어낸다. 각각의 라이프스타일은 건축적 공간으로 정의된다. 즉, 엔터테인먼트, 일, 예술/음악, 실외생활, 교육, 파티와 같은 라이프스타일은 내부 지향적 공간 구성, 거주공간과 업무공간의 공통공간 구성, 거실 안의 스튜디오 공간, 파티션의 공간과 오픈 스페이스와 같이 건축적으로 정의되며, 이 각각의 정의는 라이프스타일의 입력 정도에 따라 차별적으로 차이를 가지며 적용된다(하태석, 2010: 149).

시민의 다양한 라이프스타일을 반영하면서도 도시 전체가 효율적인 질서를 유지할 수 있도록 하는 이와 같은 미분, 적분 시스템이 현실적 의미를 가지려면 사전에 세대와 라이프스타일에 대한 기본 정보 유형을 어떻게 구획할 것인가에 대한 치밀한 조사연구와 미분된 정보들을 효율적으로 적분할 수 있는 애플리케이션 프로그램의 적합성에 대한 연구가 중요할 것이다. 기본 유형의 다양화와 타당성에 대한 사전연구는 관객의 능동적 참여와 효과적인 데

이터베이스 수집 및 전시 기간 도시가 증식하고 생성하는 제 과정을 볼 수 있게 만드는 전시회를 생산적으로 연결하는 고리가 된다. 이런 점에서 이 전시는 작가-조사연구-관객 간의 쌍방향 대화를 살아나게 만드는 도시연구-건축-미디어-공공예술의 인터랙티브한 네트워크의 좋은 범례라고 할 수 있다. 이렇게 개개인이 원하는 라이프스타일에 맞는 주거공간의 미분적 설계가 전체 도시의 질서를 적분할 수 있게 하는, 아래로부터의 시민참여로 이뤄지는 도시계획 모델은 앨버트가 제안한 '참여계획경제 모델'과 방식이 흡사하다. 컴퓨터 프로그램을 이용해 아래로부터 시민들 스스로 자신들의 일상생활과 도시에 필요한 재화의 수요를 작성하면 이것이 여러 조정과정을 거쳐 적분되어 전체 경제의 수요와 공급을 효과적으로 설계할 수 있도록 하자는 모델이다.

이런 도시계획이 좀 더 현실에 밀착하기 위해서는 기본적인 세대 유형과 라이프스타일 유형의 유닛을 건축가가 사전에 어떻게 유형화할 것인가가 중요하다. 건축가가 사전에 설정한 기본 유형들과 정보가 너무 제한적일 경우 '아래로부터의 참여계획문화'의 취지는 상실될 것이다. 그러나 이런 방식의 참여계획을 한 사람의 개인 건축가가 모형화하는 대신 다양한 공간의 활용도와 구성방식에 대한 집단적 연구와 세대별, 성별 문화적 취향에 대한 집단적 연구가 결합하는 방식으로 확대한다면 공간 유형과 라이프스타일 유형의 조합을 좀 더 풍부하고 다양하게 미분, 적분하는 방식이 가능할 것이다. 이런 유형의 입체적인 방식의 학제적 연구는 도시공간을 지도상의 평면으로 보는 대신 개인과 집단의 차별화된 시간적 주기와 공간적 동선의 역동적 망으로 연결된 중층적인 네트워크 유형들로 새롭게 파악하게 할 것이다. 그동안 분리되어 발전한 '인생행로연구'와 '주거사회학'을 결합해 개인 주거행로의 시공간적 이동경로를 통합적으로 추적하는 최근 '생애사연구'의 진전은 좀 더 복잡한 라이프스타일의 중층적 유형화를 탐구하는 데 도움을 줄 것이다.

> 생애사적 여정은 공간 경험으로 구체화되는데 이 공간은 사적 공간에서 공적 공간에까지 걸쳐져 있다. 인생행로의 변화는 공간적인 이동에 반영된다. '지위 경로는 동시에 공간 경로'이다(남상희, 2001: 80).

현재 개인들의 생애사의 시공간 경로에 대한 연구는 전문연구자들만 하고 있지만, 대안사회에서는 이런 연구 자체도 원하는 이는 누구나 참여 가능한 공동연구 형태로 수행될 수 있고 이런 연구방식은 도시와 주거설계만이 아닌 모든 문화적 활동을 다면적으로 프로그램화하는 데 활용될 수 있을 것이다. 문화적 활동을 새로운 형태로 계획하고 실행하는 데 무엇보다 먼저 전제가 되어야 하는 시간과 공간의 집단적 조정이 유비쿼터스 네트워크를 매개로 해서 효율적으로 실현될 수 있다면 문화적 활동을 수행하는 데 필요한 도구(PC, 화구, 악기, 카메라, 편집기, 스포츠 용구 등)는 물론 교육과 평가 프로그램의 집단적 활용과 평가 역시 가능할 것이다. 이와 같은 형태의 '참여계획문화'는 이미 마련되어 있는 모든 문화시설 및 자연공간과 문화적 도구와 프로그램의 활용도를 최대화할 수 있을 뿐 아니라 아래로부터 새로운 문화시설과 도구와 프로그램의 창안과 활용이 최적화될 수 있게 할 새로운 틀을 제공할 수 있을 것이다.

5. 시간경제와 일상생활의 변혁

앞에서 살펴본 바와 같이 코뮤니즘사회에서 문화는 사회적 필요노동시간의 감소와 자유시간의 증대라는 '시간해방'에 의해 다양한 방식으로 개화할 것으로 예상된다. 이런 점은 역으로 자본주의사회 문화는 '시간의 족쇄'에

갇혀 자체의 잠재력에서 소외되어 있다는 것을 의미할 것이다. 마르크스는 이런 이유에서 '모든 경제는 시간경제 문제'라고 말한 바 있다.

> 만약 우리가 코뮌적인 생산을 전제한다면 시간요인이 자연스럽게 핵심적이 된다. 곡식, 가축 등을 생산하는 데 드는 시간이 적을수록 사회는 물질적·정신적인 다른 생산을 위해 더 많은 시간을 얻게 된다. 개별 개인에게나 마찬가지로 사회의 발전, 그 즐거움, 그 활동의 폭은 시간 절약에 달려 있다. 궁극적으로 모든 경제는 시간경제 문제이다. 개인이 적합한 비율로 지식을 습득하거나 자기의 활동에 대한 다양한 요구를 충족시키기 위해 자신의 시간을 할당해야 하는 것과 마찬가지로 사회도 그 전체의 필요에 부합하는 생산을 달성하기 위해 그 시간을 적절하게 할당해야 한다. 다양한 생산영역에 걸친 계획된 노동시간 배분과 더불어 코뮌적 생산이 기본으로 수용되면 시간경제가 제일의 경제법칙이 된다. 그것은 훨씬 더 고도로 법칙이 된다. 하지만 이것은 노동시간에 의한 (노동 또는 노동생산물의) 교환가치 측정과는 본질적으로 다르다. 동일 산업영역에 속한 개인들의 노동 그리고 노동의 상이한 유형들은 양적으로만이 아니라 질적으로도 서로 다르다. 사물들의 단순한 양적 차이는 무엇을 전제하는가? 그것들의 질의 동일함이다. 따라서 노동들의 양적 측정은 그것들의 등가성, 그것들의 질의 동일함을 전제한다(Marx, 1986: 109).

이렇게 코뮤니즘사회에서 시간경제가 제일의 경제법칙이 된다고 할 때 그 시간경제는 자본주의사회처럼 "노동시간에 의한 교환가치의 양적 측정"과는 다른 시간, 즉 양적 차이만이 아니라 '질적 차이'를 반영할 수 있는 시간이라는 점에 주목해야 한다. 현 상황에서는 이렇게 질적 차이를 측정할 수 있는 시간이 어떤 시간인지를 구체적으로 확정할 수는 없지만, 다양한 문화활동의 질적 차이들을 고려한 자유시간의 설계라는 측면에서 개략적으로 가늠할 수는 있을 것이다. 그림 한 장이나 시 한 편을 만족스러울 때까지 그리거나 쓰는 데 필요한 자유시간, 즉 문화적 시간은 자동기술화 시스템으로 냉장고 하나를 만드는 데 걸리는 기계적 시간과는 다를 수밖에 없다. '자연적 성장의 육성'이라는 문화적 과정은 양적 성장에서 필요한 시간만이 아니라 질적 성숙에 필요한 시간을 요하기 때문이다. 이런 의미에서 대안사회의 문화적 시간은 된장의 재료가 발효과정을 거치면서 질적으로 다른 차원으로 변화하게 되는 데 필요한 '숙성의 시간'이라고도 비유할 수 있겠다.

자연적으로 성장한 좋은 재료라 해도 어떻게 숙성(육성)시키는가에 따라 맛이 달라지는 것이 진정한 요리 비결이다. 식품의 맛이 시간의 경과와 함께 풍미나 세포조직이 화학적·물리적으로 변해 향기, 재질, 맛, 색깔 등이 총체적으로 조화되는 현상을 '숙성'이라 한다. 숙성의 정점에 도달한 상태를 '완숙', 이전 상태를 '미숙', 정점을 지난 상태를 '과숙'이라 한다. 가령 소고기와 같이 좋은 재료라 해도 미숙하거나 과숙한 경우 요리는 최상의 맛을 내지 못하고 오직 완숙한 경우에 최상의 맛을 낼 수 있다. 물론 완숙에 필요한 숙성기간과 온도조건은 재료와 요리의 유형마다 다르다. '자연적 성장의 육성'이라는 의미에서의 문화적 과정도 사정이 크게 다르지 않아 보인다. 충분히 성장한 성인의 경우에도 그의 인격이나 하는 일은 숙성과정의 적합도에 따라 잠재력을 잘 발휘할 수도, 아닐 수도 있다. 주제나 소재는 동일해도 미숙한 글쓰기와 완숙한 글쓰기는 설득력과 풍부함에서 큰 차이가 있다.

이런 의미에서 한 사람의 노동의 양적 성과를 평가할 때 '성취'라는 개념을 사용할 수 있다면 작업의 질적 성과를 평가할 때는 '성숙(완숙)'이라는 개념을 사용하는 것이 적합할 것이다. 따라서 질적인 의미에서의 문화적 발달이란 단지 '양적 성장/성취'로 평가될 수 있는 것이 아니라, '인격의 성숙도와 일의 완숙도'에 따라 평가되어야 할 것이다. 전자에는 삶의 향취나 풍미가 부족하지만 후자에게서는 삶의 풍미나 향취가 총체적으로 조화되어 나타난다. 이런 사람의 경우 얼굴에서 빛이 나고 말과 몸짓에서 향기가 느껴진다. 인격을 구성하는 각 부분에서도 전체가 드러나는데 전체가 부분에 스며들기 때문이다. 따라서 성숙한 인격과 완숙한 일 처리는 구성 부분들과 관계들이 일정한 시간 동안 숙성된 결과 사람의 몸과 마음의 능력들 전체가 멀티-프랙탈(multi-fractal)한 구조를 갖게 된다는 것과 다름없다. 이와 같은 '문화적 성숙'이 바로 마르크스가 말한 "사회적 개인의 전면적 발달"의 진정한 의미가 아닐까 싶다.

이렇게 코뮤니즘사회의 시간경제와 자본주의사회의 시간경제의 큰 차이점 중 하나가 문화적 성숙에 필요한 질적 시간경제라고 한다면 코뮤니즘사회에서 일상생활은 어떻게 달라질 것인가? 앞에서 코뮤니즘사회에서 중요한 변화 중 하나는 자유시간의 증대라는 점을 살폈는데, 이것이 바로 코뮤니즘사회에서 시간경제의 양적 측면의 변화라고 할 수 있을 것이다. 이제 살펴봐야 할 것은 자유시간이 증대된 일상생활에서 시간경제가 질적으로 어떻게 변화할 것인가의 문제라고 할 수 있다.

레온 트로츠키(Leon Trotsky)는 1920년대 초, 중반에서 1930년대 사이에 집필한 글을 모은 『일상생활의 문제들(Problems of Everyday Life)』(1923~1924)에서 일상생활과 문화와 경제의 밀접한 상관관계에 대해 다음과 같이 기술한 바 있다.

> ① 도덕들의 완전한 변화 — 즉, 노예적 가사노동에서 여성의 해방, 아이들의 사회적 육성, 모든 경제적 강압에서 결혼의 해방 — 는 오랜 기간의 발전에 따라 가능하게 될 것이고 사회주의의 경제적 힘들이 자본주의적 생산력을 능가하게 되는 정도에 비례해 실현될 것임은 분명하지만, 현재 경제적 상황에서조차도 우리는 우리가 실제로 할 수 있는 것보다 더 많이 우리의 도덕에 대해 비판과 이니셔티브와 이성을 도입할 수

있다. 그리고 도덕의 영역에서 가장 작은 성공조차도 일하는 남녀의 문화적 수준을 높임으로써 생산을 합리화하고 사회주의적 축적을 고양시키는 데 필요한 우리의 능력을 신장시킨다. 이 능력은 다시 도덕의 영역에서 신선한 승리를 이룰 가능성을 제공한다. 따라서 두 영역 사이에는 변증법적인 상호의존성이 존재한다. 경제적 조건은 역사의 근본적인 요소이지만, 우리는 코뮤니스트 당으로서 노동자 국가로서 노동계급의 도움을 통해서만 경제에 영향을 줄 수 있고 이 도움을 얻기 위해 우리는 노동계급 각 개인의 기술적·문화적인 능력을 촉진시키는 일을 중단 없이 추진해야만 한다. 노동자 국가에서 문화는 사회주의에 기여하고 사회주의는 다시 계급차별을 모르는 문화, 인류를 위한 새로운 문화의 창조 가능성을 제공한다(Trotsky, 2013: 36~37).

② '8시간 노동, 8시간 수면, 8시간 놀이'는 노동운동의 오랜 공식이다. 우리의 상황에서 그것은 새로운 의미를 지닌다. 8시간 노동이 좀 더 유익하게 사용될수록 8시간 수면이 더 깨끗하고 건강에 좋게 이뤄질 것이고 8시간의 여가는 더 충만하고 교양 있게 될 것이다(Trotsky, 2013: 39).

이 두 가지 설명이 코뮤니즘사회에서는 일상과 문화와 경제가 선순환 구조를 취하게 될 것이라는 점을 시사하고 있다. 물론 트로츠키의 열망은 소비에트 러시아에서는 실현되지 않았지만, 이 선순환 구조는 코뮤니즘사회에서 경제와 문화와 일상의 관계를 상상하는 데 중요한 가이드라인이 될 수 있다. 육체노동에 대한 지식노동의 지배, 여자에 대한 남자의 지배, 자연에 대한 인간의 지배를 가속화해온 자본주의사회에서 일상과 문화와 경제는 분리된 형태로 위계화되어 있고 이 모든 영역을 연결하는 것은 오직 '화폐'와 '상품'뿐이다. 그러나 육체노동과 지식노동의 분리, 가부장적 지배, 반생태적 지배가 극복된 코뮤니즘사회에서는 일상과 문화와 경제에는 위계가 없고 남녀가 평등하고 인간과 자연은 공생관계의 형태를 취하며 이 모두가 선순환 관계를 이룰 수 있게 된다. 이 선순환 관계를 가능하게 하는 것은 앞서 살펴본 바와 같은 참여계획경제와 참여계획문화와 같은 집합적이고도 개별적인 요구를 충족시킬 수 있는 입체적·자기 조절적인 계획이다. 그리고 이런 기획의 성공적인 지속 여부는 앞서 트로츠키가 말한 바와 같이 개개인들의 도덕적·기술적·문화적인 역량 증진에 달려 있다고 할 수 있다.

그런데 여기서 한 가지 주의를 기울일 지점이 있다. 개인들의 이런 역량, 특히 도덕적인 역량은 집합적인 의미에서의 문화발전이나 경제발전과는 다른 속도와 방식으로 변화하는데, 그 이유는 개인들의 역량이 가정생활에 속박되어 있기 때문이다. 트로츠키는 이 문제를 다음과 같이 기술하고 있다.

> 가정생활은 경제적 생활보다 더 보수적이다. 그리고 그 이유 중 하나는 전자가 후자보다 덜 의식되기 때문이다. 정치와 경제에서 노동계급은 하나의 전체로서 행동하고 그 전위인 코뮤니스트 당을 전방으로 앞세우며 나가 그것을 수단으로 프롤레타리아트의 역사적 목적을 성취한다. 그러나 가정생활에서 노동계급은 가족에 의해 세포들로 분열되어 있다. 정치체제와 국가의 경제적 질서 변화는 …… 가족의 조건들에 일정한 영향을 분명히 미쳐왔다. 그러나 과거로부터 전승된 가정생활의 전통적 형식들을 건드리지 못한 채 단지 간접적·외부적으로만 영향을 미쳤을 뿐이다. …… 소비에트 국가에서 남자와 여자의 정치적 평등을 제도화하는 것은 하나의 문제이고 가장 간단한 것이다. 더욱더 어려운 것은 다음의 것인데 공장과 광산과 노동조합에서 남녀 노동자들의 산업적 평등을 제도화하는 것이다. …… 그러나 가족 내에서 남자와 여자의 실질적 평등을 성취하는 것은 무한하게 더 힘든 문제이다. …… 가족 내에서 남편과 아내의 실질적 평등이, 정상적인 의미에서만이 아니라 삶의 조건들에서의 평등이 없다면 우리는 사회적 일이나 심지어는 정치에서조차 그들의 평등에 대해 진지

하게 말할 수 없게 된다. 여자가 가사노동에, 가족의 보살핌에, 요리와 바느질에 속박되어 있는 한 사회적·정치적인 생활에 참여할 수 있는 모든 기회가 심하게 삭감된다(Trotsky, 2013: 46~47).

바로 여기, 즉 실질적인 남녀평등이 실현된 형태로 가정생활이 변화하는 것에 코뮤니즘사회에서 일상생활의 변화의 진정한 의미가 있다. 경제적 강압에서 해방된 결혼과 가정생활에서의 양성평등 실현은 앞서 말한 1/3의 수면시간과 1/3의 여가시간의 성격을 진정한 의미에서 변화시킬 것이기 때문이다. 그럴 경우 일상생활은 앞에서 고르가 제시했던 다양한 활동이 전개되고 연결되는 활발한 장이 될 것이다. 특히 결혼이 경제적 강압에서 해방되고 가사노동과 육아가 사회적 노동을 통해 공적으로 해결될 경우 모든 여성은 남성과 동일하게 1/3의 여가시간을 자유롭게 향유하고 성적 자기결정권을 갖게 될 것이다. 이럴 경우에야 비로소 우리는 소외된 노동, 여가, 가정생활이 사라지고 탈소외된 노동, 여가, 가정생활이 서로 균형을 잡고 선순환을 이루며 풍요를 만들어내는 새로운 일상생활을 향유하게 될 것이다. 이런 이유에서 모든 사회 구성원에게 노동과 여가와 가정생활의 발전이 질적인 차원에서 선순환을 이루는 방향으로 일상생활이 변화하는 것이야말로 코뮤니즘의 실현 여부를 판정하는 실질적인 척도가 될 것이다. 마르크스적 관점에서 일상생활의 혁명을 지속적으로 역설한 앙리 르페브르(Henri Lefebvre)가 "무슨 일이 벌어지든지 일상생활의 변혁만이 변화의 기준이 될 것"(Lefebvre, 2008: 41)이라고 역설했던 이유도 여기에 있다.

일상생활에서 성(sexsuality)과 여성성(femininity)은 기술이나 문화 산업이나 가치의 잠식과 동일한 방식으로 다뤄질 수 없다는 것이 명백하다. …… 일상생활은 어떤 거대 시스템 내의 '하위 시스템'으로 정의될 수 없다. 그와 반대로, 일상생활은 생산양식이 바로 그로부터 일상생활을 프로그래밍함으로써 스스로를 하나의 시스템으로 구성하려고 노력하는 '토대'이다(Lefebvre, 2008: 41).

6. 맺음말

하지만 현재까지 일상생활은 가장 낮은 하위 시스템 혹은 주변적이고 하찮은 것으로 간주되고 있다. 이런 사고방식은 르페브르가 비판했듯이 일상생활을 지식과 지혜에서 배제시켜온 철학자들의 낡은 습성(Lefebvre, 2008: 3)에 뿌리를 두고 있기도 하지만, 정치혁명에 우선순위를 부여해온 낡은 '혁명관'에 기반을 두기도 한 것이다. 그에 따라 트로츠키가 말했듯이 일상생활이 심각하게 훼손되고 있다는 사실조차 잘 의식되지 못하고 있다. 일상생활에서도 트로츠키가 '문제 중의 문제'라고 불렀던 '가족문제'(트로츠키, 1995: 164)는 날이 갈수록 심각해지고 있는데, 이는 신자유주의적 위기가 심화되면서 모든 시스템의 토대 자체를 갉아먹기 때문이지만, 그와 동시에 자본주의의 토대 자체가 해체되고 있음을 시사하는 것이기도 하다. 결혼인구와 출산 감소, 1인 가구와 이혼의 증대 등의 현상은 점점 두드러지고 있는데,[3] 이런 경향은 여성들의 부불노동에 노동력 재생산을 떠맡겨온 자본주의적 착취의 가장 깊은 토대가 근본적으로 흔들리고 있음을 의미한다.

---

3) 1980년 한국 사람의 절반 정도는 5인 이상 가구의 구성원이었고, 자녀가 없는 2인 가구는 5인 이상 가구의 1/5이었고, 1인 가구는 4.8%에 지나지 않았다. 그러나 2012년 5인 이상 다인 가구는 전체 가구 중 7.2%로 축소되었고, 4인 가구는 20.9%로 25.3%로 1위를 차지한 1인 가구보다 비율이 줄어들었다. 2025년이 되면 다인 가구는 3.6%, 4인 가구는 13.2%, 1인 가구는 31.3%가 될 것으로 예상되고 있다(노명우, 2013: 43에서 재인용).

그런데 바로 이런 흐름에서 새로운 변화의 맹아가 배태되고 있다. 가족의 해체는 여성을 짓누르던 노동력 재생산의 굴레가 해체되는 것을 의미하는 것이기에 어떤 면에서는 여성해방의 전조가 될 수 있기 때문이다. 특히 1인 가구 증대 경향은 결혼이 자동적으로 제공했던 안정적인 가정생활이라는 것이 이제는 낯선 것이 되었음을 의미하고 다인 가구의 삶이 불안정하게 해체되고 있음을 의미한다. 가족은 해체되어서는 안 된다는 신념을 가진 사람들에게 이 상황은 비극적으로 느껴질 것이다. 또 가족애를 이타주의와 동일시하는 사람에게는 1인 가구 증가가 자기중심주의의 증가로 느껴질 것이다. 하지만 이는 개인들이 자신의 삶의 양식을 선택할 수 있는 자유의 증가를 의미하는 것이지 이타주의의 몰락을 의미하는 것이 결코 아니다(노명우, 2013: 52~53).

스웨덴은 전체 가구의 47%가 1인 가구이고 수도 스톡홀름의 경우 60%가 1인 가구로 거의 '가족 없는 사회'라고 할 수 있지만, 세계 111개국을 상대로 소득, 건강, 자유, 실업, 가정생활, 기후, 정치적 안정, 삶의 만족도, 양성평등 등 다양한 요소를 고려해 세계에서 가장 살기 좋은 곳을 조사한 ≪이코노미스트(Economist)≫에 따르면 스웨덴은 다섯 번째로 살기 좋은 나라이다. 또 고등교육을 받은 사람과 그렇지 않은 사람의 만족도나 성별 만족도에 차이가 없고 고독사의 경고음도 들리지 않는다. 그렇다면 어떻게 삶의 양식에 대한 개인적 선택의 자유가 크면서 삶의 만족도가 높은 결과가 나타났을까? 이는 개인의 자유를 존중하면서도 중, 장기적인 사회적 생산성을 강화하는 방향에서 해법을 찾으려는 '탈상품화' 되고 '탈가족화' 된 사회정책을 통해 가족의 복지 부담을 덜고 개인의 복지에서 가족 의존도를 감소시키려는 복지 목표를 이미 발생한 문제의 해결이 아니라 사회 전체의 구조 개선을 통해 발생할 문제를 사전에 예방하는 '예방적 사회정책'[군나르 뮈르달(Gunnar Myrdal)]을 통해 가능해진 것으로 평가된다. 개인의 자율성을 보장하기 위해 그것을 가능하게 할 수 있는 안전장치 보장을 목적으로 하는 사회제도를 갖춘 나라에서는 1인 가구가 늘어나도 사람들의 삶의 질은 결코 떨어지지 않는다는 것이다(노명우, 2013: 247~248). 가족형태의 변화와 사회정책 간의 이런 밀접한 관계에 대해서는 트로츠키도 다음과 같은 명확한 해법을 제시한 바 있다.

> 새로운 가족으로의 길은 이중적이다. ① 노동계급과 그 구성원인 개인들의 문화와 교육의 수준을 향상시키는 일, ② 국가에 의해 조직된 계급의 물질적 조건의 향상. 이 두 가지 과정은 서로가 긴밀하게 연결되어 있다(Trotsky, 2013: 52).

한편, 노명우는 이렇게 사회구성원의 다수가 개인의 자유가 사회적 안전장치를 통해 존중되도록 개인과 사회의 관계를 변화시키는 형태를 '사회적 개인주의'라고 명명한다. '경제적 개인주의'가 개인을 집단의 반사적 대당으로 생각하기에 개인과 사회는 양자택일적인 관계로 간주한다면 사회적 개인주의는 개인과 사회가 양립할 수 있는 방법을 모색한다는 것이다.[4] 소비자본주의사회를 지배하는 경제적 개인주의는 성공해서 독단적 개인주의자가 되든가 아니면 독거노인이 되어 '무연사'로 삶을 마감하는 비참한 존재로 전락할 것인가를 선택하도록 강요하는 데 반해(노명우, 2013: 258), 사회적 개인주의가 지배하는 사회는 "자기만의 방이 보이지 않는 네트워크로 이어진 사회"(노명우, 2013: 271)이고 "주거 공동체가 확장된 모습을 닮은 사회"(노명우,

4) 트로츠키도 스탈린주의적 관료주의를 비판하면서 개인주의의 두 유형을 구분할 필요성을 강조한 바 있다. "관료집단 자신은 가장 극단적이고 때때로 통제되지 않는 부르주아 개인주의의 담지자가 되었다. 도급제, 토지의 개인적 소유, 생산 장려금, 훈장 수여 등을 통해 경제적 개인주의의 발전을 허용하고 권장하면서 그와 동시에 관료집단은 정신문화의 영역에 존재하는 개인주의의 진보적인 측면들을 가차 없이 억압하고 있다. 비판적 안목, 개인적 견해의 발전, 개인적 존엄의 배양 등은 개인주의의 진보적 측면임에 틀림없는데 이것들을 관료집단은 여지없이 질식시키고 있다(트로츠키, 1995: 191).

2013: 269)라는 것이다. 그런 사회에서는 사회가 곧 가족이 된다.

'친밀성'은 인간이 포기할 수 없는 관계이다. 하지만 우리는 친밀성이라는 관계가 가족이라는 범주 안에 국한되어야 한다는 사고방식과 결별할 필요가 있다. 오히려 가족관계에서 친밀성을 강요할 경우 가족관계에서 존속살인이라는 가장 끔찍한 일들이 일어난다. 가족 속에 있는 사람들은 가정 중심성 때문에 사회적 교제 범위가 직장과 가정으로 양분되고 동질적 집단 속에서의 교류에 한정된다면 혼자 사는 사람은 자기를 보호하기 위해서라도 이질적 집단과의 교류가 필수적이다. 이렇듯 혼자 사는 것은 독신이라는 틀을 벗어나 다가오는 새로운 문화의 징후가 된다는 것이다(노명우, 2013: 268~269).

스웨덴과 같이 예방적 사회정책과 결합될 경우 르페브르가 사회생활의 실질적 토대라고 불렀던 일상생활을 가장 오랫동안 틀 지워온 가부장적 가족주의에서의 해방이자 트로츠키가 실질적 여성해방이라고 불렀던 바의 징후를 보여주는 이 새로운 문화가 바로 마르크스가 코뮤니즘사회를 정의했던 "각자의 자유로운 발전이 만인의 자유로운 발전을 위한 조건이 되는 연합체" 형성의 동력이 되지 않는다면 다른 무엇이 되겠는가? '적녹보라 연대'가 마르크스적 코뮤니즘의 실현을 위한 이론적·실천적 전제가 되지 않으면 안 되는 이유도 여기에 있다.[5)]

이상으로 코뮤니즘사회에서 노동과 문화, 노동시간과 자유시간의 관계가 어떻게 변화할 것인지, 그와 더불어 일상생활에 어떤 변화가 일어날 것인지

---

5) '적녹보라 연대'는 2013년 5월 10~12일 서강대 다산관에서 개최되었던 맑스코뮤날레 제6회 대회 폐막식 때 공동대표단과 집행위원회의 공동명의로 발표된 선언문에서 '아래로부터의 사회주의'와 함께 향후 맑스코뮤날레의 이론적·실천적 운동의 새로운 기조로 채택된 바 있다. 이와 관련된 세부 내용에 대해서는 제6회 맑스코뮤날레 본 행사 발표원고를 모은 『세계 자본주의의 위기와 좌파의 대안』(2013)에 수록된 고정갑희의 글 「가부장체제와 적녹보라 패러다임」과 필자의 글 「적녹보라 연대의 이론적 쟁점과 과제」를 참조하라.

에 대해 개략적인 밑그림을 그려봤다. 물론 이런 설명에 대해 몇 가지 의문이 제기될 수 있다고 본다. 코뮤니즘사회에서는 노동과 문화, 자연과 인간의 관계가 너무 쉽게 조화로운 관계를 이루는 것이 아닌가 하는 의문이 그것이다. 실제로 코뮤니즘사회에서는 생산의 자동기술화가 크게 진전되어 노동시간이 최소화된다 해도 그 최소한의 노동시간은 양적 측정이 불가피한 데 반해, 자유시간은 질적으로 측정되어야 할 경우 노동시간과 자유시간 배분 사이에서 충돌이 야기될 수 있을 것이다. 나아가 자유시간의 활동과 그 결과물들이 문화적 성숙이라는 관점에서 평가되고 소통된다면 평가대상과 평가방식의 상대성과 주관성 문제를 어떻게 해결할 것인가라는 문제가 추가로 발생할 것이다. 그리고 이런 문제들을 해결하는 것이 바로 미래의 '시간경제학'의 제1과제가 될 것이다.[6] 하지만 현재 상황에서는 이런 문제들이 앞으로 해결해야 할 중요한 과제라는 점을 확인할 수 있을 뿐이고 그 실제적 해법을 찾는 일은 추후 과제로 미룰 수밖에 없다.

6) 강내희는 대안사회를 '코뮌주의적 문화사회'로 정의하면서 이 대안사회에서의 시간경제의 운용원리를 다음과 같이 기술하고 있다: "개인들의 자유시간 확보를 기본인권으로 인정하고 '최소임금'에 버금가는 '최소자유시간'을 확정할 필요가 있다. …… 노동시간의 최소화, 자유시간의 최대화, 사회적 필요노동시간의 민주적 배분이 코뮌주의적 문화사회를 위한 시간의 경제운영 원칙이 되어야 할 것이다"(강내희, 2014: 534~535). 또 이를 위해 그는 — 데이비드 하비를 원용해 — 새로운 시간배치를 위한 "생체적·사회적·문화적 '시계'의 수립"의 필요성을 강조하고 있다(강내희, 2014: 548).

참고문헌

강내희. 2014. 『신자유주의 금융화와 문화정치경제』. 문화과학사.

남상희. 2001. 『공간과 시간을 통해 본 도시와 생애사 연구』. 한울.

노명우. 2013. 『혼자 산다는 것에 대하여』. 사월의 책.

마르크스, 카를(Karl Marx). 1999. 『자본론』 1권(상). 김수행 옮김. 비봉출판사.

______. 2002. 『정치경제학비판 요강』 2권. 김호균 옮김. 백의.

______. 2005. 「정치경제학 비판을 위하여 서문」. 『칼 맑스 프리드리히 엥겔스 저작 선집』 2권. 김세균 감수. 최인호 외 옮김. 박종철출판사.

마르크스(Karl Marx)·엥겔스(Friedrich Engels). 2007. 『독일 이데올로기 I』. 박재희 옮김. 청년사.

맑스코뮤날레 집행위원회. 2013. 『세계 자본주의의 위기와 좌파의 대안』. 한울.

모리스, 윌리엄(William Morris). 2004. 『에코토피아 뉴스』. 박홍규 옮김. 필맥.

심광현. 2011. 「기본소득, 노동(운동)과 문화(운동)의 선순환의 고리」. ≪도시인문학≫, 제3권 제1호.

앨버트, 마이클(Michael Albert). 2003. 『파레콘: 자본주의 이후, 인류의 삶』. 김익희 옮김. 북로드.

윌리엄스, 레이먼드(Raymond Williams). 2009. 『맑스주의와 문학』. 박만준 옮김. 지만지.

트로츠키, 레온(Leon Trotsky). 1995. 『배반당한 혁명』. 김성훈 옮김. 갈무리.

하태규. 2014. 「참여계획경제의 대외경제관계」. 경상대학교 대학원 박사학위논문.

하태석. 2010. 「미분생활 적분도시: 집단지성 도시론」. 『RE.PLACE.ING: Documentary of Changing Metropolis Seoul』. 베니스 비엔날레 한국관 카탈로그.

Gorz, A. 1990. *Critique of Economic Reason*. trans. by G. Handyside and C. Turner. Verso.

Lefebvre, H. 2008. *Critique of Everyday Life vol. 3: From Modernity to Modernism(Towards a Metaphilosophy of Daily Life)*. trans. by G. Elliott. Verso.

Marx, K. 1986. "Outlines of the Critique of Political Economy." K. Marx and F. Engels. *Collected Works*, Vol. 28. Progress Publishers.

Trotsky, L. 2013(1973). *Problems of Everyday Life: Creating the foundation for a new society in revolutionary Russia*. Pathfinder Press.

Williams, R. 1982. *Culture and Society 1780-1950*. Penguin Books.

지은이(수록 순)

정성진

현재 경상대학교 경제학과 교수

주요 논저: 『마르크스와 세계경제』(2015), 『마르크스와 트로츠키』(2006), 『마르크스와 한국경제』(2005)

하태규

현재 경상대학교 사회과학연구원 학술연구교수

주요 논저: 『마르크스와 마르크스주의들을 다시 생각한다(역서, 2013)』, 『자본주의 생산의 실패』(역서, 2012)

장귀연

현재 경상대학교 사회과학연구원 학술연구교수

주요 논저: 『왕자와 거지의 비밀: 산업자본주의와 노동자계급의 형성』(2011), 『비정규직』(2009), 『권리를 상실한 노동자 비정규직』(2006)

김어진

현재 경상대학교 사회과학연구원 학술연구교수

주요 저서: 「다른 경제학 교과서도 가능한가」(2015), 『왜 우리는 더 불평등해지는가』(공저, 2014), 『자본의 세계화와 축적체제의 위기』(공저, 2014), 「고전적 제국주의론에 대한 재고찰」(2013)

김의동

현재 경상대학교 국제통상학과 교수/ 경상대학교 사회과학연구원 책임연구원

주요 저서: 『자본의 세계화와 축적체제의 위기』(편저, 2014), 『환율변동과 기업성과』(공저, 2013), 『무역학개론』(공저, 2004, 2010)

김영수

현재 경상대학교 사회과학연구원 학술연구교수

주요 논저: 『지식의 공공성과 딜레마』(공저, 2015), 『철도 공무원노동자의 공공성과 생활세계』(2015), 『세계화와 계급구조의 변화: 국제사례』(공저, 2014), 『공무원 노동운동사』(공저, 2013), 『서울대병원 노동조합운동사』(공저, 2013)

심광현

현재 한국예술종합학교 영상원 영상이론과 교수

주요 논저: 『맑스와 마음의 정치학』(2014), 『미래교육의 열쇠, 창의적 문화교육』(공저, 2012), 『유비쿼터스 시대의 지식생산과 문화정치』(2009)

엮은이

경상대학교 사회과학연구원

경상대학교 사회과학연구원은 사회과학 전 분야의 유기적 연계와 협동을 통해 노동문제를 비롯한 주요 사회문제와 국내외 문제를 연구하고 있으며, 매년 수행한 공동연구와 학술대회 및 워크숍의 연구성과를 '사회과학연구총서'(한울엠플러스(주) 간행 단행본 시리즈)로 간행하고 있다. 경상대학교 사회과학연구원은 2001년도에 한국학술진흥재단 중점연구소로 지정되어 전임연구교수를 중심으로 공동연구를 수행하고 있으며, 전문학술지 ≪사회과학연구≫와 ≪마르크스주의 연구≫(한울엠플러스(주))를 정기적으로 발간하고 있다.

인터넷 홈페이지 http://iss.gnu.ac.kr

이메일 iss@gnu.ac.kr

한울아카데미 1852

경상대학교 사회과학연구원 사회과학연구총서 46권

자본주의를 넘어선 대안사회경제

엮은이 | 경상대학교 사회과학연구원
지은이 | 정성진 · 하태규 · 장귀연 · 김어진 · 김의동 · 김영수 · 심광현
펴낸이 | 김종수
펴낸곳 | 한울엠플러스(주)

편집책임 | 신유미
편집 | 강민호

초판 1쇄 인쇄 | 2015년 12월 21일
초판 1쇄 발행 | 2015년 12월 31일

주소 | 10081 경기도 파주시 광인사길 153 한울시소빌딩 3층
전화 | 031-955-0655
팩스 | 031-955-0656
홈페이지 | www.hanulmplus.kr
등록번호 | 제406-2015-000143호

Printed in Korea.
ISBN 978-89-460-5852-1 93320

* 가격은 겉표지에 표시되어 있습니다.

이 책은 경상대학교 사회과학연구원이 수행하는 한국연구재단의 중점연구소 지원 연구과제, '대안사회경제모델 연구'(NRF-2013S 1A5B8A01055117)의 1차년도(2013.12~2014.11) 연구결과를 엮은 것입니다.